Hans-Martin Gutmann

Der Herr der Heerscharen, die Prinzessin der Herzen und der König der Löwen

Religion lehren zwischen Kirche, Schule und populärer Kultur

Susanna Kschamer
Joachim Theine-Kschamer

Chr. Kaiser
Gütersloher
Verlagshaus

Die Deutsche Bibliothek – CIP-Einheitsaufnahme

Gutmann, Hans-Martin:
Der Herr der Heerscharen, die Prinzessin der Herzen und der König der Löwen : Religion lehren zwischen Kirche, Schule und populärer Kultur / Hans-Martin Gutmann. – Gütersloh : Kaiser, Gütersloher Verl.-Haus, 1998
ISBN 3-579-00407-7

Umwelthinweis:
Dieses Buch wurde auf chlorfrei gebleichtem und alterungsbeständigem Papier gedruckt. Die vor Verschmutzung schützende Einschrumpffolie ist aus umweltschonender und recyclingfähiger PE-Folie.

ISBN 3-579-00407-7

Umschlaggestaltung: INIT, Bielefeld unter Verwendung eines Fotos von Sabine Christiansen, © dpa, Frankfurt/M.
Satz: Hans-Martin Gutmann, Bottrop
Druck und Bindung: Druckerei Sommer GmbH, Feuchtwangen
Printed in Germany

Für Birgit, mit der ich meine Leidenschaft
für die Liebe, das Leben und das Kino teile.

Inhalt

Vorwort

Religion lehren zwischen Kirche, Schule und populärer Kultur - dieses Buch ist in einer Situation entstanden, in der die Zukunft des schulischen Religionsunterrichtes ungewiß ist. Das Urteil des Bundesverfassungsgerichtes steht noch aus: Wird es Religionsunterricht unter weitgehendem Einfluß der Religionsgemeinschaften gemäß Artikel 7,3 GG weiterhin geben? Oder wird »Religion« als Präsentation von authentischen SprecherInnen der Religionsgemeinschaften in irgendeiner Weise zum Bestandteil eines Schulfaches Lebenskunde - Ethik - Religion? Die Argumentationen und Interpretationen dieses Buches werden in der Perspektive vorgetragen, daß es einen konfessionsbezogenen Religionsunterricht mit gutem Grund weiterhin geben wird. Allerdings: unabdingbar notwendig ist dabei, daß eine intensive Kooperation zwischen den Konfessionen und Religionen entwickelt wird, wenn möglich in einem gemeinsamen Wahlpflichtbereich. -

»Religion« ist angesichts hochgradig unsicher gewordener Lebensperspektiven von Heranwachsenden zu lehren und gegenüber den Manifestationen und dem Lebensgefühl der »populären Kultur« zu gestalten. Diese Aufgabe bleibt, auch wenn es zu einer grundlegenden rechtlichen Neuordnung des Religionsunterrichtes kommt. Und auch eine weitere Problematik bleibt bestehen: Gestaltfindungsprozesse von »Religion« lassen sich in der Schule nur unter der Voraussetzung didaktisch organisieren, daß Religion in der Lebenswelt der SchülerInnen außerhalb der Schule lebendig ist. Heißt das nicht auch, daß »Religion lehren« als Chance und Aufgabe des Lebenszusammenhanges der Kirche vor Ort wahrgenommen werden muß, also nicht allein als Aufgabe des schulischen Religionsunterrichtes?

Die kirchlich institutionalisierte Religion ist für den Lebensalltag von SchülerInnen oft undeutlich, unattraktiv und wenig relevant. Deshalb wird es zur sinnvollen Forderung, Religion im Unterricht nicht nur anhand ihrer Dokumente zu interpretieren, sondern am Ort der Schule Gestaltfindungsprozesse von Religion anzubieten und zu begleiten. Aber wie? Handhabbare Vorschläge gibt es fast ausschließlich für den Primarstufenunterricht. Dies ist *ein* wichtiger Grund dafür, daß in diesem Buch vor allem Probleme des Jugendalters und der Jugendkultur - und damit der Religionsunterricht für die Schulstufen Sekundarstufe I und II - angesprochen werden. Ein zweiter Grund für diese Wahl liegt im anvisierten Thema, dem Verhältnis von »populärer Kultur und Religion«; dies ist nicht nur, aber vor allem ein für das Lebensgefühl und die Lebenswelt von *Jugendlichen* brisanter Gegenstand.

Ich danke meiner Frau Birgit Kuhlmann, Berufsschulpfarrerin in Bottrop, für zahllose Gespräche über Grenzen und Chancen des Schulalltags. Ich danke meiner Paderborner Mitarbeiterin Benita Joswig und meinen Kollegen und Freunden Friedrich Grotjahn, Jürgen Ebach und Rolf Sistermann für ermutigende und kritische Rückmeldungen auf verschiedene Fassungen dieses Manuskriptes. Frau Schubert hat das Register und die Druckvorlage erstellt; auch dafür herzlichen Dank. Und ich danke den Studierenden der Evangelischen Theologie in Paderborn; ohne die Diskussionen in den Seminaren wäre dies Buch nicht entstanden. Der Uni-Streik im Dezember 1997 hat mir die Brisanz der fehlenden Lebensperspektiven der heranwachsenden Generation erneut deutlich gemacht.

Hans-Martin Gutmann
Paderborn, im Mai 1998

I Bestandsaufnahme

Die »neue Unübersichtlichkeit« in der Kirche unter den Bedingungen der individualisierten »Risikogesellschaft«

1. Was ist dran an der Individualisierungsthese? Rede und Gegenrede, zunächst: Die Rede. Religion unter den Bedingungen einer individualisierten Gesellschaft

In vieler Hinsicht entspricht die Lage der kirchlich institutionalisierten Religion heute einem Witz aus der Spätphase der »real existierenden« DDR:

Ein Ortsbürgermeister, ein Stasi-Mann und ein Lehrer sitzen beim Bier zusammen. Der Lehrer erzählt: Denkt euch, heute hab ich in meiner Klasse gefragt, wer das »Kommunistische Manifest« geschrieben hat. Keiner konnte mir sagen, wer es gewesen ist. Ist das nicht empörend?

Der Bürgermeister (nachdenklich): Also, du kannst dich drauf verlassen: Mein Junge wars nicht. Und von mir hat er es auch nicht.

Darauf der Stasi-Mann: Ach laß nur. Trommel alle zusammen und gib mir zwei Stunden Zeit, ich krieg schon raus, wer von den Gören das geschrieben hat.

Ich kann von ähnlichen Erfahrungen erzählen im Umgang mit der Bibel. Ich erinnere mich an einen Konfirmandenkurs in einem Dorf in der Braunschweiger Landeskirche. Ich bitte die KonfirmandInnen (13-14 Jahre), das Gleichnis vom Verlorenen Sohn im 15. Kapitel des Lukasevangeliums aufzuschlagen.

Lange geschieht nichts. Die Unruhe im Raum wächst an. Dann, immerhin, einige Fragen: Steht das vorn oder hinten in der Bibel? Ich dachte, Luther hat die Bibel geschrieben und nicht Lukas. Wieso, haben denn mehrere Leute an der Bibel mitgeschrieben?

1.1 Fremdheit und Unkenntnis sind keineswegs allein charakteristisch für den Umgang mit der Heiligen Schrift.

Die Geschlossenheit und Verbindlichkeit der religiösen Symbolwelten zerfällt. Es dürfte kaum jemand unter den LeserInnen sein, der bzw. die aus der eigenen Lebenswelt Tischgebete, Abendgebete im Bett vor dem Schlafengehen oder eine Großmutter kennt, die abends bei Kerzenlicht in der Bibel liest.

Der Abbruch in religiöser Sitte und im selbstverständlichen Umgang mit der Kirche ist unübersehbar. In welcher Gemeinde werden - auch von Erwachsenen - Osternachtsfeiern begangen, wer spürt eine Verbindlichkeit, an kirchlichen Feiertagen den Gottesdienst zu besuchen? Wer fühlt sich noch selbst unter Theologen und Theologinnen verpflichtet, an einem Pfingstfest oder gar an einem Pfingstmontag in die Kirche zu gehen - wobei TheologInnen natürlich in der Regel wissen, daß das Pfingstfest als zentrales Fest der Entstehung der Kirche gelten muß.

Die Weihnachtssaison beginnt in den Geschäften spätestens im Oktober, mit einigermaßen durchmischter Symbolik: Schokoladenweihnachtsmänner, Kekse und Christstollen bevölkern die Auslagen, und spätestens ab Ende November schmückt Sternenschmuck die Straßen. Symbolwelten unterschiedlichster Herkunft gliedern sich an die großen kirchlichen Feste an und sind in den Familienfeiern, aber auch in Supermärkten und Straßenzügen präsent. Auferstehung und Osterhase zu Ostern; Krippe, Stern, Weihnachtsbaum, Christkind und Weihnachtsmann zu Weihnachten; Taufbekräftigung, Aufnahme in die Gemeinde und erstes Besäufnis bei der Konfirmation.

Zentrale Wendepunkte des Lebens - Taufe, Konfirmation, Eheschließung, Tod - werden noch vielfach mit einem kirchlichen Gottesdienst begangen; man spricht von »Passageriten«. Die »normalen« Sonntagsgottesdienste sind dagegen in der Regel Veranstaltungen für Sondergruppen innerhalb der Gemeinde mit einem dominierenden Anteil von Älteren, Frauen und KonfirmandInnen, die eher »willig« als freiwillig dabei sind.[1]

Mittlerweile werden die traditionellen Leistungen der Religion für den einzelnen und für die Gesellschaft zum großen Teil von anderen Instanzen übernommen. Abenteuer und Ekstase, Verheißung und Gericht, die Feier des Lebens und die Angst vor dem Tode, aber auch Gemeinschaft, Liebe, Intimität und Verbindlichkeit werden heute eher von der Werbung und den großen Hollywoodfilmen massenwirksam inszeniert als von den Angeboten institutionalisierter Religion. Andere Symbole und Rituale als die christlich-kirchlichen scheinen eher Orientierung, Sinnvergewisserung und Gemeinschaftserfahrung zu verbürgen. Die populäre Kultur bietet zwischen Fußballstadion und Kino, von Stuyvesant über Marlboro bis zu Becks und Brinkhoffs Nr.1 Symbole und Rituale an, die die Vergewisserung des individuellen und gesellschaftlichen Lebenszusammenhanges ebenso versprechen wie die Überschreitung der Grenzen von Alltäglichkeit.

1.2 Abbruch-Erfahrungen bestimmen vielerorts das Lebensgefühl der »Professionellen« in der Kirche, nicht nur in den Fluren von Landeskirchenämtern. Die Kirchenaustrittszahlen sind seit fast dreißig Jahren konstant hoch; in den Gebieten der ehemaligen DDR gehören teilweise weit unter 50% der Bevölkerung der Kirche an.

Finanzielle Unsicherheiten, die mit der Massenarbeitslosigkeit, aber auch mit neuen staatlichen Abgabenforderungen einhergehen, lassen gegenwärtig die Kirchenaustrittswelle in die Höhe schnellen. Die Finanzprobleme gehen

1 Vgl. zur Interpretation jedoch: P. Cornehl, Teilnahme am Gottesdienst. Zur Logik des Kirchgangs - Befund und Konsequenzen. In: J. Matthes (Hg.), Kirchenmitgliedschaft im Wandel, Gütersloh 1990, S. 15-53.

den Kirchen mittlerweile an die Substanz. Die seit zwanzig Jahren anwachsende Massenarbeitslosigkeit und die zunehmende Verarmung eines wachsenden Teiles der Bevölkerung[2] schmälert die Kirchensteuereinnahmen, und die Steuerreform wird ein übriges tun. Die Finanzkrise wird je nach Landeskirche unterschiedlich rigide gemanaged, aber nahezu überall sind die Rücklagen jetzt aufgebraucht. Arbeitslosigkeit, schon seit längerem Schicksal auch in akademischen Berufen, gerät seit einigen Jahren zum Damoklesschwert für Männer und Frauen, die Theologie mit dem Ziel des Pfarramtes studieren. Gegenüber anderen Ausbildunggsituationen erscheint dies besonders *brisant*, weil Theologiestudierende nach Studium und Vikariat in der Regel lebensgeschichtlich weit fortgeschritten sind, eine Familie mit Kindern zu versorgen haben, aufgrund ihres Alters auf dem Arbeitsmarkt wenig attraktiv sind.

Zu den Unsicherheiten in den Berufsperspektiven kommt eine tendenzielle Entwertung des Berufsbildes hinzu: Der Pfarrer, die Pfarrerin wird weithin als professionelle/r NachbarIn geschätzt. Die Rolle als öffentliche Person, als geistliche Autorität, als zentrale Figur in der Lebenswelt ist in städtischen Gemeinden vorbei, allenfalls noch in manchen dörflichen Gemeinden spürbar.

Die christlichen Kirchen sind in unserer Gesellschaft nicht mehr die einzigen Formen der Religionsausübung und des religiösen Lebensvollzuges, und diese Situation wird es vermutlich auch nie wieder geben. Jedes Nachdenken über Religion muß von dieser Tatsache ausgehen. In den vergangenen dreißig Jahren ist die Bundesrepublik de facto zu einer multikulturellen und multireligiösen Gesellschaft geworden. Dies betrifft auch das Leben in den Schulen. Je nach Schultyp ist dies unterschiedlich offenkundig. In Hauptschulen und Berufsschulen beträgt der Anteil von muslimischen Schülern in manchen Regionen, insbesondere in großstädtischen industriellen Ballungsgebieten über 50%.

Auch im Religionsunterricht muß darauf reagiert werden. Unterschiedliche Modelle werden diskutiert und teilweise auch praktiziert: Von der Beibehaltung eines konfessionellen Religionsunterrichtes über einen mehrkonfessionellen christlichen Religionsunterricht bis hin zu einem multireligiösen Unterricht.[3]

Die Präsenz der Kirche, genauer: der Konfessionsgemeinschaften in der staatlichen Schule ist, entsprechend den Formulierungen in der Weimarer Verfassung von 1919, auch im Grundgesetz der Bundesrepublik (Art. 7,3 GG) garantiert. Dieses grundgesetzliche Recht ist von den Kirchen einklagbar. Das setzt Versuchen Grenzen, einen mehrkonfessionellen oder sogar interreligiösen Religionsunterricht an den Schulen zu installieren. Und auch die Versuche wie im Land Brandenburg, der faktischen Entkirchlichung der

2 Vgl. U. Huster, Neuer Reichtum und alte Armut, Düsseldorf 1993.

3 Vgl. beispielsweise zur Situation in Hamburg: Pädagogisch-theologisches Institut Hamburg, Religionsunterricht für alle. RUMS - Religionsunterricht und multikulturelle Schule. Hamburger Perspektiven zur Religionsdidaktik, (Hg.) von F. Doedens und W. Weiße, Hamburg 1997.

Gesellschaft durch ein Fach LER (Lebensgestaltung - Ethik - Religion) zu entsprechen, wird mit dem grundgesetzlich verbrieften Einspruch der Kirchen zu rechnen haben.

Bei dem Unterrichtsmodell LER des Landes Brandenburg scheint eine problematische Voraussetzung mit eingegangen zu sein: Es hat den Anschein, als würde hier angenommen, daß der *Staat* als Träger der Schule für Ethik und Lebensgestaltung zuständig sei, die Institution Kirche bzw. die Religionsgemeinschaften dagegen für Religion. Denn das LER-Modell sieht vor, daß Vertreter der verschiedenen Kirchen und übrigen Religionsgemeinschaften als »authentische SprecherInnen« der Religion für eine bestimmte Phase im LER-Unterricht auftauchen und als lebendige Zeugen für die Inhalte der jeweiligen Religion einstehen.

Mit dieser Festlegung werden vierzig Jahre an religionspädagogischer Entwicklung über Bord geworfen. Spätestens seit den 60er Jahren ist - mit dem Gedanken der Schülerorientierung, der Themenbezogenheit, der Situationsgerichtetheit des Religionsunterrichtes - die Lebenswelt der SchülerInnen mit all ihren brisanten Themen und Konflikten als Gegenstand des Religionsunterrichtes selber erkannt worden. Damit ist eine Abwendung vom Modell der »Evangelischen Unterweisung« insofern gewollt worden, daß im Religionsunterricht nicht nur die Heilige Schrift, die Bekenntnisse, die Liturgie des Gottesdienstes, die Frömmigkeitsformen der Kirche zum Gegenstand werden und von den SchülerInnen eingeübt werden können, sondern daß die Religion, und zwar gerade die evangelische Religion, im Gesamt der Lebensvollzüge der SchülerInnen zur Geltung kommt, mitten im wilden Leben. Wenn jetzt in dem LER-Modell LehrerInnen oder Kirchenvertreter als »authentische Sprecher« der Religion in dieser Rolle darauf festgelegt und eingegrenzt werden, den SchülerInnen Dokumente, Glaubensbekenntnisse der Religion, Gottesdienstformen, oder auch die spezifischen Antworten der jeweiligen Religion auf brisante Fragen vorzustellen, dann geht dieser seit dem »Problemorientierten Unterricht« der 60er Jahre selbstverständlich gewordene Bezug des Inhaltes der Religion auf das Gesamt der Lebenswirklichkeit der Schüler verloren. Religionslehrer und PfarrerInnen sind dann nichts anderes mehr als SpezialistInnen für Religion, während es für Ethik und Lebenskunde andere Spezialisten gibt. Es besteht die Gefahr, daß die ReligionslehrerInnen und PfarrerInnen auf das Modell der »Evangelischen Unterweisung« zurückgeworfen werden - ein Modell, von dem aus anderen Gründen sehr viel mehr zu halten ist als sein Ruf, das aber auf diese Weise im LER-Unterricht gerade in seiner schwächsten, problematischsten Gestalt wieder zum Leben erweckt wird. Umgekehrt muß man natürlich fragen: Gibt es angesichts der Kirchenaustritte, angesichts der Interesselosigkeit weiter Kreise der Bevölkerung gegenüber der Kirche als Institution, überhaupt eine andere Chance, als den Unterricht der öffentlichen, für alle Kinder verpflichtenden Schule vom Einfluß der kirchlichen Institutionen zu lösen?

Aber die rechtliche Situation ist nur die eine Seite. Ich denke an Berichte von betroffenen ReligionslehrerInnen, beispielsweise aus einer berufsbildenden Schule im Ruhrgebiet. Die Abmeldequote ist hoch, auch gerade bei

SchülerInnen, mit denen man gerne arbeiten würde. Das wird in Hauptschulen, eingeschränkter vielleicht in Gymnasien nicht viel anders aussehen. Im Unterricht selbst, abgesehen vielleicht von der Grundschule und Leistungskursen in der Sekundarstufe 2, bestehen erhebliche Schwierigkeiten, die SchülerInnen zu motivieren. Verhandlungen über Themen, die Schüler interessieren können, enden nach der schließlichen Themenfindung oft genug mit der Einsicht, daß das Problem nicht im Thema, sondern in der Erfahrung mangelnder Relevanz des ganzen Faches für die SchülerInnen liegt: mangelnde Relevanz im Gegenüber zu anderen Fächern innerhalb der Schule, mangelnde Relevanz für die eigene Lebenspraxis. Themen, die »ziehen«, lassen sich an wenigen Fingern abzählen: Okkultismus, Satanismus, Drogen, Sexualität sind Renner. Wer mit Jesus oder anderen biblischen Themen kommt, hat es schwerer.

Das Grundproblem scheint aber nicht in der Stellung des Faches Religion in der Schule zu liegen. Das Grundproblem liegt im Gegenstand des Religionsunterrichtes: in der Gestaltlosigkeit des Lebensvollzuges von Religion, der gerade für Jugendliche nicht oder kaum einladend und begehbar erscheint. Das Problem liegt in der Gestalt der Kirche. Die Kirche weiß heute nicht, wer sie ist und was sie will. Sie verwechselt ihre Verheißung und ihren Auftrag mit ihrem institutionellen Bestand. Sie ist empirisch nicht mehr »Volkskirche« und hat religiös die Kraft verloren, »Leib Christi« zu sein.[4] Und gerade Jugendliche haben ein deutliches Gespür dafür, wo versucht wird, den Verlust an geistlicher Präsenz durch Anbiederung ans subkulturelle Milieu wettzumachen.

Der allseits festgestellte und bedauerte Traditionsabbruch und der Verlust gelebter Frömmigkeit in der Kirche, die Kirchenaustritte, die damit zusammenhängende Finanzkrise der Kirche: all dies führt zu ganz unterschiedlichen Reaktionen.

Zu einer Betonmentalität, die in Kollegien mancher Landeskirchenämter zu beobachten ist: Rückzug auf reine Lehre (Leere?), Zurückfahren kirchlicher Angebote auf den Kernbestand kirchlichen Handelns in Gottesdienst, Seelsorge und Unterricht. Fundamentalistische Orientierungen in manchen Gemeinden oder Gruppen: Eine rigide Trennung zwischen »Innen« und »Außen«, Kirche und Welt, Glauben und Unglauben soll helfen, mit eigenen lebensgeschichtlichen Verunsicherungen fertig zu werden, aber auch mit der Unsicherheit über den Ort der Kirche in der Welt.

Auf der anderen Seite gibt es bei vielen Gemeindemitgliedern, PastorInnen, auch Kirchenleitungen die Tendenz, es allen recht machen zu wollen. Das Kunststück, sich nach allen Seiten gleichzeitig zu verbeugen, soll von der Zirkusarena auf die Kanzel geholt werden - mit mäßigem Erfolg. Kirche soll modern sein: der christliche Glaube soll den naturwissenschaftlichen Entwicklungen nicht widersprechen. Die gesellschaftliche Entwicklung in Richtung Individualisierung soll ernstgenommen werden: die Kirche soll in

4 Vgl. M. Josuttis, »Unsere Volkskirche« und die Gemeinde der Heiligen ..., Gütersloh 1997.

ihrer Lehre, aber auch in ihrem Leben keine verbindlichen Forderungen erheben. In ihren politischen Stellungnahmen soll die Kirche nicht so klar sein, daß irgend jemand verschreckt wird, vor allem nicht die potenten Kirchensteuerzahler.

Die Kirche weiß nicht, wer sie ist und was sie will: wie soll man unter diesen Bedingungen Religion unterrichten können?

1.3 Die massenhaften Kirchenaustritte der vergangenen Jahre und Jahrzehnte, die nachlassende Verbindlichkeit der Angebote der institutionalisierten Kirchen, die schwindende Plausibilität religiöser Symbolwelten - all dies ist die eine Seite der Medaille. Die andere Seite ist genauso bekannt. Es gibt Religion auch außerhalb der Kirche. Mittlerweile ist das ein Allgemeinplatz, der genügend bekannt ist und auch in den Kirchen und in der praktisch-theologischen wissenschaftlichen Diskussion zur Kenntnis genommen wird.[5]

Es gibt Religion auch außerhalb der Kirche - aber wenn dies richtig ist, was ist dann »Religion«? Ist schon jedes Urvertrauen, jede Suche nach »Sinn«, ist jede Reise in eine Welt jenseits des Alltags, ist jede esoterische Begegnung, die man außerhalb der Kirchen erleben kann, schon Religion?

Aber auch das, was gegenwärtig als institutionalisierte christliche Kirche verstanden wird, ist keinesfalls einheitlich. Dies gilt nicht nur deshalb, weil es unterschiedene konfessionelle Gestalten christlicher Religion gibt. Auch die soziale und die religiöse Gestalt der evangelischen Kirche ist in sich äußerst vielfältig. Karl-Wilhelm Dahm unterscheidet in einer Ende der 80er Jahre durchgeführten Untersuchung[6] in der Mitgliedschaft der »Volkskirche« zwischen insgesamt 15% »Engagierten«, 10% »Austrittsorientierten« und den 75% der Mitglieder, deren Teilnahmeverhalten mit dem Stichwort einer »distanzierten Volkskirchlichkeit« bestimmt wird.[7]

Die 15% der engagierten Kirchenmitgliedschaft werden in der Öffentlichkeit am stärksten wahrgenommen und tendenziell mit dem identifiziert, was »Kirche« sei. Dahm tritt dagegen dafür ein, die 75% der distanziert eingestellten Kirchenmitglieder ebenfalls als Kirche anzusehen, und er versucht, ein Profil der Lebens- und Glaubensorientierung dieser Kirchenmitglieder zu beschreiben:

5 D. Rössler, Grundriß der Praktischen Theologie, Berlin/New York 1986.

6 K.-W. Dahm, Distanzierte Dreiviertelkirche und konkurrierende Kerngruppen. Zum Weg der »Volkskirche« in: R. Riess (Hg.), Wenn der Dornbusch brennt, München 1989, S. 308ff.

7 Die 15% Engagierten setzen sich in sich wiederum aus drei Gruppen zusammen. 5% sind als evangelikal oder pietistisch ausgerichtete Gemeindemitglieder zu betrachten; 5% sind betont gesellschaftskritisch-sozialethisch orientiert; hier spricht man neuerdings von »Ökumenikern« im Sinne einer Theologie des Genfer ökumenischen Rates bzw. im Sinne einer ökumenischen Befreiungstheologie; und 5% sind stärker traditional eingestellte Kirchenmitglieder, die bewußt an der eigenen Bekenntnistradition und an der überkommenen Frömmigkeitspraxis festhalten wollen.

- Zur volkskirchlichen Mentalität gehört zunächst ein erklärtes Interesse an der Weitergabe des Christseins im Generationsverband. 90% der Kirchenmitglieder wollen auch ihre Kinder taufen lassen. Man wird evangelisch so ähnlich, wie man Deutscher wird; die Kirchenmitgliedschaft ist kein Ergebnis einer bewußten Entscheidung, sondern ist zugerechnet: Man wird in die Kirche hineingeboren.
- Ein Interesse an einer abrufbaren religiösen Lebensbegleitung gilt insbesondere den Übergangs- und Krisensituationen des Lebens: bei der Taufe, bei der Konfirmation, der Trauung und der Beerdigung. Religiöse Lebensbegleitung bezieht sich in erster Linie auf den Bereich des Privaten, weniger auf den Bereich von Arbeit und Beruf. Ein typisches Kennzeichen für dieses Interesse ist ein Denken im Sinne von Kosten-Nutzen-Rechnung: Man fragt, was man eigentlich von seiner Mitgliedschaft in der Kirche habe.
- Dem Interesse an einer abrufbaren religiösen Lebensbegleitung entspricht eine pastorale Grundorientierung. Wie Kirche erfahren wird, wird an den persönlichen Begegnungen mit dem Pastor der Gemeinde festgemacht. Der Pfarrer/die Pfarrerin soll SeelsorgerIn sein, aber auch Vorbild, Bürge für ein besseres Leben, StellvertreterIn im richtigen Handeln in den besonders konfliktbelasteten Lebensbereichen wie Sexualität und Politik. Nicht das »prophetische Amt« in brisanten politischen Konfliktkonstellationen ist zuerst gefragt, sondern die Bestätigung der Erwartung, daß der Pfarrer/die Pfarrerin als verläßlicher professioneller Nachbar in Anspruch genommen werden kann.
- Die Kirche wird vor allem als Dienstleistungsapparat verstanden; dem entspricht ein distanziertes Teilnahmeverhalten gegenüber fast allen kirchlichen Veranstaltungen, insbesondere gegenüber dem Sonntagsgottesdienst. Kirchliche Dienstleistungen werden genauso abgerufen, wie man etwa einen Arzt nötig hat. Ohne besonderen Anlaß »geht« deshalb die Dreiviertel-Kirche nicht »in die Kirche«.
- Erwartet wird von der Kirche neben der Lebensbegleitung vor allen Dingen die Vermittlung und die exemplarische Darstellung einer Alltagsethik christlicher Humanität. Darunter wird vor allen Dingen und ganz unspezifisch ein »Anständigsein« verstanden, wobei die biblischen Zehn Gebote mehr oder minder bewußt als Leitfaden angesehen werden.
- Charakteristisch für die Lebensweise und für das Lebensgefühl der Dreiviertel-Kirche ist schließlich ein erhebliches Defizit im Hinblick auf das, was zum Wissensbestand über den christlichen Glauben gehört. Die Kenntnisse im Hinblick auf die Bibel, die reformatorischen und erst recht die altkirchlichen oder neueren Bekenntnisse sind dramatisch gering.

In der Perspektive des Außenblickes auf Religion und Kirche (das Nebeneinander verschiedener religiöser und kultureller Lebensformen in der bundesrepublikanischen Gesellschaft), aber auch in der Perspektive kirchlicher Binnenwahrnehmung (die Vielschichtigkeit der Kirchenmitgliedschaft und die zahlenmäßige Dominanz der »Dreiviertelkirche«) ist ein Prozeß wahrnehmbar, der sich, je nach Position des/der BetrachterIn, als Zunahme an Vielfalt oder aber als Verlust an Gestalt und Bindung beschreiben läßt.

1.4 Die gegenwärtigen Abbrucherfahrungen in der institutionalisierten Religion sind in Deutschland, aber auch anderswo einstweiliger Höhepunkt eines lang andauernden historischen Prozesses, der geistesgeschichtliche, aber auch sozialgeschichtlich beschreibbare Anteile hat.
Nicht erst mit der Reformation, sondern bereits schon im Gegenüber der Großkirche auf der einen, der Sekten und volkskulturellen Lebenwelten auf der anderen Seite im ausgehenden Mittelalter zerfällt eine religiöse Einheitskultur. Der Prozeß setzt sich nach der Reformationsepoche fort in der Religionskritik der Aufklärung und im Auswandern der »Gebildeten unter den Verächtern der Religion« im 18. Jahrhundert, sowie im Auszug des Industrieproletariats seit der Durchsetzung der industriellen Produktionsweise in der ersten Hälfte des 19. Jahrhunderts. Die Abwanderungsbewegung ist regional unterschiedlich stark ausgeprägt: in den großen Städten stärker als auf dem Land, in Gebieten ohne Tradition in den Erweckungsbewegungen des 19. Jahrhunderts stärker als in ihren Zentren, in der ehemaligen DDR stärker als in der alten Bundesrepublik. Überall aber ist sie spürbar.

Dennoch trifft die gegenwärtig oft resignierte, ja bisweilen sogar verzweifelte Sicht auf die Entwicklungsmöglichkeiten von Religion und Kirche in der Moderne, wie sie insbesondere von enttäuschten KirchenvertreterInnen zu hören ist, nicht recht den Sachverhalt.

Oft ist davon die Rede, daß ein ganzes Zeitalter zu Ende gehe, das mit der Konstantinischen Wende begonnen habe: beschworen wird das Ende der Konstantinischen Epoche, in der die kirchlich institutionalisierte Religion staatlich privilegiert wurde, ja tendenziell als einzige Religion im Staate, als Staatsreligion gelten konnte.

Nun ist dieser Gebrauch des Stichwortes »Konstantinische Wende« historisch durchaus problematisch. Als Kaiser Konstantin im Jahr 312 nach der Schlacht an der Milvischen Brücke, in deren Verlauf er seinen Konkurrenten um die römische Kaiserkrone schlägt und - durch diesen Sieg motiviert - dem Kreuz, in dessen Zeichen der Sieg möglich wurde, mehr Glauben schenken will als den römischen Staatsgöttern, da ist keineswegs die christliche Staatskirche begründet worden. Sicher haben damals die Christen, aber auch Heiden die Umkehrung der Verhältnisse als äußerst dramatisch erfahren: Wenige Jahrzehnte zuvor noch staatlich verfolgt, wird jetzt das Christentum zur privilegierten Religion. Aber unter Konstantin ist die Kirche keinesfalls die einzige oder gar die Staatsreligion schlechthin. Es gibt in dieser kurzen Zwischenphase in der Geschichte des Römischen Reiches ein Nebeneinander von christlicher Kirche, griechisch-hellenistischen Philosophieschulen, römischen Staatsgöttern und volkskulturell wirksamen Mysterienkulten. Unter Konstantin existiert eine Vielfalt von Religionen, die nebeneinander bestehen, miteinander ins Gespräch kommen müssen und ihre eigene Gestalt im Gegenüber zu den anderen Religionen erarbeiten und abgrenzen müssen. Erst gegen Ende des vierten Jahrhunderts, unter Kaiser

Theodosius, ist diese Zeit der relativen religiösen Toleranz vorbei: Jetzt werden die heidnischen Kulte, die Philosophieschulen, die Arenen für die athletischen Wettkämpfe, die Zirkusspiele verboten.

Nimmt man dies zur Kenntnis, könnte sich mit Blick auf die gegenwärtige Lage von Religion und Kirche nicht die Rede vom Ende des »Konstantinischen Zeitalters« nahelegen, sondern eher der Vergleich mit gerade dieser Epoche. Unter Konstantin finden wir eine kurze Übergangszeit, die gerade in ihrer Vielfalt und in der Unentschiedenheit des weiteren Weges eine Assoziation unserer heutigen Situation erlauben könnte.

1.5 Es gibt zahlreiche Hinweise dafür, daß der Plausibilitätsverlust kirchlich institutionalisierter Religion nur einen, wenn auch einen zentralen Ausdruck einer Umformungskrise darstellt, die über die Krise der Religion weit hinausgeht. Neben der Kirche sind auch andere gesellschaftliche Institutionen von einem schleichenden oder sogar galoppierenden Entwertungsprozeß erfaßt. Und nicht nur Institutionen wie Kirche, Staat und Familie: auch Nachbarschaften, Milieus, vertraute Lebenswelten erodieren im Prozeß der industriell-technischen, in jüngster Zeit vor allem der informationellen Revolution von immer weiteren Lebensvollzügen. Es werden in der gegenwärtigen sozialwissenschaftlichen Diskussion und auch in den Feuilletons von Zeitungen sozialwissenschaftliche Erklärungsmodelle für die Situation der modernen Gesellschaft gehandelt. Ein einflußreiches Theorem ist die Individualisierungs-These. Worum handelt es sich?

Die AutorInnen, die sich in den Sozial- und Gesellschaftwissenschaften[8], aber auch z.B. in der Pädagogik[9] mit dem Individualisierungstheorem befassen, gehen davon aus, daß herkömmliche Erklärungsmodelle für den Zustand, die Entwicklung, auch für die soziale Dynamik einer Gesellschaft ihre Erklärungskraft verloren haben. Dies gilt beispielsweise für das Theorem der gesellschaftlichen *Klassen.* Vielen ZeitgenossInnen ist es bereits unbekannt oder gilt als Hinweis auf die Rückständigkeit des Wissens in gruseligen Vorzeiten.

Der Ansatz, wahrnehmbare Ungleichheiten in der Verteilung von gesellschaftlichem Reichtum und gesellschaftlicher Macht mit dem Begriff der »Klasse« theoretisch zu fassen, stammt von Karl Marx. In der marxistischen Theorietradition wurde angenommen, daß sich die gesellschaftliche Lage der Menschen aus ihrer Stellung im Produktionsprozeß bestimmen lasse. Als entscheidend gilt der Besitz oder Nichtbesitz von Produktionsmitteln. Dieses Theoriekonzept ist von Anbeginn heftig bestritten worden. Und es fiel den Theoretikern in marxistischer Tradition auch immer schwerer, angesichts einer zunehmenden Differenzierung der Gesellschaft und angesichts eines zunehmenden gesellschaftlichen Reichtums auch für die Mitglieder der abhängig arbeitenden Klasse zu zeigen, wie sich der »objektive«, also durch die Stellung im Produktionsprozeß bestimmbare Ort der Menschen in ihren

8 Z.B. F. Lyotard, W. Welsch, U. Beck, E. Beck-Gernsheim, G. Schulze.
9 Z.B. W. Heitmeyer, D. Baacke.

alltäglichen Lebenszusammenhang hineinvermittelt. Ob jemand viel Geld, eine gute Wohnung besitzt, eine gute Ausbildung genossen hat und seinen Kindern angedeihen lassen kann, am kulturellen Leben der Gesellschaft teilnehmen kann und politische Macht ausüben kann: all dies läßt sich, zumindest in unserer Gesellschaft, immer weniger eindeutig aus der Stellung der Menschen im Produktionsprozeß erklären. Der Begriff der »Klasse« erklärt zu wenig.

Aber auch alternative theoretische Konzepte, mit denen versucht wird, die Gesellschaft und die Lage von Menschen in ihr zu bestimmen, haben an Überzeugungskraft verloren. Das gilt beispielsweise für den Begriff der »Schicht«, mit dem man versucht, gesellschaftliche Ungleichheiten zu verstehen, ohne eine eindimensionale Abhängigkeit dieser Ungleichheiten von der Stellung der Menschen im Produktionsprozeß anzunehmen. In diesem Ansatz werden andere Dimensionen wichtiger genommen: beispielsweise Unterschiede im Einkommen, in der Bildung, im Zugang zu kulturellen und politischen Partizipationsmöglichkeiten.

Die Vertreter der Individualisierungs-These wollen nun zeigen, daß auch solche Einteilungen angesichts der empirischen Situation der Menschen in unserer Gesellschaft scheitern.[10] Für die heutige Situation scheint es vielmehr charakteristisch, daß geschlossene gesellschaftliche Räume überhaupt zerfallen. Milieus und geschlossene Lebenswelten, die vielleicht vor vierzig Jahren noch da waren, gibt es immer weniger. Dabei kann an Arbeiterquartiere gedacht werden, an geschlossene Wohnsiedlungen, die einen typischen Stil, eine charakteristische Atmosphäre haben. In manchen Ecken des Ruhrgebietes kann man das noch erkennen, aber auch hier nur noch in Restbeständen: Einheitlich gebaute Straßenzüge mit Häusern, die trotz ihrer Einfachheit ein Gesicht haben. Große Wohnküchen und große Gärten. Kommunikationsräume. Taubenzucht auf dem Dachboden. Die Eckkneipe, wo sich die Männer abends zu Bier und Korn treffen.

Oder Dörfer, deren Gesicht von der landwirtschaftlichen Produktion und der nachbarschaftlichen Verpflichtung zwischen den Hauswirtschaften bestimmt wird. Mit der Kirche und dem Wirtshaus in der Mitte, dem Schützenverein, der Feuerwehr und dem Kegelclub, wo man mitmachen muß, wenn man dazugehören will. Dörfer, in denen man geboren sein muß, um überhaupt als dazugehörig akzeptiert zu werden. All das gibt es nicht mehr oder jedenfalls immer weniger.

Die Ursachen hierfür kann jede/er am eigenen Leibe tagtäglich wahrnehmen: Die rasante technologische Entwicklung, die ungebremste Zunahme der Geschwindigkeit des Lebens im Straßenverkehr genauso wie in der Aufnahme und Beendigung von zwischenmenschlichen Beziehungen, das ungeheure Anwachsen des Reichtums bei gleichzeitig ebenso großer Zunahme des Risikos, in Armut und Arbeitslosigkeit zu geraten.

10 In den Analysen von G. Schulze zur »Erlebnisgesellschaft« treten beispielsweise Begriffe wie »Milieu«, »Szene«, »Erlebnismarkt« u.ä. an die Stelle der »Großkategorien« Klasse und Schicht. Vgl. ders., Die Erlebnisgesellschaft. Kultursoziologie der Gegenwart, 4. Aufl., Frankfurt/M. u.a. 1992.

All dies hat das Gesicht der Menschen, das Gesicht der zwischenmenschlichen Beziehungen genauso verändert wie das Gesicht unserer Dörfer, Stadtzentren und Stadtviertel.

Der Psychoanalytiker Alexander Mitscherlich hat schon in den 60er Jahren von der »Unwirtlichkeit« unserer Städte gesprochen.[11] Jede/r kann das an der eigenen Erfahrung überprüfen, wenn er/sie in das Stadtzentrum einer x-beliebigen Stadt gerät und die Fußgängerzone entlangschlendert: Am Gesicht der Gebäude, der Schaufenster, der Auslagen und Namen der Geschäfte ist nicht mehr zu erkennen, in welcher Stadt man sich gerade aufhält. Im Gesicht der Orte, der Stadtzentren und Schlafstädte, auch der Dörfer läßt sich dieselbe Vergleichgültigung ablesen wie in den Gesichtern von Menschen unterschiedlicher Regionen und sozialer Lage. Die Vereinheitlichung/Abstraktion der Lebensräume ist die Kehrseite der Individualisierung des gesellschaftlichen Lebens.

Theoretische Konzepte, die noch vor dreißig Jahren eine Erklärung der gesellschaftlichen Entwicklung zu ermöglichen schienen, haben an Erklärungskraft verloren. Das Theoriekonzept, das noch am ehesten zuzutreffen scheint, ist mit dem Stichwort »Individualisierung« benannt. Welche Erklärungskraft kann es beanspruchen?

Individualisierung ist kein historisch neues Phänomen, ist vielmehr in spezifischer Weise bereits mit dem Übergang vom Mittelalter zur neuzeitlichen Gesellschaft verbunden. Dies ist eine Grundthese in der soziologischen Diskussion: Gesellschaften werden im Verlauf der historischen Entwicklung komplexer, und dies findet seinen Ausdruck in einer zunehmenden Differenzierung. Im Übergang vom Hochmittelalter zur Neuzeit löst sich die ökonomische Produktion allmählich aus dem Zusammenleben des »Hauses« als der Lebensform ländlicher und städtischer Oberschichten, in der Angehörige mehrerer Generationen mit nichtverwandten Arbeitsgehilfen unter der Leitung eines »Hausvaters« gemeinsam lebten und arbeiteten. Politische Herrschaft (die Fürsten, die Stadträte, die Kirche) und ökonomische Macht treten auseinander. Das Erziehungssystem löst sich aus dem religiösen und kirchlichen System zunehmend heraus. Die Gesellschaft differenziert sich in Teilsysteme aus.

Dies bedeutet auch, daß sich die gesellschaftlichen Rollen der Menschen zunehmend differenzieren. Der gesellschaftliche Ort wird in immer größerem Maße nicht mehr durch Geburt zugewiesen, sondern lebensgeschichtlich durch Rollenübernahme erworben und weiterentwickelt.

Norbert Elias zeigt in seinem Werk »Über den Prozeß der Zivilisation«[12], daß der Prozeß in Richtung auf Individualisierung in gewisser Weise paradox ist, weil er nämlich als Kehrseite der Entwicklung zu immer größeren sozialen Einheiten verstanden werden muß. Individualisierung der Men-

11 A. Mitscherlich, Die Unwirtlichkeit unserer Städte, Frankfurt/M. 1965.
12 N. Elias, Über den Prozeß der Zivilisation. 2 Bde., Frankfurt/M. 1976.

schen und Zentralisierung der gesellschaftlichen Macht sind zwei Seiten der gleichen Medaille. Hierin liegt der Clou von Elias' Zivilisationstheorie: Langfristige Veränderungen in der Charakterstruktur von Menschen und langfristige Veränderungen in der gesellschaftlichen Struktur können als Ausdruck *eines* und desselben Prozesses verstanden werden; zur Interpretation schlägt Elias den Ausdruck »Figuration« vor.

Mindestens diese Faktoren sind Bestandteile der Figuration, die in der frühen Neuzeit in Richtung auf Individualisierung wirksam wird: Eine zunehmende Intimisierung in der Familie, im Zusammenleben zwischen Eheleuten und zwischen Eltern und Kindern; eine Monopolisierung der gesellschaftlichen Gewalt durch die Herausbildung von staatlichen Gebilden mit zentralisierter Machtstruktur; eine Verlängerung und zunehmende Verflechtung menschlicher Handlungsketten, verbunden insbesondere mit einer Intensivierung des Handels und des Verkehrs; und schließlich - und dies ist der Faktor, der eigentlich in Richtung Individualisierung wirkt - die zunehmende Ersetzung der menschlichen Affektregulierung, die durch äußeren Zwang wirksam wird, durch die Selbststeuerung und den Selbstzwang der Individuen.

Der »Kriegsschauplatz« - also die Zurückdrängung und Kontrolle spontaner aggressiver und libidinöser Affekte - wird aus dem zwischenmenschlichen Bereich ins Innere der Menschen verlegt: nicht mehr Angst vor »äußerer« Gewalt, sondern »innere« Gefühle von Scham und Peinlichkeit verhindern, spontane erotische und aggressive Antriebe unmittelbar auszuleben. »Dämpfung der spontanen Wallungen, Zurückhaltung der Affekte, Weitung des Gedankenraumes über den Augenblick hinaus in die vergangenen Ursach- und die zukünftigen Folgeketten, es sind verschiedene Aspekte der gleichen Verhaltensänderung, eben jener Verhaltensänderung, die sich mit der Monopolisierung der körperlichen Gewalt, mit der Ausweitung der Handlungsketten und Interdependenzen im gesellschaftlichen Raum notwendigerweise zugleich vollzieht« und ein Verhalten im Sinne der »Zivilisation« bewirkt.[13] Die Verhaltenskontrolle wird, in der Perspektive historischer Entwicklung in zunehmendem Maße, nicht mehr von gesellschaftlichen Instanzen, sondern von den Individuen selbst besorgt; insofern ist der »Zivilisationsprozeß« im Sinne von Elias zugleich ein über Jahrhunderte hin sich ausprägender Prozeß von Individualisierung.

Hiervon muß eine neue, gegenüber dieser ersten sekundäre Stufe von Individualisierung unterschieden werden. Für die Interpretation dieser zeitgenössisch-modernen Individualisierungsstufe steht das Stichwort »Risikogesellschaft« bereit, das von Ulrich Beck vorgeschlagen wurde und folgende Faktoren in einen theoretisch begriffenen Zusammenhang bringen will:[14]

- Die enorme Zunahme des materiellen Wohlstandes in der Nachkriegsgesellschaft der Bundesrepublik. Die Zunahme der Reallöhne hat dazu ge-

13 Ebd., Bd. 2, 322.
14 U. Beck, Risikogesellschaft. Auf dem Weg in eine andere Moderne, Frankfurt/M. 1986.

führt, daß die Arbeiterschaft die »proletarische Enge« abgeschüttelt hat und durch den Zugang zum Massenkonsum neue Bewegungsspielräume und einen bis dahin nicht gekannten Zugang zu anderen Konsum- und Lebensstilen gewonnen hat. Es kommt zu einer »Pluralisierung« von Lebensstilen. Der Anteil der für Erwerbsarbeit notwendigen Zeit am Zeitbudget der Menschen verkürzt sich. Je mehr materiellen und zeitlichen Freiheitsspielraum Menschen gewinnen, desto mehr Chancen haben sie, ihren persönlichen Vorlieben in der Lebensführung, in den Wohnverhältnissen, in Freizeit und Konsum Ausdruck zu verleihen.

- Als zweiten Faktor nennt Beck die gestiegene geographische und soziale Mobilität der Bevölkerung. Die technologische Modernisierung führt zu weitreichenden Wandlungen in der Berufsstruktur, zu einer Ausweitung des Dienstleistungssektors und zu tiefgreifenden Veränderungen in der sozialen und räumlichen Struktur der Lebensverhältnisse. Die Verstädterung schreitet fort, ländliche Lebensräume werden entleert. In der Lebensplanung rechnen immer mehr Menschen damit, daß sie ihren einmal gewählten Beruf nicht ihr Leben lang ausüben werden.
- Mit diesen Prozessen verbunden ist eine in der bisherigen Geschichte unbekannte Mobilität der Bevölkerung. Die Individuen werden aus ihren traditionellen Lebenszusammenhängen herausgerissen. Soziale Kreise, die bisher klassen- oder schichtspezifisch getrennt waren, vermischen sich. Eingefahrene Lebenswege und biographische Lebensplanungen werden durcheinandergewirbelt.
- Von diesen Veränderungen ist auch die geschlechtsspezifische Rollenaufteilung zwischen Männern und Frauen betroffen. Obwohl die Arbeit weitgehend geschlechtshierarchisch verteilt bleibt - in den oberen Etagen von Betrieben, politischen Machtzentren, Universitäten sind Frauen unterrepräsentiert - nimmt auch für viele berufstätige Frauen die soziale und räumliche Mobilität in bisher nicht gekanntem Maße zu.
- Von den Individualisierungsschüben sind auch die Familien betroffen - vor allem deshalb, weil Männer in der Regel langsamer als Frauen von eingespielten Rollenmustern Abschied nehmen. Ein Beispiel: Obwohl die Möglichkeit, Erziehungsurlaub zu nehmen, für Männer wie für Frauen rechtlich gleichermaßen gesichert ist, liegt der Anteil von Männern, die sich hierauf tatsächlich einlassen, weit unterhalb der 1%-Marke. Da die Rollenmuster aber nicht mehr einfach durch Herkommen gesichert sind, wird in Familien, in denen kleine Kinder zu versorgen sind, der Krieg der Geschlechter um freie Zeiten, Arbeitszeiten, Zeiten für Fortbildung zu einem ständigen Thema der intimen Beziehung zwischen Männern und Frauen selbst - ein Krieg, der nicht anders gelöst werden kann als durch die Verständigung zwischen den beteiligten Individuen.
- Das heißt auch, daß das herkömmliche Verhältnis von »Institution« und »Individualisierung« neu bestimmt werden muß: Die Institution Ehe hält in der Regel so lange, wie die individuellen Kapazitäten für die Konfliktregelung, für die Perspektivenübernahme, für das Einfühlungsvermögen und die individuelle Verantwortungsbereitschaft ausreichen. Das Ver-

hältnis zwischen Institution und Individualisierung ist tendenziell nicht mehr dadurch bestimmt, daß die Institution die Regeln, aber auch die hilfreichen Grenzen und Geländer für individuelle Freiheitsspielräume vorgibt.

- Als weiteren Faktor, der in Richtung auf Individualisierung wirkt, nennt Beck schließlich individualisierende Folgen der Bildungsexplosion. Der »Massenkonsum« höherer Bildung und die längere Verweildauer der Individuen im Bildungssystem begünstigt Selbstfindungs- und Reflexionsprozesse, die allemal auf eine Infragestellung traditionaler Orientierungen und Lebensstile hinauslaufen. Die Aufstiegs- und Leistungsorientierung, die im Bildungssystem gefördert werden, begünstigt schließlich bei den Individuen eine Einstellung, die sie den eigenen Lebensweg nicht als Ausdruck ihrer Zugehörigkeit zu einer Klasse oder eines Milieus verstehen läßt, sondern als Ergebnis ihrer eigenen individuellen Leistung.

Beck wertet den Individualisierungsprozeß insgesamt höchst ambivalent. Auf der einen Seite werden für große Menschengruppen Freiheitsspielräume in der individuellen Lebensführung eröffnet, wie sie in der bisherigen Geschichte nicht bekannt waren. Auf der anderen Seite steuert die Gesellschaft auf ökonomische und soziale Krisen katastrophischen Ausmaßes zu, ohne daß die überkommenen und eingespielten Steuerungsmechanismen noch funktionierten. In der »Risikogesellschaft« wachsen die ökologischen, sozialen und politischen Bedrohungserfahrungen in dramatischen Dimensionen. Und zugleich zerfallen die Sicherheiten, die die fortschrittsorientierte Rationalität der Industriegesellschaft oder auch die lebensweltlichen Selbstverständlichkeiten von Familie, Nachbarschaft und Gemeinde einmal gewähren konnten.

Die Rede von der »Individualisierung« hat in dem gegenwärtig sehr vielfältig verwendeten Stichwort »Postmoderne« eine weitere Konturierung erfahren. Die grundlegende These der Postmoderne-Diskussion, wie sie von dem französischen Philosophen Jean Francois Lyotard angestoßen und in Deutschland beispielsweise von Wolfgang Welsch verbreitet worden ist[15], ist diese: Die Großerzählungen (»Meta-Erzählungen«), die noch in der industriellen Moderne den gesellschaftlichen Zusammenhalt legitimiert haben, haben heute, in der »Postmoderne«, ihre Plausibilität und ihre Kraft verloren. Es gilt zu erkennen, daß unter gegenwärtigen Bedingungen solche Vorstellungen, die Totalität und Einheit verbürgen könnten, nur noch als Versuche gelten können, die unreduzierbare Vielfältigkeit von Lebensformen in totalitärem Sinne zurückzuschneiden. »›Postmodern‹ ist, wer sich jenseits von Einheitsobsessionen der irreduziblen Vielfalt der Sprach-, Denk- und Lebensformen bewußt ist und damit umzugehen weiß.«[16]

Meta-Erzählungen können heute keine Plausibilität mehr beanspruchen: die Rede vom immer zunehmenden Fortschritt durch Entwicklung und In-

15 W. Welsch, Unsere postmoderne Moderne, 4. Aufl., Berlin 1993.
16 Ebd., S.35.

dustrialisierung (der liberal-bürgerliche Traum seit dem 19. Jahrhundert); der Glaube daran, daß durch eine Sozialisierung der Produktivkräfte die Menschen in die Lage versetzt würden, zu Herren ihrer geschichtlichen und gesellschaftlichen Situation zu werden (der Traum des sozialistisch-kommunistischen Projektes); der Glaube daran, daß die Nation, beispielsweise die deutsche Nation eine besondere geschichtliche Kraft und Sendung habe (der Traum des modernen, rabiat gewordenen Nationalismus); aber auch die Geltung und Bedeutung der biblischen Tradition der kirchlichen Bekenntnisse: sie alle haben an Überzeugungskraft und an Funktion für individuelle Identitätssicherung und gesellschaftliche Integration verloren.

Die »Postmoderne« ist vor allem dadurch charakterisiert, daß es keine solche Groß-Erzählung mehr gibt, die heute von allen bzw. einem Großteil der Menschen einer Gesellschaft geteilt würden und in der Lage wäre, eine Vergewisserung über den Grund, den gegenwärtigen Ort und die Perspektive des individuellen und gesellschaftlichen Lebens zu bieten. »In äußerster Vereinfachung kann man sagen: ›Postmoderne‹ bedeutet, daß man den Meta-Erzählungen keinen Glauben mehr schenkt.«[17] An die Stelle der Meta-Erzählungen ist ein Patchwork, ein Mosaik, ein vielfältiges Nebeneinander von einzelnen Orientierungen getreten, unter denen die einzelnen sich ihre jeweilige Lebensorientierung auswählen können und müssen.

Soziale Milieus, Lebenswelten, soziale Klassen haben ihre kohärente, für alle Mitglieder verbindliche Bedeutung verloren. Groß-Erzählungen, die für alle Gesellschaftsmitglieder in gleicher Weise Plausibilität beanspruchen könnten, gibt es nicht mehr. Auch die Geschlossenheit von religiösen Symbolwelten ist zerfallen. Wenn sich jemand der Kirche zurechnet, so heißt dies noch lange nichts, zumindest nichts Eindeutiges für seine sonstigen politischen, kulturellen, sozialen Orientierungen. Und auch innerhalb der theologischen kirchlichen Landschaft gibt es eine Vielzahl von konkurrierenden, teilweise vollständig entgegengesetzten Positionen. Wer zur Kirche gehört, kann sonntags zum Gottesdienst gehen oder auch nicht, kann CDU, SPD oder die Grünen wählen, kann in sexuellen und erotischen Dingen rigide oder freizügig sein: all dies ist unter dem Dach der gemeinsamen »Volkskirche« möglich oder sogar gefordert.

2. Die Gegenrede: Von der Macht der Symbole und den Grenzen der Individualisierung

2.1 An dieser Stelle ist ein kritischer Einspruch gegen die »Individualisierungs«-These geboten. Die genannten Phänomene - der Zerfall und die Entwertung gesamtgesellschaftlich wirksamer Groß-Erzählungen, der Zerfall und die Entwertung von geschlossenen sozialen Milieus und Lebenswelten,

17 J.-F. Lyotard, Das postmoderne Wissen. Ein Bericht, Neuausgabe Graz-Wien 1986, S. 14.

der Zerfall von großgesellschaftlichen Klassen im Zusammenhang mit den Strukturveränderungen in der Gesellschaft, die in letzter Zeit insbesondere durch die mikroelektronischen Informationstechnologien begünstigt werden - all diese Phänomene und ihre Interpretation könnten sich eher der Wahrnehmungshaltung und Position der Theoretiker als dem genauen analytischen Zugriff verdanken. Denn die Rede davon, daß etwas zerfällt, setzt ja voraus, daß es einmal dagewesen sei - in jüngerer oder länger zurückliegender Zeit.

Es könnte aber durchaus auch der Fall sein, daß die ›gute‹ Kehrseite der Beschreibungen - es habe einmal eine ganzheitliche, nicht-zerfallene, harmonische Gestalt der symbolischen Ordnung, der Großerzählungen, der sozialen Milieus gegeben - eher einer Verklärung und Sehnsucht nach einer »guten alten Zeit« Ausdruck gibt als der rekonstruierbaren Eigensinnigkeit des historischen Prozesses. Demgegenüber muß festgehalten werden: Einen Zerfall von sozialen Milieus und verbindlichen face-to-face-Beziehungen, von Nachbarschaften und Gemeinwesen hat es im Prozeß der Geschichte immer wieder gegeben. Daran ist nichts typisch »Post-Modernes«. In den 20er Jahren unseres Jahrhunderts gehört es beispielsweise zur Krisenerfahrung vieler ZeitgenossInnen hinzu, daß soziale Lebenswelten wie z.B. die Arbeitermilieus zerfallen, daß sicherheitsgewährende politische Orientierungen nach dem Ende der monarchischen Verfassung und der Revolution schwinden, daß die Verbindlichkeit der kirchlich-religiösen Orientierungen abbricht.[18]

Aber bereits im 19. Jahrhundert, in den gewaltigen Veränderungen, die mit der Industrialisierung zusammenhängen, kommt es zu Prozessen, die ganz ähnlich umschrieben werden müssen. Riesige Bevölkerungsmengen sind unterwegs, folgen den neugebauten Eisenbahnlinien und Straßentrassen, siedeln sich dort an, wo Fabriken gegründet werden und wo industrielle Ballungszentren entstehen. Die meisten Städte des Ruhrgebietes erleben in dieser Zeit eine geradezu explosionsartige Erweiterung. Menschen, die vorher niemals etwas miteinander zu tun hatten, die zu einem erheblichen Teil unterschiedliche Sprachen sprechen - polnisch, lettisch, estnisch, deutsch - , die unterschiedlichen Kulturen zugehören, unterschiedliche religiöse Sitten und je verbindliche Verhaltensnormen kennen, müssen jetzt in einem Gemeinwesen zusammenleben. Kann man da von einer einheitlichen Lebenswelt sprechen?[19]

Wenn in der »Inneren Mission« um die Mitte des 19. Jahrhunderts der Versuch unternommen wird, sozialdiakonische Arbeit an den Ausgegrenzten der Gesellschaft mit einer Verbreitung des christlichen Glaubens insbesondere in der Industriearbeiterschaft und in der Armutsbevölkerung zu verbinden, dann wird vorausgesetzt, daß die Verbindlichkeit und Geltung des religiösen Glaubens und der sozialen Gestalt der Kirche für weite Bevölkerungskreise nicht mehr vorherrschend ist.

18 Vgl. dazu auch: H.-M. Gutmann, Die tödlichen Spiele der Erwachsenen, Freiburg 1995, S. 64ff.

19 Vgl. P. Brückner, Psychologie und Geschichte ..., Berlin 1981.

Blickt man weiter zurück, dann muß man konstatieren: Bereits im 17. und 18. Jahrhundert zerfällt, angetrieben durch den geistesgeschichtlichen und sozialen Prozeß der Aufklärung und die theologischen Streitigkeiten zwischen den verschiedenen kirchlichen Konfessionen, doch auch schon das, was einmal den Namen der kirchlichen Einheitskultur verdient hätte - wenn es denn so etwas einmal gegeben hätte. Aber auch in der Reformationszeit, auch in den Prozessen von Humanismus und Renaissance lassen sich bereits um die Jahrtausendmitte ganz ähnliche soziale und kulturelle Differenzierungsprozesse auffinden. Bereits Jahrhunderte zuvor, im Mittelalter, hat es neben den großen Kirchen die Sekten und volkskulturelle Orientierungen gegeben, die in ihrem Weltverhältnis, ihren rituellen Praktiken, ihren mythischen Erzählungen anderen Lebensmöglichkeiten und Traditionen verpflichtet waren, als sie von der Großkirche gefordert waren. Auch hier ist die Rede von einer geschlossenen symbolischen Ordnung und einer geschlossenen sozialen Lebenswelt durchaus mit Vorsicht zu genießen.

Es spricht vieles dafür, daß die These von der »Post-Moderne« in ihrer historischen Implikation in dem Sinne unzutreffend ist, daß jetzt etwas zu Ende gegangen sei und etwas Neues begonnen habe, daß also unsere heutige Situation etwas unvergleichlich Neues beinhalte, das es erlaube - »post« - , alles Bisherige als vergangen anzusehen.[20]

2.2 Auch in den Beschreibungen der »neuen« Situation selber finden sich Aspekte, die die Geltung der These vom Ende der Meta-Erzählungen bestreitbar erscheinen lassen. In den Werken der populären Kultur beispielsweise, in den großen Hollywoodfilmen, in den massenwirksamen populären Songs, in den rituellen Begehungen der populären Musikkultur finden sich beständig Anspielungen und Zitate aus der überkommenen jüdisch-christlichen Symboltradition und den tradierten Symbolwelten anderer Religionen und Kulturen. Die überkommenen Symbole werden in den seltensten Fällen konsistent zitiert oder interpretiert; sie werden angespielt, verbraucht, neu zusammengesetzt. Aber ohne dieses Spiel mit den Symbolen, die es schon »gibt«, könnten die Erzählungen der Songs, der Filme, könnte die populäre Kultur insgesamt nicht funktionieren.[21]

Nimmt man dies wahr, so wird die Rede vom Ende der Meta-Erzählungen, von Traditionsabbruch und Symbolverlust höchst fragwürdig. Die Texte der massenwirksamen populärkulturellen Songs beispielsweise sind, in deutscher, aber gerade auch in englischer Sprache voll von »Himmel«, »Paradies«, »Engeln«, »Weg und Ziel«, »Beten«, »Glauben«, sind voll von »Jesus«, »Jesus Christus«, »Jesus Christ Superstar«, sind voll von »Erlösung«, »Befreiung«, voll von Fragen nach dem »Weg«, nach meinem »Ursprung«, nach dem »Ziel« und Ende des individuellen Lebens und der

20 Vergleiche zur Problematik einer Rede von dem »Neuen« auch: B. Groys, Über das Neue. Versuch einer Kulturökonomie, München/Wien 1992.

21 Vgl. dazu beispielsweise: E. Gottwald, Zwischen Mythos und Spiel. Theologische Zugänge zum Unterhaltungsfilm. In: ders. und M. Ammon (Hg.), Kino und Kirche im Dialog, Göttingen 1996, S. 34-53.

Welt u.a.m. Die Songtexte sind je nach Orientierung - mainstream, rock, heavy oder death metal usw. - außerdem voll von »Erlöser«, »Gott«, »Teufel«, »Hölle«. Es handelt sich offenbar nicht nur um zentrale Wörter, sondern auch um zentrale inhaltliche Themen der jüdisch-christlichen Religionstradition, verschnitten und vermischt mit Symbolen, die auch in anderen Religionen beheimatet sind.

Offenbar kann - verständlich für sich selbst und für andere - nicht anders über zentrale Erfahrungen und Konflikte des Lebens - Liebe, Haß, Sehnsucht, Tod, Traurigkeit, Einsamkeit, Freiheit und Befreiung - geredet werden als so, daß zentrale Symbole der religiösen Tradition in Anspruch genommen werden. Offenbar können die jeweiligen Erfahrungen nicht wahrgenommen und nicht mitgeteilt werden ohne Symbol.

Besser als vom Ende der Meta-Erzählungen, vom Traditionsabbruch und Symbolverlust könnte man von Veränderungen und Verschiebungen von Symbolen und im Verhältnis von Symbol und Erfahrung sprechen; von Verschiebungen und Veränderungen offenbar auch im Kontext bzw. im Ort der Symbole: Die Symbole aus der jüdisch-christlichen Symboltradition haben zumindest teilweise einen neuen Ort gefunden. Er liegt im Schnittpunkt zwischen Konsum der Massenmedien (Radio, CD, MC, Fernsehen, Video, außerdem Festivals, Parties) und der Lebenswelt der Leute - und, was die populäre Kultur angeht: insbesondere der Jugendlichen.

Der Ort der Wirksamkeit der Symbole ist jedenfalls offenbar nicht mehr zuerst die Kirche, die Gemeinde, der christliche Gottesdienst. Versuche, musikalische und textliche Elemente der Popmusik in die gottesdienstlichen Gesänge zurückzuverpflanzen, waren von Anbeginn etwas peinlich, erreichten jedenfalls nicht das Lebensgefühl von Jugendlichen und jungen Erwachsenen, wie dies die einschlägigen Gruppen und ihre Hits getan haben.

Die Beziehung zwischen dem populärkulturellen Spiel mit der überkommenen jüdisch-christlichen Symboltradition und dem ausdrücklichen Lebensvollzug von Religion in den Kirchen liegt vielmehr auf einer anderen Ebene. Ohne den ständigen Bezug auf die symbolische Ordnung, wie sie in der Kirche und in den von der Kirche überlieferten und hier gelebten Erzähltraditionen, sozialen Lebensformen und Ritualen ihre Gestalt gefunden haben, wären die Kreationen, Performances, die Manifestationen der populären Kultur nicht lebensfähig. Die kritische Anfrage an die These vom Ende der Groß-Erzählungen beinhaltet die positive Überlegung: Auch um der Lebendigkeit und Funktionsfähigkeit der modernen Kultur willen erscheint es notwendig, daß die religiösen Symboltraditonen, die im Spiel der Kultur, insbesondere der populären Kultur in Anspruch genommen werden, ausdrücklich Gestalt finden: im verbindlichen Weitererzählen der Erzähltradition der Bibel, in der Feier des Gottesdienstes, im Lebensvollzug der Gemeinde, im sozialen und politischen Engagement von Christenmenschen.

2.3 Der komplexe und komplizierte Zusammenhang zwischen Symboltradition und -macht, populärkulturellem Symbolgebrauch und - in diesem Fall besonders markant - politisch-kulturellem Kontext kann an einem Beispiel erläutert werden. Es hat in den Herbst-Monaten des Jahres 1995 in der Bundesrepublik wohl kein Thema in der medialen Öffentlichkeit gegeben, das die Gemüter so erhitzt hätte wie der »Kruzifix-Streit«.

Die Axt ist an die Wurzel der abendländischen Kultur gelegt, das hörte man nicht nur in Bayern. Bei manchen PolitikerInnen der Grünen, aber auch bei manchen Kirchenleitungen wird die »Domino-Theorie« in veränderter Form wieder lebendig.

Viele werden vergessen haben, welche Rolle die »Domino-Theorie« im politischen Diskurs vor einem Vierteljahrhundert einmal gespielt hat; deshalb eine kleine zeitgeschichtliche Erinnerung. Die damaligen Präsidenten der USA, Johnson, Ford und Nixon, haben die ständig verstärkte Kriegspolitik in Vietnam in den 60er und 70er Jahren mit eben diesem Gedanken begründet: Wenn Vietnam an den Kommunismus fällt, dann fallen auch Kambodscha und Laos, dann fällt ein Land nach dem anderen wie eine Kette von Domino-Steinen, und schließlich fällt ganz Ostasien an den Kommunismus. Es ist, wie man weiß, anders gekommen.

Die Domino-Theorie des Kruzifix-Streites, etwas verwandelt, heißt etwa so: Zuerst müssen Kruzifixe in Schulklassen abgehängt werden, wenn nichtchristliche Kinder und ihre Eltern sich durch dieses Symbol vereinnahmt oder gestört fühlen. Dann wird der Religionsunterricht abgeschafft, zumindest in der Konstruktion, daß die Religionsgemeinschaften in der staatlichen Schule in der einen oder anderen Weise präsent sind. Dann wird der Militärseelsorgevertrag gekündigt, die Kirchensteuern werden nicht mehr vom Staat eingezogen, und schließlich schrumpft die Kirche auf einen Privatverein ohne öffentlich-rechtlichen Status zusammen. In Bayern scheint die Domino-Theorie noch etwas anders zu funktionieren: Zuerst müssen die Kruzifixe in den Klassenzimmern abgehängt werden; dann werden die Kruzifixe an den Wegkreuzungen und in der Feldmark verboten; und schließlich müssen sogar die Gipfelkreuze gestürzt werden.[22]

Welcher Version auch jeweils der Vorzug gegeben wurde: das sind Angstphantasien erheblichen Ausmaßes. Für manche politischen Interessen und milieugeprägten Lebensgefühle sind es auch ganz naheliegende Forderungen. Das Kruzifix-Urteil des Bundesverfassungsgerichtes zog in den heißen Monaten des Streites jedenfalls erstaunliche Kreise. Verfassungsorgane wie die bayrische Landesregierung, aber auch manch weitere hochrangige Politiker rufen zum Verfassungsbruch, nämlich zur inhaltlichen Nichtachtung des Urteils des höchsten Gerichtes durch andere Verfassungsorgane. Einer der Grundpfeiler der Demokratie, die Gewaltenteilung und die Bindung von Parlament und Exekutive an den Spruch des höchsten Gerichtes, wird infragegestellt. Es hat den Anschein: Verfassungsschützer von gestern wandeln sich unter der Hand in Verfassungsfeinde.

In dem Streit gerät die Rechtslage etwas unter die Räder. Das Problem, um das es in dem Bundesverfassungsgerichtsurteil geht, ist nach bundesrepublikanischer Verfassunglage und auch schon vor dem in der Weimarer

22 Ich verdanke diesen Interpretationsvorschlag Jürgen Ebach, Gespräch in Paderborn, Oktober 1995.

Verfassung erreichten Grundrechtsstandard schlechterdings nicht anders zu entscheiden gewesen, als es das Verfassungsgericht getan hat: Staat und Kirche sind zu trennen; es gibt keine Staatskirche; die Religionsfreiheit für den einzelnen ist grundgesetzlich garantiert; außerdem gilt die grundsätzliche und alle weiteren Bestimmungen in ihrem Geist prägende Bestimmung, die Würde jedes einzelnen Menschen zu schützen.

Deshalb ist das Kruzifix-Urteil des Bundesverfassungsgerichtes schlechterdings zwingend. Der Staat darf nicht per Gesetz oder Verordnung vorschreiben, daß religiöse Symbole einer bestimmten Religionsgemeinschaft in der öffentlichen staatlichen Schule hängen - einer Schule also, die von Christen und Nichtchristen, Muslimen und Menschen ohne eindeutige Glaubensbindung besucht wird. Die religiöse Freiheit einer Minderheit könnte auf diese Weise verletzt werden. Und in den Bereichen, um die es hier geht - Religionsfreiheit, Achtung vor der Menschenwürde - muß das Ziel immer die Bewahrung von Recht und Freiheit für die Minderheit und nicht die Durchsetzung einer Meinung der Mehrheit sein.

Soweit die Rechtslage. Sie ist eindeutig. Die bayrischen Schulerlasse, die das Aufhängen des Kruzifix in Schulklassen zwingend vorschreiben, widersprechen der Verfassung. Kein Zweifel, kein Problem. Was soll also die Aufregung?

Es geht offenbar um mehr als um die rechtliche Problematik. Es geht um etwas Untergründiges, nichtsdestoweniger Wirksames und Machtvolles. Ich denke: es geht um die Wirkung des Symbols »Kreuz«.

Symbole weisen über sich selbst hinaus auf eine von ihnen bezeichnete, in ihnen präsente und sozial verbindliche Wirklichkeit. Aber wofür steht dieses Symbol in diesem Streit?

Das Kruzifix des Streites um das Bundesverfassungsgerichts-Urteil steht offenbar nicht für den Juden aus Nazareth, der verkündet hat, daß Gottes Reich nahe herbeigekommen ist, und der deshalb Gottes Verheißung und Forderung für die Menschen in radikaler Weise gelebt und gelehrt hat, mit den politischen und religiösen Autoritäten seiner Zeit und Region in Konflikt gekommen ist und deshalb am Kreuz, dem Hinrichtungsinstrument für politische Aufrührer, sterben mußte. Das Symbol »Kreuz« im Kruzifix-Streit weist offenbar nicht auf diesen Jesus von Nazareth, dessen Kreuzestod von seinen Jüngern und Jüngerinnen sehr schnell, nach einer ersten Zeit der Verzweiflung, als einmaliges, endgültiges und freisprechendes Opfer verstanden wurde: Als Opfer, durch das Gott von sich aus, ohne menschliche Gegenleistung, sich selbst mit den Menschen versöhnt, die wegen ihrer Sünde hierzu nicht in der Lage sind. In diesem Vorstellungszusammenhang steht das »Kreuz« für dieses einmalige Opfer, das weiteres Opfern unnötig macht und die Gemeinde der Christenmenschen verpflichtet, dagegen einzutreten, daß Menschen zu Opfern, zu verächtlichen und geknechteten Wesen gemacht werden.

Für den Kreuzestod des Jesus von Nazareth steht das Kruzifix in den gegenwärtigen Turbulenzen offenbar nicht als Symbol ein. Wie wäre es sonst zu erklären, daß Mitglieder und Regierungsvertreter der christlichen Unionsparteien, die gegen das Kruzifix-Urteil protestieren, offenbar nichts dabei finden, AsylbewerberInnen in ihre Heimatländer abzuschieben ohne sicheren Schutz davor, daß sie dort von Folter und Tod bedroht sind?

Das Kruzifix im gegenwärtigen Streit um das Bundesverfassungsgerichtsurteil verweist als Symbol offenbar auf eine andere gemeinte Wirklichkeit. Ihr ist mit Stichworten auf die Spur zu kommen wie: »Christliches Abendland«. »Civil religion«. Religion als Vergewisserung und Legitimation der bundesrepublikanischen Gesellschaft ohne klare, in diesem Falle christliche theologische Kontur.[23] Lebensweltlich handelt es sich um die Nähe von Biergärtenkultur, Gipfelbesteigung (samt Eintrag ins Gipfelbuch am Gipfelkreuz) und politischem Konservativismus.

Ein Gemisch von Vorstellungen, Einstellungen und Lebensorientierungen, die zur Geschichte des Juden Jesus aus Nazareth und seinem Ende am Kreuz als Gottes Selbstoffenbarung für die Menschen in einem mindestens gebrochenen Verhältnis stehen. Sollte man meinen. Muß man deshalb nicht die Richter und die Richterin am Bundesverfassungsgericht als die besseren TheologInnen ansehen: Sie haben erkannt, daß das Kreuz Christi zum Vortellungszusammenhang vom »christlichen Abendland« in einem problematischen Verhältnis steht, und sie trauen dem Kreuz als christlichem Zentralsymbol - gegen alle Rede von Traditionsabbruch, Symbolverfall usw. - soviel Macht zu, daß es Menschen in ihrem Personzentrum stören und sogar verletzen kann, so daß dieses Symbol den Menschen also nicht einfach egal ist. Sieht man näher hin, so kompliziert sich das Bild jedoch noch einmal.

Denn zum zentralen Symbol für die christliche Kirche ist das Kruzifix erst nach der konstantinischen Wende geworden, nachdem die christliche Religion in der ersten Häfte des 4. Jahrhunderts aus einer mal geduldeten, mal verfolgten religiösen Gemeinschaft zur Staatsreligion wurde. Das Kreuz war lange Zeit nach Konstantin Triumphkreuz politischer Macht in der römisch-abendländischen Kultur. Es erinnerte nicht zuerst an die Kreuzigung auf Golgatha. Es partizipiert als Triumphkreuz an der uralten Macht des Kreuzessymbols: als Verbindung von Horizontale und Vertikale, von Menschlichem und Göttlichem; als Zusammenkommen von Abgründig-Gefährlichem oder Heilbringendem, das an jeder Wegkreuzung lauert und gebannt werden muß; als Kraft- und Lebenszeichen. Kruzifixe mit dem Leib des hingerichteten Jesus wird es erst viel später im Mittelalter geben.[24] Also: Ver-

23 Die Debatte um das Recht der »civil religion« im normativen und theologischen Sinne, die zu Beginn der 80er Jahre z.B. zwischen Hermann Lübbe und Jürgen Moltmann engagiert geführt wurde, wurde durch die eher deskriptiv gemeinte Analyse des amerikanischen Religionssoziologen Robert N. Bellah angestoßen: R.N. Bellah, Civil Religion in America. Dädalus Bd. 96, Nr.1.

24 Vgl. zum Problemzusammenhang z.B.: H.-W. Kuhn, Jesus als Gekreuzigter in der frühchristlichen Verkündigung bis zur Mitte des 2. Jahrhunderts. ZThK 72, 1975, S. 1-46; H. Weder, Das Kreuz Jesu bei Paulus, Göttingen 1981; U. Luz, Theologia Crucis als Mitte des neuen Testaments, EvTh 34, 1974, S. 116-141; G. Lanczkowski, Art.Kreuz I, TRE 19, S. 712; G. Baudler, Das Kreuz..., Düsseldorf 1997. Einen religionspädagogischen Zugang zum Kreuzessymbol ge-

weist das Kreuz als von der Kirche tradiertes und repräsentiertes Symbol doch von Anbeginn auf die Mischung von Religion, politischer Herrschaft und kultureller Dominanz, die alle Poren der Gesellschaft durchdringt und mit der schlagkräftigen Formel »christliches Abendland« einen zutreffenden Namen gefunden hat?

Haben die Bayern etwa doch recht?

Bevor diese Frage schlüssig beantwortet werden kann, scheint eine zeit- und kirchengeschichtliche Erinnerung angebracht. Manche, die heute gegen das Urteil des Bundesverfassungsgerichtes schimpfen, gehen so weit, daß sie dieses Urteil mit der Einschränkung kirchlicher Arbeitsmöglichkeiten in der Zeit des Nationalsozialismus vergleichen. Man kann sich darüber aufregen und es empörend finden, wenn Leute heute so reden, und das ist es in der Regel auch; es scheint aber nötig, dem damit gegebenen Hinweis nachzugehen und genau hinzusehen.

Die Nazis hatten das Ziel, das Schulwesen zu entchristlichen. Im Zuge der Umsetzung dieses Programms entwickelte sich 1936 im Oldenburger Land ein denkwürdiger Konflikt. Der Minister für Kirchen- und Schulwesen, Julius Pauly, ordnet in einem Erlaß am 4.November 1936 an, »daß künftig in Gebäuden des Staates, der Gemeinden und Gemeindeverbände kirchliche und religiöse Zeichen nicht mehr angebracht werden dürfen.«

Es entwickelt sich innerhalb kürzester Zeit - als eine der wenigen bekannten massenhaften Aktionen gegen das Regime in diesen Erfolgsjahren der Nazis - ein Massenprotest im Südoldenburgischen gegen diese Anordnung. Aus vielen Gemeinden fahren Delegationen ins Ministerium. Einzelne Bauern schreiben persönlich an den Minister. Es kommt zu demonstrativem Glockenläuten und Vorzeigen des Kreuzes. Wegkreuze werden geschmückt oder eigens installiert. An den Kirchtürmen zweier Dörfer werden weithin leuchtende Kreuze angebracht. Die Mitarbeit in nationalsozialistischen Organisationen wird weithin boykottiert. Praktisch die gesamte Bevölkerung Südoldenburgs steht hinter dieser für die Wortführer keineswegs ungefährlichen Aktion. Auf einer Versammlung in der Münsterhalle in Cloppenburg kommen 7000 Menschen zusammen. Der Gauleiter muß den Erlaß unter dem Jubel der Teilnehmer am 25. November, also schon 22 Tage nach seiner Verkündung, wieder zurücknehmen.[25]

Es handelt sich offenbar um ein Lehrstück von der Macht des Symbols. Aber nur auf den ersten Blick handelt es sich um den gleichen Vorgang wie Kruzifix-Streit des Jahres 1995.

Das Kreuz stand damals, 1936, offenbar nicht umstandslos als Symbol für das »christliche Abendland«, nicht für eine »civil religion« ein, in der sich - wie im heuten Kruzifix-Streit - politischer Konservativismus, staatstragende Frömmigkeit, Biergartenseligkeit und die Abschiebung von AsylbewerberInnen in die lebensgefährdende Situation ihrer Heimatländer miteinander vertragen hätten. Das »Abendland«, wenn auch nicht mit dem Bei-

ben Biehl und MitarbeiterInnen, Symbole geben zu lernen Bd. 2, Wege des Lernens Bd. 9, Neukirchen 1993.

25 Vgl. F. Rickers, Zwischen Kreuz und Hakenkreuz ..., Neukirchen 1995, 222ff.

namen »christlich«, war Ausdruck des Versuchs, eine zentrale, verbindende und verbindliche Religion für die deutsche »Volksgemeinschaft« zu installieren; diese Formulierung und rigide Durchsetzung einer »civil religion« also war damals die Sache der Nazis.

In diesem gesellschaftlichen Kontext hat der Widerstand der südoldenburgischen Bauern einen anderen Sinn. Sie wehren sich dagegen, daß die ideologische Gleichschaltung der Nazis bis in die letzten Poren ihrer Lebenswelt eindringt. Die Leute, die sich diesem Protest angeschlossen haben, müssen nicht alle fromme Christenmenschen gewesen sein. Solche wird es sicher auch gegeben haben: Menschen, die mit Ernst Christen sein wollen und die das Verbot des Kreuzes als Eingriff in das Zentrum ihrer Frömmigkeit und ihres ganzen Lebens erfahren haben.

Daneben hat der Widerstand für andere Menschengruppen noch einen weiteren Sinn: Die Kommunität der Dörfer, die bäuerliche Nachbarschaft, die Verbindung aus positiver Verpflichtung zu gegenseitiger Unterstützung und sozialer Kontrolle, die durch die zentralistischen Maßnahmen der Nazis gefährdet wird, all dies findet im Kruzifix ein Symbol des Widerstandes gegen seine Zerstörung durch die gesellschaftliche Zentrale. Wohlgemerkt: es handelt sich hier auch um eine Form von Zivilreligion, aber nicht um eine Form, die mit einer Ideologie des »christlichen Abendlandes« identisch wäre. Es wird alles eine Nummer kleiner gebacken. Es geht eher um die face-to-face-Kommunikation familialer, häuslicher und nachbarschaftlicher Kleingemeinschaften, die schon immer von der Macht der gesellschaftlichen Zentrale bedroht war und ihr Überleben dagegen sichern mußte.

Vor diesem Hintergrund gewinnt der aktuelle Kruzifix-Streit eine weitere Bedeutungsdimension. Es erscheint naheliegend, daß die Politiker und Regierungsmitglieder, die heute zum Verfassungsbruch aufrufen und über den Kruzifix-Streit alle Amigo-Affären und politischen Fehlschläge der letzten Jahre vergessen machen konnten, nur deshalb auf massenhafte Zustimmung rechnen konnten, weil es ihnen gelungen ist, eine Verbindung ihrer politischen Interessen mit genau diesen lokalen, nachbarschaftlich-familialen Lebenswelten und ihrem Lebensgefühl herzustellen, die, genau wie damals 1936 im Südoldenburgischen, auch heute noch existieren, und nicht nur in Bayern.

1936 gingen »Abendland« und Nazi-Ideologie zusammen - gegen eine Verbindung zwischen Bekennendem Christentum und landwirtschaftlich-dörflicher Lebenswelt, die im Kruzifix ihr Symbol gefunden hat. Heute ist die Konstellation eine andere: Die Politiker der vorherrschenden Partei, die ihre politische Orientierung mit dem Symbol des »Christlichen« verbinden und für die Option des »christlichen Abendlandes« werben, schaffen einen Kontakt zur lokalen und regionalen Lebenswelt und deren Lebensgefühl; diese Mischung findet im Kruzifix ihr Symbol. Bekennende Christen dagegen werden heute, wenn sie ihre Sache richtig verstehen - was ja, wenn man die Reaktion vieler SprecherInnen der verfaßten Kirchen auf das Urteil des Bundesverfassungsgerichtes wahrnimmt, auch nicht selbstverständlich ist - dies Urteil und seine rechtliche und politische, aber auch seine theologische Weitsicht verteidigen.

Was habe ich, angesichts des Streites um das Kruzifix-Urteil, über die Macht der Symbole gelernt? Zunächst: ich bin erleichtert. Ich habe eine Möglichkeit zur Ehrenrettung der Biergärten gefunden. Die Biergärten gehören nicht »automatisch« mit der - zentral-gesellschaftlichen - Ideologie des »christlichen Abendlandes« zusammen, sondern eher mit den Lebensfreuden der lokalen, nachbarschaftlichen, auf face-to-face-Beziehungen orientierten Lebenswelt. Wie diese sich religiös und politisch orientiert, ist allemal noch nicht ausgemacht. Wie man aus Gorleben und anderswo weiß, kann sie sich auch mit ökologischen und sozial verantwortlichen politischen Optionen verbinden.

Noch einmal: Was habe ich angesichts dieses Konfliktes über die Macht des Symbols gelernt? In diesem ersten Schritt jedenfalls dies: daß sie da ist, existiert, lebendig ist. Symbole haben Macht über das Lebensgefühl von Menschen. Die von den Individualisierungs-Theoretikern vertretene Rede vom »Traditionsabbruch«, »Symbolverlust«, vom Sterben der »Meta-Erzählungen« trifft offenbar nicht umstandslos den Sachverhalt.

Und noch ein zweites: Ich werde nur verstehen können, welche inhaltliche Bedeutung das religiöse Symbol hat, wenn ich nicht nur seine Eigensinnigkeit bedenke - im Falle des Kreuzessymbols also über das Verhältnis zwischen dem »Kreuz« als Hinrichtungsinstrument des Jesus aus Nazareth und dem »Kreuz« als uraltem religiösen Macht- und Lebenszeichen nachdenke - sondern wenn ich möglichst genau den gesellschaftlichen und politischen Kontext wahrnehme, in dem das Symbol seine Wirkung entfaltet.

2.4 Es finden sich über die Problematik eines angemessenen Verständnisses von der Macht der symbolischen Ordnung hinaus Hinweise darauf, daß das Theoriekonzept der »Individualisierung« selbst in seiner Erklärungskraft eingeschränkt bleibt. Die Bochumer Soziologin Hildegard Mogge-Grotjahn macht beispielsweise auf die weiterhin bestehenden sozialen Ungleichheiten in den Chancen und Angeboten aufmerksam, die die individualisierten Individuen überhaupt annehmen können.

Untergründig wirken nämlich die traditionellen Zugehörigkeiten zu Klasse, Schicht, Milieu und Geschlecht auch in der individualisierten Gesellschaft weiter. Wenn auch auf subtilere Weise als in früheren Zeiten, so werden auch heute noch Chancen und Angebote für Lebenswege und Partizipationen an den Zentren von Kultur, Politik und Ökonomie strukturell ungleich verteilt: nach Geschlecht, nach ethnischer Zugehörigkeit, nach sozialer Herkunft. »Ungleich verteilt sind beispielsweise die ›Startbedingungen‹, unter denen der oder die einzelne auf dem Bildungs-, Ausbildungs- und Arbeitsmarkt konkurrieren muß. Ungleich sind auch die im Laufe der Sozialisation erworbenen, stark geschlechtsspezifisch ausgeprägten ›Muster‹ im Umgang mit eben diesen Bedingungen.«[26]

[26] H. Mogge-Grotjahn, Von der möglichen Wirklichkeit und der wirklichen Möglichkeit. Ein Lob des visionären Pragmatismus. Ev. Fachhochschule Rhein-

In einer Gesellschaft, die tendenziell aus Singles besteht, ist paradoxerweise kaum jemand in der Lage, sich allein das zu beschaffen, was der Mensch als Individuum »so braucht«. Und dies gilt nicht nur für die materielle, sondern gerade auch für die immateriellle Seite der menschlichen Existenz - wie sich überall an der Suche zeigt, neue Formen der sozialen Verankerung und des Zusammen- und/oder Alleinlebens zu finden. »Das Bedürfnis nach Zuwendung und emotionaler Geborgenheit ist keineswegs überholt, doch die geeigneten neuen Formen zur Befriedigung dieses Bedürfnisses müssen erst noch gefunden werden.«[27]

Was ist in praktisch-theologischer und religionspädagogischer Perspektive aus der Debatte um die »Individualisierungs«-These zu lernen? Ich sehe die Ambivalenz, die Individualisierungsprozesse für die von ihnen betroffenen Menschen bedeutet: Zunahme von Freiheitsräumen auf der einen Seite, Zerstörung von sicheren und verläßlichen Kommunikationsräumen - z.B. der Familie, der Nachbarschaften, des Viertels, des Milieus usw. - auf der anderen Seite. Ich denke - und da sehe ich mich im Gegensatz zu manchen Individualisierungs-Theoretikern in der Pädagogik, aber auch in der religionspädagogischen und theologischen Diskussion -, daß die Risiken dieses Prozesses die Chancen bei weitem überwiegen. Die Schule und insbesondere der Religionsunterricht haben die Aufgabe, in anderer Richtung zu wirken und der Individualisierung der SchülerInnen Symbole, Rituale und Lebensformen gegenüberzustellen, die die zerstörerischen Aspekte dieses Prozesses wahrnehmbar und bearbeitbar machen, Sensibilisierung für eigene Gefühle und die Wahrnehmung des anderen erhöhen und es ermöglichen, Gemeinschaftlichkeit und wechselseitige Verpflichtung mit den Aspirationen individueller Freiheit auszubalancieren.

Einzelne Menschen, erst recht Kinder und Jugendliche können keine Lebenssicherheit gewinnen, wenn sie Lebensentwürfe allein in Identifikation und Abgrenzung von abstrakten gesellschaftlichen Großeinheiten entwikkeln müssen. Auf der einen Seite ist es unbestreibar, daß die »Überlebenseinheiten« der Menschen längst von lokalen oder regionalen zu nationalen oder sogar globalen Größen geworden sind. Die Globalisierung der Märkte, die mit der ungebremsten Durchsetzung betriebswirtschaftlicher Kalküls verbundenen sozialen und ökologischen Zerstörungen, auch der aktuell betriebene politische Prozeß einer europäischen Einigung machen es unmöglich, überschaubare lebensweltliche Zusammenhänge mit vertrauten und verpflichteten Beziehungen unangetastet, gewissermaßen als »heile Welt« zu postulieren und den großgesellschaftlichen Abstraktionsprozessen emphatisch entgegenzustellen. Aber für das Lebensgefühl der betroffenen Menschen bleiben diese Großeinheiten völlig unanschaulich. Wenn dies die allein übrigbleibenden Faktoren von Gesellschaft sind: die individualisierten

land-Westfalen-Lippe (Hg.), Gesellschaftliche Herausforderungen und praxisbezogene Lehre ..., FS Gottfried Schmidt, Bochum 1995.

27 H. Mogge-Grotjahn, a.a.O., S.52.

Menschen auf der einen, die gesellschaftlichen Großeinheiten auf der anderen Seite, dann kann Leben nicht mehr gelingen. Es ist für Menschen überhaupt und für Kinder und Jugendliche insbesondere überlebensnotwendig, sich in überschaubaren und verläßlichen Gruppen zu »beheimaten«.[28] Wo dies nicht gelingt, werden z.B. neofaschistische Gruppierungen zu einer Notlösung mit gefährlicher Faszination.[29]

Welche Aufgabe und welche Möglichkeiten hat die Schule, auf die gesellschaftliche Tendenz in Richtung auf Individualisierung zu antworten? Abgesehen von der hier nicht zu führenden Diskussion über Schulformen wird in den Schulen gegenwärtig vielerorts viel getan, um die zerstörerischen Wirkungen der Individualisierung auf die SchülerInnen aufzufangen.

Dazu gehören Spurensuchen, in denen die Lebenswelt der SchülerInnen erkundet wird, beispielsweise im Geschichtsunterricht: Welche Hinweise finden wir für die Geschichte unseres Stadtteiles - unseres Ortes? Wir können uns Häuser und Plätze ansehen, die Friedhöfe vielleicht, unsere Verwandten und Bekannten nach alten Fotos fragen und mit unserer Großmutter ins Gespräch kommen: Gibt es bei uns Zeichen dafür, was hier z.B. in der Nazi-Zeit los gewesen ist? Was ist mit den jüdischen MitbürgerInnen geschehen? Und was ist sonst charakteristisch für den Ort, an dem wir leben? Wo gibt es Häuser, Straßen, Plätze, die von der Geschichte des Ortes besonders intensiv erzählen können? Und wo gibt es Ecken, die Treffpunkte für besondere Gruppen sind? In welchen Hauseingängen, an welcher Mauer, an welchem Bushaltestellen-Häuschen treffen sich die Jugendlichen - jenseits der eigentlich dafür vorgesehenen Orte? Was ist hier mit den alten Leuten los, und wie kommen behinderte Menschen über die Treppen ins Einkaufszentrum? Und überhaupt: Was macht meinen Stadtteil, mein Dorf zu einem

28 Vgl. zur Ambivalenz der Rede von »Gemeinschaft«: R. Sistermann, Gemeinschaft ohne Konsens? ... In: Ders., B. Beuscher, H. Schroeter (Hg.), Prozesse postmoderner Wahrnehmung. Kunst-Pädagogik-Religion, Wien 1996, S. 49-60.

29 Vgl. z.B. F.-J. Krafeld, Jugendarbeit mit rechten Jugendszenen ..., In: H.-U. Otto, R. Merten (Hg.), Rechtsradikale Gewalt im vereinigten Deutschland ... (Schriftenreihe der Bundeszentrale für politische Bildung, Bonn 1993, S. 310-318; H. Castner, Th. Castner, Rechtsextremistische Strömungen in der Schule und pädagogische Gegenmaßnahmen. In: ebd., S. 382-391; F.-J. Krafeld, K. Möller, A. Müller, Jugendarbeit in rechten Szenen ..., Bremen (Schriftenreihe der Landeszentrale für politische Bildung) 1993, S. 11-91; H. Heitmann, Jugendarbeit im Umgang mit Gewalt ..., in: S. Behn, H. Heitmann (Hg.), Jugendarbeit und Rechtsextremismus ..., Berlin (Informations-, Forschungs-, Fortbildungsdienst Jugendgewaltprävention IFFJ-Schriften Nr. 6), o.J., S. 135-151; Th. Mücke, J. Korn, Neue Wege der Jugendarbeit, ›Miteinander statt gegeneinander‹ - ein Versuch des Dialogs mit rechtsextrem orientierten Jugendlichen. In: ebd., S. 81-109; A. Klose, Th. Schneider, Fan-Projekte - Grundlagen und Möglichkeiten von sozialraumbezogenen Drehpunkteinrichtungen. In: ebd., S. 123-133; R. Degen, ›Deutschland den Deutschen!‹. Nationalismus und Rechtsextremismus in theologisch-pädagogischer Sicht. In: JRP 10, 1993 (erschienen 1995, S. 173-188); W. Heigl, Arbeitsbuch gegen Ausländerfeindlichkeit. Unterrichtsvorschläge für Schule und Jugendarbeit, Weinheim und Basel 1996, S. 150-154.

Lebensbereich mit unverwechselbarem Gesicht, in dem wir uns zu Hause fühlen können?

Vielerorts wird der Unterricht in der Schule bereits als Möglichkeit genutzt, die Lebenswelt »draußen« zu rekonstruieren und für das Lebensgefühl der SchülerInnen vertrauter zu machen.

Es gibt zudem derzeit zahlreiche Vorschläge, die Schule selbst als Lebensraum erfahrbar zu machen - von Schulfesten über Schulgottesdienste bis hin zu selbstgestalteten Räumen und Fluren und der Wahrnehmung von schulischen Ritualen. Einzelne Klassen oder Gruppen gestalten Aufführungen, Feste, Feiern, sportliche Zusammenkünfte. Gerade in der Grundschulpädagogik ist die Aufgabe in den Blick gerückt, ein Gegengewicht gegen die Individualisierungstendenzen in der Lebenswelt der Kinder zu finden. Im Gegensatz zu Konzepten des »sozialen Lernens« in der Grundschulreformperiode, die die sozialen Kompetenzen der Kinder durch besondere Lernsituationen wie Spielstunden oder eigene »soziale« Themen fördern wollten, steht heute der Unterricht selbst als ein soziales Lernfeld im Mittelpunkt. Das Verstehen der anderen, der kooperative Umgang miteinander, die Einigung auf gemeinsame Entscheidungen kann eingeübt werden.[30]

Die Grundschule wird als Handlungs- und Erfahrungsraum wahrnehmbar, und vielerorts wird versucht, der Schule selbst ein eigenes »Profil« zu geben.[31] Die Schule nimmt ihre Aufgabe verstärkt wahr, sich selbst als soziale Lebenswelt zu gestalten. Einzelne Schulen formulieren ihr eigenes Schulprogramm - je nach den besonderen Bedingungen und Ressourcen ihres Umfeldes. Die einzelne Schule gewinnt einen eigenen, besonderen Charakter, hat ein eigentümliches »Gesicht«. Im Kollegium, in Gesprächen mit der Elternschaft und mit der Schulaufsichtsbehörde geht es darum, sich über eigene pädagogische Ziele und Wege klarzuwerden.

Und ReligionslehrerInnen arbeiten an vielen Orten engagiert an diesem Prozeß mit - nicht nur dadurch, daß sie spezifisch religionspädagogische Elemente eintragen.

All das gibt es bereits. Ich will kein rosiges Bild von der Lage zeichnen. Aber ich will jedenfalls dies festhalten: Die Wahrnehmung der Zukunftsaufgabe der Erziehung müßte nicht vom Universitätskatheder erst eingefordert werden. Gegen die: »lebensgefährdenden« Tendenzen im gesellschaftlichen Zusammenleben und gegen die Atomisierung des Zusammenlebens in individualisierten Gesellschafts- und Lebensentwürfen werden vielerorts Gegengewichte gesetzt. Mit viel Frust und vielen Rückschlägen wird dies an vielen Orten immer wieder von neuem und mit viel Engagement und Kreativität versucht.

30 Vgl. F. Schweitzer u.a. (Hg.), Religion in der Grundschule. Religiöse und moralische Erziehung, Frankfurt/M., 2. Aufl. 1995.

31 Ebd., 23.

Ich möchte die *Gegenrede* gegen die Individualisierungs-These, gegen die Rede von Traditionsabbruch und Symbolverlust nicht schließen, ohne - im Vorgriff auf die folgenden Kapitel - eine Zuspitzung auf praktisch-theologische und religionspädagogische Konsequenzen mindestens anzudeuten. Die Aufgabe der religionspädagogischen Arbeit - in der Kirche, aber auch im schulischen Religionsunterricht - angesichts des Abbruches in der Verbindlichkeit religiöser Symbole, oder besser: angesichts der Veränderung und Verschiebung traditioneller religiöser Symbole - liegt im langfristigen Aufbau helfender (positiver und negativer) innerer Bilder,[32] in der Wahrnehmung und Entfaltung des emotionalen Gehaltes von Symbolen,[33] in kreativen Prozessen der Gestaltfindung im Spannungsfeld zwischen der Wahrnehmung individueller Lebensperspektiven und gesellschaftlicher Prozesse, zwischen kreativem Spiel mit den Symbolen und der Begehung ihrer traditionellen religiösen Gestalt in Gottesdienst und Gebet, Predigt und Diakonie.

Dies ist Ausgangspunkt des folgenden Teils meiner Untersuchung: »*Interpretationen*«. Denn es ist auch deshalb nötig, immer wieder neu nach einer deutlichen Gestalt von Religion und Kirche zu suchen und diese Gestaltfindungsprozesse zum Gegenstand auch des schulischen Religionsunterrichtes zu machen, weil in der populären Kultur der ganze Reichtum der Symbolwelt gerade der jüdisch-christlichen Religion immer wieder neu zitiert, zusammengesetzt, in jedem Falle aber: *für die eigene Artikulation gebraucht wird.* Es ist in meinen Augen schlichter Unfug, wenn religionspädagogisch auf das Absterben der religiösen Symbole mit dem Blick des Kaninchens auf die Schlange geguckt wird, während in der Werbung, in den massenwirksamen Kinofilmen, in der populären Musikkultur die biblischen Erzählungen und Gestalten, die religiösen Rituale, die Erfahrung von Gemeinschaft und »koinonia« immer von neuem erzählt und durchgespielt werden.

Und: An der populären Kultur ist umgekehrt aus religionspädagogischem Interesse heraus viel zu lernen. Hier geht es nämlich vor allen Dingen um Prozesse der Gestaltung von Raum, Zeit und Körperlichkeit, um Erfahrungen eines gefüllten und nicht entleerten Raumes, des erfüllten Augenblickes und nicht der abstrakt-leeren Zeit, um die hier und jetzt präsente Wahrnehmung eigener Körperlichkeit. All dies sind Lebensformen, die seit alters zum Lebensvollzug von Religion gehören, in der Geschichte der christlichen Kirchen aus den verschiedensten Gründen verschüttet worden sind, aber neu wieder angeeignet werden können und müssen.

32 Ich nehme damit einen Gedanken von F. Steffensky auf. Wir wissen aus anderen Bereichen der Wissenschaft und der menschlichen Lebenspraxis, wie wichtig und unterstützend, aber auch wie zerstörerisch innere Bilder sein können. Man redet z.B. in der psychoanalytischen Interpretation von übermächtigen Vater- und Mutter-»Imagines«, die die Entwicklung des Menschenkindes zu einer Persönlichkeit behindern können, die fähig ist, zu lieben und zu arbeiten.

33 Vgl. dazu R. Sistermann, Symbole, Mythen, Gefühle. In: EvErz 48, 1996, S. 69-85.

II Interpretationen

Zum Zusammenhang von »populärer Kultur« und »Religion«

Ich sehe die Alltagsmythen und die filmischen Erzählungen, die Songs und Begehungen, die Events und Manifestationen der »populären Kultur« in ihrer Gesamtheit als einen entfalteten Diskurs an - wobei dieser Begriff noch zu schwach ist. Gesucht würde ein Wort, das dieses Ganze von Erfahrungen, Gerüchen, Blicken, Körpersensationen, Tönen, Gefühlen usw. zum Ausdruck bringen könnte, die die »populäre Kultur« ausmachen. Bleiben wir vorläufig bei »Diskurs«. Die populäre Kultur ist ein Diskurs über das Böse und das Gute, über Verheißung und Vernichtung, über das, was individuelles Leben, Liebe zu anderen, Solidarität im sozialen Lebenszusammenhang ermöglicht und zerstört.

Das Verhältnis von populärer Kultur und Religion ist komplex und kompliziert; zu Anfang nur soviel: die populärer Kultur übernimmt mit den bezeichneten Lebensformen und Themen traditionelle Aufgaben der »Religion«; und zugleich kann sie das nicht tun, ohne auf die ausgearbeitete Gestalt der Religion immer wieder zurückzugreifen: in unserem Kulturkreis zuerst auf die Gestalt der christlich-jüdischen Religionstradition.

Was ist das »Populäre« an der »populären Kultur«? Wie ist das Gemeinsame an Kino und Fußball, Disco und Rock-Konzert, Rave-Party und dem Fersehabend zwischen MTV, »Eine schrecklich nette Familie« und »Auf der Flucht«? Worin unterscheiden sich die Begehungen, Orte, Situationen der »populären Kultur« von denen der »ernsten« oder »hohen« Kultur oder wie immer man das nennen will: also von der Johannespassion, die man in der Kirche geboten bekommt, von Schillers »Räubern« im Theater oder von der Lektüre von Victor Klemperers Tagebüchern?

Offenbar gibt es ein Charakteristikum, das die unterschiedlichen Genres der populären Kultur miteinander gemeinsam haben: sie müssen »funktionieren«.[34] Ein Gedicht von Paul Celan, ein Bild von Kandinsky, ein Theaterstück von Shakespeare oder die Aufführung eines musikalischen Werkes von Schönberg kann man wenig beglückt, begeistert oder »angeturnt« hinnehmen und dennoch - durch das nachträgliche Gespräch, die Interpretation, oder einfach nur die Zuschreibung des Titels »ernster« Kunst - als ein gelungenes, vielleicht sogar hervorragendes Kunstereignis ansehen. Bei den Werken und Manifestationen der populären Kultur ist das nicht möglich. Wenn ein Film wie »Terminator 2« oder »Judge Dredd«, »Twelve Mon-

34 Ich verdanke diesen Gedanken einem Gesprächsbeitrag von Frank Hiddemann auf einer Tagung des Arbeitskreises »Populäre Kultur und Religion« vom 8. - 10. März 1996 im Predigerseminar Bad Kreuznach.

keys« oder »Sinn und Sinnlichkeit«, wenn ein Song von Sting oder Michael Jackson oder Madonna, wenn ein Buch von Stephen King, wenn eine Rave-Party oder ein Disco-Besuch nicht »reinhaut«, nicht beglückt oder aufwühlt oder anmacht, kein Herzklopfen, keine Tränen und keine Gänsehaut erzeugt, dann ist über die Qualität des Ereignisses schon entschieden. Erzeugnisse der populären Kultur müssen »funktionieren«. Was ist das, wie wird das gemacht, was geschieht mit Menschen, die das erleben?

Für viele Menschen, gerade auch für Jugendliche, scheint es um die Begehung und Begegnung mit dem Anderen des Alltags zu gehen: um Zeiten und Räume, in denen man etwas erleben und sich selbst erfahren kann, anders als z.B. in der Schule oder am Arbeitsplatz. Die Woche beginnt am Montagmorgen wie ein schwarzer Tunnel, durch den man irgendwie durchmuß, und am Wochenende beginnt das Leben. Was ist dran an diesem Lebensgefühl? Täuschung? Zurichtung der Individuen, eine schlechte Alltagsrealität weiter zu ertragen? Anpassung und Integration in eine strukturell ungerechte und lebensbedrohliche Gesellschaft?

Aber offenbar »funktionieren« Filme, Songs, Bilder heute nicht mehr, wenn sie das Lebensbedrohende, Zerstörerische, Angsteinflößende des Lebens aussparen. Wer sich in der Interpretation mit der Frage nach der »Funktion« zufriedengibt und die Antwort »Integration« schon weiß, wird nichts verstehen; und dennoch will ich die kritische Perspektive auf die »Kulturindustrie«, wie sie beispielsweise von Horkheimer und Adorno schon vor gut 50 Jahren in der Analyse der faschistischen Gesellschaft gewählt worden ist, nicht einfach über Bord werfen.[35]

Worin könnte der Zusammenhang zwischen populärer Kultur und Religion bestehen? Der Religionsphänomenologe Rudolf Otto hat 1917 das »fascinosum« und das »tremendum«, die Faszination und das Entsetzen als charakteristische Ambivalenz in der Begegnung mit dem Heiligen beschrieben.[36] Was erfahren Menschen, die einen Gottesdienst aufsuchen, in der Bibel lesen, die beten? Welches sind Orte und Gestalten von Religion? Was ist ihr Inhalt? Wer ist Subjekt von Religion? Gott? Der Gott Israels und Vater Jesu Christi? Der Mensch, beispielsweise der Mensch in den Grenzsituationen seines Lebens, wenn Selbstverständlichkeiten abbrechen, wenn Trennung und Trauer nötig oder Glück und Ekstase möglich wird? Was heißt Religion in einer multikulturellen, multireligiösen, in einer erheblich individualisierten Gesellschaft?

Religiöse Riten und Symbole können sterben, an Macht einbüßen. Religiöse Sitten und Traditionen können ihre Selbstverständlichkeit verlieren. Das ist in unserer Gesellschaft offenbar in erheblichem Ausmaße der Fall. Das schlagende, schwer zu entkräftende Argument für die Einführung von »Lebenskunde, Ethik und Religionen« (LER) anstelle des konfessionsgebundenen Religionsunterrichts als ordentliches Unterrichtsfach in Branden-

35 M. Horkheimer und Th.W. Adorno, Dialektik der Aufklärung. Philosophische Fragmente, 1944, Frankfurt/M. 1971.

36 R. Otto, Das Heilige. Über das Irrationale in der Idee des Göttlichen und sein Verhältnis zum Rationalen, 1917, München 1987.

burg ist beispielsweise, daß nur noch 20% der Bevölkerung einer christlichen Kirche angehören. Das ist im Westen noch anders, muß es aber nicht bleiben. Umgekehrt läßt sich zeigen, daß die Werke, die Begehungen, die Situationen der populären Kultur offenbar nur »funktionieren«, wenn sie Symbole und Rituale in Anspruch nehmen, die der Religion, und zwar in erheblichem Maße der jüdisch-christlichen Religion entstammen. Wenn dies richtig ist, dann wäre die Rede vom Verfall religiöser Symbolwelten, von Traditionsabbruch und Individualisierung, die im aktuellen Gespräch über »Religion« große Überzeugungskraft beansprucht, noch einmal kritisch gegenzulesen.

Kapitel 1: Zugänge

Für die Interpretation der populären Kultur stellt sich, radikaler noch vielleicht als in der Wahrnehmung anderer Lebensfelder, *dieses* Problem: Ohne *Partizipation* verschließt sich der Gegenstand vollständig. Dies liegt schon an dem besonderen Charakteristikum des »Populären«, nämlich des »Funktionieren«-Müssens der Manifestationen populärer Kultur: Nur in der Teilnahme »hier und jetzt« wird es der Wahrnehmung zugänglich, ob ein Song, ein Film, ein Konzert im beschriebenen Sinne »funktioniert« - oder aber ein »Flop« ist.

Ich möchte sogar noch einen Schritt weitergehen: Für eine angemessene Interpretation von Werken und Manifestationen der populären Kultur ist es notwendig, daß sich der Interpret/die Interpretin über den eigenen affektiven Bezug zum interpretierten Gegenstand klar wird. An der Weise, wie man diese Dinge liebt oder haßt oder wie sie eine/n kaltlassen, ist am eigenen Körper zu erspüren, ob es - im jeweils besonderen Falle, jetzt und hier und für mich - »funktioniert« oder nicht. Ja: Ohne einen Vorschuß an Sympathie, an Teilnahme, an der Bereitschaft, sich »anturnen« zu lassen, wird die Interpretation an einem entscheidenden Phänomen vorbeigehen: nämlich an der Faszination, die von den gelungenen, eben den »funktionierenden« popularkulturellen Acts - positiv oder negativ - ausgeht.

Ich habe den Eindruck, daß manche Interpretationsversuche, die gegenwärtig auf dem Büchermarkt zu finden sind, genau an diesem Punkt scheitern.

1. Das Risiko des Blickes »von oben«

1.1 Sympathie ohne Partizipation: Der amerikanische römisch-katholische Priester und Soziologe *Andrew Greeley*[37] bespricht unter dem Titel »Religion in der Popkultur« z.B. Filme von Woody Allen und Clint Eastwood, Songs von Bruce Springsteen und Madonna sowie Texte von Stephen King, durchweg mit großer Sympathie für diese teilweise trivialen Werke populärer Kultur. Greely wertet all dies als Hinweis auf eine tiefe menschliche Lebenssehnsucht; und alle menschliche Sehnsucht weise in ihrer Tiefendimension auf die Suche nach Lebenssinn und damit nach Gott. Nach diesem Muster werden die populären Songtexte, Filme und Romane wahrgenommen. Greely verbindet mit dieser Sicht der Dinge durchaus ein dogmatisch-theologisches Interesse: In ausdrücklicher Wendung gegen eine protestantische Anthropologie wehrt er den Gedanken der grundlegenden Sünde und Gottferne der Menschen ab.

Leider ist das Interpretationsschema so allgemein und zugleich so starr, daß in allen Einzelinterpretationen letztlich dasselbe herauskommt: immer

37 A. Greeley, Religion in der Popkultur«, Graz u.a. 1993 .

stehen Hoffnungstexte, gleich welchen konkreten Inhalts, für die grundlegende *Hoffnung auf Lebenssinn*, eigenartigerweise immer wieder *konkretisiert* im Sinne von *Sehnsucht nach einer gelingenden Ehe,* in jedem Falle einer erfüllten *heterosexuellen* Beziehung.

Wenn man sich einige Hollywood-Verkaufserfolge der letzten Jahre, von »Harry und Sally« bis zu »Während du schliefst« ansieht, liegt Greeley damit durchaus im Trend. Aber ist das auch für solche Rock-Helden wie Bruce Springsteen die zutreffende Interpretationsperspektive? »Die Straße ist für ihn ein Symbol der Freiheit, er geht einfach die Straße entlang. Der Sänger erkennt in diesem Lied, wie schwierig die eheliche Liebe (!) ist.«[38] »Er will seine eigene Straße gehen, er ist hin und hergerissen zwischen Freiheitsdrang und Bindung. In der Ehe erfährt er nun, daß er das Gleichgewicht suchen muß zwischen beiden.«[39]

1.2 Genauer Blick ohne Sympathie: Anders als Greeley ist der verstorbene Hamburger Praktologe und Pfarrer *Horst Albrecht,* dessen Buch »Die Religion der Massenmedien« posthum erschienen ist[40], um eine präzise Interpretation seiner Gegenstände bemüht. Songtexte von Falco, Prince und Madonna werden auf religiöse Symbole und selbst auf implizit behandelte dogmatische Topoi befragt, die Begehungen der populären Musikkultur werden unter ritualtheoretischen Gesichtspunkten wahrgenomen. Das Radio kommt als »elektronisches Amulett« in den Blick, das mit Nachrichten und Musik allen Wechselfällen des Lebens eine gleichbleibende Farbe unterlegt. Religion im Fernsehen wird in verschiedener Weise wahrgenommen: als ausdrückliches Thema in der Fernsehserie »Oh Gott, Herr Pfarrer«, als »institutionalisierte Religion im Fernsehen« im allsonntäglichen »Wort zum Sonntag«, und als rituelle Begehung der civil religion in der »Tagesschau«.

Die Analysen Albrechts sind durchweg erhellend und teilweise brillant.[41] Dennoch habe ich kritische Fragen: Das tendenziell negative Urteil über die Äußerungen der populären Kultur steht bereits *vor* der jeweiligen Einzelinterpretation fest; anders als seinem römisch-katholischen Kollegen Greeley fehlt Albrecht der gewissermaßen erotische Bezug zu seinen Gegenständen.

Ich gebe einige Beipiele für diese Tendenz: »Die Texte (der Rockmusik) haben ... noch nie die wichtigste Rolle gespielt, sie formulieren oft nur ... den Sinnmangel, die Bewußtlosigkeit der musikalischen Trance«[42]; »mediatisierte« tritt an die Stelle von »unmittelbarer« Erfahrung, die »Maschinenmusik« zeigt den »Verlust unmittelbaren Lebens« an (und öfter).[43]

Ertragreicher erschiene mir ein Versuch, die Beziehung zwischen Medienkonsum und lebenspraktischer sowie lebensweltlicher Rezeption in unterschiedlichen Milieus genauer zu untersuchen (was ist dann eigentlich

38 Ebd., S. 55.
39 Ebd., S. 57.
40 H. Albrecht, Die Religion der Massenmedien, Stuttgart 1993.
41 Vgl. insbesondere das Kapitel »Schlager am Sarg, Pumuckl auf dem Grabstein: Zeichen einer massenmedialen Trauerkultur«, S. 35ff.
42 Ebd., S. 10.
43 Ebd., S. 12.

»unmittelbare« Erfahrung, und wo gibt es sie heute?) Auch die Schlußthesen, in denen Albrecht die Strukturen der »Religion der Massenmedien« nachzeichnet (z.B. »Remythisierung der Welt«, »Reinfantilisierung des Menschen«[44], unterschreiten in ihrer Globalität und Totalität die Genauigkeit und die Lebendigkeit der Einzelinterpretationen bei weitem.

Auch *Volker Drehsen's* Beitrag zum Hauptthema des zwölften Jahrganges der »Jahrbücher der Religionspädagogik«[45] hat seine Stärke m.E. darin, daß er unter dem Titel »Alles andere als Nullbock auf Religion« den in den letzten Jahren eingespielten Jargon der FachvertreterInnen - man denke an Stichworte wie Kirchen- und Ritualdistanz, Traditionsabbruch, Basteln (»Bricolage«) mit Bruchstücken traditioneller religiöser Symbolwelten - zumindest versuchsweise ausweitet: Die Gestalt und der Lebensvollzug der Jugendkultur gerät selbst unter religiöser Perspektive in den Blick.

Die alternativkirchliche Szene der Kirchentage, die Jugendmusikkultur und die Sekten und Kulte der esoterischen Religionsszene werden zum Gegenstand der Aufmerksamkeit, werden methodisch mit Hilfe lebensgeschichtlich-entwicklungspsychologischer Ansätze, aber auch durch die Wahrnehmung des Lebensvollzugs von Jugendlichen im Schnittpunkt zwischen Lebenswelt und Medienmacht wahrgenommen: der Autor sieht die Religiosität von Jugendlichen, wie er im Untertitel annonciert, »zwischen Wahlzwang und Fundamentalismusneigung«.

Der m.E. ertragversprechende Zugang, den Lebensvollzug der Jugendkultur und insbesonders populärkulturelle Manifestationen selber unter dem Blickwinkel von »Religion« wahrzunehmen, bringt sich jedoch wiederum erheblich um seine Chancen, wenn der Gegenstand bestenfalls aus der Perspektive amüsierter Distanz wahrgenommen wird: »Während sich vor allem die midlife-crisis-geplagten Mütter halbwüchsiger Kinder dem Balsam Drewermannscher Populartheologie mit dem wohlverträglichen Wirkstoff Jungscher Tiefenpsychologie ... verschreiben, dröhnt sich der Nachwuchs mit den ... meist lauten wie monotonen Klängen seiner Lieblingspopgruppen voll.«[46]

Der von Drehsen angeregte Blick auf die Religion in Gestalt und Lebensvollzug der populären Kultur, insbesondere der Jugendkultur scheint ertragreich; doch wie soll er konturiert werden?

44 Ebd., S. 125ff.
45 V. Drehsen, Religion der Jugend wahrnehmen. JRP Band 12, P. Biehl, Chr. Bizer u.a. (Hg.), Neukirchener Verlag 1995.
46 Ebd., S. 60.

2. Eigene Erfahrungen mit »populärer Kultur«: Populäre Musik und Lebensgeschichte

Ich möchte meine Überlegungen dazu, welche Beziehung ich selbst lebensgeschichtlich zu einem Ausschnitt der populären Kultur - nämlich der populären Musikkultur - gewonnen habe, keinesfalls mit der Absicht vorstellen, jetzt zu zeigen, »wie es gemacht werden soll«. Ich halte diesen Blick auf eigene Lebensgeschichte allerdings für notwendig, um für mich selbst und andere überprüfbar zu halten, wie sich Nähe und Distanz zum Gegenstand der Interpretation biographisch eingespielt haben.

2.1 Erinnerungen. Wie fing alles an? Die ersten Erinnerungen liegen im Nebel. Da ist Brigitte, meine Kinderfrau, selbst ein siebzehnjähriger Teenager, die mir - ich muß etwa vier Jahre alt gewesen sein - die Schlager vorsingt, die sie bei der Arbeit (bei Odermark, einer Kleiderfabrik in Goslar) aufschnappt. Sie nimmt mich mit zu dem Treffpunkt an der Brücke in unserem Dorf, wo sich die Jugendlichen mit ihren Mopeds versammeln. Ich erinnere mich an die straff nach hinten gekämmten Pomade-Frisuren mit dem tollen Schwung über der Stirne, an den Geruch von Leder und Zweitakter-Moped-Benzin. Und ich erinnere mich an ein etwas kribbeliges Gefühl dabei: Meine Eltern waren gegen diese Treffen. Genauso, wie sie dagegen waren, daß ich auf dem Rummel - einmal im Jahr, zu Pfingsten, kamen Schausteller auf unseren Dorfplatz, mich reizten vor allem die Stände, an denen Blechtrommeln und Plastiktrompeten verkauft wurden - mit dem Kettenkarussell fuhr. Viel zu gefährlich! Ich tat es aber trotzdem, mit der hilfreichen und heimlichen Unterstützung von Brigitte. - Ich erinnere mich an die Musik, die aus dem Lautsprecher des Karussells dröhnt, genauso wie an die Schlager, die Brigitte mir vorsingt: »Cindy, o Cindy, dein Herz muß traurig sein ...«; »Ich möcht' auf deiner Hochzeit tanzen«; »Eventuell, eventuell bring' ich Dich heut' nach Haus ...«. Und dann steht da das Klavier im Eßzimmer, ein uraltes Zimmer-Klavier mit Oberdämpfung. Mit zwei Fingern spiele ich die aufgeschnappten Melodien nach. Brigitte ist begeistert.

Und dann sind da noch andere Bilder und Gerüche: Die Dorfkirche von Immenrode, unserem Dorf. In drei Baustufen errichtet, der Turm ist tausend Jahre alt, ein alter Wehrturm. Oben an der Decke das Tonnengewölbe aus Holz, vorn die vertraute Christusfigur aus dem 14. Jahrhundert, für mich bis heute Inbegriff des Kruzifixes. Und ich darf auf der Empore sitzen, bei meinem Vater auf der Orgelbank. Er ist Dorfschullehrer und Kantor. Für den Vierjährigen ist er ein großer, freundschaftlicher, fast übermächtiger Mann. Ich liebe ihn. Es riecht gut in der Kirche, die Orgel dröhnt, und ich darf ganz oben bei der Orgel sitzen. Heute weiß ich, daß mein Vater, gemessen an den Standards kirchenmusikalischer Ausbildung, kein bedeutender Organist war. Aber ich spüre noch heute das Vibrieren im Po und das Kribbeln im Bauch, und ich erinnere mich, wie der Klang der Orgel all diese Gefühle und Gerüche umschlossen hat.

Mit sechs Jahren dann Beginn des Klavierunterrichts. Ich habe mir das wohl gewünscht; genau weiß ich es nicht mehr. Ich erinnere mich noch gut an die langen Busfahrten und Fußwege zur Klavierstunde in die nahegelegene Stadt Goslar. Ich muß vom Bahnhof noch eine halbe Stunde laufen, und ich weiß, daß ich wieder nicht genügend geübt habe, genau genommen überhaupt nicht, bloß gestern Nachmittag, auf anhaltendes Drängen meiner Mutter, eine halbe Stunde. Gleich werde ich mich wieder furchtbar schämen, und Frau Förster, die Klavierlehrerin, wird mir trotzdem »eine Zwei« geben und mir das Stück zum nächsten Mal noch einmal aufgeben.

In das Notenbüchlein mit den Tonleitern und Fingersätzen hat sie auf die erste Seite, mit roter Tinte, »Mit Gott« geschrieben. Frau Förster ist sehr fromm und sehr katholisch. In ihrem Zimmer riecht es etwas süßlich, und das Klavier ist poliert. Später wird es dann etwas lustiger, ich fahre mit einem Freund gemeinsam zur Klavierstunde. Immer wenn er dran ist, sitze ich im Nebenraum mit dem Flügel (auf dem wir noch nicht spielen dürfen, weil wir nicht genug können) und blättere in einem Buch über Bach oder Mozart, das mir Frau Förster zum Lesen in die Hand gedrückt hat. Ich lese es aber nicht, sondern übe, mit Hilfe meiner gerade geschenkten Armbanduhr, die Luft anzuhalten. Ich komme auf etwa zwei Minuten, dann wird mir immer schwarz vor Augen.

Ich bin etwa zwölf, als ich Orgelunterricht bekomme. Mein Lehrer, Kantor Kern an der Marktkirche in Goslar, ist ein hochbefähigter Musiker. Ich lerne bei ihm meine Liebe zu Bach. Ich gerate manchmal mit ihm in Streit, weil ich mich nicht an die in den Noten vorgegebenen Fingersätze halte. Meine Meinung dazu ist: Es kommt für die Musik selbst nicht so darauf an. Kantor Kern ist anderer Ansicht. Aber er kommentiert es sehr wohlwollend, als ich ihm meine ersten selbstkomponierten Stückchen auf der Orgel vorspiele.

Etwa zwei Jahre später habe ich eine Art musikalisches Offenbarungserlebnis. Ich erinnere mich noch genau. Bis dahin habe ich der Beat-Musik - sie ist bereits seit etwa fünf Jahren populär, und ich habe durch meine KlassenkameradInnen beständig mit ihr Kontakt - nicht viel abgewinnen können. Ich war in Bach verliebt. Mit meinem Freund Jörg-Michael, dem Sohn aus der Käserei in Immenrode - wir werden später noch zehn Jahre in einer Band zusammenspielen - streite ich mich immer beim Monopoly-Spiel: Er ist für Mozart, ich bin für Bach. Aber jetzt sitze ich neben dem Radio, wie so oft in der Mittagspause (das Radio steht im Zimmer meines Vaters, der neben der in voller Lautstärke dröhnenden Musik schlafen kann - was ich bis heute nicht verstehe), erledige meine Schularbeiten und höre zufällig die Hitparade. Und ich bin völlig fasziniert, aufgewühlt, erschlagen, als ich den zweiten und dann den ersten Platz der Hitparade höre: »No milk today« von Herman's Hermits auf dem zweiten, und dann vor allem: »Penny Lane« von den Beatles auf dem ersten Platz.[47] Mit einem Schlage verlieren für mich der

[47] «Penny Lane« (Lennon/McCartney) erscheint 1967 als Rückseite der Single »Strawberry Fields Forever«. Die Beatles haben seit über einem Jahr keine Platte veröffentlicht, und mit »Strawberry Fields« versuchen sie zum ersten

Orgelunterricht, Bach, Kantor Kern ihre Autorität. Ich werde begeisterter Beatles-Fan. Jörg-Michael wird Bee-Gees-Fan; wir haben wieder Grund, uns zu streiten.

Ich bleibe aber noch zwei Jahre lang im Orgelunterricht. Es geht mir nicht gut in diesen Jahren; es würde zu weit führen, hiervon zu erzählen. Ein Aspekt meiner Misere ist, daß ich in der Schule als Streber gelte, und dieses Urteil war wohl nicht unberechtigt. Ich pauke lateinische und griechische Vokabeln in einem Maße, daß ich noch heute davon zehre. Ich verbringe Stunden und Tage damit, für den Erdkundeunterricht penibel ausgeführte Landkarten nachzuzeichnen. Ich fühle mich einsam. Ich magere ab.

Als ich sechzehn bin, überschlagen sich die Ereignisse. Ich verstehe dieses Jahr heute als wichtigste Schaltstelle, wenn ich über den Beginn meines Lebensgefühls nachdenke, ein erwachsener Mensch zu sein. Ich trete in die Redaktion der Schülerzeitung ein, schreibe vor allem Gedichte, Kurzgeschichten, politische Artikel. Ich nehme an meiner ersten Demonstration teil - 1969 beim Kirchentag in Stuttgart; die Parolen richten sich gegen den damaligen württembergischen Kultusminister Hahn. Ich habe eine Freundin. Ich beginne wieder zu essen. Ich habe Tanzstunde, zusammen mit der ganzen Schulklasse und der Parallelklasse vom Mädchengymnasium. Ich schmeiße den Orgelunterricht: Ich habe sowieso nicht mehr geübt in letzter Zeit, und ich habe jetzt andere Sorgen. Und ich treffe mich mit Jörg-Michael, später mit anderen im Käsehaus seiner Eltern: Wir spielen Beatles-Songs nach. Ich bin jetzt auf E-Guitarre umgestiegen; das Klavier werde ich in den nächsten zwei Jahren nicht mehr anrühren.

Auf einer Fete mit unserer Parallelklasse treten wir auf: »Birthday« und »While my Guitar Gently Weeps« vom neuen weißen Doppel-Album der Beatles. Alle sind begeistert. Wenn ich durch die »Fische« (die Fischemäkerstraße, eine Goslarer Einkaufsstraße und Treffpunkt der Gymnasiasten und der Schülerinnen der Mädchenoberschule) gehe, grüßen mich die Mädchen.

Zwei Jahre später dann entsteht die erste »ernsthafte« Band: »Scalloway«, sie wird elf Jahre halten. Mit dabei sind drei Mitglieder der Abiturklasse (Jörg-Michael spielt Querflöte, Olly Guitarre, ich selbst Klavier; dabei wird es von jetzt an bleiben), mein Bruder Christoph am Bass und ein schwarzer Freund, Patrick, am Schlagzeug. Wir spielen von Anfang an eigene Kompositionen. Wir versuchen, gehörte Klangbilder zu verarbeiten: Traditionen aus unserer klassischen Ausbildung; Rock-Musik-Elemente (insbesondere »Jethro Tull« mit Ian Anderson an der Flöte; Country-and-Western; Rythm-and-Blues). Etwa Mitte der siebziger Jahre - ich studiere seit einiger Zeit Theologie, aber wir treffen uns an jedem Wochenende in Goslar zum Proben - hören wir gemeinsam ein Konzert von Herbie Hancock. Wieder eine einschneidende Hörerfahrung: Seitdem spielen wir Jazzrock.

Mal, auf Tendenzen in der modernen elektronischen E-Musik zu reagieren. Die A-Seite der Single, ein musikalisch höchst elaboriertes Produkt, wird auf dem Markt ein Flop, die B-Seite dagegen einer der größten Erfolge der Beatles.

In dieser Zeit orientiere ich mich überhaupt tendenziell auf Jazzmusik um. Mit »New Call« in Göttingen verarbeiten wir die mittlerweile veröffentlichten Themen der Blues- und Jazztradition und versuchen uns in modalen Improvisationen (in den 70er Jahren erscheint die erste Auflage des »Real Book«, eine Zusammenfassung der Jazz-Themen aus der Zeit des Bebop der 50er, des Hardbop und Cool-Jazz der 60er und auch einiger Themen der Fusion-Jazzrock-Musik der 70er Jahre). Die musikalische Arbeit mit den Kollegen wird immer wichtiger gegenüber den bis dahin mindestens ebenso bedeutsamen Treffen mit Freundinnen und Freunden, die biertrinkend und rauchend als ZuhörerInnen bei den Proben von »Scalloway« teilgenommen haben (die Goslarer Rocker beispielsweise stellen Mitte der 70er Jahre unsere »Roadies«, die bei Konzerten die in diesen Jahren typischerweise riesigen Verstärkeranlagen aufbauen). Um 1980 herum - ich bin fast dreißig Jahre alt - verstehe ich mich nicht mehr als Mitglied der Jugendkultur. Es wird zum zunehmend komplizierten Organisationsproblem, die musikalische Arbeit mit den beruflichen Perspektiven zu vereinbaren - die ausgedehnten Konzerttourneen und Plattenaufnahmen mit »Quartet & Brass« fallen in die Zeit des 2. Theologischen Examens und der Promotion. Aber bereits wesentlich früher, etwa seit Mitte der siebziger Jahre, habe ich einen Stil der individuellen Probenarbeit, der Zusammenarbeit mit anderen Musikern und der Hörerfahrungen ausgebildet, der sich seitdem nur unwesentlich verändert hat.

2.2 Jazz: Die Musik. Die afroamerikanische Jazzmusik[48] ist selbst ein Ergebnis eines komplexen kulturellen Vermittlungsprozesses zwischen Traditionen afrikanischer Musik, die in immer neuen Schüben bis zum Ende der Sklaverei 1866 in Amerika heimisch wurde, den Traditionen der europäischen Klassik und der europäischen, amerikanischen und lateinamerikanischen Folkloremusik. Zentrales Element des Jazz ist die afrikanische Musiktradition, die ein signifikant anderes Verhältnis zur Körperlichkeit beinhaltet als die klassische europäische Musik.

Der Unterschied zeigt sich vor allem in Rhythmik und Melodie: Durch verschiedene rhythmische Überlagerungsmöglichkeiten wird die Kommunikation der Perkussionsinstrumente nicht als zeitliche Kette, sondern eher als

48 Ich beziehe mich im folgenden auf eine unveröffentlichte Arbeit des Oldenburger Jazz-Trompeters G. Bernhard F. Mergner, »Jazz lehren - Jazz lernen« an ausgewählten Beispielen, Göttingen, o.O. o.J. (1983). Ich arbeite mit Bernhard Mergner seit etwa zwanzig Jahren in verschiedenen Band-Formationen zusammen (New Call; Quartet & Brass; Gutmann-Mergner-Duo; Zwischen Traum und Kaffee) und habe unendlich viel von ihm gelernt. Bernhard Mergner ist heute Professor für Jazz-Trompete in Weimar. Er hat die für den europäischen Bereich ausschlaggebende Ausbildung als Jazzmusiker in Hilversum/Niederlande abgeschlossen. Zur Zeit ist er neben seinen sonstigen Engagements Leiter des Niedersächsischen Jugend-Jazzorchesters und erfüllt - im Auftrag des französischen Kultusministeriums - einen Kompositions- und Arrangementauftrag für eine Bigband in Rouen. Zahlreiche Veröffentlichungen auf LP und CD.

Raum wahrnehmbar. In diesem Raum kann es - im Trommeln, Tanzen und Singen - zu ekstatischen Körpererfahrungen kommen - ein Erlebnis, das HörerInnen der klassischen europäischen Musik zumeist verschlossen bleibt.

In der Verbindung von Melodie und Rhythmus ist für die afrikanische Musiktradition kennzeichnend, daß die melodischen Töne rhythmisch perkussiv geäußert und in einer Spannung zwischen statischem und ekstatischem Akzent plaziert werden. In der Jazzmusik werden solche Melodieakzente, die vor oder nach dem Perkussionsakzent fallen, in afroamerikanischer Tradition als »off-beat« (weg vom Taktschlag) bezeichnet; die volle Wirkung entfalten diese Melodieakzente in der Wechselwirkung mit Melodieakzenten, die auf denselben Punkt mit dem Perkussionsakzent fallen.

In der Melodieführung ist die afrikanische Musiktradition nicht darauf hin konzipiert, daß für die Hörer der Gesamteindruck eines harmonischen Wohlklanges eintrete; die Orientierung an europäischen Ohren vertrauten Dur- und Mollklängen beispielsweise wäre ein unzutreffendes Wahrnehmungsraster dieser Musik. Hier stehen die im Zentrum, die sich selbst musikalisch äußern, nicht diejenigen, die sie - ohne selbst aktiv beteiligt zu sein - hören. Vielmehr handelt es sich um einen musikalischen Kommunikationsprozeß, in dem alle Beteiligten mit ihren eigenen musikalischen Äußerungen auf die Äußerungen der anderen antworten, den eigenen rhythmischen oder melodischen Beitrag im Netz der aktuell wahrgenommenen musikalisch-kommunikativen Situation plazieren.

Im idealen Fall sind alle Mit-Spielende, es gibt keine Trennung zwischen Produzenten und Publikum. Dieser Idealfall tritt jedoch in der deutschen Jazz-Szene in der Regel nicht ein. Das ist in der Rock-Musik anders, und zwar in jedem angesprochenen Punkt: was den Wohlklang, die Polyphonie, auch die Publikumsbeteiligung angeht.

Die Akkulturation zwischen afrikanischer und europäischer Musik in der Entstehung des Jazz ist ein vielschichtiger Prozeß, der sich nicht einlinig, nicht nach dem Modell gegenseitiger Überlagerung und auch nicht nur als musikinterne Bewegung verstehen läßt. Vielmehr handelt es sich um einen komplexen Prozeß wechselseitiger Beeinflussung und Modifikation. Die afrikanische Musik in Amerika ist von Anbeginn an Ausdruck des sozialen Protestes gegen die elenden Lebensbedingungen von Sklaverei und Lohnarbeiterschaft, Ausdruck des Widerstandes gegen Unterdrückung und Rassismus durch die herrschende Kultur. Der Jazz entwickelt sich in einem Prozeß, in dem kulturelle Milieus und Lebenswelten von schwarzen und weißen Musikern sich aufeinander beziehen und miteinander vermitteln, wobei phasenweise die eine, phasenweise die andere kulturelle Tradition dominiert. Und mit wachsender Popularität dieser Musik werden zunehmend kommerzielle Interessen der großen Orchester, später der Plattenkonzerne, Rundfunksender und Fernsehgesellschaften auch für die musikalische Gestalt der Produktionen relevant.

Ich kann auf diesem Informationshintergrund meinen eigenen musikalischen Lernprozeß zuordnen: Ich denke an meinen ersten Kontakt mit den

Schlagern der 50er Jahre, von meiner Kinderfrau gesungen oder vom dröhnenden Karussellautsprecher aufgeschnappt, an die Rock'n-Roll-Musik der Halbstarken auf ihren Mopeds: es handelt sich offenbar um periphere Ausprägungen des beschriebenen Akkulturationsprozesses der Jazzmusik, in einem sehr späten Stadium und unter rein ökonomischen Interessen produziert und verbreitet. Für den kleinen Jungen aber dennoch die Begegnung mit einer fremden, aufregenden Lebenswelt.

Die »klassische« Ausbildung an Klavier und Orgel, insbesondere die emotionale Orientierung an der Orgelmusik des Barock prägt in den folgenden Jahren meine Hörgewohnheiten. Ich werde zu einem Kind der europäischen Musiktradition. Und auch was mich in den späteren Jahren fasziniert - die Beatles, Jethro Tull, die ersten Nachspiel- und Kompositionsversuche im Stil der Rock-Musik, die Begeisterung über die Jazzrock-Fusion-Musik der siebziger Jahre, schließlich die Orientierung an Vorbildern aus der Free- und Modern-Jazz-Tradition -, all dies weist darauf, daß ich mich dem afroamerikanischen Jazz gewissermaßen auf europäischen Umwegen nähere. Ich bin durch meine Lebenswelt und meine Hörgewohnheiten geprägt, und ich meine dennoch, daß ich heute authentische Jazzmusik spiele. Die Meinung, daß nur Schwarze den Jazz authentisch spielen können, halte ich für eine Legende. Am Akkulturationsprozeß dieser Musik wird weiter gearbeitet, und alle, die sich mit offenen Ohren und geübten Fingern und Lippen auf diesen Prozeß einlassen, können sich hieran beteiligen. Durch die immer neue Artikulation der Tradition, durch die immer neue Modifikation der Regelhaftigkeit bleibt die Musik lebendig.

Eine weitere Bemerkung erscheint mir nicht unwesentlich: Meine musikalische Lerngeschichte ist typisch für die Jazzmusikergeneration, die wie ich Ende der vierziger bis Ende der fünfziger Jahre geboren wurden. Wir sind fast alle Autodidakten, haben unsere Musik aus Radios und Platten aufgeschnappt, nachgespielt, durch langsam verbreitetes Notenmaterial aufgearbeitet. Auch die »Helden« unserer Vorgängergeneration - z.B. Albert Mangelsdorf, Wolfgang Dauner, Wolfgang Kriegel - zählen zu diesen Jazzmusik-Autodidakten. Die uns nachfolgende Generation lernt und spielt den Jazz bereits anders: Von Anbeginn in Musikschulen in Jazz und Popularmusik unterrichtet, wird für sie der Jazz zu einer nahezu klassischen Musik. Es bleiben den jungen Musikern heute viele Umwege erspart, sie spielen schon in frühem Lebensalter die Musik problemlos vom Blatt, die Musiker meiner Generation sich mühsam herausgehört und nachgespielt haben. Die Jazzmusik wird perfekter gespielt; aber vielleicht geht ihr auch etwas von der Wildheit und Kreativität verloren, ohne die sie nicht lebendig bleiben kann.

2.3 Der Kampf mit der Grenze. Mittlerweile habe ich seit etwa 25 Jahren als Musiker Kontakt zur halbprofessionellen Szene von Jazz- und Rockmusikern.

Die Arbeitsbedingungen für die Musiker haben sich in den vergangenen Jahren erheblich verändert. Die ökonomische Situation ist in der Regel dürftig. In den Bands, in denen ich mitarbeite, bekommen die Musiker in den vergangenen 25 Jahren unverändert einen Hunderter pro Konzert und Nase; in jüngster Zeit muß nicht nur die Anfahrt und die Verstärker-Anlage, sondern auch die Werbung und die Clubmiete von den Musikern vorweg finanziert werden. In diesem »mittleren Feld« der Halbprofessionellen kann kaum ein Musiker von seiner Musik leben. Es gibt Probleme mit der Krankenversicherung. Die Konkurrenz ist groß, und ein zusätzliches Problem ist das ständige Dumping durch Newcomer-Bands, die unter allen Bedingungen spielen wollen. In der Regel führen PopularmusikerInnen eine Doppelexistenz mit Haupt- und Nebenberuf (z.B. in meinem Fall); als Glückspilz gilt, wer eine halbe oder eine Viertelstelle an einer Musikschule ergattert.

Frühere Höhepunkte im Lebensgefühl von MusikerInnen - z.B. die Aufnahme einer CD - sind längst durch Überangebot entwertet: Ohne CD hat man in vielen Clubs überhaupt keine Auftrittschance. Der Bekanntheitsgrad der Aktiven ist nahezu immer regional oder sogar örtlich beschränkt: über die eigene Stadt hinaus bekannt zu werden, setzt die Bereitschaft voraus, unter miesen Unterkunfts- und Finanzierungsbedingungen über große Strekken zu fahren, wobei man sich diese Konzerte meistens durch lange Verhandlungen und Einschleichtaktiken bei den Veranstaltern ergattern muß. Das ist nur in einer begrenzten lebensgeschichtlichen Phase machbar.

Nur das Angebot von Übungsräumen ist, zumindest in dem Feld, das ich vor Augen habe, in letzter Zeit besser geworden.

Jazz- und Rockmusiker der mittleren, halbprofessionellen Kategorie sind, was ihre ökonomische Situation und ihren sozialen Status angeht, Grenzpersönlichkeiten: sie spielen mit der Grenze zwischen Armut und der Notwendigkeit eines anderen Broterwerbs, auch mit der Grenze zwischen Rigidität im Selbst- und Sozialverhältnis (alle anderen Verpflichtungen müssen per definitionem weniger wichtig sein als gerade dieser Gig, diese Probe); und sie spielen mit der Grenze zwischen Grandiosität und Ohnmacht im Lebensgefühl.

Die ästhetische Arbeit selber ist bestimmt durch das unhintergehbare Spiel zwischen Regelhaft-Vorgegebenem und spontaner Artikulation. Dies Verhältnis ist in unterschiedlichen Genres durch unterschiedliche Nähe bzw. Entfernung zwischen beiden Polen gekennzeichnet, wird aber niemals in seiner Distanz auf Null reduziert oder auf unendlich ausgedehnt. Um die beiden Pole zu nennen, zu denen ich selber Kontakt habe: selbst Rock'n Roll-Kombos, die die Musik z.B. der Rolling Stones »covern«, werden die Musikvorlage weder im Tonmaterial noch in der Artikulation, weder im Sound noch in der stilistischen Präsentation identisch reproduzieren. Auf der anderen Seite einer gedachten Skala gilt: Auch freie Jazzmusiker arbeiten mit grammatischen und stilistischen Vorgaben, die im freien Spiel modifiziert, aber niemals vollständig verlassen werden - oder auch nur verlassen werden sollen. Die Anforderungen an die handwerkliche Basis der musikalischen Artikulation sind ebenso hoch wie in der sogenannten »e«-Musik.

Die Unhintergehbarkeit des Spieles zwischen Regelhaftigkeit und spontaner Artikulation betrifft sowohl das jeweils individuelle Arbeiten am Instrument als auch die Zusammenarbeit in der Band.

Beim jeweils individuellen Üben am Instrument geht es, um das Beispiel meiner eigenen musikalischen Arbeit im Bereich der freien Jazzmusik zu nennen, auf der einen Seite - in Analogie zum Verhältnis von »Sprache« und »Sprechen« formuliert - um die Repetition der »Grammatik« und eines »Wortschatzes«, der in der musikalischen Äußerung wie beim Sprechen vorausgesetzt wird. Es geht um Tonleitern, Skalen, rhythmische Übungen. Schon hier ist jedoch der Einfall problematisch, von »Grammatik« oder »Wortschatz« zu sprechen: selbst an diesem Punkt größtmöglicher Nähe zum Regelhaften ist die jeweils individuelle Artikulation durch den Spieler unhintergehbar, und bei Skalen, erst recht bei Phrasen, die aus dem solistischen Spiel von musikalischen Vorbildern übernommen werden, handelt es sich erst recht nicht um die Reproduktion der »Regel«, sondern um die jeweils individuelle, unnachahmliche Artikulation des Regelhaften.

In der freien Improvisation am Instrument wecken die entstehenden Tonbilder Erinnerungen an musikalische Stimmungen und auch an Melodien, Rhythmen, ganze Passagen und Stücke, die aus dem Gedächtnis reproduziert werden. Bisweilen entstehen neue Klangbilder, nie ganz neu, aber auf charakteristische Weise verändert. Manchmal kommt es zu einem Einfall für eine musikalische Äußerung oder ein ganzes Stück; er kann notiert werden.

Zur Zusammenarbeit mit der Band: Der Komponist erläutert sein Werk anhand der Notierung, die selten mehr als eine DIN-A-4-Seite umfaßt. Sie beinhaltet zumeist das Notenbild des Themas samt vorgeschlagenen Akkordsymbolen (die präzise Klanggestaltung ist der Rhythmusgruppe - dem Pianisten bzw. Gitarristen, Bassisten und Schlagzeuger - überlassen) sowie den »Chorus«, also die strukturelle (oft an eine Akkordfolge gebundene, oft aber auch völlig freie) Vorgabe für die Improvisation. Das Thema wird versuchsweise angespielt, ebenso die improvisierte Einheit. Die Musiker verständigen sich über ihre Erfahrungen beim Spiel: Wie habe ich mich bei meinem eigenen Solo gefühlt? Wie erlebe ich die musikalischen Äußerungen der anderen? Entspricht die musikalische Gestaltung genau diesem musikalischen Einfall, oder werden Muster aus anderen Spielzusammenhängen reproduziert?

Auch bei der Aufführung während eines Konzertes wird das erarbeitete Stück nicht identisch reproduziert, sondern weiter entwickelt, verändert, möglicherweise auch fallengelassen. Die Darstellung der Werke meint bei einem gelungenen Jazz-Konzert nicht die Ablieferung eines festgefügten Produktes, sondern die lebendige Kommunikation zwischen den Musikern; der Gestus der Probenarbeit, also die versuchsweise und offene Form der Erarbeitung, soll mit der handwerklichen Perfektion, dem gelungenen musikalischen »Gespräch« zwischen den Musikern und der musikalischen Präsenz (der »Power«) der Musiker verbunden werden. Ob dies gelingt, ist dem

Gefühl und dem Urteil der beteiligten Musiker ebenso wie des Publikums hier und jetzt in der unhintergehbaren Zeitform des Augenblickes gewiß.

Ich möchte noch einmal den Punkt unterstreichen, auf den es mir in diesem Zusammenhang ankommt: Auf allen skizzierten Ebenen, vom individuellen Üben bis hin zur freien Improvisation in der Band, bleibt das Spiel zwischen Regelhaftigkeit und individueller Artikulation der Regel unhintergehbar; weder im soundgetreuen »Covern« des Rock-Vorbildes noch in der tonal freien, rhythmisch pulsierenden Improvisation ohne Time wird der Zusammenhang nach der einen oder anderen Seite hin vollständig verlassen. Die musikalische Regel wirkt auf die individuelle Artikulation - um eine theologische Analogie zu bemühen - nicht im Sinne von »Gesetz«, sondern in der Zweiseitigkeit von »sacramentum« - Gabe und »exemplum« - Vorbild bzw. Urbild.

Dennoch beinhaltet die Spielweise im modernen Jazz, insbesondere im freien Jazz den ständigen Kampf mit der »Grenze«, den beständigen Versuch einer kontrollierten Grenzüberschreitung, die Inszenierung einer Schwellensituation, in der die Grenzlinie zwischen Regelhaftigkeit und Chaos, Struktur und Antistruktur, Ordnung und Verausgabung versuchsweise überschritten und zugleich gerade so markiert wird.

Die begriffliche Analogie zu modernen Ritualtheorien, in denen die Bezeichnung und Begehung der liminalen Situation zwischen Struktur und Antistruktur als wesentliche Leistung des Rituals beschrieben wird - so die Ritualtheorie von Victor Turner[49] im Anschluß an ältere Vorlagen, z.B. van Gennep - ist keinesfalls zufällig gewählt. Der Klavier-Großmeister des freien Jazz, der New Yorker Pianist Cecil Taylor[50], meint: »Improvisation means the Magic Rising of Man's Spirit into the Trance State«. In einer Rezension zu einem Konzert mit dem Cecil Taylor European Orchestra schreibt Steve Lake: »Erst die Gesänge. Mir war, als hätte ich etwas Bedrohliches in diesen abgerissenen Silben vernommen. Vom Stamm gebissene Worte, Gewalt an den Wurzeln der Sprache ... Jedenfalls begriffen wir, daß dieser düstere Singsang rituelle Bedeutung hatte. Es war eine feierliche Vorbereitung auf das Musikmachen, ein >Einstimmen< von Band und Zuhörerschaft, ein Mittel, um uns daran zu erinnern, daß all dies - der abgedunkelte Saal, ein Musikpodium zum Levitieren, Instrumente, die bis zur Trancegrenze ertönen sollen - eine ernstere (und viel ältere) Praxis ist als bloßer Jazz. ... Und dann *verschwanden* zwei Stunden. Die Musik war festnagelnd, fortreißend. Der Zuhörer wurde verzehrt.«[51]

Wie gesagt: Cecil Taylor verwendet die Begriffe »Trance« und »Ritual« keineswegs zufällig, und ebensowenig zufällig sind die Hinweise auf das Verschwinden linearer Zeitstrukturen oder auf die Erfahrung der Verzehrung anderer alltäglicher Ordnungs-Muster. Victor Turner spricht in diesem

49 V. Turner, Vom Ritual zum Theater. Der Ernst des menschlichen Spiels, Frankfurt/M, New York 1989 (1982).

50 Ich verdanke diese Information meinem langjährigen Jazzmusiker-Kollegen Ove Volquartz.

51 Veröffentlicht in Cecil Taylor in Berlin 1988, CD Alms/Tiergarten (Spree).

Zusammenhang von »Fluß-Erfahrung« und »Communitas« als Erfahrungen bzw. Techniken, die im religiösen Ritual ebenso zugänglich werden wie im avantgardistischen modernen Theater. Fluß-Erfahrung meint höchst gesteigerte körperliche und seelische Präsenz, Macht über die technischen und handwerklichen Abläufe, Verschwimmen der Subjektgrenzen, Selbstvergessenheit in dem Sinne, daß jede Selbstreflexion und Selbstthematisierung im Ablauf den Fluß unterbrechen würde. Communitas meint die Erfahrung der Übereinstimmung von Individualität und Sozialität, das Erkennen zwischen dem Ich und dem anderen jenseits gesellschaftlicher Rollen, ohne jedoch eine symbiotische Vermischung zu intendieren.[52]

Dieser Hinweis auf Entsprechungen zwischen Improvisation und Ritual hilft mir zu verstehen, um auf den vorigen Punkt zurückzukommen, was im Gegenüber von Regelhaftigkeit und individueller Artikulation die Rede von »Individualität« meint. Sie meint nicht, zumindest nicht zuerst Selbstthematisierung oder Selbstreflexion. Ganz im Gegenteil. Es geht um das Spiel mit der Grenze, um die Schwellensituation zwischen Ordnung und Chaos, Struktur und Anti-Struktur - nach Turner das Reservoir überschüssiger Möglichkeiten, aus dem die Welt der Dinge, die alltäglichen Muster von Arbeit und Ordnung ausgegrenzt werden. Individuelle Artikulation der Regel meint nicht deren selbstreflexive Thematisierung, sondern ihre Verzehrung und nichtidentischen Wiederherstellung durch die Begegnung mit ihrem Anderen. Selbstreflexion und Selbstthematisierung sind nicht ausgeschlossen, aber sekundär, dürfen den Fluß nicht stören, werden nichtsdestoweniger wirksam: durch vorbereitendes Üben, durch das Eigentümliche in der Artikulation, durch den Stil, durch das nachträgliche Gespräch.

2.4 Der musikalische Act: Ich habe im Vorbeigehen des öfteren auf Erfahrungen angespielt, die mit den Dimensionen Zeit, Raum, Körperlichkeit zu tun haben. Dazu möchte ich einige konzentrierte Wahrnehmungen zusammentragen:

- *Zeit*erfahrung: Für den Musiker ist die lineare Zeiterfahrung nicht dominierend. Zentral ist die Zeiterfahrung der gesteigerten Präsenz: Ich werde nicht gut spielen, wenn ich dabei schon an das nächste Stück, an das nächste Solo denke.

  Bei Musikern, aber auch ZuhörerInnen geht es um die Erfahrung der Präsenz, des Abbruches linearen Zeiterlebens, des Augenblickes[53], alltagssprachlich ausgedrückt in Formulierungen wie: das war geil, das war

[52] Nicht nur im Bereich des freien Jazz wird mit Entsprechungen zum Ritual gearbeitet, sondern auch, wie gesagt, im avantgardistischen Theater. Ich erinnere an die Zusammenarbeit des Ethnologen Victor Turner mit dem Theateranthropologen Richard Schechner. R. Schechner, Theater-Anthropologie: Spiel und Ritual im Kulturvergleich, Hamburg 1990.

[53] Vgl. dazu: G.M. Martin, Zum Stichwort >Augenblick<. Eine theologische und kulturkritische Skizze, Evang. Theol. 56. Jg., Heft 2, 1996, S. 145-155.

voll auf dem Punkt; eine Zeiterfahrung, die als Körpersensation, auch als ekstatische Erfahrung erlebt werden kann.
Im modernen Jazz ist das Verhältnis zur linearen Zeit schon von der Musikform her kompliziert. Ich habe darüber gesprochen. Es herrschen polyrhythmische Strukturen vor. Die Rhythmen überlagern sich: Der Rhythmus schafft eher eine Raum-Erfahrung als die Erfahrung der linearen Zeit-Kette. Zudem artikuliert der Solist seine musikalische Äußerung in der Regel »hinter« dem Beat, dem fortlaufenden Taktschlag.
In der Rock-Musik dagegen wird die musikalische Äußerung tendenziell vor dem Beat plaziert; dies erzeugt ein powervolles, drängendes Körpergefühl.

- Die *Raum*-Erfahrung des musikalischen Acts, z.B. eines Konzertes, läßt sich als Reise beschreiben: als Hinreise mit definierbarem Beginn (für mich als Musiker: der Augenblick, in dem ich die Bühne betrete), die sich zu einem Höhepunkt steigert - »und dann verschwanden zwei Stunden«; dann die Rückreise: Schlußapplaus, Geräte abbauen, Bühne räumen, Gespräche mit anderen Musikern und Leuten aus dem Publikum, Autofahren.

- Die *Körper*erfahrung ist widersprüchlich: auf der einen Seite werden körperliche Präsenz und Konzentration erheblich gesteigert; um dies zu erreichen, sind Routinen der Vorbereitung nötig: die regelmäßigen, tagtäglichen Fingerübungen, aber auch Gymnastik, Atemübungen usw. Auf der anderen Seite dominiert während des Acts die gegensätzliche Erfahrung der Selbstvergessenheit, der Körperlosigkeit. Zumindest tritt das Empfinden von störenden Körperereignissen zurück, z.B. Schwitzen, Rutschen der Brille, Husten, Schnupfen, Heiserkeit. Ich selbst habe während eines Konzertes auch kein bewußtes Verhältnis zu Gestik und Mienenspiel; dies ergeht, wenn ich meinen Beobachtungen bei Life-Veranstaltungen trauen kann, vielen KollegInnen ähnlich.

- Die *Szenen*: Im Jazz findet die öffentliche Begehung, das Konzert, meist in kleinen Clubs statt (zwischen 20 und 50 ZuhörerInnen); die ZuschauerInnen sind in der Regel älter als 20 Jahre. Dies ist nur bei den großen Jazz-Festivals anders (z.B. zu Pfingsten in Moers, einem alljährlich stattfindenden Jazzfestival mit Happening-Charakter für die Jugendkultur). Die Körperinszenierung ist betont leger, mit Tendenz zum Chic. Das Publikum betont oft seine »coolness«. Es wird vom kompetenten Publikum meist nach gelungenen solistischen Leistungen geklatscht, ansonsten herrscht konzentrierte Zurückhaltung vor. Die Musiker wirken tendenziell beglückt, das Publikum tendenziell unglücklich.

  Anders die Szene der Rock-Musik, mit der ich zu tun habe: es wird größeres Gewicht auf Kleidung, Körpergesten und Anmache gelegt. Stil in Kleidung und Körperinszenierung beim Publikum spiegeln die in der Jugendkultur vor etwa 10 Jahren angesagten Elemente: Leder, teilweise Punkies, erheblicher Alkoholkonsum, es geht darum, was zu erleben: Party, Tanzen, Mit-Singen der bekannten Songs, Feuerzeuge bei Balladen. Gegenüber der Jazz-Musik ist der Kontakt zwischen Band und Publikum erheblich intensiver. Das Publikum wirkt nicht weniger angeturnt und glücklich als die Band.

Kapitel 2: Rituale

1. Die Schwäche eines angestammten Passagerituals: Die Konfirmation

Die Undeutlichkeit der »Jugend« als Altersgruppe und Lebensform hat unter anderem zur Folge, daß ein Passageritual[54] weitgehend entwertet ist, das seit der Zeit des Pietismus - neben seiner theologisch gemeinten Bedeutung - gerade diese Funktion einer Begehung und Bearbeitung des Übergangs vom Jugend- zum Erwachsenenalter zum Gegenstand hatte: die Konfirmation.[55]

Die Konfirmation ist unter heutigen Bedingungen, in denen sich die Gestalt des Jugendalters verschoben hat, keinesfalls mehr gleichbedeutend mit dem Übergang vom Jugend- zum Erwachsenenalter; vielmehr markiert die Konfirmation einen bestimmten Abschnitt innerhalb des Jugendalters und kann vielleicht am besten als Möglichkeit verstanden werden, daß eine Familie nach einer ganzen Reihe von Jahren, voll von gelösten und unverarbeiteten Konflikten, voll von Langeweile oder auch von Höhepunkten des gemeinsamen Lebens, sich vergewissern kann, immer noch da zu sein, und zwar sowohl im Hinblick auf die innere Kommunikation zwischen Eltern und heranwachsenden Kindern als auch im Hinblick auf ihren Ort im Kommunikationsgeflecht der Lebenswelt des Viertels, der Freunde und Verwandten, oder auch des Dorfes. Der theologisch gemeinte Sinn - die jetzt vom Jugendlichen als bewußt und mündig gewordenen Menschen zu bekräftigende Taufe und damit die bewußt akzeptierte Gliedschaft am Leibe Christi - kann schwerer als bei der Taufe selbst mit dem Sinn dieses Rituals in den individuellen Lebensgeschichte des Heranwachsenden und in der gemeinsam geteilten Geschichte der Familie vermittelt werden.

Die Krisenphänomene des Jugendalters, die auf eine Entstrukturierung, Verundeutlichung und Gestaltlosigkeit des Phänomens Jugend hinauslaufen, machen das Dilemma deutlich, vor dem jeder Versuch steht, die individualisierten und pluralisierten Formen jugendlicher Religiosität auf der einen Seite und die kirchlichen Angebote eines Passageritus für die Jugendphase bzw. für den Übergang von der Jugendphase in die Phase des Erwachsenenwerdens aufeinander zu beziehen. Auf der einen Seite gilt: Gerade die Gestaltlosigkeit und Unübersichtlichkeit des Jugendalters zeigt, wie stark Gestaltungshilfen gebraucht werden, wie stark auch Möglichkeiten gebraucht werden, durch Symbole und Rituale eine stärkere Deutlichkeit in dieser unsicheren und unüberschaubaren Lebensphase zu gewinnen; wie nö-

54 Vgl. A. van Gennep, Übergangsriten, Frankfurt 1986 (1909).

55 Vgl. die m.E. für die Konfirmandenarbeit noch immer hilfreichen Überlegungen bei: J. Schildmann/B. Wolf, Konfirmandenarbeit. Analyse und Konzeption, Stuttgart u.a. 1979.

tig es ist, den Jugendlichen eine Möglichkeit zu eröffnen, in der Auseinandersetzung mit einer symbolischen Tradition ihren eigenen Ort in der Welt selbst zu bestimmen. Auf der anderen Seite macht die Pluralisierung und Individualisierung, macht die Unüberschaubarkeit des Jugendalters die kirchlichen Angebote eines Passageritus, wie sie in der Konfirmation gegeben sind, tendenziell hilflos und unattraktiv. Zumindest leistet dieses Ritual nicht, was in ihm theologisch und religiös gemeint ist. Deutlich wird dies beispielsweise an der eigenartigen Symbolvermischung, unter der die Konfirmation steht: Gerade in den ländlichen Gegenden, die ich aus der eigenen Lebensgeschichte kenne, ist die Konfirmation das erste von Erwachsenen tolerierte Besäufnis zumindest der männlichen Jugendlichen; im Ritual des Geschenkeaustausches repräsentiert sich hier die Lebenswelt beispielsweise eines Dorfes als verpflichtete »Gemeinschaft«; die Situation jedoch, daß die Konfirmation mit Schulabgang und Beginn der Lehre zumindest bei den männlichen Jugendlichen zusammenfiel, gehört mittlerweile vergangenen Zeiten an.

Bisweilen gestalten die KonfirmandInnen ihren Abschlußgottesdienst selber und werden so dazu gedrängt - oder sie nehmen diese Möglichkeit teilweise auch selbsttätig und mit Spaß an der Sache wahr -, symbolische und liturgische Formen der biblischen und kirchlichen Tradition auf ihre aktuelle Lebenssituation zu beziehen. Ich habe es beispielsweise erlebt, wie KonfirmandInnen in ihrem Abschlußgottesdienst die alttestamentliche Geschichte des Auszuges aus der Gefangenschaft und der Verheißung eines neuen, unbekannten Landes auf ihre Lebenssituation bezogen haben: die Geschichte von den Kundschaftern (4. Mose 13f.), die ausgesendet werden, das Land voller Milch und Honig zu erkunden, und die auf diesem Weg Riesen begegnen. Sie haben den Eindruck, daß sie diesen Riesen wie Heuschrecken erscheinen, und so kommen sie auch sich selbst wie Heuschrecken vor. - An diesem Beispiel ist es gelungen, die Ambivalenz der Situation des Jugendalters durch die Inanspruchnahme einer biblischen Geschichte mit ihrem ganzen symbolischen Gehalt deutlich zu machen und so in der Aufeinanderbeziehung von Lebenssituation und biblischer Tradition eine Gestalt zu finden: eine Gestalt für das Faszinierende, Spannende, Lebensvolle, das die Jugendlichen mit ihrer Zukunft verbinden, aber umgekehrt auch für die teilweise ja sehr realistischen Ängste, keine Arbeit zu bekommen, in den Beziehungsmöglichkeiten zu scheitern, von anderen nicht anerkannt zu werden, sich selber nicht gern haben zu können.

Aber solche Fälle einer gelingenden Vermittlung zwischen der symbolischen Tradition und dem Lebensgefühl und der Situation der Jugendlichen können doch nicht die Überlegung entkräften, daß die Konfirmation gewissermaßen ein *Passageritus ohne Passage* ist. Die Situation des Jugendalters ist so undeutlich und gestaltlos, und die Kirche spielt für das Lebensgefühl und die Lebenswelt eines immer größeren Teils der Jugendlichen nur eine so geringe Rolle, daß die Konfirmation als Hilfsangebot der Kirche zur Lebensbewältigung in einer schwierigen Lebensphase gewissermaßen strukturell überfordert erscheint.

Aber: Es sind Rituale und Symbole nötig, um der Gestaltlosigkeit des Jugendalters zu begegnen und eine Gestalt zu finden, für je individuelle Lebensentwürfe genauso wie für geteilte Lebenswelten und gesellschaftliche Perspektiven. Wo die Kirchen aus den unterschiedlichsten Gründen diese Aufgabe nicht mehr oder zu wenig wahrnehmen können, treten andere Instanzen ein. Und mit zunehmender Macht und Plausibilität werden gerade in diesem Feld die Rituale und Symbolwelten der populären Kultur wirksam.

2. Rituale der populären Musikkultur: Love is holy when you stay with me

Ich habe durch eigene Erfahrungen als Musiker nur zu begrenzten Szenen Kontakt. Andere Szenen sind gegenwärtig für Jugendliche wichtig: Öffentliche Inszenierungen wie die Techno-Parties und die Love-Parades, wie jüngst in München und Berlin mit zig-tausend TeilnehmerInnen. Auf der anderen Seite das Musik-Hören zu Hause, Radio, CDs, die Clips auf dem MTV-Kanal.

Ich denke, daß man die Manifestationen der populären Musikkultur dann nur eingeschränkt wahrnimmt, wenn man die Texte der Songs interpretiert.[56] Dies ist nötig und sinnvoll, und ich möchte im zweiten Teil dieses Abschnittes einige Überlegungen dazu formulieren. Die Faszination, die Wirksamkeit, das »Funktionieren« der populären Musik wird man auf diese Weise aber nur eingeschränkt verstehen können. Ich halte es vielmehr für nötig, die Manifestationen, die Konzerte, die Parties als Begehungen ernst zu nehmen und als Rituale zu interpretieren. Ich richte meinen Blick auf Beobachtungen und Interpretation der Szenen populärer Musikkultur, konzentriert auf die Dimensionen Raum, Zeit und Körper.[57]

- *Raum*. Wer als TeilnehmerIn von öffentlichen Manifestationen der Musikkultur - Konzert, Festival, techno-Party - teilnimmt, unternimmt eine Grenzüberschreitung aus einem profan-alltäglichen in einen anderen Raum und wird nach dieser Begehung wieder - durch die andere Raum-

56 Eine hervorragende Interpretation der religiösen Dimension der Popmusik in der Konzentration auf die Texte gibt: B. Schwarze, Die Religion der Rock- und Popmusik, Analysen und Interpretationen, Stuttgart 1997. Einen Blick auf das »Popkonzert als Kultereignis« wirft Schwarze ebd., S. 28ff.; sehr hilfreich auch: G. Fermor, Psalmen und Popmusik. Vom Kult, seiner Musik und Dichtung - damals und heute. EvErz 47, 1995, S. 63-72; sowie P. Bubmann und R. Tischer (Hg.), Pop und Religion. Auf dem Wege zu einer neuen Volksfrömmigkeit?, Stuttgart 1992.

57 Die Auswahl der Perspektiven Raum, Zeit und Körper legt sich vor dem Hintergrund eigener musikalischer Praxis, aber auch durch ritualtheoretische Überlegungen nahe. Vgl. insbesondere: V. Turner, Vom Ritual zum Theater, a.a.O.

Erfahrung in der einen oder anderen Weise verändert - in den alltäglich-profanen Raum zurückkehren.
Markierungen der Grenze sind beispielsweise: Austritt aus den Alltagsregeln von Beruf, Schule, Familie. Ökonomische Transaktionen (z.B. Kartenkauf). Körperinszenierungen verschiedener Intensität und Stilistik, je nach Szenezugehörigkeit: Schminke, Klamotten, am aufwendigsten wohl bei den Körperinszenierungen und Make-Ups der Punk-Szene. Einnahme von Rauschdrogen, wiederum jeweils szene-eigentümlich: Alkohol, Extasy, Cannabis-Produkte. Das Ziel/der Höhepunkt der Reise ist der »andere Raum«. Oder: »Du steigst in einen Zug«, wie ein Teilnehmer an einer Rave-Party seine Reise-Erfahrung zusammenfaßt.
Offenbar besteht eine Korrespondenz zwischen äußerer und innerer Raum-Erfahrung: Der äußerlich-körperliche Übertritt über die Grenze zum »anderen Raum« wird zugleich als Veränderung im inneren Raum, im Gefühl erfahren.
Nach dem Höhepunkt kommt es zur Rückreise: am Ende der Rückreise wird wiederum eine Grenze zur Welt des Alltäglich-Profanen überschritten. Auch diese Grenze ist markiert: durch Wechsel der Kleidung und des Make-Ups, eventuell durch Auseinandersetzungen mit den Alltags-Regeln und Autoritäten (z.B. den Eltern: Wo hast du dich wieder rumgetrieben?). Die andere Raum-Erfahrung kann sich jedoch in verschiedener Weise in der alltäglichen Raum-Erfahrung fortsetzen (z.B. durch CD-Hören, Medienkonsum, Drogenkonsum).
Ich denke, daß es sich bei diesem Spiel mit der Grenze - auf anderem Terrain, aber in Hinblick auf die gesuchte Erfahrungsqualität - um eine Entsprechung zur beschriebenen Liminalitätserfahrung in der musikalischen Improvisation handelt. Auch bei einer gelungenen Rock-Manifestation, bei einer Rave-Party[58], selbst bei einem ausführlichen Disco-Besuch geht es um die Begegnung mit dem Anderen der alltäglichen Ordnung, um die Erfahrungen von »Fluß« und »Communitas«.

- *Zeit.* Die Zeit der Musik-Begehungen ist auch für die RezipientInnen, die HörerInnen und TänzerInnen die Zeit des Hier und Jetzt, der Präsenz, des Augenblicks. Wer als TeilnehmerIn einer Techno-Party daran denkt, daß er/sie morgen früh wieder in der Schule/auf der Arbeit auf der Matte stehen muß, wird sich um die eigentlich intendierte Erfahrung bringen. Das Frei-Werden von den Verpflichtungen und Einbindungen in lineare Zeitstrukturen und -verpflichtungen scheint ein wesentliches Ziel der Begehungen: »Die Woche über bin ich wie im Tiefschlaf, wie abgeschaltet, am Wochenende beginnt dann das Leben.«

- *Körper.* Der Körper ist Gegenstand der Selbstinszenierung (Make-Up, Kleidung, teilweise Tatoos/Tätowierungen). Die gesteigerte Wahrneh-

58 Vgl. zur Raum-, Zeit- und Körpererfahrung beim Techno die ausgezeichnete Analyse von W. Bergmann, Computer-Kids. Die neue Generation verstehen lernen, Zürich 1996, S. 141ff.

mung eigener Körperlichkeit ist offenbar ein weiteres Ziel der Teilnahme an Begehungen der Jugendmusikkultur. Man hört diese Musik nicht nur mit den Ohren, sondern mit dem Bauch, mit dem ganzen Körper. Herbert Grönemeyer's Song trifft nicht nur das Lebensgefühl eines gehörlosen Mädchens: »Sie mag Musik nur, wenn sie laut ist«.

In der Interpretation der Körperinszenierung (Kleidung, Make-Up usw.) ist m.E. auf die Ambivalenz zwischen der subjektiv freien Wahl von symbolischen Traditionen und der Macht und Bedeutung der Symbole zu achten, denen sich die Jugendlichen in ihren Inszenierungen unterstellen.

Sicher hat Dieter Baacke recht, wenn er in seiner Interpretation der Jugendkultur[59] in Hinblick auf die gewählten Symbole von »Bricolage« spricht, von Stilisierung der Oberfläche, von nicht ausdrücklich intendierter inhaltlicher Bedeutung. »Die Bricolage über Mode und Stil bedeutet, daß die Oberfläche gültiges Signum der Persönlichkeit wird - jedenfalls in (vielen) Jugendkulturen ... Wenn die Oberfläche das ist, was zählt, drückt sich auch der Stil an ihr und in ihr aus. Während der klassische Stilbegriff häufig die Durchdrungenheit von etwas Eigentlichem ausdrückt ..., spricht man jetzt besser von Stilisierung. Diese geschieht am und durchs outfit. So wie die damit verbundenen Gesten, Gebärden und Zurschaustellungen: durch die Stilisierung wird Stil eine intentionale Kommunikationsform, drückt soziale Zusammengehörigkeit und Abgehobenheit aus.«[60]

Dennoch wäre es vorschnell, sich mit dieser Aussage zu begnügen und die Interpretation mit dem Hinweis zu verweigern, man dürfe nach dem gemeinten Sinn gar nicht fragen.

In vielen Fällen läßt sich nämlich zeigen, daß die Jugendlichen sich durch *ihre* Symbolwahl zugleich der *Macht der Symbole* unterstellen, die sich wiederum aus der Geltung und Bedeutung von *traditionellen*, überkommenen religiösen Symbolwelten speist - auch da, wo ihre Macht anscheinend gebrochen ist. Ich erinnere in diesem Zusammenhang an Hans-Georg Soeffners Untersuchung zur Punk-Szene und der hier bevorzugten Farbe »schwarz«[61]. Soeffner zeigt, daß die These von der durch Individualisierung und »Bricolage« entmächtigten symbolischen Ordnung mindestens fragwürdig ist. Die Punks stellen sich durch ihre Wahl - sie könnte durch rudimentäre Informationen über die Symboltradition, z.B. durch Comics, Filme, vielleicht auch den schulischen und kirchlichen Religionsunterricht beeinflußt sein - in eine symbolische Tradition, in der das Symbol wiederum seine Macht über das Lebensgefühl und die Lebenswelt erweist. Schwarz ist traditionell die Farbe der religiösen (vgl. Bettelmöche), aber auch der militärischen (vgl. die nationalsozialistischen Uniformen), politischen und wissenschaftlichen Eliten. Schwarz symbolisiert Abgrenzung, Distanz, auch Kritik gegenüber dem »Getriebe« der Welt - ein Lebensgefühl, das auch die Punks teilen und in ih-

59 D. Baacke, Jugend und Jugendkulturen. Darstellung und Deutung, Weinheim/München 1987.
60 D. Baacke, a.a.O., S. 154.157.
61 Hans-Georg Soeffner, Die Ordnung der Rituale. Die Auslegung des Alltags 2, Frankfurt/M. 1992.

ren Inszenierungen darstellen. Signifikant ist insbesondere die Nähe zu der Tradition der Bettelmönche - die Postulate der Wanderschaft, Gastfreundschaft und Gruppensolidarität; die Wahl der Armut als Lebensform und die Verachtung des Reichtums.

In Hinblick auf die Phänomene von »Raum« und »Zeit«, auch in Hinblick auf die rituelle Struktur der Begehung kann ich Entsprechungen feststellen zwischen den Begehungen der Jugendmusikkultur und der Liturgie des christlichen Gottesdienstes.

Solche Entsprechungen werden dann feststellbar, wenn die Sprechakte der Liturgie als performative Sprechakte wahrgenommen werden: Beim Sprechen der gottesdienstlichen Gebete, Anrufungen, Lieder und der Predigt werden keine Sachverhalte ausgesprochen, die als Wirklichkeit oder moralische Richtigkeit außerhalb des Sprechaktes der Fall sind. Sondern es wird die Wirklichkeit hergestellt, die ausgesagt wird.[62]

- *Raum*: Die Liturgie des Gottesdienstes läßt sich in Hinblick auf die Raum-Erfahrung als Reise, genauer: als Himmelreise verstehen.[63] Im christlichen Gottesdienst überschreiten die Feiernden eine Schwelle aus einem alltäglich-profanen Raum hin zu einem umfriedeten Raum, in dem sie sich durch verschiedene liturgische Schritte, durch Singen und Beten, Hören und Essen der Atmosphäre des Heiligen öffnen, Zurechtstellung und Verheißung für ihr Leben erfahren und im Höhepunkt dieser Himmelreise in dem Gott vereint werden, der Schöpfer und Versöhner allen Lebens ist. In den Schlußsequenzen der Liturgie des christlichen Gottesdienstes wird der umfriedete Raum in einer Schwellenüberschreitung zum Alltagsleben hin wieder verlassen, allerdings in einer Weise, daß der Außen-Raum der Profanität in seinem Charakter verändert wird: Durch den Segen am Schluß des Gottesdienstes wird das profane, alltägliche Leben durch die im Gottesdienst erfahrene heilige Atmosphäre in heilsamer Weise verändert.

- *Zeit*: Die Zeit des Gottesdienstes ist die Zeit der Gegenwart Gottes und damit die Sistierung der linearen Zeitwahrnehmung. Der Gottesdienst beginnt mit der Anrufung des Namens Gottes (Im Namen des Vaters und des Sohnes und des Heiligen Geistes. Unsere Hilfe steht im Namen des Herrn, der Himmel und Erde gemacht hat ...); Chorallieder wie »Gott ist gegenwärtig« machen die Subjektbestimmtheit der präsentischen Zeit des Gottesdienstes ausdrücklich. Im umfriedeten Raum des Gottesdienstes ist Gott hier und jetzt gegenwärtig. Die Zeit des Gottesdienstes ist reine Gegenwart.

62 Vgl. Chr. Bizer, Liturgik und Didaktik. In: JRP 5, 1988, S. 85f.

63 Vgl. M. Josuttis, Der Weg in das Leben, Eine Einführung in den Gottesdienst auf verhaltenswissenschaftlicher Grundlage, München 1991.

Gerhard Marcel Martin hat in seinen Überlegungen zur »Zeit«[64] aber auch deutlich gemacht, daß die in den Sprechakten ausgesagte Zeitform der »Präsenz«, des »Hier und Jetzt« keine deutliche Entsprechung im Körpergefühl der Feiernden hat; hier ist durch die europäische Zivilisationsgeschichte manches verlorengegangen, was wieder wahrgenommen und auch eingeübt werden muß.

- *Körper*: Im christlichen Gottesdienst sind die ekstatischen Inszenierungen und Erfahrungen, die in anderen Religionen z.B. durch Tanz, Maskierung, Rauschdrogen u.ä. zugänglich werden, auf wenige Körperbewegungen reduziert. Durch die Einführung des Kirchengestühls seit der Reformationszeit wird die Bewegungsmöglichkeit der GottesdienstteilnehmerInnen auf wenige Bewegungen und Gesten eingeschränkt. Dies unterstreicht allerdings im Sinne der Reformatoren die besondere und einzigartige Wirksamkeit des Wortes Gottes auch gerade in Hinblick auf die Leiblichkeit des Menschen: das Wort beansprucht den menschlichen Körper in besonders intensiver Weise, es dringt nämlich durch das Ohr bis ins Herz vor.

Wie lassen sich solche Entsprechungen oder mindestens Vergleichbarkeiten zwischen den rituellen Begehungen der Jugendmusikkultur und der Liturgie des christlichen Gottesdienstes interpretieren?

- Eine Interpretationsmöglichkeit scheidet m.E. aus: Beerbung. Die rituellen Begehungen der Jugendmusikkultur beerben die Liturgie des christlichen Gottesdienstes. Es wird mit dieser These eine historische Kontinuität von Bedeutungen vorausgesetzt, die unmöglich erwiesen werden kann.
- Eine andere Interpretationsmöglichkeit legt sich m.E. jedoch nahe: Nicht die Bedeutungen und ihre mögliche Kontinuität, sondern die Struktur und ihre anthropologischen Bedingungen müssen beachtet werden. Nach dieser Interpretationsweise könnte man sagen: Es gehört konstitutiv zum menschlichen Lebensvollzug, daß Begehungen, Reisen, Grenzüberschreitungen aus dem Bereich der Alltäglichkeit und Ordnung in den Bereich des Anderen der Ordnung, des Reservoirs an überschüssigen Möglichkeiten, des Chaotischen und Ekstatischen möglich sind. Die religiös ausgeprägte Form bietet dem anthropologischen, mit dem menschlichen Lebensvollzug gegebenen Bedürfnis nach Grenzüberschreitung eine ausgearbeitete Gestalt.

Nach dieser Überlegung kann der Ort des spezifisch religiösen Rituals im Kontext allgemeinanthropologischer Ritualisierungen bestimmt werden.

64 Vgl. G.M. Martin, Zum Stichwort »Augenblick« ..., a.a.O.

- Alle Rituale, auch die alltäglichen regelmäßigen Verhaltensvollzüge (z.B. Begrüßungen) geben die Möglichkeit, Chaos durch Ordnung zu bannen.
- Eine ganze Reihe von Alltagsritualen leisten es darüber hinaus, daß es zur »Communitas«-Erfahrung jenseits der Rollenbindung der Individuen, daß es zur Begehung des »Anderen« der Ordnung kommt - dies ist die Leistung von Parties, Drogenkonsum, auch der Begehungen der Jugendmusikkultur.
- Das religiös ausgearbeitete Ritual, der religiöse Gottesdienst/Kult macht diese Leistung eines jeden Rituals *ausdrücklich*. Manfred Josuttis benennt das Problem: »Insofern sagt der Gottesdienst explizit, was die ›Party‹, also der Lebensvollzug, soll. Wobei das Problem der Kirchen gegenwärtig darin besteht, daß die meisten Menschen ihre Identität lieber auf einer Party oder einer Sportveranstaltung suchen.«[65]

Welcher Interpretation man auch folgt, eins scheint mir sicher: Die gegenwärtig häufig gehörte Rede von Traditionsabbruch, Symbolverfall durch Individualisierung, Entmächtigung der religiösen Symboltradition scheint den Sachverhalt nicht zu treffen.

Dieses Urteil verdichtet sich, wenn ich abschließend - nach der Interpretation der rituellen Aspekte anhand der Phänomene Zeit, Raum und Körper/Körperlichkeit - noch einen knappen Blick auf die »*Worte*« der populären Musikkultur werfe. Die folgende Zitat-Collage aus Mainstream-Popsongs sollte eigentlich angehört und nicht nur gelesen werden, um ihren Eindruck nicht zu verfehlen. Aber schon die Lektüre der Textausschnitte kann Aha-Erlebnisse auslösen. Es handelt sich keineswegs um Zitate aus der Szene populärer religiöser Musik oder des christlich-evangelikalen Sakralrock, auch nicht um Heavy-Metal- oder gar Death-Metal-Produkte, sondern um Songs, die jede/r im Ohr hat, die von frühmorgens bis Mitternacht in den großen Service-Sendern des Rundfunks laufen. In jedem Einzelfall handelt es sich um Produkte der populären Kultur, die »funktioniert« haben und noch funktionieren, die teilweise millionenfach verkauft und angehört werden, teilweise für längere Zeit die Charts der großen Sender bevölkert haben.[66]

- Die *Worte*: » ... HEAVEN'S ON THE BACKSEAT OF MY CADILLAC ...«
  Beispiele für ›religiöse Elemente‹ in den Songtexten POPulärer Musikgruppen

... sing halleluja, sing it, ... DR. ALBAN / ... in der Bibel steht geschrieben Auge um Auge ... MARIUS MÜLLER-WESTERNHAGEN/... Kyrieleison, through the darkness of the night, K., where you're going we will fol-

65 M. Josuttis, Stichwort Gottesdienst/Kult, in: S.R. Dunde (Hg.), Wörterbuch der Religionspsychologie, S. 168.

66 Die Texte wurden Ende des Jahres 1994 von dem damaligen Paderborner Theologiestudierenden Mathias Neese zusammengestellt.

low, K., on a highway in the night ... MR. MISTER / ... if there's a god in heaven, he's got a silver Thunderbird ... MARC COHN / ... heaven's on the backseat of my Cadillac.. HOT CHOCOLADE / ... but something happened on the way to heaven ... PHIL COLLINS / ... heaven only knows, I'm really on the level, h.o.k., I try to find a way, h.o.k., I'm walking down the street the lonely road today ... ELO / ... ein kleiner Himmel auf Erden, hier bleibt die Kirche im Dorf (bzw. Westfalen!) ... KUMPEL & Co. / ... I found heaven, sweet heaven ... TAKE THAT / ... You will say I lost my belief in the holy church ... STING / ... we're crying out in our pride to the gods of fate, come on and get us if you can ... NEW MODEL ARMY / ... Ich rufe Engel 07, mein himmlischer Spion ... HUBERT K. / ... Angel of Harlem ... U2 / ... Angeleyes hypnotize my brain ... FORE(?) / ... (gregorianische Gesänge) ... ENIGMA/ ... if you haven't got a prayer, - boy you've got a prayer in Memphis ... MARC COHN / ... 'cause Jesus he knows me and he knows I'm right and I've been talking to Jesus all my life, oh yes he knows me and he knows I'm right and he's been telling me everything is allright ... GENESIS / ... the creator will never need a secret, so we ask you all to join us in the universal prayer: prince of peace. Won't you hear me plea, ring your bells of peace, help loving never cease ... GALLIANO / ... Verlaß dich nicht drauf, daß die Welt untergeht, verlaß dich nicht darauf, daß du glaubst, was du siehst, verlaß dich nicht drauf ... HEINZ RUDOLF KUNZE / ... say, say a prayer for the fair country ... THE ALARM / ... living in hope of deliverance, from the darkness that surrounds us, hope of deliverance ... PAUL McCARTNEY / ... would you go tell, your dead(?)'s like a wheel of fortune ... ACE OF BASE / ... I found a new religion yesterday ... FISH / ... just believe in destiny, don't care what people say, just follow your own way, don't give up and use the chance, the return to innocence ... ENIGMA / ... paradise is here, it's time to stop your crying, the future is this moment ... TINA TURNER / ... it's you and me (...) if I only could and make a deal with god, and I get him to swop our places ... KATE BUSH / ... oh think twice, it's another day for you and me in paradise ... PHIL COLLINS / ... God has a mission for me to do, to create love and feeling inside to you ... FRANKE / ... I believe in (= glauben an!) the power of American Natives ... DANCE 2TRANCE / ... mit Gott auf unserer Seite, mit Jesus in einem Boot, einer ging leider baden, doch wir warfen ihn noch rechtzeitig über Bord ... HERBERT GRÖNEMEYER / ... if somebody up there likes me, if somebody up there cares, deliver me from evil, save me from these wicked snares, not into temptation, not to cliffs of fall, on to revelation, lessons for us all ... STING / ... ministers, care for your children, order them not into damnation, to eliminate those who would trespass against you; for whose is the kingdom, the power and the glory for ever and ever? Amen ... MARILLION / ... and with a little help from above, you feel the power of love ... HUEY LEWIS / ... all I need is a miracle, all I need is you ... MIKE & MECHANICS / ... we are forever people ... THE SHAMEN / ... but I still haven't found what I'm looking for ... U2 / ... like a virgin, touched for the very first time ...; ... so please, papa don't preach, I'm in trouble deep, papa don't preach ... MADONNA / ... Do what you want but think about the omen, the vision in your mind will lead your way, go where you want but don't forget the omen, the lightning beside (?) will show you where ... MAGIC AFFAIR / ... die Seele verhökert, alles sinnentleert, keine Heimat, keine Heimat mehr ... HERBERT GRÖNEMEYER / ... I would bless the Lord, and all times his preach shall continually be in my mouth, (...), o magnify the Lord with me and let's exhault his name together, I call upon the Lord's name and he heard me, and he delivered me from all fears, I was glad, when he said unto me that he has go (?) to the house of Lords and pray: maybe one day we will be united ... MARKY MARK & ITALJOE / ... eastern, here again, the time for the blind to see, eastern ... (NEU) MARILLION / ... thousand years, one day for every life, just keep on going, find you a home in a thousand years (?) ... TOTO / ... (every night I hope and pray ...:) love is holy when you lay with me, love is holy when you stay with me ... KIM WILDE / ... God gave rock'n roll to you, gave rock'n roll to you, put it in the song (soul?) of everyone ... KISS / (hochdeutsch:) ... Ich betete was das Zeug hält, ich betete auf Teufel komm raus, ich betete für das, wozu ich gerade Lust hätte und nicht einer sagt, du mußt!<; wenn das Beten sich lohnte, was meinst du wohl, was ich dann betete ... BAP / ... lieber Gott, wenn es dich gibt, zeig uns deinen Weg, eh' das Böse in uns siegt, daß es noch Gutes gibt, dann glaube ich ... PETER MAFFAY / ... it's a sin: everything I've ever done, everything I ever do, everyplace I've ever been, everywhere I'm going to, it's a sind. Father forgive me ... PET SHOP BOYS / ... and let them cry to heaven ... ELTON JOHN / ... all through the night with time, till the sun comes in, now, heaven's open, fly right in ... MIKE OLDFIELD / ... Mrs Robinson, Jesus loves you more than you will know, hoho, God bless you please Mrs Robinson, heaven holds a place for those who pray, heyheyhey ... SIMON & GARFUNKEL / ... in my blue heaven with angels who are out of reach ... THE POGUES / ... du hast den Teufel im Blut ... MÜNCHENER FREIHEIT / ... there's a miracle in store ... WHITNEY HOUSTON / ... Wunder gescheh'n, ich war dabei, wir dürfen nicht nur an das glauben, was wir seh'n ... NENA / ... I'll never be Maria Magdalena, you're the creature of the night, Maria Magdalena, you're the victim of the fight, Maria Magdalena, you need love, promise(s) me delight ... SANDRA / ... all my life here I've spent, with my faith in god and church and the government, some say ... SIMPLE MINDS/ ...

Wenn ich diese Collage von Texten aktueller Popsongs ansehe, dann scheint eine andere Überlegung den Sachverhalt besser zu erklären als die Rede von Individualisierung und Traditionsabbruch: Erfahrungen, Wünsche, Sehnsüchte von Jugendlichen, die selber vorsprachlich sind, suchen sich ihre Sprache in den Symbolen der Religion, und zwar vornehmlich der jüdisch-christlichen Symboltradition.

Es geht bei dieser Beziehung keinesfalls um eine präzise Ausdrucksgestalt von gemeinten Bedeutungen; die Jugendlichen sind an einer genauen Interpretation der Texte, die sie auswendig mitsingen, meist außerordentlich desinteressiert. Auch mir geht es nicht um eine explizite Interpretation der montierten Textpassagen; ein solcher Versuch würde noch den am besten »funktionierenden« Song, zumindest fürs Lebensgefühl seiner begeisterten ZuhörerInnen[67], gähnender Langeweile preisgeben. Nein, es handelt sich bei der angedeuteten Beziehung gerade ums Ungefähre, eher um ein Einschwingen des Lebensgefühls in die Atmosphäre, die von der Symbolik der Worte ebenso mitgeteilt wie durch die Stimmung der melodischen Plots.

Erfahrungen, die sich im Blick von außen/von oben, theoretisch-abstrakt als Sehnsucht nach Intimität, Liebe, Glück, aber auch als Angst, Einsamkeit, Entsetzen usw. bezeichnen lassen, werden im Lebensvollzug - ausweislich der Musikbeispiele - durch religiöse, und zwar vornehmlich christlich-religiöse Symbole, Bibelzitate und Anspielungen an das gottesdienstliche Ritual ausdrucksfähig.

Halleluja, Kyrie eleison, Beten, in der Bibel steht geschrieben Auge um Auge, Himmel, Engel, Paradies, Jesus, der Schöpfer, der Teufel, ich glaube nicht, daß die Welt untergeht, die Rückkehr zur Sündlosigkeit/Unschuld, erlöse mich von dem Bösen, die Seele, ich glaube nicht mehr an die heilige Kirche, das Leben ist heilig, wenn du bei mir liegst usw. usw. Kaum ein Mensch, der das hört oder mitsingt, nimmt präzise zur Kenntnis, was da gesungen wird, aber gerade so funktioniert's.

Ohne Inanspruchnahme der religiösen Symbole lassen sich die vorsprachlichen Gefühle, Intentionen, Erfahrungen offenbar nicht ausdrücken, vielleicht nicht wahrnehmen. Diese Einsicht hat für meine Begriffe mindestens diese Konsequenz: Das Spiel der populären Kultur mit Elementen der religiösen Tradition hat zur unaufgebbaren Voraussetzung, daß diese Symbolwelten selber - ebenso wie die rituellen Gestalten - am Ort des Lebensvollzugs der Kirche ausdrücklich werden und lebendige Gestalt gewinnen.

67 Damit will ich nicht von der Hand weisen, daß auch solche Versuche einer präzisen Interpretation Sinn machen. Vgl. z.B. die m.E. ausgezeichnete Interpretation von Michael Jackson's »Earth Song«-Video durch den Herforder Berufsschulpfarrer Gerd Buschmann: »Der Sturm Gottes zur Neuschöpfung«. Biblische Symboldidaktik in Michael Jackson's Mega-Video-Hit ›Earth Song‹, KatBl 121 (1996), S. 187-196; vgl. auch: A. Mertin, Erlebniswelt Religion am Beispiel der Video-Clips »Like a Prayer« von Madonna. Schönberger Hefte H3, 1995; sowie: P. Bubmann und H. Tischer (Hg.), Pop und Religion. Auf dem Wege zu einer neuen Volksfrömmigkeit? Stuttgart 1992.

3. *Kino als Ritual: Gewalt im Film*

3.1 Kino als Ritual und als Mythos

Warum konzentriere ich mich in der Interpretation von Filmen zunächst auf das Kino?[68] Die massenhafte Überschwemmung des Video-Marktes, ja selbst die Bestseller des Büchermarktes sind ja ebenfalls ein wichtiges Feld für die Wahrnehmung der Wirksamkeit gegenwärtiger populärer Kultur.

Mich interessieren bei der Entscheidung, zunächst aufs Kino zu achten, vor allem zwei Gesichtspunkte. Beide hängen mit einer Schwerpunktverlagerung in der Praktischen Theologie der letzten Jahre zusammen: nämlich einem zunehmend konzentrierten Interesse am Ritual und einem zunehmend konzentrierten Interessen an Mythen, zunächst einmal unspezifischer gesagt: an der Macht von Erzählungen für den Aufbau von inneren Bildern in der menschlichen Psyche.

Die Praktische Theologie der vergangenen Jahre ist zunehmend sensibel geworden für das Thema Ritual.[69] Das ist in den 60er Jahren, als an den Universitäten die Wort-Gottes-Theologie und insbesondere die existenziale Theologie in der Tradition Bultmanns noch vorherrschte, ganz anders gewesen. Pfarrer und Pfarrerinnen, die damals ausgebildet wurden und heute die ältere Generation der Pfarrerschaft stellen, hatten damals in der Regel Bedenken gerade gegen die rituellen Dimensionen ihres Amtes: sie fühlten sich angesichts des faktischen Übergewichts von Geburtstagsbesuchen, Beerdigungsveranstaltungen, Eheschließungen, Konfirmationen und anderen »Passageriten« als »Zeremonienmeister« mißbraucht, die kaum zu dem kämen, was doch eigentlich ihr Amt und ihre Aufgabe sei: nämlich das eschatologische, den Menschen von außen neu machende, in die Entscheidung für eine neue Existenz fordernde Wort Gottes zuzusagen.[70]

In den vergangenen Jahren ist das Bild anders geworden. Die Einsicht hat sich breitgemacht, daß »Religion« nicht im individuellen Existenzverständnis aufgeht, sondern als Lebensvollzug Gestalt gewinnen muß und immer gewonnen hat.[71] Das Interesse an diesen Lebensvollzügen ist gewachsen: so sind in den letzten Jahren zahlreiche Bücher zur Liturgik, zur Gestalt des christlichen Gottesdienstes erschienen; das wäre dreißig Jahre zuvor noch ziemlich undenkbar gewesen.[72] Unter diesem Blickwinkel hat auch das praktisch-theologische Interesse an der Gestalt von anderen

68 Vgl. zum folgenden auch die instruktiven Beiträge in: M. Ammon und E. Gottwald (Hg.), Kino und Kirche im Dialog, Göttingen 1996.

69 Ein wichtiger Auslöser in dieser praktisch-theologischen Neubewertung ist: W. Jetter, Symbol und Ritual, Göttingen 1978.

70 Vgl. die kritische Auseinandersetzung mit dieser Diskussionslage bei: R. Bohren, Unsere Kasualpraxis - eine missionarische Gelegenheit? ThExh 147, München, 3. Aufl. 1968.

71 Hier sind insbesondere die Gesprächsbeiträge von Chr. Bizer wichtig geworden; eine instruktive Zusammenstellung zentraler Texte findet sich in: ders., Kirchgänge im Unterricht und anderswo. Zur Gestaltwerdung von Religion. Göttingen 1995.

72 Einen Überblick gibt: M. Josuttis, Gottesdienst als Zeichensystem und als Machtgeschehen. Teil 1: VuF 2, 1995, S. 53ff.; Teil 2: VuF 2,1997, S. 36ff.

menschlichen Lebensvollzügen zugenommen, auch gerade an der rituellen Gestalt dieser Lebensvollzüge.

Der Kino-Besuch läßt sich unter ritualtheoretischen Gesichtspunkten interpretieren[73], und wahrscheinlich liegt genau hierin die Faszination des Kinos und seine Konkurrenzfähigkeit gegenüber der Überschwemmung des Fernseh-Marktes mit Kommerzprogrammen und Home-Videos. Charakteristisch für den Kino-Besuch ist unter ritualtheoretischem Gesichtspunkt der Aspekt der *Begehung* (die dem festlichen Anlaß angemessene Kleidung und Gestaltung des »Outfit« zumindest in den großen Cinemaxx-Kulthallen - in den kleineren kommerziellen Kinos, erst recht den kommunalen Kinos ist dies weniger ausgeprägt; das Warten in der Kinoschlange; die Verzögerung durch Bier-und-Chipse-Besorgen; die Schwellenüberschreitung; das vor- und nachbereitende Palaver im Café; die Geselligkeit des Kinobesuches selber wie des Gespräches über das Erlebte). Die Begehung folgt insgesamt der Form einer »Reise«: nach der Schwellenüberschreitung führt der Weg in das Dunkel, die Spannung, das Geheimnisvolle des bergenden Raumes. Der Kinobesuch ist eine Reise in einen anderen Raum. Ein Kinobesuch ist eine oft hochemotional besetzte Begehung: hier kann ich bei Liebesszenen haltlos weinen und mich angesichts der Gestalten des Bösen vor Spannung, Furcht und Grauen schütteln lassen.

In Hinblick auf die bekannte Kontroverse um Bert Brechts Theater-Theorie[74] - Einfühlung der ZuschauerInnen oder distanzierendes Zeigen von Sachverhalten - hat im Kino die Katharsis-Konzeption des aristotelischen Dramas (Identifizierung; Gefühl; Reinigung des Innern von den Mächten des Bösen) gegen das Brecht'sche epische Theater des »Zeigens«, des vergnüglichen Sich-Distanzierens und Erkennens, ja gegen Aufklärung überhaupt offensichtlich den Sieg davongetragen.

Neben dem Kino-Gang unter dem Aspekt des »Rituals« gilt mein Interesse in den folgenden Kapiteln den filmischen Erzählungen und den in diesen Erzählungen zitierten bzw. angespielten Mythen.[75] Ich bin mir klar darüber, daß diese Konzentration für Cineasten etwas einigermaßen Konventionelles hat. Ich bin, zumindest in den hier ins Auge gefaßten Interpretationen, nicht zuerst an der Machart der Filme interessiert, nicht zuerst an den Schnitten, den Einstellungen, nicht zuerst an der Komposition der Farben.[76] Eine genaue Interpretation von Filmen unter ästhetischen Gesichtspunkten muß all dies im Blick haben, und in anderen Gesprächszusammenhängen,

73 Vgl. die instruktiven Überlegungen bei Inge Kirsner, Erlösung im Film. Praktisch-theologische Analysen und Interpretationen, Stuttgart 1996, S. 255 ff; dieses Buch enthält ausgezeichnete Filminterpretationen zu »Die Kommissarin«, »Jesus von Montreal« und »Solaris«.

74 Vgl. B. Brecht, Schriften zum Theater. W. Hecht (Red.), Frankfurt/M. 1963/64.

75 Vgl. dazu: G. Seeßlen, Das Kino und der Mythos. In: EvErz 44, 1992, S. 537-549. Vgl. auch: D. Neuhaus, Die Leinwand als Ikone. Anmerkungen zur religiösen Dimension des Kinos. In: Kunst und Kirche 52, 1989, S. 20f.

76 Vgl. dazu: J. Monaco, Film verstehen. Kunst, Technik, Sprache, Geschichte und Theorie des Films, Hamburg 1980.

z.B. wenn es darum geht, selbst einen Film herzustellen, bin ich genau hieran interessiert. Jetzt aber konzentriere ich mich auf die Erzählung, die Story, auf die in den Filmen erzählten und verarbeiteten Symbole und Mythen.[77] Ich folge damit einer Bewegung innerhalb des Filmgenres selber: Filme wie »Smoke«[78] beispielsweise haben genau die heilende oder zerstörende Macht von Erzählungen zum Thema. Es geht - unter dem Gesichtspunkt des »Funktionierens«, der Wirksamkeit von Kinofilmen, dies ist meine Hypothese - auch und vor allem um die Macht und Bedeutung der in ihnen erzählten Geschichten, die als hilfreiche oder zerstörerische, in jedem Falle aber machtvolle innere Bilder in denen wirksam werden, die sich die Filme ansehen.

Nehme ich den ritualtheoretischen Gesichtspunkt hinzu, dann kann ich von einer Analogie sprechen zur Wirksamkeit von Ritualen und Mythen in alten Gesellschaften: Das Verhältnis von kultischem Ritual und im Ritual begehbaren Mythen in den alten Gesellschaften entspricht, so denke ich, dem Verhältnis zwischen ritueller Begehung und in dieser Begehung zugänglichen lebensmächtigen Erzählungen im Kino als einer wichtigen Institution moderner populärer Kultur.

Der Kino-Besuch wird

1) als Ritual verstehbar, in dem
2) zentrale Lebensthemen - Leben und Tod, Liebe und Haß, die Rettung oder Zerstörung der Welt, das Böse und die Erlösung usw. usw. - begehbar werden,
3) die in filmischen Erzählungen dargestellt und
4) im Sinne von inneren Bildern in den ZuschauerInnen langfristig wirksam werden.[79]

Ich werde mich in den folgenden Kapiteln mit einigen *massenwirksamen* Filmen beschäftigen, mit Filmen also, die auch unter ökonomischen Aspekten erfolgreich waren und unter dem Aspekt populärer Kultur solche Produktionen gewesen sind, die »funktioniert« haben. Gegenstand der Inter-

77 Aber auch solche Filmkritiker, die den Blick stärker auf die Machart der Filme richten, nehmen in anderen Veröffentlichungen konzentriert die Filmerzählung und die in Anspruch genommenen Mythen in den Blick. Hier habe ich besonders von Georg Seeßlen gelernt; vgl. von seinen zahlreichen Veröffentlichungen zum Gegenstand z.B. ders., Tanz den Adolf Hitler. Faschismus in der populären Kultur, Berlin 1994.

78 USA 1995, Regie: Wayne Wang und Paul Auster, mit Harvey Keitel, William Hurt, Forest Witaker.

79 Dabei soll nicht außer acht gelassen werden, daß die RezipientInnen die Filmgeschichte je unterschiedlich aufnehmen und jeweils eine eigene Geschichte erzählen. Ich lege in meinen Interpretationen allerdings - bezogen auf den hermeneutischen Zusammenhang zwischen Symbol und Subjekt - den Schwerpunkt auf die Seite des Symbols. Die je eigenen Geschichten der RezipientInnen haben die Filmerzählung je zum Gegenstand und zur Voraussetzung - wobei unbestritten bleibt, daß es keine 1:1-Übersetzung von Filmerzählungen und inneren Bildern in den ZuschauerInnen geben wird.- Vgl. als Gegenposition zu der hier vorgetragenen Sichtweise z.B. M. Mikos, Bilderfaszination und Kommunikation. Strukturfunktionale Film- und Fernsehanalyse. In: medien praktisch, 3/96, S. 52ff.; 4/96, S. 57ff., 1/97, S. 44ff.

pretation sind also nicht zuerst solche Produktionen, die sich selbst als ästhetisch durchreflektierte Werke präsentieren. Also nicht zum x-ten Male Tarkowskijs »Stalker«, sondern das, was die Leute tatsächlich ansehen. Damit kommen vor allem amerikanische Produktionen in den Blick, die fast ausschließlich den großen Hollywood-Studios entstammen.

Mit dieser Wahl ist allerdings nicht intendiert, die Strenge der Wahrnehmung und Interpretation von erfolgreichen Produkten der Kulturindustrie zu ermäßigen. Die Forderung von Max Horkheimer und Theodor W. Adorno in ihrer Interpretation der »Kulturindustrie« vor gut fünfzig Jahren[80] gilt erst recht heute gegenüber den massenwirksamen Kinofilmen: Es ist klar, daß es in diesen Filmen ums Geschäft geht.[81] Sie werden marktgerecht produziert, teilweise mit Budgets, die in die Hunderte von Millionen hineingehen. Es handelt sich um Warenproduktion, um den Kampf um Marktanteile, um einen nicht ganz unwichtigen Zweig der kapitalistischen Industrie. Und dennoch sind diese Produkte, so meinten damals Horkheimer und Adorno, als Kunstwerke zu interpretieren, auch teilweise gegen ihren ausdrücklichen Anspruch, nur unterhaltsam sein zu wollen. Sie sind nämlich unter der Frage zu interpretieren, wie in ihnen - als Kunstwerken - Wahrheit Gestalt gewinnt: Wahrheit des gesellschaftlichen, des individuellen, Wahrheit sogar des kosmisch-weltlichen Lebens. Mit anderen Worten: Es ist erheblich zu kurz gegriffen, wenn man sich mit der Auskunft, in diesen Filmen gehe es um Geschäft und nichts als Geschäft, schon zufrieden gäbe. Auch als Ware würden sie nicht »funktionieren«, wenn sie nicht als ästhetische Werke wirksam werden, wenn sie nicht Wahrheit in Gestalt brächten.

3.2 Verendet unsere Jugend der Buffolo-Bill-Hefte wegen?

Als einen wichtigen Gegenstand, an dem die Wirksamkeit des Kino-Besuches unter dem Aspekt des »Rituals« wahrnehmbar wird, nehme ich zunächst einen Ausschnitt aus der massenwirksamen Filmwelt in den Blick, der unter pädagogischem Gesichtspunkt in der Regel mit großem Mißtrauen betrachtet wird: Es geht um Gewalt- und Horrorfilme.

Es erscheint in der Beurteilung von Gewalt-Filmen m.E. zu kurz gegriffen, nach der eventuell gefährdenden *Wirkung* zu fragen. Dies gilt für das *Katharsis-Modell* (die Gewalt-Filme wirken reinigend und entlastend, weil sie erlauben, Aggression sozial gefahrlos auszuleben) genauso wie für das *Imitations-Modell* (die Filme geben Modelle gewaltsamen Handelns, die von den meist jugendlichen Konsumenten in gewalttätigem Verhalten kopiert werden).[82] Gegenüber diesem Imitations-Modell hat schon Bert Brecht, da-

80 M. Horkheimer und Th.W. Adorno, Dialektik der Aufklärung, a.a.O., 1971.

81 Eine theologisch begründete Kritik an den »Kino-Kassenknüllern« hat in exemplarischer Konzentration W. Schneider vorgetragen: »Über die Verführung des Auges... «, In: A. Arns und C. Cipitelli (Hg.), Der Kinokassen-Knüller. Nur Geld, Gewalt und Gelächter. Arnoldshainer Filmgespräche Bd. 5, Frankfurt 1988, S. 32-38.

82 Die Diskussion zu diesem Problem hat sich in zahlreichen Veröffentlichungen niedergeschlagen. Vgl. z.B.: R. Schnell (Hg.), Gewalt im Film, Bielefeld 1987; H. Lukesch (Hg.), Wenn Gewalt zur Unterhaltung wird ..., 2. Aufl. Regensburg

mals in der Diskussion über sogenannte Schund-Hefte, gefragt: »Wollen Sie etwa behaupten, daß unsere Jugend der Buffalo-Bill-Hefte wegen verendet?«

Nein. Ich werde den Gegenstand und auch die Wirkung dieser Filme nur verstehen, wenn ich danach frage, *was das Faszinierende an ihnen ist*. Von den zahlreichen Überlegungen, die dazu vorgetragen werden, haben mir diese eingeleuchtet:

- Eine psychoanalytische Überlegung. Die Gewalt-Filme sind deshalb faszinierend, weil sie eine Regression in frühe Stadien der Entwicklung des Menschenkindes erlauben und es ermöglichen, dort erfahrene Konflikte und Versagungen mit möglicherweise anderem Ausgang erneut zu durchleben. Was der Psychoanalytiker Michael Balint (und in seinem Gefolge viele andere) mit dem Namen der »Angstlust« bezeichnet, hat hier seinen Ursprung: Die Szenen, in denen es um das Verschlingen, Zermatschen, Zerstückeln, Verzehren, Unterwerfen, Gefügigmachen usw. von Menschen geht, zeigen Erfahrungsqualitäten, wie sie in der oralen, analen, phallischen Entwicklungsstufe des Menschenkindes typisch sind. Wenn ich diese Filme ansehe, kann ich den emotionalen Kontakt zu meiner frühen Kindheit gewinnen, die keinesfalls immer paradiesisch gewesen ist.
- Eine sozialpsychologische Überlegung. Die Gewalt-Filme und insbesondere die Horror-Filme ermöglichen einen *Kontakt mit dem Bösen*, das im Alltagsbewußtsein und auf der Oberfläche des gesellschaftlichen Verkehrs verdrängt und verleugnet wird. Die Bottroper Berufsschulpfarrerin Birgit Kuhlmann, die mit Religionskursen immer wieder solche Filme angesehen und besprochen hat, hat diesen Gedanken zugespitzt. Was die Faszination durch den Gegenstand angeht, so gibt es eine Entsprechung zwischen den BerufsschülerInnen, die sich tagtäglich die Horror-Videos »reindrehen«, und der Pastorin, dem Lehrer, der diakonisch engagierten Presbyterin, die sich für Obdachlose einsetzen, sich in der Flüchtlingsarbeit engagieren oder an einer Initiative gegen sexuellen Mißbrauch mitarbeiten. Auf verschiedenen Bildungsniveaus und aus verschiedenen Lebenswelten heraus geht es um die gleiche Faszination durch das Böse als der anderen Seite, der beängstigenden und aufregenden Kehrseite der alltäglichen Normalität.
- Und schließlich hat mir eine kulturanthropologische Überlegung eingeleuchtet; sie wurde von dem Amsterdamer Kulturanthropologen Jojada Verrips vorgetragen.[83] Und hier kommt der Besuch von Gewalt- und Horrorfilmen *unter dem Aspekt des Rituals* konzentriert in den Blick.

1994; S. Jäger, J. Link (Hg.), Die vierte Gewalt. Rassismus in den Medien. Duisburg 1994; M. Kunczik, Gewalt und Medien, Köln u.a.1994.

83 J. Verrips, Heldengedenken und Horrorfilme - Über die Ritualisierung des Bösen. In: Evangelische Aspekte, Heft 2/1995, S. 11ff.

Die Gewalt- und Horrorfilme bieten den meist jugendlichen KonsumentInnen Passage-Riten an, die in der modernen Gesellschaft sonst kaum zur Verfügung stehen bzw. kaum als verbindlich erfahren werden. In sogenannten primitiven Gesellschaften, so haben zahllose Ethnologen aufgezeigt, werden Mythen vor allem während der Initiationsrituale von Jungen und Mädchen erzählt, die im Begriff sind, ihre Jugend hinter sich zu lassen und erwachsen zu werden. Mit ihren »Phantasiestrukturen« erhalten die Jugendlichen eine kognitive Landkarte, mit deren Hilfe sie ihren Weg in der Gesellschaft finden können.

Rituell ist auf der einen Seite die *Begehung* der Gewalt- und Horror-Filme, wenn sie im Kino, in der Clique, chic angezogen und bei Popcorn und Bier aufgenommen werden - ich empfehle, um diese Inszenierungen mitzuerleben, den Besuch der ansonsten nicht so geschätzten Cinemaxx-Kulthallen. Rituell sind auch die teilweise als Mutproben inszenierten Begehungen vor dem Home-Video. Aber auch die *Inhalte* der Filme geben eine rituell und mythisch erfahrbare Welt; dies gilt für die Raum-Ordnung - das Böse lauert oben, wenn du das Wohnzimmer verläßt und die Treppenstufen zum Dachboden hinaufsteigst, oder unten, wenn du die letzte Windung der Kellertreppe hinter dir gelassen hast.[84] Dies gilt auch für die Zeit-Ordnung: beispielsweise die Werwolf-Geschichten, die von der zum Monatsende immer unbeherrschbarer werdenden Sehnsucht des männlichen Protagonisten nach Blut erzählen, als männliche Entsprechung zur Monatsregel der Frau.

Man tut gut daran, den Besuch von Horror-Filmen durch Jugendliche als *moderne rites de passage* zu verstehen. Es geht in den Filmen zumeist um phantastische Vorstellungen von Ge- und Verboten in Sachen Sexualität und Aggression, derer vor allem Jugendliche bedürfen, weil sie sich in einer verwirrenden Lebensphase befinden. Es geht in den Filmen im Grunde um drei parallel verlaufende Prozesse: Der erste ist die Reduktion der Kultur auf deutlich erkennbare Komponenten, der zweite ihre Neuordnung in »monsterhaften« Mustern und Gestalten und der dritte die Kombination dieser Muster und Gestalten in einer Weise, daß sie für den neuen Zustand und Status, den die Initianden erreichen werden, bedeutungsvoll werden. Jojada Verrips schlägt schließlich vor, diese rituellen Gewalt-Begehungen unter dem Aspekt des *Tausches* zu verstehen: In letzter Instanz kann man Horror-Filme als moralische Gabe der Gesellschaft vor allem an Jugendliche sehen, die eine moralische Gegengabe in der Form von gesellschaftlich akzeptablem Verhalten, und zwar vor allem *akzeptablem Sexualverhalten*, erfordert.

Ich denke darüber hinaus aber auch, daß die Faszination, die die Gewalt- und Horrorfilme finden, einen kritischen Blick auf den Zustand unserer gesellschaftlichen Wirklichkeit erfordert.

84 Vgl. A. Schuller, Gräßliche Hoffnung. Zur Hermeneutik des Horror-Films. In: A. Schuller und W. von Rahden (Hg.), Zur Renaissance des Bösen, Berlin 1993, S. 341ff.

Was die Situation unserer Gesellschaft angeht, so hat die schon vor gut zehn Jahren beschworene »neue Unübersichtlichkeit«[85] heute offenbar eine neue Qualität. An den Gesellschaften des gescheiterten »real existierenden Sozialismus« zeigt sich, daß der »Prozeß der Zivilisation«, der einen Zusammenhang zwischen der Zentralisierung gesellschaftlicher Macht und einer Verinnerlichung der Kontrolle über sexuelle und aggressive Impulse bei den menschlichen Individuen beinhaltet,[86] auch *umkehrbar* ist: der Zerfall der Zentrale gesellschaftlicher Macht setzt ein zerstörerisches Potential aggressiver Energien frei, über die das individuelle Gewissen der Menschen offenbar keine Macht mehr hat. Zudem birgt die globale Durchsetzung des »freien Marktes« bei gleichzeitigem Zerfall traditioneller Gemeinschaften und staatlich-sozialer Sicherungen die Gefahr, daß sich Gewalt gleichsam endemisch und unbegrenzbar ausbreitet. Was theoretisch als unbegrenzbare Ausbreitung von Gewalt durch Imitation und Ansteckung beschrieben worden ist - die »mimetische« Ausbreitung von Gewalt, wie es heißt[87] - steigert sich bei den jetzt atomisierten Individuen zu einer unbegrenzbaren Orgie von Vergewaltigung, Krieg und Zerstörung.

Die Hoffnung, es gebe eine geographische Grenze gegen das Herüberschwappen solcher Prozesse auf unsere Gesellschaft, könnte sich als trügerisch erweisen und bestimmt angesichts der allgegenwärtigen Verbreitung der Schreckensbilder und -nachrichten auch nicht das Lebensgefühl der Menschen in unserem Land. Hinzu kommt, daß auch bei uns angesichts von sinkenden Wachstumszahlen und Massenarbeitslosigkeit scheinbar zuverlässige Pfeiler der bürgerlichen Zivilisation wanken: daß beispielsweise auf die Geltung von Verträgen kaum noch Verlaß ist, kann man nicht nur am jahrelangen Schicksal von Waffenstillstandvereinbarungen im ehemaligen Jugoslawien, sondern mittlerweile auch an der Gestaltung der bundesdeutschen Tarifpolitik ablesen.

Die Faszination der Symbolik des Bösen in den Gewalt- und Horrorfilmen erscheint so als Spiegel der Ängste, die durch die gesellschaftliche Wirklichkeit provoziert werden. Die eingespielten kulturellen Muster sind brüchig, die Normen des gesellschaftlichen Verkehrs leisten es zunehmend weniger, »Ordnung« lebbar zu machen; ein Weg aus dem drohenden Chaos ist kaum zu erkennen, und hinter der schwachen Schale der Konvention lauert die faszinierende und erschreckende Macht einer grenzenlos sich ausdehnenden Gewalt. Die ästhetische Aufbereitung des Bösen im Film bringt offenbar ein Lebensgefühl treffend zum Ausdruck, das nach Lage der Dinge kaum als ver-rückt bezeichnet werden kann.

85 J. Habermas, Die neue Unübersichtlichkeit, Frankfurt/M.1985.
86 N. Elias, Über den Prozeß der Zivilisation. 2 Bde, Frankfurt/M., 6. Aufl. 1978.
87 Vgl. Girard, Das Heilige und die Gewalt, Zürich 1987.

Kapitel 3: Mythen und Symbole

1. Der König der Löwen und die Prinzessin der Herzen

1.1 König der Löwen

Die richtig heiße Zeit von »König der Löwen«[88] ist schon wieder vorbei. Aber immer noch ist »Simba«, der kleine Löwe, beherrschende Figur in zahllosen Kinderzimmern und Kindergärten: mit auswechselbarer Mähne, so daß der Sprung von Kindes- zum Jungmannesalter an ein und derselben Kuschelfigur nachvollzogen werden kann. Die Songs, für die diese Walt-Disney-Zeichentrick-Produktion einen »Oscar« für die beste Filmmusik bekommen hat, laufen in ihren - in der deutschen Version nur im schlechten Abklatsch wiedergegebenen - Fassung, interpretiert vom Mainstream-Helden Elton John, noch immer über die Radiosender. Kein Zweifel, dieser Film war ein riesiger kommerzieller Erfolg, er hat im Sinne der Wirkung populärer Kultur »funktioniert«, und zwar hervorragend. Die Erzählung dieses Filmes ist, entgegen dem ersten Augenschein, durchaus vielschichtig und hintergründig.

Erzählebene 1: Der Film ist ein soziales Drama über Macht, Mord und Intrigen in einer herrschaftlich organisierten Gesellschaft mit monarchisch-feudaler Herrschaftsstruktur. Ich nenne diese Ebene die historisch/gesellschaftliche Erzählebene.

Der Film spielt in der Tierwelt der afrikanischen Steppe; aber alle beteiligten Tiere, die Löwen, Hyänen, Papageien, die Erdmännchen, Erdschweine und Affen können sprechen, bewegen sich wie Menschen, verfolgen wie Menschen Pläne und Intrigen, leiden und trauern, freuen sich und sind begeisterungsfähig wie Menschen.[89]

Diese Tierwelt ist sozial organisiert nach dem Muster einer feudalen, monarchisch-aristokratischen Gesellschaft. Es gibt Mufasa, den König, es gibt die Königsmutter Sarabi und den Thronfolger Simba sowie Nala, seine Gespielin; da ist weiterhin der Königsbruder Scar, die finstere Gestalt dieses Dramas, der durch die Geburt und Initiation Simbas zum Thronfolger um seine eigenen Rechte auf den Thron gebracht wird. Ein weiser Priester-Affe, Rafiki, vollzieht die heiligen Riten, insbesondere die Initiationsriten. Der Hofmarschall/Herold Zazoo, ein Papagei, übernimmt in diesem Film zugleich die Rolle des immer etwas tolpatschigen, von allen gehänselten und überlisteten Underdogs. Es treten die Hyänen auf, Shenzi, Bansai und Ed,

88 USA 1994, Walt Disney Productions. Vgl. zum folgenden auch: G. Seeßlen, König der Juden oder König der Löwen. Religiöse Zitate und Muster im populären Film. EZW-Texte 134, Berlin 1996.

89 »König der Löwen« nimmt die Muster des Zeichentrick-Genres ebenso auf wie die Erzähltraditionen von Märchen und Fabeln, aber auch von literarischen Werken wie Aldous Huxley's »Farm der Tiere«.

ewig gefräßige, undisziplinierte, fiese und gefährliche Gestalten, Repräsentanten der Gegenwelt zur geordneten Welt des Königreiches, die jedoch aus sich heraus, ohne Anleitung durch »höhere« Tiere, hilflos bleiben. Und das Erdmännchen Timon und das ständig furzende Erdschwein Pumbaa sind Vertreter einer freundlichen, vegetarischen Nischen-Welt außerhalb des Reiches.

Auf der historisch-gesellschaftlichen Erzählebene läßt sich die Geschichte so rekonstruieren: Der durch die Thronfolge entmachtete Königsbruder Scar bringt mithilfe einer List den König Mufasa ums Leben und vertreibt den Thronfolger Simba, der für Jahre, bis zur Zeit seines Erwachsenwerdens, in der vegetarischen Nischenwelt lebt, die aus der Perspektive des Reiches nicht existent ist; er gilt als ebenfalls tot. Mit Hilfe der Hyänen, die im alten Königreich domestiziert und in eine dunkle, unfruchtbare Welt außerhalb der Grenzen verbannt waren, übernimmt Scar die Herrschaft über das Reich; dazu gehört auch die Inbesitznahme der Königsmutter Sarabi und des ganzen Harems aus weiblichen Löwen. Die Herrschaftsweise Scars wird in politischer Hinsicht als Tyrannei, in ökonomischer und ökologischer Hinsicht als um die zukünftigen Folgen völlig unbekümmerte Ausbeutung und Vernichtung der natürlichen Ressorcen beschrieben. Innerhalb weniger Jahre hat diese Herrschaft das blühende Gemeinwesen zugrunde gerichtet: das Leben aller BewohnerInnen ist unmöglich geworden. In dieser Situation wird Simba zufällig von seiner Gespielin aus der Kinderzeit, der Löwin Nala gefunden, wird zur Rückkehr ins Reich überredet und wird vom Priester-Affen Rafiki erneut als kommender König initiiert. Er kann sich schließlich durch todesmutigen Kampf, unterstützt nur von einer kleinen Schar Getreuer, gegen die Übermacht der tyrannischen Herrschaft Scars und der Hyänen durchsetzen und die Krone übernehmen. Soweit die Skizze der historisch-gesellschaftlichen Erzählebene.

In diese Erzählebene eingesponnen ist eine weitere, die ich die biographische nennen möchte: Sie handelt vom konflikthaften und krisenhaften Prozeß des Erwachsenwerdens des kleinen Löwen Simba. Die Übergänge zu einer dritten, mythisch-mythologischen Erzählebene sind fließend.

Für den Prozeß des Aufwachsens von Simba wird *eine* Beziehung als zentral dargestellt: nämlich die zum Vater, dem König Mufasa. Die übrigen Beziehungen, auch die zur Freundin in der Kinder- und Jugendzeit und zur späteren Geliebten Nala, sind lediglich unterstützende, begleitende Beziehungen für die eine, im Prozeß des Erwachsenwerdens schlechthin entscheidende Beziehung zum Vater.

In den Szenen, die aus der Kinder- und Jugendzeit Simbas gezeigt werden, geht es auf der einen Seite um die Übernahme eines positiven Bildes vom guten Vater und vom guten König: Mufasa führt Simba in seinen Platz in der gesellschaftlich-natürlichen Ordnung ein, die mit dem Namen »Kreis des Lebens« benannt wird. Es handelt sich um eine Ordnung wechselseitiger, reziproker Verpflichtung alles Lebendigen: das Leben gelingt, weil - und es gelingt solange, als - alle an ihrem jeweiligen Ort sich solidarisch zum Ganzen des Lebenskreises verhalten, sich in ihren Platz in dieser Ordnung einfinden.[90] Der »Kreis des Lebens« ist eine hierarchisch strukturierte Ordnung: Es gibt Herrscher und Beherrschte, aber die Herrscher werden so vorgestellt, daß sie in Sorgfältigkeit und Zugewandtheit mit ihren Untergebenen umgehen, und die Untergebenen - die Zebras, Gnus, Vögel, Insekten, Hühner, Elefanten, überhaupt alle Tiere, die nicht Löwen sind - unterwerfen sich gern und bereitwillig dieser guten Herrschaft, eben weil sie dem Ganzen des Lebenskreises verpflichtet bleibt. Damit wird diese Ordnung wechselseitiger Reziprozität nach dem idealisierten Bild einer patriarchalisch-feudalen Ordnung gezeichnet.[91]

Die Intimität, die diesem Lebenszusammenhang anhaftet, steigert sich zur wechselseitigen Einverleibung. Im innersten Kern ist die Ordnung reziproker Verpflichtung eine Ordnung des Fressens und Gefressenwerdens. In einer Gesprächspassage zwischen Vater und Sohn geht es darum, daß die Löwen doch Antilopen auffressen; die Antwort des Vaters an den Sohn, der diese Tatsache nicht so recht mit der Vorstellung einer *für alle* guten Ordnung zusammenbringen kann, charakterisiert die Ordnung des Lebenskreises präzise als Ordnung wechselseitiger, besser noch: zirkulärer Einverleibung. Die Löwen fressen die Antilopen; aber die Löwen werden sterben, werden zu Erde zerfallen, die das Gras hervorbringt, das dann wieder die Antilopen fressen. Im Bild der Ordnung des Lebenskreises werden nicht nur Herrscher und Beherrschte in wechselseitiger Verpflichtung aneinander gebunden, sondern auch Fleischfresser und Vegetarier in wechselseitiger bzw. zirkulärer Einverleibung.

Der Vater Mufasa repräsentiert und beherrscht diesen Lebenszusammenhang; er führt den Sohn darin ein, seine Rolle später einmal zu übernehmen. Es ist eine eindeutig patriarchalische Ordnung: Der stärkste männliche Löwe ist Herrscher, und er gibt diese Herrschaft an den erstgeborenen Sohn weiter - unter Umgehung der nachgeborenen Brüder; an dieser Stelle macht der Film den Einbruch des Krisenhaften und Chaotischen in dieses System fest. - Die weiblichen Löwen haben die Aufgabe, den Nachwuchs aufzuziehen, und außerdem durch Jagd den »Königsfelsen« - den Ort, an dem die Herrscherfamilie lebt - mit Nahrung zu versorgen. Die Frauen werden auf die Reproduktion der Gattung und auf die Hausfrauenarbeit (Zubereitung der Mahlzeiten, Aufzucht des Nachwuchses) festgelegt.

Simba ist auf der einen Seite fasziniert von dieser Ordnung des Lebenskreises und von seiner späteren Rolle darin. Einer seiner Solo-Songs im ersten Filmabschnitt macht das deutlich: »Ich will *jetzt gleich* König sein«. Auf der anderen Seite wird er als pubertierender Jugendlicher vorgestellt: er will »cool« sein, die Grenzen austesten, die Regeln infrage stellen, er will

90 Damit verarbeitet der Film ethnologisches Wissen über die reziprok verpflichtete Lebensweise früher Gesellschaften. Vgl. z.B. M. Godelier, Natur, Arbeit, Geschichte. Zu einer universalgeschichtlichen Theorie der Wirtschaftsformen, Hamburg 1990.

91 Vgl. G. Duby, Krieger und Bauern. Die Entwicklung von Wirtschaft und Gesellschaft im frühen Mittelalter, Frankfurt/M., 2. Aufl 1981.

das Verbotene und Gefährliche tun. In seiner Beziehung zum Vater hat das eine ambivalente Qualität: Er will so mutig sein *wie* der Vater, aber *durch* Überschreitung der Regeln, die der Vater aufgestellt hat und repräsentiert. Klarer Fall von Pubertätskonflikt.

Genau hier erkennt der um seinen Herrschaftsanspruch gebrachte Königsbruder Scar seine Chance: Er stachelt Simba auf, das »heilige Land«, also die gute Ordnung des Lebenskreises zu verlassen und in die dunkle Welt außerhalb seiner Grenzen zu gehen. Ein Elefantenfriedhof, ein unheimlicher Ort, der Simba deshalb für seine Mutprobe höchst geeignet erscheint - er nimmt übrigens Nala mit dorthin, die Mutprobe des männlichen Jugendlichen braucht in jedem Fall die weibliche Bewunderung. Aber die dunkle Welt ist nicht nur die aufregende, sondern auch real gefährliche Welt. Um ein Haar werden Simba und Nala von den Hyänen gefressen, und erst im allerletzten Moment kann der Vater Mufasa als Retter auftreten.

Damit ist das Muster für den dramatischen Höhepunkt in der Beziehungsgeschichte zwischen Vater und Sohn vorgegeben. Der Vater als Retter muß sein eigenes Leben für das Leben des Sohnes opfern. Scar organisiert eine Situation, in der Simba in höchster Lebensgefahr ist: In einer Schlucht, aus der es keinen Ausweg gibt, wird eine Herde Gnus mit Hilfe der Hyänen in Panik gebracht. Simba droht totgetrampelt zu werden. Mufasa wird zu Hilfe gerufen, er kann Simba noch in Sicherheit bringen, will sich schwer verletzt den Hang hinaufretten, aber wird von Scar in den Abgrund, unter die zermalmenden Hufen der Stampede-Herde zurückgestoßen und stirbt. Scar ermordet seinen Bruder, den König Mufasa, um selber König zu werden; aber Simba, der Sohn und legitime Thronfolger, hat diesen entscheidenden Schritt nicht mitbekommen. Scar redet ihm ein, daß *er* schuld sei am Tode seines Vaters. Simba flieht in die Wüste; die Hyänen, die Scar ihm hinterhergeschickt hat, um auch ihn zu töten und so jede mögliche Konkurrenz um den Königsthron endgültig auszuschalten, lassen ihn schließlich laufen, weil er unter der glühenden Sonne ohnehin keine Überlebenschance haben wird.

Verweilen wir einen Augenblick bei diesem dramatischen Höhepunkt - oder besser: diesem *ersten* dramatischen Höhepunkt, es wird noch einen zweiten geben - in der Beziehungsgeschichte zwischen Sohn und Vater. Der Vater muß sein Leben für das Leben seines Sohnes opfern, und der Sohn wird sein Leben lang vom Gefühl beherrscht sein, an diesem Tode schuld zu sein.

Simba wird eine spezifische Lösung für die Bearbeitung seines Schuldgefühls finden, dazu gleich mehr. Zunächst zur Opfer-Vorstellung und ihrer Verbindung mit dem Schuldgefühl, mit der Schuldproblematik selber. Was heißt es, daß »König der Löwen« die Beziehung zum Vater als zentrale Beziehung des heranwachsenden Kindes ansieht, und daß diese Beziehung durch die Ambivalenz von Liebe, Bewunderung, Identifikation, aber auch von Gewalt, Tod, Schuldgefühlen bestimmt ist?

Der Film nimmt einen Opfer-Mythos auf, der schon »da« ist, bearbeitet ihn, interpretiert ihn, erfindet ihn also nicht erst. Es handelt sich um einen zentralen Bestandteil der »symbolischen Ordnung«. Offenbar steht hier nicht zuerst die biblisch-neutestamentliche Opferauffassung im Hintergrund. In »König der Löwen« ist es nicht der eine Sohn des Vaters allen Lebens, der - selbst ohne Sünde - sein Leben für seine Brüder dahingibt, die dadurch schuldig geworden sind, daß sie durch ihren Lebensvollzug die gute Ordnung des Vaters verlassen haben. In »König der Löwen« stirbt nicht der Sohn, sondern der Vater für den Sohn.

Es handelt sich um eine recht genau kalkulierte Anspielung der Film-Macher auf einen Opfer-Mythos, den Sigmund Freud vor jetzt schon gut 80 Jahren als künstlichen »wissenschaftlichen Mythos« entworfen hat und der als ein zentraler Gedanken der psychoanalytischen Interpretation überhaupt gelten kann. Es geht nicht um einen historischen Mythos in dem Sinne, daß er von einem Clan, Stamm oder Volk an irgendeinem Ort dieser Welt zu irgendeiner Zeit tatsächlich einmal erzählt worden wäre. Freuds Mythos von der »Urhorde« ist eher als eine *mythologische Struktur* zu verstehen, in die sich wirklich erzählte Mythen, aber auch reflektierte Lebensgeschichten einordnen lassen sollen.

Sigmund Freud entwickelt diesen Mythos in »Totem und Tabu«[92] im Jahr 1912/13 - es handelt sich also um einen recht frühen Text in der Entwicklung der psychoanalythischen Theorie. Freud nimmt hier sehr genau die ethnologisch-kulturwissenschaftliche Diskussion seiner Zeit auf und verbindet in der Konstruktion seines »wissenschaftlichen Mythos« zwei Fragehinsichten, die in der damals aktuellen Diskussion höchst spannend erschienen. Auf der einen Seite versprach das in australischen, neuguineischen, afrikanischen Gesellschaften »entdeckte« Phänomen des »Totemismus«, Aufschluß über die Entstehung der Religion und damit der menschlichen Sozialität überhaupt zu geben. Erklärungsbedürftig erschien am Totemismus vor allem die Verbindung von Eßtabu, Totemmahlzeit und Exogamieforderung. Ein weiteres, in der damaligen Diskussion begeistert aufgenommenes Theorieelement war die Evolutionshypothese biologischer Arten von Charles Darwin, die ebenfalls Aufschluß über die Entstehung des Menschen und der menschlichen Gesellschaft zu bieten verhieß.

Freud's »wissenschaftlicher Mythos« verbindet beide Theoriebausteine zu einer Erzählung. Obwohl er von Anbeginn höchst umstritten war, hat dieser Text eine solche Durchschlagskraft gewonnen, daß er »funktioniert« wie eine populärkulturelle Produktion unserer Tage.

»Eines Tages taten sich die ausgetriebenen Brüder zusammen, erschlugen und verzehrten den Vater und machten so der Vaterhorde ein Ende. Vereint wagten sie und brachten zustande, was dem einzelnen unmöglich geblieben wäre ... Der gewalttätige Urvater war gewiß das beneidete und gefürchtete Vorbild eines jeden aus der Brüderschar gewesen. Nun setzten sie im Akte des Verzehrens die Identifizierung mit ihm durch, eigneten sich ein jeder ein Stück seiner Stärke an. Die Totemmahlzeit, vielleicht das erste Fest der Menschheit, wäre die Wiederholung und die Gedenkfeier dieser denkwür-

92 S. Freud, Totem und Tabu, 1912/13; zit. nach ders., Kulturtheoretische Schriften, Frankfurt/M. 1986, 287ff.

digen, verbrecherischen Tat, mit welcher so vieles seinen Anfang nahm, die sozialen Organisationen, die sittlichen Einschränkungen und die Religion.«

Die Söhne waren, so Freud, von ambivalenten Gefühlen gegenüber dem übermächtigen Vater beherrscht: sie haßten ihn, weil er - als Besitzer aller Frauen - ihren sexuellen Begierden im Wege stand, und sie liebten und bewunderten ihn. Nachdem sie nun durch Tötung und Verzehrung ihren Haß befriedigt und ihre Identifizierung durchgesetzt haben, erwachen die zärtlichen Regungen. »Es geschah in der Form der Reue, es entstand ein Schuldbewußtsein, welches hier mit der gemeinsam empfundenen Reue zusammenfällt. Der Tote wurde nun stärker, als der Lebende gewesen war.« Die Brüder unterwerfen sich einem »nachträglichen Gehorsam«: »Sie widerriefen ihre Tat, indem sie die Tötung des Vaterersatzes, des Totem, für unerlaubt erklärten, und verzichteten auf deren Früchte, indem sie sich die freigewordenen Frauen versagten. So schufen sie aus dem Schuldbewußtsein des Sohnes die beiden fundamentalen Tabu des Totemismus, die eben darum mit den beiden verdrängten Wünschen des Ödipuskomplexes übereinstimmen mußten.«[93]

Es geht mir nicht um die historisch-empirische Haltbarkeit dieses »wissenschaftlichen Mythos« Freuds - sie ist von Anfang an mit guten Gründen bestritten worden -, sondern um seine offenkundige Plausibilität. Freud's Mythos funktioniert nicht nur im Sinne populärkultureller Werke, sondern er wird auch immer wieder von späteren populärkulturellen Produktionen beerbt, zitiert, angespielt; und so wird er auch in »Lönig der Löwen« als Erzählmuster in Anspruch genommen.

Freud hat einen weiteren Mythos für die Deutung des zentralen Lebenskonfliktes des heranwachsenden Menschenkindes herangezogen. Anders als bei der These vom Vatermord der Brüderhorde handelt es sich hier nicht um einen von ihm »erfundenen« Mythos, sondern um einen tatsächlichen Bestandteil der griechischen Mythologie: nämlich um den Ödipus-Mythos, wie er Freud in der Fassung von Sophokles vorgelegen hat. Der »Ödipus« gilt als *das* klassische Deutungsmuster in der Psychoanalyse Freud'scher Tradition. Ähnlich wie bei der Brüderhorde-Vatermord-Hypothese geht es um die enge Verstrickung zwischen Gewalt, Schuldgefühl und der Entstehung des »Gewissens« bzw. der Geltung von kulturellen Regeln in der Beziehung zwischen heranwachsendem Kind und Vater, genauer: in der Öffnung der dyadischen Beziehung zwischen Kind und Mutter zur Triade Kind/Mutter/Vater[94]: Der kleine Junge will die Mutter lieben und den Vater als Konkurrenten beseitigen/töten. Dieser - zumeist unbewußte und verdrängte - Wunsch erregt das Schuldgefühl im Kind, welches wiederum durch die Identifikation mit den vom Vater repräsentierten Normen/Geboten beant-

93 S. Freud, 1912/13, zit, nach: 1986, 425ff.

94 S. Freud erläutert den Ödipus-Komplex beispielsweise in seinen »Vorlesungen zur Einführung in die Psychoanalyse«, 1915-1917 (zit. nach: Hamburg 1980, S. 163).

wortet wird. In der »gesunden« Auflösung des Ödipus-Komplexes gelingt es dem Jungen, den Vater als »Gesetz« im »Über-Ich« zu internalisieren und die libidinösen sexuellen Strebungen von der Mutter abzulösen und sie neuen Objekten zuzuwenden.

Dieses psychoanalytische Basistheorem wird in »König der Löwen« angespielt, und zwar im Höhepunkt der Beziehung zwischen Vater und Sohn, als der Vater sein Leben für den Sohn läßt. Es wird aber in charakteristischer Weise *verändert*: Es geht in »König der Löwen« nicht um die *sexuelle* Konkurrenz des Sohnes gegenüber dem Vater. Das Thema Sexualität ist in dieser Beziehung vollständig ausgespart. Es geht vielmehr um die *Identifizierung* des Sohnes mit dem Vater: Der Sohn kann aber nur dann die Rolle des Vaters übernehmen - die er, wie der Vater ihm von vornherein nahelegt, ja auch aus seiner Sicht übernehmen *soll* -, wenn er auch die *Stelle* des Vaters einnimmt, also den Vater ersetzt, der dafür gestorben sein muß. Simba lebt in der Phantasie, daß genau dies geschehen ist: er ist schuld am Tod des Vaters. Der Vater hat versucht, ihn zu retten, hat sein Leben dahingegeben, so daß er selber nicht nur weiterleben kann, sondern auch am Platz des Vaters weiterleben kann, die Stelle des Vaters im »Kreis des Lebens« als guter König einnimmt.

Simba verarbeitet sein Schuldgefühl in der Weise, daß er sich der Zumutung dieser Rollenübernahme entzieht (in seiner Lage durchaus realistisch: gegen den bösen Bruder Scar hätte er an diesem Punkt seiner Lebensgeschichte faktisch keine Chance) und sich einem Land des Vergessens und der Sorglosigkeit anvertraut. Eine charmant-verspielt gezeichnete Welt von vegetarischen Außenseitern, die von der Überfülle der Natur leben, ohne jagen zu müssen, aber dieses sorglos-glückliche Leben auch damit bezahlen, daß sie in der »eigentlichen« Welt, der Welt des Königreiches der Löwen, nichts zu sagen haben, schärfer noch: in dieser Welt sind sie genichtet, nicht existent. Es ist die Welt, in der die Regel gilt: »hakuma matata«, »keine Sorgen«. Oder, wie Erdschwein Pumbaa es formuliert: »Man muß seinen Hintern in die Vergangenheit bringen«.- »Nein, man muß seine Vergangenheit hinter sich bringen!« stellt Erdmännchen Timon richtig. Aber eins ist wie das andere, es kommt nicht so drauf an. Es ist die Welt des Vergessens, des Rausches, die Welt der glücklichen Outcasts in einer Nischen-Welt. In dieser Welt wächst Simba zu einem erwachsenen jungen Löwen heran.

Zwei Stationen bringen ihn schließlich dazu, in das Königreich der Löwen zurückzukehren und seinen Platz im »Kreis des Lebens« endlich einzunehmen. Erst an dieser Stelle der Erzählung wird die Beziehung zu Nala, der Freundin aus der Kinderzeit, lebensgeschichtlich wirklich wichtig: Simba begegnet ihr zufällig, sie erkennen sich und verlieben sich ineinander, und Nala will Simba dazu bringen, seine Rolle als König einzunehmen. »Du lebst! Du kannst dir nicht vorstellen, was das für mich bedeutet! Was es für die anderen bedeutet!« - Nala packt Simba bei seiner Verantwortung. Scar und die Hyänen haben das Land zugrunde gerichtet. Sie haben es ausgeplündert, also genau die Grundregel des »Lebenskreises«, die wechselseitige Verpflichtung aller Lebenden, nicht beachtet. Nala will, daß Simba als guter König zurückkehrt und die gute Ordnung wiederherstellt.

Aber Simba will nicht. Er will sich seinen Schuldgefühlen nicht stellen, er will sich dem Kampf mit Scar nicht stellen, er will in der Welt des Vergessens bleiben. Damit er diesen entscheidenden Schritt tun kann, ist eine weitere, jetzt aber wirksame Station nötig: nämlich eine neue Initiation durch den Priester-Affen Rafiki. Rafiki vollzieht mit Simba ein Ritual, das diesen in eine »Traumzeit«[95] versetzt: er begegnet seinem Vater, jetzt als einer himmlischen Gestalt. Wir kennen solche rituell ermöglichten Begegnungen mit Toten aus verschiedenen Zusammenhängen, nicht zuletzt auch aus biblischen Texten. Ich denke zum Beispiel an den Bericht in 1. Sam 28, nach dem der erste israelitische König Saul in einem Augenblick höchster Gefahr - er ist militärisch geschlagen und wird bald selber umkommen - eine Totenbeschwörererin in En-Dor aufsucht, um noch einmal Samuel zu begegnen, dem Richter und Propheten, der Saul einmal im Auftrag Gottes zum König gesalbt hat, aber ihm auch in Gottes Auftrag das Königtum wieder entzogen hat.

Die Begegnung mit dem Vater bewirkt für Simba vor allem zweierlei: Er wird von seinem Schuldgefühl befreit - der Vater lebt weiter, Simba ist nicht schuld an seinem Tod; und der Vater fordert ihn auf, die Identifikation mit der Vater- und Königsrolle endlich endgültig anzunehmen. »Du mußt deinen Platz im Kreis des Lebens übernehmen.«

Nach diesem Ritual, der erneuten Initiation ist Simba - um es einmal so zu sagen - nicht »ein neuer Mensch«, aber ein neuer Löwe geworden. Er kann den Kampf mit Scar und den Hyänen aufnehmen, wird ihn gewinnen, wird mit Nala einen neuen Nachkommen haben, der später *seinen* Platz wieder einnehmen kann. Das zerstörte heilige Land erblüht wieder, wie durch ein Wunder. Auch an dieser Stelle steckt der Film voller Anspielungen auf Mythologie: altorientalische, auch altisraelische Inthronisierungsliturgien sind voll von Vorstellungen, daß der Herrschaftsantritt eines neuen Königs die Beziehungen zwischen den Menschen, aber auch das Leben in der Natur »in Ordnung« bringen wird.

Ich komme nach der historischen und der biographischen zu einer dritten Erzählebene; sie wurde im vorigen Interpretationsschritt schon immer wieder angespielt. *Unter* der historischen und lebensgeschichtlichen Erzählebene liegt, diese Ebenen selber im eigentlichen strukturierend, eine mythisch-mythologische Erzählebene. Die Verbindung zwischen der - ich möchte sie einmal nennen: Ebene der »realen« Interaktionen und der mythologischen Ebene wird im Film selbst durch Rituale, insbesondere durch Initiationsrituale hergestellt. Aber die Erzählstrukur insgesamt folgt einem mythologischen Muster. Es beinhaltet mindestens die folgenden Dimensionen:

95 Vgl. K.-P. Duerr, Traumzeit, Frankfurt/M. 1978, 5. Aufl.1980.

- Das - durch hohe Geburt, aber auch durch Initiation ausgewählte - heilige Kind als Retter;
- das Opfer in der Zwitterstellung, zugleich Einbruch des Bösen und notwendiger Schritt zur Ermöglichung für den Weg des Retters zu sein;
- die dem Augenschein nach übermächtige Gewalt des Bösen, das sich jedoch schließlich selbst vernichtet.

»König der Löwen« folgt mit diesem Erzählmuster einer mythisch-mythologischen Struktur, die zahllose Mythen, Märchen und Geschichten bestimmt. Ähnlich wie bei Freud's wissenschaftlichem Mythos handelt es sich dabei um eine aus der Interpretation vieler Mythen entstandene zusammenfassende Konstruktion; die wirklich erzählten Mythen folgen dieser Struktur oder doch zumindest einzelnen Schritten dieser Struktur.

Rolf Sistermann schlägt vor, in den Werken der populären Kultur, aber z.B. auch in der Interpretation politischer Ideologien diesen »Standardmythos« wahrzunehmen. Er beinhaltet folgende Dimensionen:

1. Eine ursprüngliche, paradiesische Ordnung, die
2. durch einen Frevel oder einen neidischen Gott bedroht wird.
3. Die Auserwählung der oder des Helden, der
4. das Opfer darbringen soll.
5. Dadurch soll eine Gottheit beschworen werden, damit sie
6. überall und
7. jederzeit wirkend
8. auf geheimnisvolle, zauberhafte Weise
9. Heil schafft und
10. die Guten belohnt und die Schlechten bestraft.

In dieser mythischen Struktur nimmt das Opfer die zentrale Position ein. »Der Sündenbock als Opfer ist der ›strukturierende Mechanismus‹ eines mythologischen Textes.«[96]

Nach diesem mythologischen Schema »funktionieren« zahlreiche Märchen und Erzählungen, aber auch Selbstthematisierungen von Lebensgeschichten, Interpretationen von familialen Konfliktkonstellationen und selbst politische Legendenbildungen; man denke nur an die sogenannte »Dolchstoßlegende« nach dem Ersten Weltkrieg.

Im Film »König der Löwen« finden sich die zentralen Stationen des Standardmythos wieder. Der Standardmythos wird hier aber insofern modifiziert, als nicht der Retter, nämlich das heilige Kind sich selber als Opfer darbringen muß, sondern der Vater. Aber damit wird die Struktur nur modifiziert, nicht jedoch verlassen: Der kleine Simba wandert für den gesamten Zeitraum seines Heranwachsens zum jungen Mann aus der bekannten, be-

96 R. Sistermann, Symboldidaktik und gebrochener Mythos. EvErz 3/1990, S. 332; vgl. auch H.-M. Gutmann, Die tödlichen Spiele der Erwachsenen, a.a.O., S. 34ff.

wohnten, von der Perspektive seiner Bewohner gesehen: aus der *einzigen* Welt des Königreiches der Löwen in die »Anderswelt« der vegetarischen Erdmännchen aus. Man kann sagen: Auch er ist in seiner Rolle in der sozialen Welt genichtet, alle halten ihn ausdrücklich für tot. Auch er opfert sich.[97] In »König der Löwen« ist der Tod des Vaters und die Auswanderung des Sohnes in die Anderswelt gemeinsam das eine, für die Rettung der Welt notwendige Opfer. Es ist notwendig, um die ursprüngliche, paradiesische Ordnung, die durch den Einbruch des Bösen zerstört wurde, wiederherzustellen. Nur so kann der Kreis des Lebens, der durch die Herrschaft des Bösen in einer alles Leben bedrohenden Weise unterbrochen wurde, schließlich wieder geschlossen werden. -

Noch zwei Sätze zum Schluß. Der Film »König der Löwen« »funktioniert« als höchst wirksames populärkulturelles Werk offenbar dadurch, daß die Erzählung auf die *symbolische Ordnung* mit ihren Mythen und Ritualen, ihren religiösen Erzählungen und Gestalten bezug nimmt. Die gegenwärtig sehr verbreitete religionssoziologische Meinung, daß im Kontext des gesellschaftlichen Individualisierungsprozesses von einem dominierenden Symbolverfall, von Traditionsabbruch, von der fehlenden Geltung von religiösen Symbolen und Ritualen gesprochen werden müsse, sollte in Hinblick auf dieses Charakteristikum populärkultureller Werke noch einmal überprüft werden. Und eine zweite Schlußbemerkung. Ich halte »König der Löwen« für ein hervorragend gemachtes, teilweise höchst kunstvolles, im übrigen in jeder Hinsicht funktionierendes Werk der aktuellen populären Kultur. Und ich halte den Film zugleich, und das möchte ich auch mit großem Ernst sagen, für den Ausdruck einer höchst reaktionären politischen Ideologie: Der Film bindet den »Standardmythos« auf der einen Seite und reaktionäre, nämlich patriarchalische, herrschaftlich orientierte und konservativ-ökologische Orientierungen auf der anderen Seite zu einem fast undurchschaubaren Gemisch zusammen. Es gibt nur eine Stelle in diesem Film, die wenigstens andeutet, daß die Ordnung des »Lebenskreises« für die Tiere, die weiter unten auf der Nahrungskette stehen und deren hauptsächliche Aufgabe darin besteht, von den höheren Tieren gefressen zu werden, leidvoll, zerstörerisch und keineswegs paradiesisch ist. Nur an einer Stelle eröffnet der Film, fast im Vorübergehen, einen Blick auf das Grauen der Gewalt im Opfer: der verzweifelte Versuch eines Huhnes, sich vor dem Zermalmtwerden durch die Füße eines unachtsam vor sich hintrabenden Elefanten zu retten.

1.2 Die Prinzessin der Herzen

Kino-Gänge sind rituelle Begehungen. Und sie »landen« nicht im »Irgendwo«. Das Andere der Ordnung, das in diesem Ritual begehbar wird, hat seine Gestalten: seine Bilder, seine Töne, Gerüche und Geschichten, seine

97 In kultischen Opfer-Handlungen gelten die Schlachtung und das Auswandern/Vertriebenwerden aus der bewohnten Welt als zwei entsprechende, einander zugeordnete Dimensionen des Opferrituals. Ich weise in diesem Zusammenhang auf das zentrale Opfer des nachexilischen Kultes in Israel, auf das Ritual des großen Versöhnungstages nach Lev 16 hin.

Mythen und Symbole. Das Kino als Ort schafft Raum für Rituale, in denen moderne Mythen und Symbole begehbar werden. Aber das Kino ist nur *ein* Ort dafür. Das wirkmächtigste populärkulturelle Ereignis des Jahres 1997 liegt im Schnittpunkt zwischen Politik, Telekommunikations- und Printmedien und der Intimität der ums Fernsehen gescharten Familie.

Mittlerweile ist es - nach zahllosen Veröffentlichungen im Blätterwald, in Radio und Fernsehen, im Internet - geläufig und fast selbstverständlich geworden, mit Blick auf Leben und Tod der Ende August 1997 bei einem Autounfall zu Tode gekommenen britischen Prinzessin Diana von einem »Mythos« zu reden.[98] Insbesondere die Anspielungen auf den Opfer-Mythos sind häufig, teilweise mit deutlich biblischen Assoziationen. »Sie war das Opferlamm, von dessen Tod sich die Menschheit Besserung versprach«, lautet die Schlagzeile der BILD-Zeitung vom 8. September als Kommentar zur Beerdigung zwei Tage zuvor. »Die Welt weinte. 2,5 Milliarden Menschen verfolgten den Abschied von Prinzessin Diana (36). Die britische Zeitung ›Sunday Times‹ schrieb gestern: ›Sie war das Opferlamm, von dessen Tod sich die Menschheit Besserung versprach.‹ Wir alle projizierten unsere Wünsche in Diana. Sie hatte alles, wovon die Menschen träumen: Schönheit, Reichtum, Ruhm. Sie war die Königin unserer Herzen.«[99]

Gerade in seiner Tragik und angesichts der ehrlichen Erschütterung, die der Tod Dianas bei zahllosen ZeitgenossInnen in aller Welt und vor allem in Großbritannien auslöste: die öffentliche Wirksamkeit ihres Todes war *das* populärkulturelle Ereignis des Jahres 1997. Die Hollywood-Größen Tom Cruise und Steven Spielberg nahmen ebenso an der Trauerzeremonie teil wie die Spitzen aus Politik, Kultur und Religion, aber ebenso auch wie »der Mann« und die Frau »auf der Straße«. Elton John hat seinen Song, der eigentlich Marilyn Monroe gewidmet war (»Goodbye, Norma Geene«), für die Beerdigungszeremonie in der Westminster-Abbey neu getextet: »Goodbye, England's Rose« wurde in den Tagen darauf umgehend zum Millionen-Hit. »Bei der letzten Strophe brach mir die Stimme. Die Gefühle standen mir bis zum Hals. Ich mußte die Augen zumachen und die Zähne zusammenbeißen, um es voll durchzustehen.«[100]

Und auch mir selbst erging es wie vielen eher intellektuell orientierten FreundInnen und Bekannten, die sich bisher über den Medienrummel über Lady Di eher mokiert hatten und dem Schicksal des englischen Königshauses deutlich gelassen gegenüberstanden: Die Nachricht vom Unfalltod

98 Beispielsweise haben im Wintersemester 1997/98 die Berliner Soziologinnen Sabine Berghahn und Sigrid Koch-Baumgarten eine Vorlesungsreihe über den »Mythos Diana« durchgeführt; in 14 Veranstaltungen wird aus verschiedenen wissenschaftlichen Perspektiven - z.B. Medienethik, Politik und Psychoananlyse - dieser moderne Mythos analysiert. Die WAZ (Nr.50, 28.2.1998) faßt zusammen: »Jedenfalls liegen die Berliner Dozentinnen mit ihrer ›Dianalogie‹ offenbar im Trend. ›Wir wissen von 50 bis 60 deutschen Forschungsarbeiten, die sich in verschiedenen Disziplinen mit Diana beschäftigen‹, sagt Sigrid Koch-Baumgarten.«

99 Bild-Zeitung, 8. September 1997, S. 1.

100 Ebd., S. 4.

hat mich schockiert und traurig gemacht, und die Bilder von der Beerdigung, vom Schmerz und der Trauer der englischen Bevölkerung sind mir sehr zu Herzen gegangen. Ziel der Interpretation ist deshalb hier - wie bei anderen Werken und Ereignissen der populären Kultur auch - keinesfalls eine Destruktion von Gefühlen qua distanzierender Erklärung, sondern ihre vertiefte Wahrnehmung.

Wenige Tage nach dem Unfalltod - Mutter Teresa war noch nicht verstorben, die mediale Aufarbeitung von Dianas Tod befand sich noch im Stadium des Schocks und noch nicht im Stadium der Redundanz und Analyse - hat Michael B. Berger, Redakteur der Hannoverschen Allgemeinen Zeitung, in enger Zusammenarbeit mit mir einen Artikel verfaßt, der am Tag der Beerdigung selber, am 6. September 1997 veröffentlicht wurde und in dem meines Wissens zum ersten Mal reflektiert versucht wird, dem Phänomen des »Mythos« in Hinblick auf Dianas Leben und Tod auf die Spur zu kommen. Hier heißt es unter der Überschrift »Wie die Geschichte der Diana zum Mythos wird - Tod und Verklärung«[101]: »Religionswissenschaftler und Psychologen sollten sich den letzten Sonntag im August dieses Jahres markieren. Denn sie konnten am Fernsehgerät Zeugen der Geburt eines Mythos werden, der mit dem Unfalltod seine Erfüllung findet.« Es handelt sich um einen modernen, medial vermittelten Mythos, der an dem Phänomen quasi-unmittelbarer, faktisch jedoch virtueller Kommunikation durch die Medien Anteil hat: Lady Diana ist vielen ZeitgenossInnen schon zu Lebzeiten näher gewesen als die eigene Schwiegertochter.

Folgende Dimensionen werden in diesem modernen Mythos miteinander verbunden:

Der Mythos liefert eine *Geschichte*: spannend, tragisch, anrührend. Am Beginn steht eine *Erwählung* oder eine *Prophezeiung*: »Vom Landmädchen zur Märchenprinzessin«, so eine weitere BILD-Schlagzeile. Diana, wenn auch dem Hochadel zugehörig, als Erzieherin ein Mensch wie du und ich, wird durch die Liebesheirat mit einem Prinzen selbst in den königlichen Stand entrückt.

Zur Entfaltung der Geschichte gehören der wunderbare Aufstieg ebenso wie der jähe Fall. Es gibt eine Reihe hochkarätiger *Zeugen*, die auf das Einzigartige dieser Geschichte hinweisen, aber es gibt auch *Gegner*. *Gut und Böse* kämpfen miteinander, genauso wie *Leben und Liebe* gegen *Tod und Versagen*. Der Mythos erzählt - wie jeder Mythos der Religionsgeschichte - von *unüberbrückbaren Gegensätzen: Rein und Unrein, Heilig und Profan*.

Die mythische Erzählung entfaltet sich in *dualen Oppositionen*, die an entscheidender Stelle - und genau dann wird der Mythos zu einem Opfer-Mythos - in eine *triadische Strukur* übergeht. Ich skizziere die Struktur:

101 HAZ Wochenendbeilage vom 6. September 1997, S. 1.

Leben ------------- (spannende, tragische Geschichte) ------------- *Tod*

Prophezeiung/ Erwählung

Vorbilder (Marilyn Monroe, James Dean, John F. Kennedy)	*Gegner* (Königin Elisabeth, Prinz Charles, die Äußerlichkeit des höfischen Zeremoniells)
Zeugen (Bill Clinton, Mutter Teresa, Nelson Mandela)	

gut *rein* *heilig*	(das reine Herz; die Prinzessin der Herzen; die Prinzessin des Volkes; die sozial engagierte, erotisch attraktive Ausgabe von »Mutter Teresa«)	(die Konventionen des Königshauses; die schmutzige Politik; die sensationsgierigen Medien)	*böse* *unrein* *profan*

All dies sind duale Entgegensetzungen. An der Stelle, an der dieser Mythos zum Opfer-Mythos wird, tritt eine triadische Struktur ein: die Dreiecks-Geschichte von *Opfer, Retter und Verfolger*.[102] Ich gehe nicht so weit, wie René Girard zu behaupten, daß jeder Mythos die Opfer-Konstellation beinhalte; aber zahllose Mythen (und auch Märchen) werden in diesen drei klassischen Rollen entfaltet. Und: deutlicher als in den dualen Oppositionen lädt die triadische Struktur zur Identifizierung ein: »*wir alle*« kommen, wie wir gleich sehen werden, in dieser mythischen Struktur mit ins Spiel. »Als Verfolger im Märchen treten oft böse Stief- oder Schwiegermütter auf sowie Hexen, auch böse Wölfe und andere wilde Tiere. Die Opfer sind meist heimatlose Kinder, Aschenputtel, arme kleine Streichholzverkäuferinnen und das sprichwörtliche häßliche Entlein, das sich schließlich als Schwan entpuppt. Die Retterrolle kommt in der Regel guten Feen, den Göttern und rei-

102 Vgl. zum transaktionsanalytischen Hintergrund dieses Modells: S.B. Karpman, Fairy Tales and Script Drama Analysis, In: Transactional Analysis Bulletin 7, April 1968, S. 39ff..

chen Prinzen zu. Das Opfer ... sucht sich geradezu den Verfolger, der es auch bereitwillig ertappt, bis der rettende Prinz endlich naht.«[103]

Die Rollen von Opfer und Verfolger sind im »Mythos Diana« sofort verteilt: Noch bevor die Unfallursache eindeutig geklärt ist, werden die »Paparazzi« als Macht des Bösen weltweit zu Schuldigen erklärt. Auch hier scheint sich die Struktur einer Prophezeiung zu erfüllen: »Ich hatte immer befürchtet, daß die Presse meine Schwester letztlich umbringen wird«, so Earl Spencer, der Bruder der Verunglückten. Lady Diana stirbt gewissermaßen, so muß man diese Äußerung interpretieren, einen höheren Tod: als Anklage gegen einen skrupellosen Sensationsjournalismus. Die Geschichte, die mit einem klassischen Erwählungsmythos begann, endet im Opfermythos, der allerdings durch die Lebensgeschichte des Opfers bereits vorbereitet ist: »Rasch wird die charmante, jugendliche Diana zur tugendhaften, >reinen Frau< stilisiert - zu einer Prinzessin, die im Königshaus unter dem Regiment der bösen Schwiegermutter (Elisabeth) leidet, die barfuß in Jeans durch den Palast irrt und Wärme einklagt, die sie nicht bekommt. Es ist diese Einseitigkeit der Beschreibung, die Diana schon bald in den Szenen ihrer Ehe die Opferrolle zukommen läßt. So gewinnt sie unsere Sympathie, während wir über die vermeintlichen Schurken im Hause Windsor zürnen.«[104]

Aber nicht nur die Opferrolle lädt uns, das Publikum, zur Identifikation ein: Die Rolle des »Retters« im mythischen Opferschema ist in dieser Perspektive offen. Ich denke, in den medialen Inszenierungen dieses Lebens und dieses Todes sind »wir alle« für diese Rolle vorgesehen. Wir alle machen die »Prinzessin der Herzen« durch unsere Anteilnahme unsterblich. Wir alle hätten, wenn wir nur gekonnt hätten, dieses Opfer so gern verhindert. Ihre Brisanz erfährt die Identifikation mit der Retter-Rolle zudem dadurch, daß auch eine verschämte Identifikation mit der Verfolger-Rolle nahegelegt wird: Haben wir nicht alle begeistert die Berichte und Fotos der Paparazzi von den Szenen dieser Ehe verfolgt - bis hin zum Kuß mit dem neuen Geliebten, der gemeinsam mit Diana in dem rasenden Mercedes an die Mauer gefahren ist? Sind wir nicht alle wegen unserer Sensationsgier an diesem Tod mit schuldig?

Die eingangs zitierte Bild-Überschrift deutet schließlich die Stelle an, an der die mythische Opfer-Struktur zu einer religiösen wird, und zwar in ausdrücklicher Anspielung jüdisch-christlicher Tradition. »Sie war das Opferlamm, von dessen Tod sich die Menschheit Besserung versprach«. Jetzt wird das Opfer-Dreiecksschema gewissermaßen »gedreht«: Das »Opfer« gerät in die Rolle des »Retters«; Lady Diana, so wird nahegelegt, übernimmt die Rolle Jesu Christi. Und wir alle werden - als von ihr zu Erlösende, aber auch auf dem Hintergrund unseres Mit-Schuldigwerdens an diesem Tod - religiös gesprochen zu »Sündern«. Ins Schema eingezeichnet, stellt sich diese Struktur so dar:

103 M.B. Berger im Anschluß an Gutmann, a.a.O. Vgl. H.-M. Gutmann, Die tödlichen Spiele der Erwachsenen ..., Freiburg 1995, S. 34ff.

104 Ebd.

Opfer	*Verfolger*
(trad. Mythos/Märchen: häßliches Entlein) der Opferheros; »Sie war das Opferlamm ...«: *Lady Diana = Jesus Christus (?)*	wilde Tiere, Wölfe, Drachen, böse Stiefmütter Medien/Paparazzi *wir alle* (wegen unserer Sensationsgier) = *Sünder(?)*

Retter
(*wir alle!* Wir machen Dianas Opfer durch unsere Anteilnahme unsterblich. Wir hätten sie, wenn wir gekonnt hätten, vor ihrem Tode bewahrt.)

Über die Argumentation in unserem HAZ-Artikel vom 6. September hinausgehend, schlage ich also vor, eine Erweiterung der mythologischen hin zu einer religiösen Opfer-Struktur wahrzunehmen, die ohne Zitation biblischer Opfertraditionen offenbar nicht funktionieren würde. Nimmt man dies zur Kenntnis, dann läßt sich der Diana-Mythos sogar in Anlehnung an Grundentscheidungen reformatorischer Theologie reformulieren:

Diana ist das Opferlamm, durch dessen Tod sich die Menschheit Besserung[105] versprach (=Jesus Christus); wir alle sind *zugleich* Sünder (als an diesem Tod Mitschuldige) und Gerechtfertigte/Heilige (als mit der Retter-Position im Opferdrama Identifizierte). Durch die Erzählung des Mythos (in ständiger Präsenz in den Massenmedien) wird diese Rollenverteilung als *hier und jetzt präsente Wirklichkeit* inszeniert: indem »wir alle« durch Inszenierung und Identifikation in diese Wirklichkeit einbezogen werden, werden wir - hier und jetzt - zu *»simul iusti et peccatores«*.

In Erinnerung an das vorangegangene Kapitel ist zudem festzustellen: Diese mythologische resp. religiöse Wirklichkeitssetzung könnte nicht »funktionieren« ohne die Rückbeziehung auf das *Ritual*. Unmittelbar plausibel ist dies darin, daß im Zentrum der - ebenfalls weithin rituell interpretierbaren - medialen Re-Inszenierungen in den Printmedien wie im Fernsehen die Bilder vom Beerdigungsritual des 6. September 1997 stehen. Und auch »life« zeigt die Teilnahme an der Bestattung, die Begleitung des Leichenwagens der toten Prinzessin auf den Londoner Straßen, für Hunderttausende genau diese Notwendigkeit: Der Mythos braucht, um wirksam werden zu können, seine Anbindung an die Möglichkeit ritueller Begehung.

105 In dieser moralischen (»Besserung«) Variante wird allerdings eher die römisch-katholische als die protestantische (»Rettung/Befreiung«) Perspektive eingenommen.

2. »... *für die Kirche belastend und jammervoll*«[106]

Eine Frau ist erschlagen worden. Ein Mensch hat grausam sterben müssen. Ihr Mann wird verdächtigt und schließlich nach einem monatelangen Indizienprozeß ohne Schuldgeständis des Totschlags schuldig gesprochen und verurteilt.

In den Frühjahrswochen 1998 verfolgen Millionen Menschen in einer Mischung aus Faszination und Grusel das Ende des Prozesses gegen Klaus Geyer, Pastor der Hannoverschen Landeskirche. »Die Sex-Beichte des Todes-Pastors« titelt die BILD-Zeitung am 20. Februar 1998, und seit dem Tod von Veronika Geyer-Iwand bringen Printmedien und Privatsender die Einzelheiten des Beziehungslebens des Verdächtigten in zahllose deutsche Wohnzimmer- und Stammtischgespräche.

Es fällt mir schwer, angemessen über diese traurige Geschichte zu schreiben. Viele, die mit Veronika Geyer-Iwand und Klaus Geyer in religionspädagogischen Gesprächszusammenhängen oder bei »Aktion Sühnezeichen«, in der »Jungen Kirche« oder in Begegnungen der Friedensbewegung zusammengearbeitet und -gelebt haben, können ihren Tod genausowenig fassen wie die Beschuldigungen und den schließlichen Schuldspruch gegen ihn. Und manches von dem, was während des Prozesses über das Leben und die Beziehungsgestaltung des Beschuldigten an die Öffentlichkeit kam, ist erschütternd und schwer erträglich, auch jenseits einer sensationsgierigen Berichterstattung - am eindrücklichsten wohl die Aufforderung zum Meineid an eine vertraute Freundin.

Fulbert Steffensky hat in der März-Nummer 1998 der »Jungen Kirche« einfühlsam mit Blick auf die, die ihn kennen und ihm verbunden sind, beide denkbaren Perspektiven entfaltet[107]: Klaus Geyer. Einer, der sein Leben lang als verantwortlicher Pastor und Theologe gegen die Gewalt gearbeitet hat, hat sich einer Gewalthandlung schuldig gemacht. Es ist ihm offenbar nicht gelungen - und es muß ihm um den Preis der Verzweiflung gelingen -, ein Verhältnis zu seiner Tat und seiner Schuld, aber auch zu anderen dunklen Seiten im Zusammenhang seiner Lebensgeschichte zu finden, die zarte und zugewandte Seiten hat und sie auch durch die Tat nicht verlieren wird. Oder aber: Einer, dem durch einen schrecklichen Mord sein liebster Mensch genommen wurde, der sich nicht wehren kann gegen alle Indizien und gegen den versammelten Haß und die Angstlust des entsetzt-entzückten Publikums, und der im Verlauf der Haft und des Prozesses - anders als viele der großen theologischen Vorbilder und Märtyrergestalten, mit denen er sich identifizieren möchte - je länger je mehr an Größe, an Gestalt und Ehre einbüßt.

In beiden möglichen Perspektiven ist das eine todtraurige Geschichte. Und in jedem Falle braucht Klaus Geyer die Freundschaft seiner bisherigen Freunde und Freundinnen, auch nach dem Schuldurteil und auch gerade dann, wenn die erste Perspektive zutrifft. Wenn Klaus Geyer wirklich seine Frau erschlagen hat, dann wird sich Freundschaft darin zeigen, im Gespräch

106 Der Hannoversche Landesbischof Horst Hirschler in Reaktion auf die Verurteilung Klaus Geyers am 16. April 1998.

107 F. Steffensky, Macht euch kein Bildnis. In: Junge Kirche 3/1998, 59. Jahrgang, S. 156ff.

(also nicht durch Beziehungsabbruch) in aller Härte deutlich zu machen: Die zarten und zugewandten Seiten dieser Lebensgeschichte und das furchtbare Verbrechen ergeben gemeinsam keinesfalls eine Nullsumme, so daß das eine neben dem anderen stehen könnte. Schuld muß übernommen werden, Trauer an die Stelle von Selbstgerechtigkeit treten, neues Leben wird nur möglich durch Sterben des alten.

Aus dem intimen Blick derer, die Klaus Geyer kennen, möchte ich nicht schreiben und kann es auch nicht. Genauso möchte ich die strafrechtliche Seite nicht thematisieren: Unter rechtsstaatlichen Bedingungen, für deren Erhaltung in der Bundesrepublik zu kämpfen ist, ist eine/r so lange als unschuldig anzusehen, wie er nicht rechtskräftig schuldig gesprochen und verurteilt ist. Und umgekehrt muß auch gelten: nach vollzogenem Schuldspruch, so dieser denn (was vor der endgültigen Entscheidung über eine Revision noch nicht der Fall ist) rechtskräftig geworden ist, ist eine/r im juristischen Sinne als schuldig anzusehen - wobei, gerade bei einem Indizienprozeß, menschliche Irrtumsfähigkeit und die Möglichkeit eines für den Betroffenen verheerenden Justizirrtums nie ausgeschlossen werden kann.

All dies ist hier nicht mein Thema, sondern es geht mir um einen sehr begrenzten Aspekt. Es ist nämlich wahrzunehmen, daß die mediale Präsentation dieses Totschlagsprozesses - ähnlich wie weitere aktuelle mediale Inszenierungen zu sexuellen und agressiven Grenzüberschreitungen von Kirchenleuten anderswo - einen erheblichen Unterhaltungswert hat.[108] Die Story um den »Todes-Pastor« - die BILD-Zeitung bringt keine Schlagzeile über Schuldhinweise in diesem Fall ohne Nennung des Pastoren-Titels, nur bei entlastenden Indizien spricht sie von »Klaus Geyer« - ist ein populärkulturelles Großereignis. Das Interesse des Publikums gilt in jedem Falle mehr der Gestalt des Täters als der des erschlagenen Opfers, und es gilt stärker den Einzelheiten des erotischen Beziehungslebens - Klaus Geyer spricht unglückseligerweise von »Unterleibsproblemen« - als der juristisch zu klärenden Gewalthandlung.

Was macht die massenwirksame Faszination dieses Falles aus? Die Frage läßt sich nicht klären ohne wahrzunehmen, daß hier ein Pastor, ein »Mann der Kirche« im Mittelpunkt der Aufmerksamkeit steht.

2.1 Nur wenige Stunden nach der Verkündigung des Urteils am 16. April huscht eine weitere, überaus merkwürdige mediale Inszenierung über die Fernsehbildschirme. Der Hannoversche Landesbischof Horst Hirschler tritt auf, in Amtstracht, im Kreis weiterer kirchenleitender Persönlichkeiten. Ein Auftritt mit den Insignien und der Aura kirchenleitender Machtfülle, soweit dies einem evangelischen Bischof überhaupt möglich ist.

Das Urteil und die im Prozeß zutage getretene persönliche Lebensführung Geyers, so der Bischof, stelle »für uns als Kirche eine Belastung dar.« Geyer habe vor Gericht nicht deutlich gemacht, daß »er die Normen des christlichen Glaubens für sich anerkennt.« Die Öffentlichkeit erwarte

108 Ich verdanke diese Formulierung einem Gespräch mit Jürgen Ebach, 16. April 1998.

von Pastoren und Pastorinnen zu Recht, daß der Verkündigungsauftrag der Kirche und die Lebensführung in Einklang stünden.

Konkret nennt Hirschler das »ehewidrige Verhalten« des Pastors. Es gebe keine »Sonderethik« für Pfarrer, aber: Ein Pastor, der im Dienst der Verkündigung steht, dürfe nicht durch seine Lebensführung eine Gegenpredigt halten. Den Prozeß und das ganze Geschehen nannte der Bischof »belastend und jammervoll.«[109] Und der ebenfalls anwesende Kirchenpräsident von Vietinghoff eröffnet: Gegen Klaus Geyer werde das während des Prozesses ausgesetzte Disziplinarverfahren mit dem Ziel wieder aufgenommen, ihn aus dem kirchlichen Dienst zu entfernen.

Eine kirchenjuristische Prozedur ist eröffnet; aber zugleich ist dieser Auftritt, blickt man auf Zeitpunkt, Diktion und Inszenierung der modischen Assecoires (»Amtstracht«), als Trennungs- und Verwerfungsritual inszeniert - wie sich zeigen wird, allerdings weniger in Vollzug religiöser Vollmacht denn als Hinweis auf die Angst vor Ansteckung und Akzeptanzverlust einer kirchlichen Institution, die sich eher über die Zustimmung des Publikums als über ihre geistliche Kraft definiert.

Der Auftritt der Kirchenleitung spiegelt und sanktioniert das, was als populärkulturelles Bild von »Kirche«, besser noch: als populärkulturelles Erwartungssyndrom gegenüber der öffentlichen Rolle des Pastors/der Pastorin verstanden werden muß. Es ist angesichts der verbreiteten Rede über Traditionsabbruch, über den Verlust der Plausibilität religiöser Symbolwelten, über den Zusammenbruch der Geltung religiöser Sitte ja schon erstaunlich, wie in den Tagen um das Prozeßende auch in sonst höchst säkularen Organen öffentlicher Meinungsbildung wie der BILD-Zeitung die Zehn Gebote angerufen werden, um aufzuzählen, welcher Übertretungen sich Pastor Geyer schuldig gemacht habe.[110] Und BILD nimmt hier nur das auf, was von den BesucherInnen der Prozeßtermine, von dem »Mann auf der Straße« und am Stammtisch ganz selbstverständlich durchdekliniert wird: Du sollst nicht töten. Du sollst nicht ehebrechen. Du sollst nicht falsch Zeugnis reden. Du sollst nicht begehren Deines Nächsten Weib ... und alles was sein ist. All das, so die empörte Volksmeinung, wofür dieser Pastor als Pastor einstehen muß, und noch viel mehr, hat er durch seine persönliche Lebensführung und schließlich durch seine Bluttat mit Füßen getreten.

Ist die deutsche Fernsehbevölkerung plötzlich kirchenfromm geworden? Vermutlich nicht, oder besser: vermutlich nur in einem sehr spezifischen und eingeschränkten Sinne. Es handelt sich hier offenbar präzise um das, was Karl-Wilhelm Dahm[111] als Erwartungshaltung bei den 75% der Kirchenmitgliedschaft benannt hat, deren Verbundenheitsprofil vom Syndrom einer »distanzierten Volkskirchlichkeit« bestimmt wird. Erwartet wird von der Kirche - neben einer abrufbaren religiösen Lebensbegleitung insbesondere in Übergangs- und Krisensituationen - vor allem die Vermittlung und die exemplarische Darstellung einer Alltagsethik christlicher Humanität, ganz un-

109 Evangelische Zeitung, Nr. 17, 26. April 1998, S. 8.
110 Vgl. dazu auch: TAZ am 18. April 1998.
111 K.-W. Dahm, Distanzierte Dreiviertelkirche und konkurrierende Kerngruppen ..., in: R. Riess (Hg.), Wenn der Dornbusch brennt, a.a.O., S. 308ff.

spezifisch verstanden als ein »Anständigsein«, wobei die biblischen Zehn Gebote mehr oder minder bewußt als Leitfaden angesehen werden. Und: Wie Kirche erfahren wird, wird an persönlichen Begegnungen mit dem Pastor der Gemeinde, auch an der virtuellen intimen Begegnung mit einem Pfarrer, einer Pfarrerin über mediale Inszenierung festgemacht. Der Pfarrer/die Pfarrerin soll Vorbild sein, Bürge für ein besseres Leben, StellvertreterIn im richtigen Handeln in den besonders konfliktbelasteten Lebensbereichen wie Sexualität, Aggression und Politik.

Das populärkulturelle Interesse am Fall Geyer, so meine Vermutung, speist sich aus den Stück für Stück öffentlich gemachten anschaulichen Einzelheiten über ein Pastorenleben, das diesen Erwartungshaltungen offenkundig widerspricht.

Um nicht mißverstanden zu werden: Die Tötungshandlung ist eine absolute Grenze, deren Überschreitung nicht nur einen kirchlichen Amtsträger jenseits dessen stellt, was Menschen voneinander erwarten und einander zutrauen dürfen. Aber das ist es eigentlich nicht, was die Faszination dieses Falles ausmacht. Es geht eben nicht nur um den »Todes-Pastor«, sondern um seine »Sex-Beichte«.

Sieht man genauer hin, was selbst die BILD-Zeitung unter dieser intelligent perfiden Überschrift an faktischer Information anzubieten hat, wird der sensationslüsterne Blick schnell enttäuscht. Da wird eine individuelle Lebensorientierung, eine Beziehungsgestaltung zwischen Eheleuten und Liebenden präsentiert, wie sie nicht nur von der 68er Generation als »offene Zweierbeziehung« eingefordert und mit allen Konflikten immer neu gelebt wurde und wird, sondern - auf ideologisch weniger aufgeladenem Niveau - das »alltägliche Chaos der Liebe«[112] in zahllosen deutschen Lebens- und Beziehungsschicksalen ausmacht. Nichts Ungewöhnliches also, nur: Von einem Pastor wird volkskirchlich-populärkulturell erwartet, daß er ein ideales Leben von Normalität vorlebt. Er soll die Sehnsüchte, das Scheitern, die Konflikte der normalen Leute nicht haben, oder wenigstens: er soll sie auf ideale Weise lösen und diese Lösung auch vorleben, wenn denn schon alle anderen das nicht können. Mit dieser Erwartung bricht das öffentlich inszenierte Intimleben von Pastor Geyer, und zwar längst vor und jenseits des grausamen Endes dieser Beziehung.

Die Kirchenleitung reagiert mit dem medialen Verwerfungsritual nach dem Urteilsspruch spiegelbildlich auf dieses populärkulturelle Erwartungssyndrom, und zwar im Sinne bruchloser Bestätigung und Verstärkung. Dies ist deshalb nicht verwunderlich, weil die Kirchenleitungen der lutherischen Kirchen (VELKD) dieses Erwartungssyndrom selber mit erzeugt haben: nicht nur in ihren Stellungnahmen zu Ehe und Familie seit den 80er Jahren[113], sondern auch im praktischen, oft disziplinarrechtlichen Handeln gegenüber kirchlichen Amtsträgern, die nicht heterosexuell leben oder aber als

112 Vgl. U. Beck/E. Beck-Gernsheim, Das ganz alltägliche Chaos der Liebe, Frankfurt/M. 1990.

113 Vgl. bereits: J. Gaßmann/Bischofskonferenz der VELKD (Hg.), Ehe - Institution im Wandel. Zum evangelischen Eheverständnis heute. Zur Sache 18, Hamburg 1979.

heterosexuell Lebende in Trennungs- und Scheidungskonflikte verwickelt werden.[114]

»Als von Gott gegebene Lebensgemeinschaft ist die Ehe der Verfügung durch Staat und Gesellschaft entzogen«[115] -

der schöpfungstheologische Gedanke, die Ehe sei überhistorischer Ausdruck von Gottes Schöpfungs- und Erhaltungsordnung, wird mit einem institutionssoziologischen Gedanken verknüpft, der von einem konservativen Teilsektor der deutschen soziologischen Tradition vertreten wurde und in dem angenommen wird, die fehlende Instinktgebundenheit des Menschen müsse durch überhistorisch geltende gesellschaftliche Ordnungen gesteuert werden.[116] Selbst wenn nicht alle Äußerungen der Kirche zu den Chancen und Grenzen ehelichen Lebens von dem Gedanken beseelt sind, hier entscheide sich in einem »status confessionis« das Sein oder Nichtsein von Kirche[117], so kann doch der Eindruck entstehen, die Kirche sei mit der Ehe verheiratet.[118]

Das Ehe- und Familienbild, das hier propagiert wird, wirkt angesichts der zunehmenden faktischen gesellschaftlichen Unselbstverständlichkeit von Normalbiographien und -beziehungsmustern bestenfalls als Zeichensystem, das die Grenzen des binnenkirchlichen Milieus bezeichnet: Menschen, die in Fortsetzungsehen oder in nicht institutionalisierten Zweierbeziehungen, als Alleinerziehende oder als Singles, oder in homosexuellen Beziehungen leben, können die kirchlichen Stellungnahmen bestenfalls als Bestätigung dafür nehmen, daß sie mit dieser Lebenswelt nichts zu tun haben; und auch in der Kirchenmitgliedschaft selber leben die Menschen in der Regel anders.[119]

Wo die Kirche »die Leute« mit ihren moralischen Vorstellungen nicht mehr erreicht, will sie wenigstens von ihren AmtsträgerInnen das gelebt sehen, was als »christliche Ehe« soll gelten können.[120] Bloß: Worum handelt es sich da? Die patriarchalische Mehrehe, die in Texten des Alten Testamen-

114 Vgl. in diesem Zusammenhang: M. Josuttis und D. Stollberg (Hg.), Ehe-Bruch im Pfarrhaus. Zur Seelsorge in einer alltäglichen Lebenskrise, München 1990.

115 Die Ehe des Pfarrers und der Pfarrerin, Überlegungen der Kirchenkonferenz der Evangelischen Kirche in Deutschland. In: EKD-Texte 12, Hannover 1985.

116 Vgl. exemplarisch: A. Gehlen, Urmensch und Spätkultur. 5. Aufl. Wiesbaden 1986.

117 So H.G. Pöhlmann, Ehe und Sexualität im Strukturwandel unserer Zeit. KuD 30, 1984.

118 Vgl. M. Josuttis, Ist die Kirche mit der Ehe verheiratet? In: ders., Gottesliebe und Lebenslust. Beziehungsstöruungen zwischen Religion und Sexualität, Gütersloh 1994, S. 50ff.

119 In jüngster Zeit wird zunehmend versucht, in der innerkirchlichen Diskussion zu Ehe, Familie und anderen Lebensformen auf diese Situation zu reagieren. Vgl. dazu vor allem: »Ehe, Familie und andere Lebensformen. Eine Handreichung für das Gespräch und die Meinungsbildung in den Gemeinden der Nordelbischen Ev.-Lutherischen Kirche« vom Juli 1995; aber auch: »Gottes Gabe und persönliche Verantwortung. Zur ethischen Orientierung für das Zusammenleben in Ehe und Familie. « Eine Stellungnahme der Kammer der EKD für Ehe und Familie. Im Auftrag des Rates der Evangelischen Kirche in Deutschland herausgegeben vom Kirchenamt der EKD, Gütersloh 1998.

120 Vgl. Die Ehe des Pfarrers und der Pfarrerin, a.a.O., S. 19.

tes durchgängig vorausgesetzt wird[121], kann da doch ebensowenig gemeint sein wie das äußerst gebrochene Verhältnis zu verwandtschaftlichen Bindungen, das in Äußerungen Jesu ebenso deutlich wird (z.B. Mk 3,20f.31-35; Mk 12,18-27; Mt 8,21f) wie in Texten des Apostels Paulus (1.Kor 7,1f. 7) über das eheliche Leben. Und auch Aussagen Martin Luthers zur Ehe, die sozialgeschichtlich zwischen dem »Haus« der ländlichen Oberschichten und der entstehenden intimen bürgerlichen Familie anzusiedeln sind, können doch kaum bruchlos (insbesondere in seinen Äußerungen zur Geschlechtsrollendifferenzierung[122]) als Modell eines heute akzeptablen Zusammenlebens von Mann und Frau angenommen werden, erst recht nicht Luthers Zustimmung zur Mehrehe bei einem der Reformation verbundenen Landesfürsten.[123]

Die Rede von einer »christlichen Ehe« steht in der Gefahr, historisch spezifische und wandelbare gesellschaftliche Lebensverhältnisse mit dem Willen Gottes zu identifizieren. Es droht hier, knapp gesagt, eine Verwechslung von Menschlichem und Göttlichem - ganz gegen die Intention des Reformators Luther, der mit gutem Grund die Ehe als ein »weltlich Geschäft« verstanden hat.

Im Sinne der biblischen Texte wie der reformatorischen Theologie ist aber von der Kirche nicht die Durchsetzung von »Ordnungen« gefordert, die unbekümmert um historische Veränderungen und aktuelle Lebenslagen von Menschen behauptet werden. Notwendig ist allerdings Hilfestellung - in Seelsorge, diakonischem Handeln, in politischen Initiativen zur Bereitstellung entsprechender materieller Bedingungen - darin, daß Liebende die eigenen Lebensperspektiven mit denen des geliebten Menschen immer neu verschränken können, daß sie ihre Konflikte menschenfreundlich führen und ihre Sehsucht nach Nähe und das Bedürfnis nach Eigenständigkeit immer neu ausbalancieren können - und zwar unabhängig davon, ob es sich um heterosexuelle und homosexuelle, um rechtlich fixierte oder »wilde« Lebensgemeinschaften zwischen Liebenden handelt. Gefordert ist gerade von der Kirchenleitung ein Lebensgefühl, in dem sie konfliktbelasteten Liebespartnern im Pfarramt begegnet: Wir trauen Euch zu, Eure Konflikte menschenfreundlich zu lösen, und Ihr müßt keine Angst davor haben, daß wir Euch im Falle des Scheiterns mit dienstrechtlicher Gewalt auch aus Eurem vertrauten Lebensumfeld herausreißen. Gefordert ist von der Kirchenleitung durchaus, daß sie gegenüber ihren Männern und Frauen im Pfarramt deutlich macht: Ihr steht vor der Aufgabe, Eure individuellen Lebensperspektiven und den Stil Eurer Liebespartnerschaft immer wieder mit den besonderen Bedingungen abstimmen zu lernen, die das Amt der Verkündigung des Evangeliums auch für den Lebensstil derer beinhaltet, die sich durch ihre Ordination lebenslang dieser Macht des Heiligen unterstellt haben. Aber mit

121 Vgl. z.B.: F. Crüsemann, Die Tora. Theologie und Sozialgeschichte des alttestamentlichen Gesetzes, München 1992, S. 291ff.

122 Vgl. H.-M. Gutmann, Über Liebe und Herrschaft. Luthers Verständnis von Intimität und Autorität im Kontext des Zivilisationsprozesses, Göttingen 1991.

123 Vgl. H.-M.Gutmann, Der Mann, das Chaos und die Ordnung. Martin Luthers Ehe im Kontext des gesellschaftlichen Umbruchs. In: M. Josuttis und D. Stollberg (Hg.), Ehe-Bruch im Pfarrhaus, a.a.O., S.27ff.

gleichem Ernst ist von der Kirchenleitung gefordert, daß sie unterscheiden lernt zwischen den populärkulturellen Erwartungen der Leute an das »Anständigsein« der Pastorenmenschen und dem Amt, das ihnen wirklich aufgetragen ist: die Verheißung des Evangeliums auszurichten an alles Volk.

Wir wollen Gott darum bitten, daß es nicht die Angst davor war, er könnte bei einem Öffentlichwerden seiner Ehekonflikte sein Lebensumfeld und Lebenswerk durch drohende Abberufung aus dem Beienröder Pfarramt verlieren, die Klaus Geyer im dunkelsten Augenblick seines Lebens begleitet haben kann.[124] Gerade weil dies aber nicht auszuschließen ist, wäre zu wünschen gewesen, daß sich die Kirchenleitung in ihrem Trennungsritual von ihrem verlorenen Bruder anders präsentiert hätte. Schuld muß bekannt und beim Namen genannt werden, das Böse muß gebannt und ausgeschlossen werden: das wird nur dann wirksam, wenn im notwendigen Akt der Trennung vom Bösen die eigene Schuldverstrickung nicht verleugnet wird. Die Trennung vom Bösen kann in keinem Falle heißen, daß die Kirche sich mit dem populärkulturellen Erwartungssyndrom an ihre Amtsträger identifiziert, das diese dazu zwingt, die Konflikthaftigkeit des eigenen Lebens vor sich selbst und vor anderen zu verleugnen.[125]

»Wir hofften, ein Bischof würde sich nicht einfach an den allgemeinen Verwerfungsritualen beteiligen, sondern sich auch in dieser Situation auf sein Amt als ›Pastor Pastorum‹ besinnen ... Von dieser geistlichen Kraft hat Ihr Medien-auftritt am Tag der Verkündigung des Urteils über Klaus Geyer nichts verspüren lassen. Kein Wort zu der Tragödie, die sich zugetragen hat ... Kein Wort zu der medialen Vermarktung des Todes und des Prozesses. Und kein Wort dazu, daß ein Mensch, der - schuldig oder nicht - derart am Boden liegt, geistlichen Beistand braucht.«[126] Untersucht man den vollständigen Text, wie ihn Landesbischof Hirschler bei der Pressekonferenz zum Prozeßausgang gegen Klaus Geyer verteilt hat, kann man feststellen, daß manches von dem vorkommt, was in dieser und anderen Reaktionen vermißt wird. Es wird von der »Betroffenheit über den schrecklichen Tod von Frau Geyer-Iwand« ebenso gesprochen wie von der »Unzufriedenheit, daß nur Indizien wirksam geworden sind und nicht die Klarheit einer persönlich verantworteten Wahrheit.«

Die BerichterstatterInnen in Fernsehen, Funk und Zeitung, die die Äußerung des Landesbischofs auf die Aussagen zur »persönlichen Lebensführung von Pastor Geyer« konzentriert haben, haben ihn jedoch keinesfalls falsch verstanden. Hier liegt der emotionale Schwerpunkt des Bischofsvotums, und

124 So eine Vermutung des gutachtenden Psychiaters Sachsse, vgl.: Der Spiegel, 17/1998, S. 73.

125 »Auch Pfarrer sind Sünder. Sie können, wie alle Menschen, Schuld auf sich laden. Und sie bedürfen, wie alle Menschen, immer erneut der Vergebung. Auch wenn sie verurteilt werden, hören sie nicht auf, Brüder und Schwestern in der Gemeinde Gottes zu sein.« M. Josuttis, Auch Pfarrer sind Sünder. Kommentar anläßlich der Verurteilung von Klaus Geyer in der Evangelischen Zeitung Nr. 17, 26. April 1998, S. 9.

126 Aus einem Brief von Hildegard Mogge-Grotjahn und Friedrich Grotjahn an Landesbischof Hirschler vom 29. April 1998; dieser Brief wurde u.a. an die Redaktion der »Jungen Kirche« geschickt.

hier liegt auch der Schwerpunkt in der Textgestalt. Der Bischof identifiziert sich ausdrücklich mit dem Erwartungssyndrom »der Leute« gegenüber der Lebensführung des Pastors/der Pastorin: »Die große öffentliche Aufmerksamkeit, die der Prozeß findet, hat ihren *berechtigten* Grund darin, daß Klaus Geyer ordinierter Pfarrer ist... Das hat zunächst einmal einen positiven Hintergrund. Vom Pfarrer oder von der Pfarrerin wird *zu Recht* erwartet, daß sie ihren Verkündigungsauftrag und ihre Lebensführung in Einklang zu bringen suchen. *Mit Recht* sehen sich deshalb Pfarrerinnen und Pfarrer wegen ihres Auftrages besonderen Erwartungen ausgesetzt (Herv. Verf.).«[127] Mit keinem Wort wird mindestens erwogen, daß Gottes Evangelium und Gebot, das die Pfarrerinnen und Pfarrer zu verkündigen haben und dem sie sich durch ihre Ordination in der Tat auch in der Gestaltung ihrer persönlichen Lebensführung verpflichtet haben, etwas anderes meint als das, was die Leute »mit Recht« erwarten. Es soll nicht verkleinert werden, wie kompliziert die Aufgabe war, als Kirchenleitung in dieser Situation Stellung zu beziehen. Es wäre zu wünschen gewesen, ihre Lösung wäre besser gelungen: nämlich in diesem besonders brisanten Fall die Differenz zwischen Gottes Verheißung und Gebot und den Erwartungen der Menschen deutlich zu machen. Hier hätte das emotionale und sachliche Gewicht der Stellungnahme ebenso liegen müssen wie in der Klage über den elenden Tod des Opfers: Klage auch darüber, daß ihr Leben und ihr Tod in der populärkulturellen Aufmerksamkeit verschwindet.[128]

2.2 In den Wochen und Monaten der massenmedialen Inszenierung des Prozeßgeschehens wird Klaus Geyer zur idealen Projektionsfläche. Mit jeder neuen Sensationsnachricht über Lüge, Ladendiebstahl und Ehebruch kann der/die ZuschauerIn aus entspannter Distanz dennoch intensiv beteiligt sein: Hier versammelt sich all das konzentriert, was in unseren Lebens- und Beziehungsgeschichten als dunkle Seite immer auch mitschwingt, als realer Konflikt oder zumindest als Angst und Gefährdung. Klaus Geyer wird für all dies zur Stellvertreter-Figur.

Die Frage muß noch einmal vertieft gestellt werden: was ist es, das Millionen von Menschen im Frühjahr 1998 dazu bringt, in einer Mischung aus Faszination und Erschrecken diesem Prozeß zu folgen? Ein Pfarrer übertritt die Regeln, deren Einhaltung und Propagierung von seinem Amt erwartet wird. Einer, der für den Frieden eintritt und eintreten soll, soll einen Menschen erschlagen haben. Einer, der qua Berufsrolle anständig sein soll, kann eine »Sexbeichte« zum Besten geben. Hier passieren Grenzüberschreitungen, hier werden Regeln gebrochen, hier werden Differenzierungen verwischt, die für die Funktionsfähigkeit der gesellschaftlichen Ordnung grundlegend erscheinen.

127 Hektographierter Text, von Landesbischof D. Horst Hirschler bei der Pressekonferenz zum Ausgang des Prozesses gegen Pastor Geyer am 16.04.1998 verteilt, S. 1.

128 Dieser Gefahr - das ist selbstkritisch anzumerken - ist auch der hier vorgelegte Versuch kaum entkommen, die populärkulturellen Erwartungen an die Pastorenrolle angesichts dieses Konfliktes zu analysieren.

Und: indem dies geschieht, zieht einer »Opferzeichen« auf sich, prädestiniert sich einer für die Rolle des Opfers oder wird dafür auserkoren. Damit wird ein Mechanismus in Gang gesetzt, der als »Sündenbock-Ritual« in verschiedenen historischen Kontexten immer wieder wirksam wurde, und zwar keinesfalls nur in ausdrücklich kultisch-religiösen Ritualisierungen. René Girard[129]hat in seiner Interpretation von mittelalterlichen »Verfolgungstexten« und von antiken Mythen gezeigt, daß hier bestimmten Menschen bzw. Bevölkerungsgruppen - den Juden; den Hexen; den Zigeunern - die Schuld an gesellschaftlichen Krisen - Pest; Hungersnot; Krieg - zugeschrieben wird und erwartet wird, daß mit der Vernichtung dieser »Schuldigen« auch die gesellschaftliche Krise selber beendet wird. Die Verfolgungstexte folgen einem spezifischen Erzählmuster: Krise der Gesellschaft (z.B. Pest) und Zusammenbruch der die gesellschaftliche Ordnung sichernden Institutionen; Auswahl der »Schuldigen« und Zuschreibung verderblicher Kräfte/Handlungen; Mord/Massaker/Opfer an den »Schuldigen«; Lösung der Krise. Daraus folgert Girard eine Struktur, die über den tatsächlichen, real-historischen Verlauf von gesellschaftlichen Gewaltkrisen und ihrer »Lösung« Aufschluß geben können.

Auch die Merkmale, nach denen Opfer der Verfolgung »ausgewählt« werden, folgen diesem Muster; und an dieser Stelle helfen Girards Überlegungen, die Vorverurteilungen gegen Klaus Geyer und überhaupt die ambivalente Gefühlsqualität zwischen Faszination und Grauen diesem Falle gegenüber verstehbar zu machen: Zu »Sündenböcken« werden einzelne Menschen oder gesellschaftliche Gruppen, die außerhalb der gebräuchlichen gesellschaftlichen Differenzierungen stehen und dem Vorwurf ausgesetzt werden, diese durch Nichtanpassung zu unterhöhlen (so die Vorwürfe gegen die Juden); oder Menschen, die ungewöhnliche, den vorherrschenden kulturellen Differenzierungsmustern widersprechende körperliche Merkmale aufweisen (z.B. Behinderungen).

Schließlich werden die Sündenböcke zu Opfern von Mord/Massaker/ Pogrom. Die in der Gewaltkrise verstrickten Gesellschaftsmitglieder erleben dies als Augenblick, in dem die Verursacher der tödlichen Gewalt zur Strekke gebracht worden sind und jetzt endlich Versöhnung und Frieden eintreten kann. Immer teilen die jetzt aus der tödlichen Gewaltkrise befreiten Gesellschaftsmitglieder die Meinung, daß die Sündenböcke »schuld« sind an der Gewalt und damit »schuld« auch an ihrem eigenen Opfer. An dieser gemeinsam geteilten Überzeugung hängt zuinnerst die befriedende Wirkung des Pogroms.

Klaus Geyer ist in eine Position geraten - in der Zweiseitigkeit, daß er sich in diese Lage hineinmanövriert hat und in sie hineingebracht wurde -, daß er deutliche Opferzeichen auf sich vereinigt. Er ist nicht Opfer eines Pogroms, sondern ein nach rechtsstaatlichen Prinzipien Beschuldigter und Verurteilter, und dennoch: Er ist das Opfer in einem modernen populärkulturellen Opfermythos, in dem, selbstredend in modifizierter Weise, ähnliche Muster

129 R. Girard, Der Sündenbock. 1982. Zürich 1988. wiederveröffentlicht als: ders., Ausstoßung und Verfolgung. Eine historische Theorie des Sündenbocks, Frankfurt/M. 1992.

wirksam werden wie in antiken Mythen und mittelalterlichen Verfolgungstexten. In der erleichterten Zustimmung zur Verurteilung dieses Opfers versichern sich die verunsicherten Gesellschaftsmitglieder, daß die prekär gewordenen gesellschaftlichen Differenzierungen wiederhergestellt sind, daß Frieden einkehren kann und Leben möglich bleibt. Man muß eingeschränkter formulieren: In dem Maße, in dem dieses erleichterte Gefühl wiederhergestellten Friedens angesichts dieser Verurteilung eintritt, hat der Opfer-Mythos im Sinne des »Sündenbockes« an dieser Stelle funktioniert.

In der massenmedialen Inszenierung des »Falles« Klaus Geyer wird, in anderer Weise als in den Wochen nach dem Tod Lady Diana's, aber dennoch offenkundig der Opfer-Mythos wirksam. Zugespitzt: der Opfer-Mythos um Pastor Geyer ist eine dunkle Seite des Opfer-Mythos um Lady-Diana. Anders als im Fall der britischen Prinzessin ist dieses Opfer keines, das - im Sinne der BILD-Zeitung - Erlösung von Schuld und Besserung von Sünden verspräche. Dazu ist es zu dunkel: es ermöglicht Frieden bestenfalls durch Trennung und Ausgrenzung und nicht durch Identifizierung. -

Es steht zu hoffen, daß die Kirche Jesu Christi, die durch ihr Bekenntnis zum ein für allemal gültigen Opfer am Kreuz eine Kompetenz in der Wahrnehmung und Kritik von Opfer-Konstellationen haben sollte, mit dem vorläufigen Ende der todtraurigen Geschichte um Klaus Geyer und Veronika Geyer-Iwand nicht ihren Frieden macht und vor allem nicht: im Sinne der Wirkung des Sündenbock-Mechanismus ihren Frieden findet. -

Der Unfalltod der Prinzessin und der Totschlagsvorwurf gegen Klaus Geyer: das sind tragische Höhepunkte menschlicher Lebensgeschichten, traurig für alle, die in Beziehung zu diesen Menschen leben und gelebt haben. Als massenmediale Inszenierungen »funktionieren« diese Ereignisse wie Werke der populären Kultur: von einem Hollywoodfilm nur dadurch zu unterscheiden, daß für das Publikum der Nervenkitzel des »echten« Lebens in jeder neuen Phase seiner Veröffentlichung mitschwingt. In den folgenden Abschnitten wende ich mich wieder der Interpretation massenwirksamer Kinofilme zu.

3. Die Saurier, Batman, Dracula & Co

3.1 Faszinierende Gestalten: Die Saurier

Der Film »Jurassic Park« von Steven Spielberg ist *das* massenwirksame Großereignis der populären Filmkultur im Jahre 1993.[130] Was das Saurier-Thema angeht, war dieser Film noch im darauffolgenden Jahr nur ein kleines

130 Der 1997 erschienene Nachfolge-Film »Vergessene Welt«, ebenfalls von Spielberg inszeniert, bietet gegenüber dem »Prototyp« von Jurassic Park und den hier zu interpretierenden Erzählmustern im wesentlichen nichts Neues; allenfalls der Angriff dieses Filmes auf die Rohheit der Großwildjagd und die deutliche Anspielung auf das traditionelle King-Kong-Motiv wären zu nennen, lassen sich jedoch mit den in diesem Kapitel vorgetragenen Interpretationen ebenfalls fassen.

Element der Saurier-Welle im Lande; der Film hat diese Welle ebenso beflügelt, wie er an ihr partizipierte. Kaum eine Spielwarenabteilung, kaum ein Kinderzimmer ohne Saurier; kaum ein Kindergarten, in dem nicht mehr Sonne, Mond und Sterne, sondern Saurier das Leitmotiv für selbstgebastelte Laternen abgeben. Die Urtiere werden als kleinbürgerliche Familie im Fernseh-Nachmittagsprogramm vorgestellt, Illustrierte und Buchverlage erhöhen ihre Auflagenziffern mit bebilderten Zusammenstellungen von Wissenswertem über die seit Millionen von Jahrhunderten ausgestorbenen Arten, und Ausstellungen mit Saurierskeletten sind Publikummagneten. Es gibt 1993/94 Seniorengruppen auch in Kirchengemeinden, die Kaffeefahrten und Tanznachmittage zugunsten des Themas opfern, und selbst bei Tätowierungen treten die Saurier in Konkurrenz zu barbusigen Schönheiten.

Ich habe damals Jugendliche befragt, KonfirmandInnen und Mitglieder einiger Religionskurse an berufsbildenden Schulen, was sie von den Sauriern und vom Film Jurassic Park halten. Ich gebe einige Antworten wieder (ohne orthographische Berichtigung): »Mich interessiert, warum die Saurier aussterben mußten«. »Die unvorstellbar großen Körper«. »Die Neugier über das Unerforschte«. »Weil sie die Wesen nicht kennen, und weil sie so groß und mächtig waren. Und weil keiner weiß, wie sie gestoben sind und so richtig Gelebt haben. Es ist unforstelbar für Sie sich diese Wesen vorzustellen.« Eine Großhandelskauffrau, 20 Jahre, schreibt: »Dino sind eine Lebensform, die vor 65 Mill. Jahren existierte. Der Mythos dieser Geschöpfe lebt in heutiger Zeit wieder auf. Dinos sind ganz anders als irgendeine Lebensform, die heute noch besteht ...«. Ein anderer: »Weil es die Riesenechsen sind, die auch Aufschluß auf die Entstehung der Menschen, bzw. des Lebens, gibt.« Ein anderer: »Das sind Wesen die wirklich gelebt haben nicht so wie Drachen oder so. Das sind auch keine Sagen denn man hat ja Skelette gefunden und Rekonstruiert. Deswegen kann man sie sich auch besser vorstellen.«

Schon ohne Anspruch auf vollständige Interpretation läßt sich sagen: In diesen Äußerungen zeigt sich ein Interesse gegenüber dem, was ganz anders ist als heutiges Leben, mächtig, alt und gewalttätig, und dennoch mit unserem Leben verbunden, und vielleicht sogar auf eine Weise verbunden, daß hier eine Antwort auf die Frage gefunden werden kann: Wo kommt unser Leben her?

Dieses Interesse mischt sich, was den Film »Jurassic Park« angeht, mit einer Faszination über die schier unbegrenzten Möglichkeiten aktueller Spitzentechnologien. »Kann man Dinos wirklich wieder zum Leben aufwecken?« Eine andere: »Die Möglichkeit (im Film), aus Millionen Jahren alter DNS wieder Leben zu erschaffen. Generell die Genmanipulation.« Weitere Antworten: »Die Tricktechnik.« - »Weil mann da bei manchen Stellen so erschreckt, weil die Dinosaurier so echt erscheinen.« - »Steven Spielberg. Die Tiere sahen echt aus. Astrein! Cool! Action! Die Dinos!« - »›Wirkliche‹ Darstellung mit Hilfe von Computerdarstellung. Neugierde wegen umfangreicher Werbung, z.B. Ausschnitte im Fernsehen, Radiowerbung usw.« - »Wo der T. Rex im Wald auf das Auto trettet und der Kopf gans groß ist, oder wo so ein lang hals am Baum ist und die Kinder Streicheln ihn.«

Äußerungen, die dezidiert Desinteresse oder Abwehr bekunden, sind selten. Ein Konfirmand erklärt: »Das geht mir 1000 km am Arsch vorbei.« Meist jedoch sind auch die abweisenden Äußerungen differenzierter. Hier eine für diese Gruppe typische Antwort: »Was interessiert mich an Dinosauriern? Nichts, es sind Tiere die mal waren, man sollte sich darum kümmern, daß die Tiere der Zukunft bzw. Gegenwart nicht aussterben anstadt sich für nicht mehr exetente Tiere zu denken. Es kümmert sich ja auch niemand für Drachen (Legende?)?«

Die Problematik der Gentechnologie mit ihren Möglichkeiten, durch Genmanipulation Leben zu verändern oder sogar zu erschaffen, ist in diesen Äußerungen von Jugendlichen ebenso präsent wie die Faszination darüber, daß im Film durch Tricktechnik eine vollendete Illusion lebender Dinosaurier gelingt und so die Phantasiereise in die Filmwelt nicht durch mißlungene Bilder gestört wird. Aber auch Befremden wird ausgedrückt: die Saurierbegeisterung steht in einem eigenartigen Mißverhältnis dazu, daß die unwiederbringliche Ausrottung von Tier- und Pflanzenarten heute kaum eine Beteiligung des Publikums auszulösen vermag. Der Hinweis auf die »Drachen« in dieser abwehrenden Äußerung legt schließlich eine Spur, die ich bei der Frage nach dem symbolischen Gehalt der Saurier-Gestalt weiter verfolgen möchte.[131] Zunächst jedoch einige Bemerkungen zum Spielberg-Film »Jurassic Park«.

3.1.1 »Jurassic Park«: Der Saurier-Film als Ware und als Symbol

Es handelt sich bei diesem Film in jeder Hinsicht um ein Unternehmen der Superlative. Wenige Wochen nach Spielbeginn in Deutschland erhält Jurassic Park die Auszeichnung »Goldene Leinwand«, da der Film bereits jetzt 6 Millionen ZuschauerInnen gefunden hat; weltweit ist die Größe des Publikums und damit auch der eingespielte Gewinn nahezu unabschätzbar. Bereits mit Erscheinen von Michael Crichtons gleichnamigem Roman 1990 wird die Produktion des Filmes zur ökonomischen Materialschlacht, und schon jetzt beginnen mehrere Konstruktions- und Computerbüros mit der Herstellung der ersten Saurierfiguren für eine mögliche Verfilmung.[132]

Ein halbes Dutzend Firmen arbeitet daran, lebensgroße Saurier-Maschinen herzustellen; diese sind nötig, da der Regisseur möglichst viele Szenen live drehen, also nicht erst in der Nachproduktion die Tricks ins Bild

131 Überarbeitete Fassung meines Aufsatzes unter diesem Titel in: Evangelische Aspekte, Heft 2/1994.

132 Es kommt zu einem »Bietkrieg« der großen Hollywood-Studios um das Manuskript und die Produktionsrechte. Twentieth Century Fox will die Rechte für den Regisseur Joe Dante, und auch Warner Brothers und Tri Star Pictures sind mit von der Partie. Schließlich setzt sich Universal Pictures mit Millionensummen durch und gewinnt die Drehbuchrechte am Romanmanuskript. Der Erfolgsregisseur Steven Spielberg (»E.T.«; »Die unendliche Geschichte«; »Hook« und viele andere) übernimmt die Regie. Das Drehbuch wird einige Male unter Einsatz mehrerer AutorInnen umgeschrieben.

schneiden will. Die riesigen, voll funktionsfähigen und nach allen Seiten beweglichen Saurierpuppen kommen im Film selbst jedoch nur in einigen dramatischen Außenszenen zum Einsatz, da eine *Computer*firma ein konkurrierendes, offenbar schlagendes Angebot gegen die herkömmliche Trickfilm-Technik setzen kann. Es gelingt mit Hilfe von Rechnern, die vollkommene Illusion auf die Kinoleinwand zu bringen. Ein angreifender T-Rex wirkt mit dieser Technologie ebenso lebensecht wie eine grasende Herde von 26 m hohen Bronchosauriern. Spielberg schafft es, mit konzentriertem Einsatz von Computer- und Feinmechaniktechnologie im Film eben das zu bewirken, was er an der Romanvorlage des Autors Crichton bewundert: nämlich das Publikum im Hier und Jetzt des Kinobesuches in die Illusion zu versetzen, eine seit Hunderten von Jahrmillionen ausgestorbene Tier- und Pflanzenwelt sei wahrhaftig wieder zum Leben erwacht und real präsent.

Der Filmkritiker einer großen Tageszeitung schrieb angesichts dieses ökonomischen und technologischen Großaufgebots, über diesen Film würde besser im Wirtschaftsteil als im Feuilleton berichtet. Daß es sich bei »Jurassic Park« um eine sorgfältig geplante und aufwendig produzierte, zudem mit immensen Werbungskosten am Markt plazierte *Ware* handelt, ist jedoch nur die eine Seite der Medaille und unter kapitalistischen Vermarktungsbedingungen eine ökonomische Banalität. Adorno und Horkheimer haben bereits in den 40er Jahren gegenüber den weniger aufwendigen und auch in ihrer illusionären Wirklichkeit weniger gelungenen »soap-operas« mit dem knappen Handlungsstrang »getting into trouble and getting out again« gefordert, die Ausrede *nicht* gelten zu lassen, daß es sich bei solchen Produkten der Kulturindustrie nur um Waren handele, die zum Vergnügen des Publikums produziert würden: Nein, so meinten sie, diese Produkte seien als Kunst, und zwar als Kunstproduktionen unter den Bedingungen massenhafter Reproduzierbarkeit anzusehen und deshalb auch auf den Anspruch zu behaften, daß in ihnen Wahrheit zur Darstellung gebracht werde. Aber: Welche Wahrheit kommt im Saurier-Film zur Darstellung?

Die Saurier können als Symbol wahrgenommen werden, und dies Symbol kann offenbar, legt man Paul Tillichs Symbolkriterien[133] an, mit den Dimensionen »Uneigentlichkeit«, »Anschaulichkeit«, »Selbstmächtigkeit« und »Anerkanntheit« interpretiert werden: Weist die Gestalt der Saurier auf etwas, für das sie als Symbole einstehen? Machen sie etwas Unanschauliches anschaulich, und worum handelt es sich hierbei? Offenbar haben sie Macht, sie können Millionen Menschen spontan faszinieren. Und die Frage, ob sie selbst als Symbol diese Mächtigkeit haben oder aber die Wirklichkeit, für die sie stehen, stellt sich gegenüber den Sauriern ebenso wie gegenüber allen anderen Symbolen, auch gegenüber den von Tillich diskutierten Elementen der christlichen Symboltradition. Was schließlich die soziale Anerkanntheit angeht, stehen die Saurier ausdrücklich religiösen Symbolen zumindest in der 1993er Saurier-Welle kaum nach. In der Interpretation von

133 Vgl. P. Tillich, Das religiöse Symbol (1930). In: ders., Die Frage nach dem Unbedingten ..., Gesammelte Werke Bd. 5, Stuttgart 1964, S. 196-212.

»Jurassic Park« stellt sich also die Frage nach der Wahrheit dieses Kunst-Produktes der Kulturindustrie ebenso wie nach der Macht des Symbols Saurier.

3.1.2 »Das Leben bahnt sich seinen Weg«

Der Film ebenso wie der Roman erzählen die Geschichte eines Freizeitparks auf einer Insel, die dem mittelamerikanischen Land Costa Rica vorgelagert ist. Hier werden unter Einsatz des verfügbaren gentechnologischen Wissens und der fortgeschrittensten Computergeneration DNS-Stränge von Sauriern geklont; diese werden aus dem Blut von urzeitlichen Insekten gewonnen, die in Bernstein eingeschlossen die Jahrmillionen überdauert haben. Ausschlaggebend für das Unternehmen ist zum einen die technologische Phantasie, das Machbare wirklich *zu machen* und das fremde, durch die Gentechnologie erzeugte Leben vollständig kontrollieren zu können; zum anderen das ökonomische Interesse, mit den faszinierenden Tieren Zuschauer anzulocken, die jeden Preis zu zahlen bereit sind. Roman und Film erzählen das Scheitern dieser Phantasie, der Roman wesentlich drastischer als der Film. Während eine Gruppe von Wissenschaftlern, die dem Projekt kritisch gegenübersteht, den Park inspiziert, gerät er trotz lückenlos scheinender Kontrollmechanismen vollständig aus dem Ruder. Die fleischfressenden Saurierarten greifen die Menschen an; die gentechnologisch in die Tiere eingebauten Schranken gegen natürliche Fortpflanzung erweisen sich als wirkungslos; und im Roman gelingt es sogar einigen Tieren, die Insel zu verlassen und sich auf dem amerikanischen Festland zu verbreiten. Es wird offensichtlich: Die technologischen Machbarkeits- und Kontrollphantasien sind haltlos. Mit den Worten eines Chaostheoretikers, der an der Inspektionsfahrt teilnimmt: Das Leben bahnt sich seinen Weg, es unterläuft die Planungen und Kontrollen und degradiert die technologischen Größenphantasien zur hilflosen Spielerei, die die Akteure selbst, virtuell aber alles Leben gefährdet. Wieder mit den Worten des Chaostheoretikers, der von einem hungrigen, sechzehn Meter hohen Tyrannosaurus Rex angegriffen wird: »Wie ich es hasse, recht zu behalten.«

Soweit die technologiekritische Linie von Jurassic Park. Gegenüber der Romanvorlage sind im Film Änderungen vorgenommen worden, die knapp erwähnt werden sollen und auch, aber nicht nur dem Genre einer Hollywood-Produktion geschuldet sind. Die zentrale Position der Kinder im Film, die stark betonte Solidarität und Zugewandtheit zwischen Erwachsenen und Kindern, die selbst den Betreiber des Freizeitparks und damit den eigentlichen Bösewicht der Romanvorlage einschließt, erinnern auf der einen Seite an die Stereotypen der heilen Familie, die z.B. in den Soap-Opera-Serien Fury, Lassie, Flipper und aktuell in den »Free Willy«-Folgen 1-3 ebenfalls durch Tiere aktualisiert wurden. Auf der anderen Seite gibt die emphatische, bewahrende Interaktion zwischen Erwachsenen und Kindern ein Gegenmodell gegen die Machbarkeits-Phantasie der gentechnologischen Utopie. Die menschliche Gesellschaft wird auf diese Weise als nicht einsinnig beschrieben: Neben den zerstörerischen Machbarkeitswahn tritt mit der

Darstellung der zugewandten Beziehung zwischen Erwachsenen und Kindern eine Alternative *innerhalb* der menschlichen Kultur, nämlich das gelebte Beispiel von Ehrfurcht vor dem Leben; ein Wissen, das bewahrend ist; die Bewunderung der Selbsttätigkeit des Lebens; und die Liebe/Solidarität der Familie. Die Kinder im Film haben - anders als in der Romanvorlage - die Funktion, eine mögliche Rettung des menschlichen Lebens offenzuhalten.

Im Film werden alle Register gezogen, die in Monster-Filmen seit King Kong bekannt sind, aber auch das erklärt nicht seine Durchschlagskraft, die eben höher ist als die anderer Monster, der menschenfressenden Riesenfliege oder King Kongs selbst.

Ich denke, der Film gewinnt seine Macht über die Phantasie des Publikums durch die technisch vollendete Darstellung der Saurier. Hier gelingt die Illusion, diese uralten Tiere seien aus der vorgeschichtlichen Zeit, in der es menschliches Leben, geschweige denn menschliche Kultur noch nicht gegeben hat, inmitten dieser Kultur wieder erstanden, und zwar auf dem Level ihrer ökonomisch und technologisch fortgeschrittensten Entwicklung (Gentechnologie). Wie in einer Reise mit der Zeitmaschine tauchen die ZuschauerInnen in eine längst vergangene Zeit ein, aber ohne sich selbst bewegen zu müssen: die Vergangenheit ist vor ihren Augen selbst erstanden. Die Saurier können in ähnlicher Weise auf das Interesse des Publikums rechnen wie der Yeti, der Ötztaler, ja selbst das Ungeheuer von Loch Ness, dessen alljährliches Wiedererstehen das Nachrichten-Sommerloch überbrücken hilft. Die lebendige Anschauung von Leben vor aller geschichtlichen Zeit verspricht Auskunft auf die Frage: Wo kommt *unser* Leben her? Welche Gestalt hatte es, bevor die uns bekannten Ordnungen menschlichen Zusammenlebens mächtig wurden?

3.1.3 Zur Phänomenologie eines Symbols

Ich denke, man muß den phänomenologischen Gehalt des Symbols ernstnehmen. Die Ähnlichkeit der Saurier mit anderen urtümlichen Reptilien, mit dem Drachen und der Schlange ist unübersehbar und wird auch in den Äußerungen der befragten Jugendlichen immer wieder thematisiert; über die mit diesen Urtieren verbundene Mythologie wissen wir manches, was auch in der Interpretation des Saurier-Symbols zur Geltung kommen muß.

Der Kampf mit dem Chaos-Drachen ist Bestandteil zahlloser Schöpfungsmythen seit Beginn der überlieferten Menschheitsgeschichte. Er findet sich in der aztekischen Kultur ebenso wie im babylonischen Schöpfungsmythos Enuma Elish. Und in manchen alttestamentlichen Psalmtexten (z.B. Ps 89,10-15; Ps 74,12-17), im ersten (Jes 27,1) und zweiten Jesajabuch (Jes 51,9f) oder im Hiobbuch, begegnet man ihm als Erinnerung daran, daß JHWH es war, der die Ungeheuer mit Namen Behemoth und Leviathan überwunden hat. Beides sind urtümliche Wassertiere, nach Art eines Nilpferdes und eines Krokodils; und in beiden Figuren werden Mythen der altorientalischen Umwelt Israels aufgenommen und modifiziert: Leviathan erinnert an den babylonischen Chaosdrachen Tiamat und die ugaritische lotan; Behemoth an das rote Flußnilpferd, das vom ägyptischen Gott Horus erlegt wird und ebenfalls die chaotische Lebensmacht vor jeder Gestalt repräsentiert.

Mircea Eliade weist darauf hin, daß der Kampf zwischen Sonne bzw. einem Vogel als Sonnen-Symbol und der Schlange/dem Drachen *weltweit* bezeugt ist. Mit Drachen und Vogel, Wasser- und Sonnensymbol werden Gegensatzpaare wie Nacht und Tag, weiblich und männlich, unterworfen und herrschend verbunden. Der Drachen ist, so Eliade, Symbol dessen, was vor jeder »Form« und »Gestalt« liegt. »Mögen solche Mythen weithin auch historische Kämpfe widerspiegeln, so haben sie doch im Grunde kosmologische Bedeutung: der Sieg über den autochthonen Drachen meint den Sieg über das Chaos, also die Kosmogonie.«[134]

Im besonders bekannten babylonischen Schöpfungsmythos wird Tiamat, ursprünglich älteste Göttin und das ungestaltete Salzwassermeer, im Kampf mit dem jüngeren, eine spätere und entwickeltere Zivilisationsstufe repräsentierenden Gott Marduk zum Chaosdrachen. Marduk, Gott des Frühlings, des Gewitters und der Sonne, der Stadtgott des mächtigen Babylon, zerstükkelt das Ungeheuer und bildet aus ihm Himmel und Erde.[135]

Claus Westermann weist darauf hin, »... daß eine vielgestaltige Tradition von einem solchen Chaoskampf in Israel bekannt war; sie ist dadurch grundlegend gewandelt, daß der Sieger in diesem Kampf, Jahwe, der *eine* Gott ist ...«.[136] Im Schöpfungsbericht Gen 1 wird die Urschlange ebenso wie Sonne und Mond, also ebenso wie andere Göttergestalten der altorientalischen Umwelt Israels erwähnt, aber hier als *Geschöpf des einen Gottes* verstanden und damit jeder eigenständigen Macht beraubt. Die Schlange gehört zum Bereich der Schöpfung, die in ihrer Gesamtheit von Gott als »gut« bzw. »sehr gut« angesprochen wird.[137]

Jürgen Ebach wertet es als Kehrseite dieser Einreihung der chaotischen Mächte in die Registratur der guten Ordnung, daß die Erfahrung des gegenüber der Ordnung Anderen verdrängt wird. Dies ist in Ps 104, besonders aber in der zweiten Gottesrede an Hiob (Hiob 40f.) anders: Im Psalm verweist JHWH durch seine gewaltige Macht, durch Donnern und Schelten das Chaosmeer in seine Schranken und erschafft den Chaosdrachen als gegenüber allen übrigen *besonderes, anderes* Lebewesen, um mit ihm im Meer zu spielen; und in der Gottesrede des Hiobbuches zeigen gerade die Ungeheuer

134 M. Eliade, RGG^3, Bd. 2, Sp. 259.

135 Die Menschen werden schließlich aus dem Blut des Gottes Kingu, dem Feldherrn der Tiamat erschaffen und zu Arbeiten verpflichtet, die die jungen und siegreichen Götter selbst nicht übernehmen wollen. Die Menschen bauen ihrem Gott Marduk die Stadt Babylon.

136 C. Westermann, Genesis, BK I,1, S. 46.

137 »In den tanninim klingen die mythischen Meeresungeheuer von der Art der Tiamat (Babylon, Verf.), der Apophisschlange (Ägypten, Verf.) oder des Ullikummi (hethitische Sage von einem Steinmenschen, der bis zum Himmel wächst, Verf.) noch an; doch sind sie in Gen 1 geschaffene Wesen, keine Mächte neben Gott, weder seine Gegner noch besonderen Partner.« J. Ebach, Leviathan und Behemoth. Eine biblische Erinnerung wider die Kolonisierung der Lebenswelt durch das Prinzip der Zweckrationalität, Paderborn u.a. 1984, S. 41.

Behemoth und Leviathan, und nicht die durch den Tun-Ergehens-Zusammenhang repräsentierte Ordnung die Macht Gottes: Gottes Macht zu Schaffen ebenso, wie seine Macht, das Chaos zu bannen und das Elend zu beenden. Das Gestaltlose, Andere der Ordnung wird hier nicht durch seine Einreihung *in* die Ordnung verdrängt, sondern gerade in seiner Andersheit erzählt. Im zweiten Jesajabuch schließlich wird das Motiv der Überwindung des Chaosdrachens direkt mit Gottes Heilshandeln in der Geschichte verbunden: JHWH hat die urgeschichtliche Schlange ebenso ihrer Macht beraubt wie das Meer, das den Zug des Volkes Israel hinweg aus der ägyptischen Sklaverei verschlingen will (Jes 51,9f).

Auch im europäischen Mittelalter ist das Drachen-Symbol allgegenwärtig: Zahllose Kirchentore und Initiale in Handschriften werden durch das Drachenkampfmotiv geziert. In vielen Heiligenlegenden treibt der Drache sein Unwesen: Michael, Bekämpfer des Drachens in Off. Joh. 12f. und seit Karl dem Großen wichtigster Heiliger Deutschlands, findet seinen Platz in den Michaelskapellen im Westwerk einer jeden Kirche, in Michaelsaltaren und Kanzelbekrönungen. Der heilige Georg überwindet einen Drachen, der eine Prinzessin bewacht; Georg kann sie durch seinen Kampf befreien. Die heilige Margarethe bannt den Drachen, der sie mit seinem Schwanz einschnürt, durch das Kreuzeszeichen und führt ihn schließlich gezähmt an einer Kette spazieren. In der Nibelungensage badet der Held Siegfried in Drachenblut und macht seinen Körper so - bis auf eine wichtige Ausnahme - unverletzlich; der Schatz, den der Drache bewacht hat, ist Objekt des Begehrens und zugleich Quelle des Unglücks für das ganze Geschlecht. Und auch Tristan muß, ehe er zu Isolde vordringt, einen Drachen töten.[138] -

Der Kampf mit den Chaosdrachen wird in den Schöpfungsmythen zahlreicher Kulturen in unterschiedlichen Weltgegenden, historischen Situationen, auch in unterschiedlichen Versionen erzählt: als Begründung der »Ordnung«, der »Form«, der »Gestalt« aus einem verschlingenden, ungestalteten, chaotisch-mächtigen Leben, das allerdings selbst zum Baumaterial der geordneten Welt wird; als immer neue, im Ritual begangene Vergegenwärtigung der je und immer neu durch die Gestaltlosigkeit bedrohten Regelhaftigkeit gesellschaftlichen Zusammenlebens; als individueller und gemeinschaftlicher Schutz vor der instabil überwundenen, immer wieder die Ordnung des Lebens unterspülenden grenzenlosen Lebensmacht.

Immer ist der Drache eine verschlingende und bedrohliche Gestalt. Er muß überwunden, zerschlagen, geschlachtet werden. Dennoch ist er nicht identisch mit dem Bösen. Der Drache repräsentiert die Lebensmacht vor jeder Ordnung, also auch vor jeder ethischen Differenzierung zwischen gut und böse; aber eben die Lebensmacht, die um der Begründung und Erhal-

138 In einer Darstellung der sieben Todsünden aus dem 13. Jahrhundert schließlich - es handelt sich um eine Bebilderung der superbia, der Hauptsünde - stürzt Lucifer in einen Drachenschlund. Das Blut, das von dort auf Adam und Eva herabtropft, bindet auch die Menschen in die superbia ein: die Ursünde gewinnt Macht über das ganze menschliche Geschlecht.

tung der guten Ordnung willen am Anfang überwunden werden mußte und auch hier und jetzt um den Preis der Unterhöhlung jeder »Ordnung« überwunden werden muß, durch rituelle Begehung oder durch Erzählen des Mythos.

3.1.4 Eine Veränderung in der Symbolik des Bösen?
Im Film »Jurassic Park« präsentieren die computergesteuerten Saurier-Bilder die vollendete Illusion, ein ursprüngliches und machtvolles Leben sei wieder erstanden. Ein uraltes menschheitsgeschichtliches Symbol scheint in der Wirklichkeit zu begegnen. Es legt sich nahe, mit C.G. Jung von einem »Archetypus« zu sprechen. Dieser theoretische Einfall könnte jedoch die Brisanz des Symbols gerade verdecken: Denn es wird im Film - wie übrigens in den unterschiedlichen Schöpfungsmythen und den mittelalterlichen Epen auch - eben nicht als zeitloser Typus verwendet; und es darf angenommen werden, daß diese spezifische Erzählform, die zum Faszinierenden und Erschreckenden dieses Symbols hinzugehört, für seine sachgemäße Interpretation entscheidend ist.

Auf der einen Seite finden sich im Film deutliche Anklänge an die Macht des Chaoskampf- und Drachensymbols. Die Saurier werden in der Phänomenologie des Heiligen vorgestellt: sie sind faszinierend und erschreckend zugleich. Sie verzaubern als 26m hohe pflanzenfressende Bronchosaurier die BesucherInnen des Freizeitparks und bedrohen als übermächtige fleischfressende Bestien (der Tyrannosaurus Rex und die hochintelligenten Killer-Bestien Velociraptoren) das menschliche Leben.

Anders als in den Schöpfungsmythen sind die Ungeheuer-Tiere aber nicht einfach das Andere der gestalteten kulturellen Ordnung, sie sind nicht nur das Uralte, Form- und Gestaltlose, das durch das kulturell gestaltete Leben vorausgesetzt und überwunden wird. Sondern in »Jurassic Park« sind die Saurier gentechnologisch produziert, und zwar als Ausdruck einer im Film wie im Roman als solche reflektierten Hybris. »Schöpfung ist machbar«, dies ist die Parole der Menschen, die an der Wiedergeburt der urzeitlichen Tiere ökonomisch und technisch interessiert sind; und der kritisch eingestellte Chaostheoretiker antwortet: »Ich bin erschreckt über einen eklatanten Mangel an Demut vor dem Leben.«

Die religiös zu erkennende Hybris gegenüber Gott[139] entlarvt sich zugleich als hilfloser und unheilvoller technologischer Größenwahn: Die Macht des Lebens unterspült alle ökonomischen Planungen und technischen Sicherungen, die Entfesselung der Bestien dementiert nicht nur die Phantasie, alles unter Kontrolle zu haben, sondern bedroht die menschliche Kultur als Ganze.

Nimmt man dies zur Kenntnis, so zeigt sich, daß gegenüber den Schöpfungsmythen und auch gegenüber den mittelalterlichen Drachen-Legenden die Symbolik des Bösen nahezu umgekehrt wird. Zwar sind die Saurier auch

139 Wieder Originalton des Chaos-Theoretikers: »Gott schuf die Saurier - Gott tötete die Saurier - Gott erschuf Adam - Adam tötete Gott - Adam schuf die Saurier neu - die Saurier töten Adam.«

hier bedrohlich und für die Menschen lebensgefährlich, aber sie sind nicht das eigentliche Böse: als Fleischfresser *können* sie eben *nicht anders*, »es ist halt ihre Natur«, und als Gegenstand der Schaulust im Kino sind sie die Objekte rückhaltloser Faszination und Bewunderung. Das Böse ist nicht der Saurier als das Andere der menschlichen Kultur, sondern die menschliche Kultur selbst, repräsentiert durch ihre fortgeschrittensten Technologien.

Natürlich ist es im Film nicht einfach die Gentechnik, die schlecht ist, sondern die Menschen, die sie bedienen. Der eigentliche Bösewicht, der Computerfachmann des Parks, ist dick und läßt sich durch Geld verführen: mit dieser Typologie des Bösen (dick, also unfähig zur Körperkontrolle; das Geld als die Gemeinschaft zerstörende Macht des Bösen) nimmt »Jurassic Park« eingespielte Muster des Genres auf.[140] Aber in »Jurassic Park« werden bekannte Oppositionen in der Symbolik des Bösen gewissermaßen totalisiert: Die hier thematisierten Dimensionen gesellschaftlicher »Ordnung« - technischer Fortschritt und begleitende Größenphantasien, Geld und ökonomisches Interesse an Gewinn, mangelnde Selbstkontrolle gegenüber der Faszination von Macht und Reichtum - wird *als Ganze* dem Bösen zugerechnet. Eine Alternative zum Bösen bieten allein die Opfer der schlechten Ordnung - die Kinder, und von ihnen symbolisiert: eine vertraute und bewahrende, nicht herrschafts-interessierte Interaktion zwischen Erwachsenen und Kindern.

In den Sauriern dagegen können die Protagonisten des Filmes, aber auch die ZuschauerInnen immer noch *ihr Eigenes* erkennen. Hierfür steht der DNS-Strang als Symbol: erstes Objekt gentechnologischer Manipulation, verbindet er dennoch alles Leben miteinander und so auch die Menschen mit den Sauriern. Die ungeheuren Tiere symbolisieren die Urmacht des Lebens, und wir, alle Menschen, sind gewissermaßen »von innen«, durch die Lebendigkeit unserer Körper, mit ihr verbunden. Wir gehören selbst dem Leben an, das da mächtig wird.[141]

Nun könnte man einwenden, diese Polarisierung in der Symbolik des Bösen sei überhaupt *nicht* neu. Seit Rousseaus »Emile«, seit Romantik und Lebensphilosophie ist sie bekannt: das Projekt von Zivilisation und Kultur als Ganzes sei das Unlebendige, potentiell Lebensgefährdende, eben das Böse; ihm wird die Natur, das Leben, die Seele usw. als das Gute gegenüberge-

140 Vgl. z.B.: Die Ästhetik des Bösen im Film. Arnoldshainer Filmgespräche Band 4, Frankfurt/M.1987, darin: M. Josuttis, Die Unerkennbarkeit des Bösen, S. 10-16. In der Saurier-Gesellschaft auf der Insel werden umgekehrt diejenigen als die eigentlich Bösen, als Killer-Bestien vorgestellt, die am meisten Ähnlichkeit mit den Menschen haben: nämlich die Velociraptoren, die höchst intelligent, lernfähig, fast rational planend vorgehen, um ihre menschenfresserischen Instinkte zu befriedigen.

141 Dies unterscheidet die Saurier auch von anderen Macht-Symbolen, die in aktuellen Produktionen der Kulturindustrie präsentiert werden (Maschinen wie Waffen, Hochgeschwindigkeitswagen und -flugzeuge in Action- und Kriegsfilmen; Roboter in Science Fiction-Filmen u.a.m.). Die Saurier gewinnen ihre Faszination als Verlebendigung der Lebensmacht, einer Macht, die potentiell in uns selbst steckt.

stellt.[142] Ich will dennoch zeigen, daß diese Polarisierung in der aktuellen Situation eine neue Qualität hat.

3.2 Dracula und Batman

3.2.1 Der Vampir und der Virus

Bram Stoker's im viktorianischer England veröffentlichter Roman »Dracula« spielt bereits durch seinen Namen - Dracula, rumän. der kleine Drachen - auf das im vorigen Abschnitt behandelte Motiv an. Der 1897 veröffentlichte Roman greift einen im Volk lebendigen, mündlich tradierten Mythos auf, der in England bereits früher, durch Doctor Polidori's »The Vampire« von 1819, eine literarische Form gefunden hat. Stokers Text ist in unserem Jahrhundert immer wieder verfilmt worden. Die einflußreichste jüngere Rezeption durch Francis Ford Coppola 1992, im Auftrag des Hollywood-Studios Columbia mit einem Budget von 42 Mio Dollar innerhalb von 69 Tagen abgedreht und ebenfalls ein riesiger Verkaufserfolg, verläßt das überkommene Muster in signifikanter Weise.

Im Roman von 1897 ist Dracula die schlechthinnige Inkarnation des Bösen. Stoker verbindet die historische Notiz über den Prinzen Vlad IV von der Wallachei (1431-76), der den Angriff türkischer Verbände auf Transsylvanien zurückschlägt und die türkischen Einwanderer, aber auch die eigenen Untertanen brutal mißhandelt, mit dem Vampir-Motiv. Die Roman-Gestalt Dracula ist im Roman ein seit Jahrhunderten ruheloser Untoter, der das Blut anderer Lebewesen aussaugt. Die Story ist durch zahlreiche Verfilmungen bekannt geworden: Dracula mietet, vermittelt über eine Londoner Agentur, verfallene Häuser in Englands Metropole, um dort in Särgen zu wohnen, die mit unreiner Erde seines Heimatlandes gefüllt sind. Durch einen Biß in den Hals verwandelt er seine Opfer ebenfalls in Untote, die wie er nicht sterben, ihr Dasein zwischen Leben und Tod aber nur fristen können, wenn sie selbst das Blut anderer Lebewesen aufnehmen. »Blut ist Leben«, der Satz aus Lev 17,11 gerät hier zur Überlebensphilosophie der Vampire, die nur durch beständige Aufnahme fremden Lebens ihr eigenes Leben erhalten können. Bram Stokers Roman erzählt, wie mit den Mitteln der fortgeschrittenen medizinischen Wissenschaft, aber auch unter Zuhilfenahme von exorzißtischen Riten, das Böse gebannt und ausgetrieben werden kann.

Der Amsterdamer Anthropologe Jojada Verrips hat vorgeschlagen, »Vampir« als Metapher für »Virus« zu lesen: Die rigide Sexualmoral im viktorianischen England verbietet es dem Autor Stoker, die Verbreitung der Syphilis und anderer verenerischer Krankheiten beim Namen zu nennen; Bram Stoker, der selbst an dieser Krankheit sterben wird, benutzt den Dracula-Mythos als kulturell zugelassenes Verständigungsmittel über diese Krankheiten, in denen sich der Inbegriff von Lebensmacht und -weitergabe mit der Macht des Todes unmittelbar verbindet. Verrips wendet diese Lesart auch auf Vam-

142 Und auch heute werden nur wenige AbiturientInnen ohne Kenntnis von Goethes Faust und damit ohne die Problematisierung des Größenwahns menschlicher Naturbeherrschungsphantasien in den Ernst des Lebens entlassen.

pir-Gestalten in modernen Horrorfilmen an und zeigt, daß der Vampir jetzt zur Metapher für die Verbreitung von AIDS wird, auch in den Wegen seiner Übertragung: die Verbindung von Sexualität und Krankheit, Lebens- und Todesmacht ist immer präsent.

Im Coppola's Dracula-Film wird dieses Erzählmuster verändert. Dracula steht auch hier für das Tödliche, Verschlingende, Gefährliche der sexuellen Leidenschaft, aber auch für das Verführerische, Bezaubernde, ja selbst für das Motiv einer über-sinnlichen, ewigen Liebe. Coppola äußert in einem Interview über seinen Film: »Vampirism becomes a metaphor for repressed female sexuality ... and men's. We know that each gender has this fantasy - the fantasy of the succubus that comes to us at three in the morning, if we're lucky. We all know what that is. It fits perfectly to the metaphor of this horror story of the succubus that would come to me and kill me, but would kind of love me in some form of ultimate epiphany. There is something wonderful of sexually giving yourself to someone, just as it's wonderful to take someone. I see those feminine and masculine sides in everybody.«[143]

Charakteristisch an Coppola's Werk, das übrigens in der Darstellung moderner okkulter Praktiken und magischer Rituale sehr genau ist, ist gegenüber früheren Dracula-Produktionen ein Zugewinn an Ambivalenz in der Wahrnehmung der Gestalt des Bösen. Auch in diesem Film ist Dracula der Böse, der menschliches Leben vernichtet, vor allem aber die gesellschaftlichen Normen und die Selbstzwangmechanismen der Individuen unterläuft. Aber jetzt wird er als etwas gezeigt, das »in jedem von uns« ist: die Lust, das Begehren von Männern und Frauen, sich hinzugeben und den anderen zu nehmen, die Sehnsucht nach Verschlingung und ekstatischer Leidenschaft. Demgegenüber gerät die Gesellschaft (die viktorianische Gesellschaft des Romans als Bild für regelgeleitete Kommunikation überhaupt) - mit der Förmlichkeit und den Zwängen ihres geforderten gesellschaftlichen Umgangsstiles, aber auch mit ihren Aspirationen zur wissenschaftlichen Beherrschung und Bemächtigung gegenüber dem Unbekannten - zum Inbegriff des Leblosen, des Toten, und damit des Bösen. Die Romanfigur Mina, die in gemeinsamer Anstrengung aller wissenschaftlich kompetenten und kampfbereiten Männer nur knapp aus der Gewalt des Grafen errettet werden kann, mutiert im Film zu seiner leidenschaftlichen Geliebten, die ihm seit Ewigkeit und für die Ewigkeit verbunden ist und sich ihm in einer heiligen Bluthochzeit erneut vermählt. Ihr Urteil über das Werk der bürgerlichen Männergestalten, die sie erlösen wollen: »Bring mich weg von all dem Tod hier.«

Erlösung aus der Macht des Bösen verspricht nicht die wissenschaftlich untermauerte Tatkraft der Männer, auch nicht die eingespielten Normen gesellschaftlicher Konvention. Erlösung für die Ordnung der Welt, aber auch für die Gestalt des Bösen verspricht allein die leidenschaftliche Liebe der Frau, die sich verzaubern läßt und Dracula schließlich aus Liebe tötet: Jenseits gesellschaftlicher Ordnung gibt allein die intime Verstrickung von Lie-

143 Andy Warhol's Interview, Vol XXII No. 11, Nov 1992, S. 114.

be und Tod, Leidenschaft und Verschlingung, und damit das Sich-Einlassen auf die Ambivalenz des Bösen die Chance für neues Leben.

3.2.2 Batman

Im Amerika der 30er Jahre ist in der Gestalt der Comic-Serien eine signifikante Veränderung zu erkennen. Die Comic Strips sind seit Beginn des Jahrhunderts zu einem unübersehbaren ökonomischen und kulturellen Faktor in Amerikas Presselandschaft geworden: von dem Einfallsreichtum und der Durchschlagskraft der Comics, die als schwarzweiße Strips die Wochenzeitungen, als farbige Strips die Wochenendbeilagen schmücken, hängt die Auflage der Zeitung selbst nicht unwesentlich ab. Jetzt verändern sich Inhalt und Stil der Serien: Waren es bis dahin die ironisch gehaltenen Fortsetzungsstories, die das Leben von typischen Mittelschichtsfamilien oder - wie im Fall von »Yellow Kid« - den ebenso mühevollen wie immer wieder auch komischen Alltag in den Slums zum Gegenstand haben, so geraten jetzt mit Tarzan, Superman und Batman Heldengestalten in den Mittelpunkt der täglich fortgesetzten Streifenfolgen.

Die Tarzan-Gestalt gibt das Muster vor: Nicht mehr die Institutionalität der zivilisierten Gesellschaft - Familie, Staat, Kirche - ist das Feld, in dem der Held seine lebenserhaltende Macht bewährt, sondern vielmehr das Jenseits dieser Gesellschaft: der Dschungel, die Wildnis, die in freier Natur lebenden tierischen und menschlichen Völker, denen Tarzan immer wieder gegen die zerstörerischen Folgen zivilisatorischer Eingriffe und gegen die verbrecherischen Praktiken politisch und/oder ökonomisch interessierter Bösewichter zu Hilfe kommen muß. Die zivilisierte Gesellschaft, insbesondere die städtische Kultur mit ihrer industriellen Durchdringung der Lebenswelt, mit ihrer jede »natürliche« Freiheit und Verpflichtung bedrohenden Rationalität gefährdet die gute, nämlich natürliche Ordnung der Welt. Die verstädterte Welt ist der Moloch, der wirkliches Leben nicht mehr zuläßt. - Die Superman-Serie, die 1938 startet, nimmt ebenso wie die Batman-Serie von 1939 an das Motiv in leicht gewandelter Form auf: Jetzt sind die Helden selbst in ihrer »bürgerlichen Rolle« städtische Figuren, z.B. Journalisten, in ihrer zweiten, eigentlichen Existenz aber übermächtige Wesen. Der Einsatz gilt dem Bösen des städtisch-industriellen Molochs selbst, aber der Held stammt aus einer anderen Welt: Superman ist eigentlich Bewohner des fernen Planeten Krypton und wie ein gefallener Engel bei dessen Zerstörung auf die Erde herabgekommen.

Bei Batman - im Privatleben der Millionär Bruce Wayne - liegt der Fall etwas anders: Er hat als Kind die Ermordung seiner Eltern durch großstädtische Banditen miterlebt und, da die regulären Ordnungshüter gegen das Böse ohnmächtig sind, durch lebenslanges Körpertraining und allerlei technische Finessen übernatürliche Kraft gewonnen.[144] Auch hier ist die städ-

[144] Superman und Batman werden übrigens während des zweiten Weltkrieges zu Identifikationssymbolen amerikanischer Soldaten: nicht selten kämpfen sie ihre Einsätze gegen das nationalsozialistische Deutschland und Japan mit dem Superman-Emblem auf der Uniform.

tisch-industrielle Zivilisation als Ganze Ort der Gefährdung und Übermächtigung des Lebens.

Die Batman-Gestalt kann als veränderte Rezeption der traditionellen Dracula-Figur verstanden werden. Bram Stoker's Personifizierung des blutsaugenden Bösen wird hier zur Verkleidung des bürgerlichen antizivilisatorischen Helden. Die Fledermaus, wie andere Nachttiere traditionelle Symbole des Bösen und Gefährten des Teufels, wird zur Retter-Gestalt in einer unübersichtlichen, insgesamt bösen Gesellschaft.

In den 90er Jahren geht die Wandlung des Comic-Helden in Richtung auf die Gestalt des Bösen noch einen Schritt weiter. Kurz vor dem 500. Jubiläumsheft, nach seit Jahren sinkenden Auflagenzahlen, schickt der Verlag Batman in den Rollstuhl. Das Publikum hat von der edlen, aber offensichtlich zu weichen Gestalt die Nase voll. »An Waynes Stelle kämpft nun ein blonder Junge, der sich Azrael nennt. Er trägt auch ein Fledermauskostüm, aber eines, für das man einen Waffenschein braucht. Aus Handschuhen wurden monströse Stahlklauen, aus dem Oberteil ein Brustpanzer, die Schulterpolster sind zu Mordinstrumenten geworden.« Die Batman-Gestalt ist den Bedürfnissen des Comic-Publikums angepaßt worden, eine Generation, deren oberste Regel lautet, daß es keine Regeln mehr gibt. »›Der Punisher kann eine Schule voller Kinder eliminieren, wenn er es für notwendig hält. Seine Leser erwarten das sogar‹, stellt ein Autor der Serie fest.«[145]

Die Batman-Verfilmung von 1989, von Warner Bros. unter der Regie von Tim Burton in Starbesetzung (Jack Nicolson, Kim Basinger und Michael Keaton) präsentiert und mit riesigem Werbeaufwand als sensationellen Kinoerfolg (Cinema: »Die Filmsensation des Jahres«) am Markt etabliert[146], ist diesen letzten Schritt noch nicht gegangen. Hier sehen wir noch den guten alten Batman in Aktion: Er kann Gotham City - ein durch das Geld, durch die Chemie-Industrie und ihre verbrecherischen Hintermänner beherrschter städtischer Koloß mit glänzender Fassade und verrotteten Hinterhöfen, korrupter Polizei und unfähiger Obrigkeit - durch koordinierten Einsatz seiner körperlichen Kräfte und technischen Hilfsmittel (Computer-Technologie und Zitate aus der Schwerindustrie, wie z.B. ein vollständig schußsicherer Rennwagen) mit knapper Not noch einmal retten. Übrigens muß im Film auch Batman selbst erlöst werden, wieder durch die Liebe einer Frau: die durch Kim Basinger dargestellte Geliebte kann den etwas verhaltensgestört wirkenden Helden, der nachts gewöhnlich nach Art der Fledermäuse kopfunter am Reck hängt und ansonsten alles in den Dienst seiner Sache stellt, zu einigen vergnüglichen Stunden im Bett und sogar einigen Gläschen Champagner überreden.

145 »Richtig zuschlagen ...«. In: Der Spiegel, 40/1993, S. 291.

146 Warner Bros. hat versucht, den Erfolg dieses ersten neuen massenkulturellen Batman-Filmes in mehreren Auflagen (Batman II ff.) zu wiederholen, ohne die Brillanz des ersten Filmes wieder zu erreichen. Meine Interpretation konzentriert sich deshalb auf diesen ersten Film; die wesentlichen Erzählmuster kommen in den Nachfolgefilmen ohnehin wieder zum Tragen.

Die eigentlich interessante Gestalt ist aber sein Gegenspieler, die Verkörperung des Bösen in diesem Film: nämlich die Gestalt des »Joker«. Zunächst Mitglied des traditionellen Verbrecherclans (als Repräsentant der Macht des Geldes) in der Stadt, gewinnt auch er übernatürliche Kräfte: Durch ein Bad in der Schwefelsäure-Produktion des Chemiewerkes als alter Mensch gestorben und - in gleichzeitiger Anspielung auf die christliche Taufe und das Schicksal der »Untoten« der Dracula-Tradition - unverletzlicher, »neuer Mensch« geworden, will er mit der Faszination des Geldes, mit künstlerischem Einfallsreichtum und unter Zuhilfenahme vergifteter Chemieproduktion die verdorbene städtische Zivilisation insgesamt ausrotten und so aus ihrem verkommenen Dasein »erlösen«. Er charakterisiert seine Rolle mit dem Satz: »Ich mache Kunst, bis der Tod eintritt«.

3.3 Die verkehrte Wiederkehr der Gnosis

Das in der Interpretation der Saurier-, Batman- und Draculafilme herausgearbeitete Muster könnte unter religionsgeschichtlichem Gesichtspunkt auf den ersten Blick vertraut erscheinen. Die existierende Welt insgesamt ist das Böse; faszinierend ist das Jenseits dieser Welt, ist die Urmacht des Lebens, aus der die Ordnung ihrerseits aufgebaut wurde. Hier kommt das Weltbild der *Gnosis* in den Sinn.[147] »... die Erkenntnis: Wer waren wir? Was sind wir geworden? Wo waren wir? Wohinein sind wir geworfen? Wohin eilen wir? Wovon sind wir befreit? Was ist Geburt? Was ist Wiedergeburt?« - Dieser Text aus der valentianischen Gnosis, wie er von Clemens Alexandrinus überliefert wird[148], nimmt Fragestellungen der hellenistischen philosophischen Tradition auf, gibt ihnen aber eine radikal neue Antwort. Der Kosmos ist nicht bergende Heimat des Menschen. Die Gestirne, die sich nach den unveränderlichen Gesetzen der Sphären bewegen, zeigen keineswegs die Verläßlichkeit und Harmonie des Weltgebäudes an, sondern sind die Wächter im Gefängnis der Menschen. Die Gesetze des Kosmos sind radikal böse und für den Menschen vernichtend. Die Gestirne sind die Mächte, die uns von unserer Heimat, der Welt ewigen Lichtes aussperren. Aus eigener Kraft ist es dem Menschen unmöglich, den Weg zurück zu finden. Es muß ein Erlöser kommen, der die in der Materie gefangenen Lichtfunken einsammelt, der die schlafenden Seelen aufweckt und an ihre vergessene Heimat erinnert. In dem Augenblick, in dem die Seelen ihres eigentlichen Zuhauses innewerden, die himmlischen Wächter täuschen und das Gefängnis der Materie verlassen können, wird auch die ganze alte Welt zusammenbrechen.

Bei näherem Zusehen ist jedoch eine signifikante Veränderung des Mythos in der Weise festzustellen, wie er in den Filmen verarbeitet wird: Es

147 Zu ähnlichen Ergebnissen ist Bernd Schwarze in seiner Analyse populärkultureller Musik (z.B. bei Sting) gekommen: B. Schwarze, Die Religion in der Rock- und Popmusik. Analysen und Interpretationen, Stuttgart u.a.1997, S. 141ff.

148 Zit. nach: A.M. Ritter, Alte Kirche. Kirchen- und Theologiegeschichte in Quellen Band 1, Neukirchen, 6. Aufl. 1994, S. 46

gibt - besonders deutlich in »Jurassic Park« - keinen Erlöser mehr. Die Akteure, die in die ökonomischen und technologischen Machbarkeitsphantasien verstrickt sind, sind inkompetent und in hybrider Weise selbstbezogen; und ihre Kritiker sind zu schwach, um eine wirkliche Hilfe zu sein. Nur die Opfer - die Kinder und die Erwachsenen, die sie zu beschützen versuchen - stehen noch für die minimale Chance eines Auswegs. Die traditionellen Erlösergestalten des Genres, Dr. van Helsing in »Dracula« und Batman, büßen die Macht der Alternative ein, weil sie sich selbst vom technologischen Größenwahn anstecken lassen, oder sie wirken gegenüber dem faszinierenden Gegenspieler ein wenig hausbacken.[149] Die Chance eines Auswegs liegt auch in diesen Filmen nur bei denen, die in der fiktiven wie der wirklichen ökonomischen und technologischen Ordnung die Unterlegenen sind: nämlich den Frauen in ihrer auf Beziehungsarbeit eingegrenzten Rolle als Geliebte und Hausfrau.

Die eigentlichen Macht-Gestalten in der ganzen Ambivalenz des Heiligen, faszinierend und erschreckend zugleich, sind die Gestalten des Bösen. Von ihnen ist Rettung aus der toten Moloch-Welt nicht zu erhoffen. Ihr Versprechen ist die lustvolle Verschlingung, das Happening von Gefressen- und Vergiftetwerden, die Einlösung des Versprechens, Opfer eines Kunst-Prozesses zu werden, »bis der Tod eintritt«. Die traditionellen religiöse Alternativen: Civitas Dei oder Civitas terrena, Gnade oder Gericht, Erwählung oder Verwerfung, sie werden auf die Ambivalenz der Erfahrung eines »heiligen Bösen« zusammengezogen.[150]

Warum haben Erlöser- und Rettergestalten keinen bzw. einen nur untergeordneten Platz in dieser »verkehrten Gnosis«? Bleiben wir für einen Augenblick in der bekannten Bildwelt der gnostischen Mythologie und denken beispielsweise an das »Perlenlied«. Es wird in den Filmen »anders erzählt« als in der religionsgeschichtlichen Vorlage: Die Seele wäre hier nämlich auf ihrer Reise in die Fremde gefangen und so tief eingeschläfert, daß sie den Ruf des Erlösers nicht mehr hören, seinen Brief nicht mehr lesen kann; sie nimmt, um der schlechten Ordnung entfliehen zu können, die Verschlingung durch die Macht des Bösen selbst schon als Rettung an bzw. hofft auf ein Entrinnen in den Armen der Geliebten oder im trauten Kreis der bürgerlichen Familie.

Ich denke, das Fehlen der Erlösergestalt und das Ausbleiben der Erlösungshoffnung in diesen Filmen nehmen ein Lebensgefühl auf, wie ich es im Kapitel »Kino und Ritual - Gewalt im Film« skizziert habe: sie sind Bestandteil einer »neuen Unübersichtlichkeit« in einer gesellschaftlichen Situation, in der die eingespielten Ordnungen brüchig sind und ihre Ohnmacht gegen-

149 Batman muß deshalb, weil er für den Geschmack des Publikums zu wenig gewalttätig erscheint, schließlich in den Rollstuhl geschickt und als Rettergestalt entmächtigt werden, s.o.

150 Die Symbolik des Bösen in den diskutierten Filmen repräsentiert und befördert so ein Lebensgefühl, das in der aktuellen Faszination vieler Jugendlicher durch esoterische Praktiken bis hin zu satanistischen Riten seinen gesteigerten Ausdruck erfährt.

über einer sich durch Ansteckung grenzenlos verbreitenden Gewalt immer wieder zeigen, nicht nur in Algerien oder im ehemaligen Jugoslawien.

3.4 Die gestaltlose Energie des Bösen: »Es«[151]

Der gegenwärtig wohl wirkmächtigste und auflagenstärkste Autor in der populärkulturellen Inszenierung des »Bösen« ist Stephen King. Zahlreiche seiner Bücher sind verfilmt worden. In dem populärkulturellen Diskurs über das Böse und die Erlösung nimmt er gegenüber den bisher interpretierten Werken insofern eine Sonderstellung ein, weil er auf der einen Seite die These einer konstitutiven Gestaltlosigkeit des Bösen vorträgt; der Bezug auf symbolische Ordnungen ist zufällig und wechselhaft. Zugleich ist das »Böse« bei Stephen King wirklich und radikal böse: hier liegt keine heilsame Kraft, und das Andere des Alltäglich-Bürgerlichen, das im Bösen aufscheint, hat keine Macht der Alternative.

Stephen King's Verständnis des Bösen ist nicht zuerst an der Frage nach seiner Gestalt und dementsprechend auch nicht an seiner Lesbarkeit auf dem Hintergrund der »symbolischen Ordnung« orientiert. In seinen Werken ist das Böse Energie, ist Macht, ist nicht symbolisch zu identifizieren, sondern gewissermaßen magisch wirksam und - wenn überhaupt - magisch zu beherrschen. Es wächst aus verdrängter Schuld und vergessenen individuellen und gesellschaftlichen Konflikten. Es ist konzentriert an besonderen gesellschaftlichen Orten: Es findet bei fundamentalistischen Sekten (»Talisman«) und aggressiven Abtreibungsgegnern (»Schlaflos«) ebenso eine Heimstatt wie in außer Kontrolle geratenen Maschinen - z.B. einem alten Straßenkreuzer (»Christine«) und einer alten Atomanlage (»Monstrum«) - oder im militärisch-industriellen Komplex (»Feuerkind«). Es lauert hinter der brüchigen Fassade kleinbürgerlicher Normalität aus Kleinstadtidylle und trautem Familienleben.

Das Böse ist wesentlich Energie und bleibt es auch. Und das bedeutet: Das Gestalt-Problem wird von King vielfältiger und damit auch unübersichtlicher gelöst als in anderen Werken des Genres. Das Böse kann sich ständig wechselnder Gestalten bedienen. In »Es« beispielsweise trägt es (»Es«) die Gestalt des Clowns Pennywise, der aber zugleich eine im Abwassersystem der Stadt hausende Riesen-Monster-Spinne ist, oder seine Stimme aus einer großen Flüssigkeitsblase im Waschbecken ertönen läßt, die als Blut zerplatzt. Oft hat es seinen Ort im Feuchten, Nassen und Dunklen. Es kann vom einen zum anderen wandern: Kings einschneidende Kritik an der Todesstrafe in dem 1996 monatlich erschienenen Mehrteiler »The Green Mile«[152] spitzt sich in der These zu, daß die böse Macht/Energie die Menschen, die zu Mördern und Vergewaltigern geworden sind, längst schon wieder verlassen hat, wenn sie der Justiz in die Finger geraten. Abgeurteilt

151 Stephen King's Roman »Es« (1986, deutsche Erstausgabe 1990) wurde 1990 bei Warner Brothers verfilmt; die exorbitante Länge dieses wie der anderen Werke von King (1096 Seiten bzw. 180 Minuten Spieldauer) hat ihr »Funktionieren« im Sinne der Wirksamkeit populärer Kultur nicht behindert.

152 Stephen King, The Green Mile, 1. Auflage ab März 1996.

werden dann die leeren, als menschliche Subjekte über sich selbst erstaunten oder sogar verzweifelten, leeren Hüllen der bösen Macht/Energie, die sich selber längst schon wieder an anderen Orten eingenistet hat.

Dem entspricht King's Verständnis des Guten, das gegen das Böse anzukämpfen allein eine Chance hat: Vertrautheit mit den eigenen Intentionen; Wahrhaftigkeit, sich auch den dunklen und schmerzhaften Seiten im eigenen Lebensvollzug zu stellen; Intimität und Solidarität mit anderen. Die Weigerung, das Spiel des Vergessens und Verdrängens weiter mitzuspielen; der Mut, den Kampf mit der bösen Macht aufzunehmen und sich bedingungslos auch den eigenen Verdrängungsmechanismen zu stellen; vor allem aber die Solidarität der Gemeinschaft als Gruppe, als Liebende, als Freunde. Mit dieser These kommt Stephen King einem Durkheim'schen Religionsverständnis sehr nahe[153]: Die Mythen und Rituale der »Religion« repräsentieren die gute Kraft/Energie der Gesellschaft als Gemeinschaft.

4. Die symbolische Ordnung des Bösen und das Gesicht des Anderen: »Sieben«

Es gibt Filme, die Gewalt anschaulich, die Begegnung mit Gewalt begehbar machen, die teilweise auch die Lust an Gewalt provozieren wollen. Und es gibt einen Film, der in exemplarisch gelungener Weise den Gewalt-Mechanismus selber reflexiv zum Gegenstand der Darstellung macht: »Sieben«.[154]

Der Täter im Film »Sieben« will das gesichtslose, bewußtlos wirksame, allgegenwärtige Böse in der modernen städtischen Zivilisation zur Gestalt bringen. Gemordet, gefressen, vergewaltigt, Leben verschenkt und Leben genommen wird überall. Die Taxis fahren daran vorbei, die Leute sehen darüber hinweg, aus einer Mischung aus Angst, Apathie und Gewöhnung. Der Täter will, daß das Böse der Gewöhnung entrissen werde. Er will Aufmerksamkeit, mehr noch: Entsetzen provozieren. Er will das allgegenwärtige Böse so steigern, daß man nicht mehr daran vorbeigehen kann.

Ein kathartisches Unternehmen? Ist der Täter ein Heiliger, einer, der durch das Böse das Gute provozieren will? Es könnte sich, zusammengefaßt, um eine paradoxe Intervention mit kathartischem Ziel handeln.

Aber wie verfolgt der Täter dieses Ziel? Wie wird das Böse zur Gestalt gebracht? Es geht zum einen, aber nicht nur und nicht vordringlich, um die Steigerung der Grausamkeit. Der Film ist hier mit Bildern ausgesprochen sparsam, aber animiert insbesondere durch die Schilderung der Atmosphäre, der Räume, Farben und Töne die Einbildungskraft der ZuschauerInnen. Ein Fettsack von Mensch ist in einer düsteren, heruntergekommenen Küche über Tage hin zum Essen gezwungen, zum Schluß mit einem Tritt in den Bauch

153 Vgl. E. Durkheim, Die elementaren Formen des religiösen Lebens, Frankfurt/M. 1981.

154 «Sieben«, USA 1995, Regie: David Fincher. Mit Morgan Freeman und Brad Pitt.

buchstäblich zum Platzen gebracht worden. Ein Drogenabhängiger ist über ein Jahr lang an sein Bett gefesselt worden, von allen äußeren Eindrücken abgeschnitten, jeder Artikulationsmöglichkeit beraubt worden - ihm wurde die Zunge abgeschnitten - und grenzenlos mit Drogen vollgestopft worden. Ein geldgieriger und betrügerischer Rechtsanwalt ist gezwungen worden, sich selbst ein Stück Fleisch aus dem Körper zu schneiden. Ein Freier ist gezwungen worden, eine Prostituierte mit einem Metalldorn zu vergewaltigen und ihr dabei den Unterleib aufzureißen usw.usw.

Höchste Steigerung der Brutalität, die den ZuschauerInnen des Films ebenso den Atem verschlägt wie den beiden Polizisten, die die Mordserie aufklären sollen, aber auch der im Film dargestellten medialen Öffentlichkeit - Zeitungen, Radio, Fernsehen. Diese Morde sind offenbar anders, entsetzlicher als all das, wogegen man sich abgestumpft hat. Diese Morde verbreiten Furcht und Schrecken - gerade nicht durch die Offensichtlichkeit der Bilder von zerstörten Körpern, sondern durch das, was sich die Leute, und zwar die Protagonisten des Filmes genauso wie wir, die wir ihn uns ansehen, dazudenken müssen. Die Szenen, die den im Bild knapp gestreiften Ergebnissen offensichtlich vorangegangen sind, und die für die Opfer tagelang, zum Teil jahrelang entsetzliche Qual bedeutet haben müssen. Diese Art von Gewalttat ist zuviel, um noch akzeptiert, selbst um noch abgestumpft ertragen werden zu können. Eine Art Opfer also, ein Ursprungsmord im Sinne von René Girard, eine Gewalttat solchen Ausmaßes, daß sie die allgegenwärtige Gewalt selbst stillstellt und mimetisch bindet? Der Täter - ein aristotelischer Dramatiker, der die Zuschauenden durch Furcht und Schrecken läutert und reinigt? Ein Priester? Einer, der einen heiligen Mord begeht?

Sehen wir vor einer Antwort weiter, was der Film zeigt. Es geht nicht nur um die Steigerung der Grausamkeit. Sondern die Gewaltakte gewinnen auf eine solche Weise Gestalt, daß sie auf eine uralte *symbolische Ordnung* bezogen werden und auf diese Weise lesbar werden, entschlüsselt werden können: die »sieben Todsünden«.

Die Zentralfigur des Films, der schwarze Polizist, dargestellt von Morgan Freeman, erweist sich als »Weiser« im klassischen Sinne dadurch, daß er in der Lage ist, diese Spur zu lesen. Eigentlich wollte er zehn Tage später seinen Dienst quittieren, zermürbt, distanziert, in gewisser Weise auch resigniert vor der allgegenwärtigen Gewalt. Und ihn schreckt auch gerade die Spur, die er herausfindet, durch das Studium der alten Bücher an dem nahezu einzigen Ort, der dem allgegenwärtigen Lärm, dem Polizeifunk, dem Gequassel des Filmes als ständiger Geräuschkulisse entkommt: die hohen, ehrfurchtgebietenden Räume einer alten Bibliothek. Morgan Freeman, der Polizist, der Weise. Er erklärt sich nur deshalb bereit, die gefundene Spur weiter zu verfolgen, um seinen jungen Kollegen zu unterstützen, der noch nicht so abgestumpft und resigniert gezeichnet wird. Der von Brad Pitt dargestellte junge weiße Polizist, engagiert, selbst atemlos und durch die Gewalttat provoziert, einer, der sich nicht distanzieren kann, der herausgefordert wird, der in der Gefahr steht, dem ähnlich zu werden, was er verfolgt.

Ihm will der alte, schwarze Polizist, der Weise, noch einmal eine Hilfe sein, eine Richtung geben; deshalb verschiebt er seinen Ausstieg aus dem Amt noch ein letztes Mal.

Wie gesagt: Die Spur, die er findet, wird dadurch lesbar, daß er die Gewaltakte auf eine symbolische Ordnung beziehen lernt, die seit ihrem Entstehen vor langer Zeit eben diese Aufgabe hatte: die böse Tat als solche identifizierbar zu machen. Nämlich die mittelalterliche, in ihren Anfängen altkirchliche Lehre von den »sieben Todsünden«.

Das Problem entsteht in der Alten Kirche, in den ersten Jahrhunderten der frühen Christenheit, im Zusammenhang mit dem Bußsakrament. Die Taufe tilgt nur die zuvor begangenen Sünden; aber je länger die Kirche in der Zeit besteht, desto stärker kommt die Möglichkeit einer zweiten Buße in den Blick. Als Todsünden gelten solche nach der Taufe begangenen Sünden, die so schwer sind, daß sie den Täter aus der durch die Taufe gewirkten Vereinigung mit Christus und aus der Bürgerschaft im Reiche Gottes ausschließen. Die Alte Kirche kannte im wesentlichen drei solche Todsünden: Mord, Ehebruch/Hurerei, und Abfall vom Glauben.

Mit der Ordnung der sieben, nicht drei Todsünden hat der Film eher die mittelalterliche als die altkirchliche Sündenlehre vor Augen. Sie findet sich in zahlreichen Lehrgedichten, in bildlichen Darstellungen, in Prosatexten, exemplarisch in Dante's »Göttlicher Komödie«.

Auch hier gilt die ursprüngliche Dreiteilung; aber jede der drei Hauptsünden wird weiter untergliedert.

I	incontinentia -	malitia -	foritas
II *(äußere Hölle)*	Wollüstige (1) Schlemmer (2)	Geizige, Neidische, Verschwender (3)	Zornige (4) und Mürrische
(innere Höllenstadt)		Gewalttätige und Betrüger (5)	
(unterste Hölle)		Verräter (6)	
(und selbst noch aus der Hölle ausgeschlossen)		die Lauen (7)	

Nicht nur die »Sieben Todsünden«, sondern auch die Ordnung der Bestrafung wird im Film »Sieben« entsprechend der »Göttlichen Komödie« organisiert: die der Tat angemessene Strafe, in der tatsächlich oder symbolisch Gleiches mit Gleichem vergolten wird. Noch ältere symbolische Ordnungen der jüdisch-christlichen Tradition kommen ins Blickfeld: der Tun-Ergehens-Zusammenhang in der Hebräischen Bibel, in der das Böse im Sinne einer Sphäre angesehen wird, in die das handelnde Subjekt durch die böse Tat inkorporiert wird und auf den Täter als böses Ergehen zurückwirkt. Das böse Handeln und die Strafe gehören dem gleichen Bereich an.

Ich sehe in diesem Punkt eine zentrale These des Films »Sieben«: Das Böse entfaltet nicht allein durch seine quantitative Steigerung, durch die Exponenzierung der Grausamkeit seine Gestalt und seine kathartische, furchteinflößende, die Gewalt bindende Wirkung, sondern *erst dadurch*, daß die böse Tat auf eine symbolische Ordnung beziehbar wird. Die symbolische Ordnung ist älter als die aktuelle Gewalttat, sie ist uralt, ist überkommen. An sie haben sich Jahrhunderte theologischer Reflexion, kirchlicher Zuchtübungen und Bußrituale gebunden. Die mittelalterlichen Beichtspiegel machen das Böse in seinem Kern, nämlich als *böses Begehren* entzifferbar. In der Reformation liegt hier ein zentrales Feld theologischer Neubesinnung: Nicht mehr einzelne Handlungen, sondern das Wie-Gott-Sein-Wollen des Menschen kommt als Ursünde in den Blick. Jetzt wird die entscheidende Grenzlinie - gegenüber der symbolischen Ordnung der »Sieben Todsünden« hochabstrakt - an der Scheidelinie zwischen Glauben und Unglauben, Gott und Gegengott (Mammon) angesiedelt; und zudem wird der ganze Mensch, auch der im Glauben gerechtfertigte Mensch während der Zeit seines Lebens auf der Erde als Sünder angesehen. Und dennoch ist die symbolische Ordnung nicht vollständig entmächtigt. Nur soll jetzt die Heilige Schrift als einzige symbolische Ordnung Geltung behalten. Eine der reformatorischen Hauptschriften Martin Luthers, »Von den guten Werken« aus dem Jahre 1520, entfaltet die ethische Orientierung für den Christenmenschen, indem er böses und gutes Handeln durch die symbolische Ordnung der »zehn Gebote« lesbar macht.

Könnte man den zunächst skizzierten Interpretationsweg für den Film »Sieben« - der Täter will durch Steigerung der Gewalt ins Grauenhafte die Katharsis der Gesellschaft durch Furcht und Schrecken erreichen - als den Weg einer aristotelischen Dramatik ansehen, so diesen zweiten Weg als Inszenierung im Sinne des Brecht'schen »epischen Theaters«: In dieser Interpretationsperspektive geht es nicht um Schrecken, überhaupt nicht um Gefühle oder Einfühlung, sondern ums *Zeigen* des *gestischen Gehaltes* der Gewalt, auf daß der/die ZuschauerIn durch Distanzierung erkenne und sich im Erkennen distanzieren lerne.

Alle bisherigen Beobachtungen könnten noch die Formulierung bestätigen, die ich im Ausgang gewählt habe: als sei der Täter der exemplarischen, die »sieben Todsünden« zur Gestalt bringenden Gewalthandlungen ein Heiliger, ein Priester nämlich, der der zu Tode gewaltkranken Gesellschaft den Spiegel vorhält.

Der Film etabliert aber weitere Erzählstränge, die es unmöglich machen, diese Deutung beizubehalten. Genau die Vermutung, die der weiße, junge, engagierte Polizist gegenüber dem Täter äußert, nachdem dieser sich freiwillig gestellt hat, wird sich in einer Radikalität bestätigen, daß nicht nur die Lebensgeschichte des jungen Polizisten, sondern auch die bislang provozierten Interpretationshaltungen der ZuschauerInnen aus der Kurve getragen werden. Der junge Polizist hält dem Täter vor: Er könne seine Taten nicht distanziert begangen haben. Wer auf diese Weise gewaltsam handelt, muß selbst emotional beteiligt sein; er muß eine perverse Lust an der Gewalttat haben, muß sein eigenes Begehren durch die Gewalt entzündet haben und so selbst in die Gewalttat verstrickt sein.

Der Höhepunkt der Gewalthandlungen, zum Zeitpunkt dieses Gespräches längst schon verübt, unmittelbar nämlich, bevor sich der Täter der Polizei gestellt hat, bestätigt diese Vermutung; und zugleich hat der Täter sein eigenes, böses Begehren in die *symbolische Ordnung* der »sieben Todsünden« selbstreflexiv eingezeichnet, ebenso wie die gewaltsame Antwort des weißen Polizisten auf diese letzte Untat: Er hat die junge Frau des Polizisten vergewaltigt, umgebracht und enthauptet (er entziffert diese Tat als Exemplar der Todsünde »Neid«: Neid auf ein glückliches, sexuell erfülltes Zusammenleben zwischen zwei Liebenden) und provoziert den Polizisten auf diese Weise, ihn selbst zu töten. Er läßt nämlich den abgeschnittenen Kopf der jungen Frau mit der Post anliefern und bringt den Polizisten so dazu, sich der Todsünde des Jähzorns zu überlassen.

Ist diese letzte Gewalttat tatsächlich das, was der Weise des Filmes, der alte, schwarze Polizist in ihr sieht, als er die Kiste mit dem Kopf der Frau öffnet und verzweifelt versucht, die Selbstjustiz seines jungen Kollegen abzuwenden, ehe noch sein Zorn vom sich selbst bezichtigenden Täter unumkehrbar entfacht ist - wirf die Waffe weg, ruft er seinem jungen Kollegen zu, aber es ist zu spät, er kann ihm nicht mehr zuhören. Die Diagnose des Weisen, als er die Kiste öffnet: Der Täter ist stärker als wir. Er hat so weit vorgeplant, daß er den tödlichen Zorn des Polizisten vorausgesehen hat, der die Polizei und die Rechtsordnung insgesamt bloßstellen soll: nämlich als *eingebunden in das Böse,* als Bestandteil des Systems der »sieben Todsünden«. Und wie der Täter selbstreflexiv die eigene Verstrickung ins Böse eingesteht, so hat er mit seiner Bestrafung zugleich auch die notwendige Sühne vorhergeplant, nicht nur für seine Untaten, sondern für das hinter ihnen liegende Begehren. Diese Diagnose würde zusammengefaßt lauten: Der Täter ist nicht Heiliger, nicht Priester, sondern der exemplarische Intellektuelle, der um die enge Verstrickung von Wissen und Macht weiß und diese Verbindung bis zum letzten seinen Intentionen nutzbar zu machen versteht (Foucault).

Aber der Film negiert an einer zentralen Stelle auch diese Lektüre. Denn die einzige Person des Filmes, die als der Gewalt tatsächlich entzogen dargestellt wird, die in der Lage ist, Schmerz und Trauer, aber auch Fröhlichkeit und Intimität zu zeigen, die Frau des weißen Polizisten nämlich, sie wird zugleich als einziges der hingeschlachteten Opfer als Gesicht gezeichnet, das zu Einfühlung und Identifikation einlädt.

Opfer ist sie in vielfacher Hinsicht: Letztes Opfer der Gewaltakte des Täters, durch das er seine eigene Verstrickung in die Liste der Todsünden erweisen will (Neid); Opfer der Berufsroutine des Ehemannes, die den Raum für Intimität und Spontaneität in zunehmendem Maße vernichtet und ihm nicht einmal mehr die Einfühlung läßt wahrzunehmen, daß seine Frau schwanger und er selbst im Begriff ist, Vater zu werden; Opfer selbst in der einzigen vertrauten Beziehung, die die Frau in der fremden und sie ängsti-

Kapitel 4: Lebensgefühl

1. Apokalypse in populärkulturellen Filmen

1.1 Interpretationsperspektiven

Der Blick auf die Rituale, die Mythen und Symbole der populären Kultur soll in diesem Kapitel keinesfalls aufgegeben werden. In Ritualen, Mythen und Symbolen wird offenbar ein *Lebensgefühl* angesprochen, das anders nicht wahrnehmbar und nicht aussagefähig wäre. Es handelt sich keinesfalls um ein Lebensgefühl, das nur in der Jugendkultur vorherrscht, hier jedoch besonders deutlich: Die Zukunftsperspektiven - und zwar die individuellen wie die gesellschaftlichen - sind ungewiß. Die Möglichkeiten des gesellschaftlichen Zusammenlebens, aber auch das Mit-Leben mit der natürlichen Lebensumwelt sind fundamental bedroht. Viele ahnen dies, viele wissen dies sogar, ohne daß dieses Wissen an der Oberfläche des Alltagsbewußtseins wirksam würde. Kein Mensch kann so leben, daß er beständig das eigene oder das gesellschaftliche Verderben vor Augen hätte, auch im »Zeitalter der Lebensgefahr«[156] nicht. Und dennoch ist dieses Lebensgefühl da, es braucht seine Artikulationsmöglichkeit. Und sie wird in einem Filmgenre angeboten, dem die folgenden Interpretationen von Apokalypse-Filmen gelten: »Der Erlöser kommt nach der Katastrophe.«

Zunächst werde ich - im Blick auf mehrere massenwirksame Apokalypse-Filme der letzten Jahre - nach gemeinsamen Strukturmustern fragen; in einem zweiten Schritt der Interpretation werde ich - langsamer und dem Erzählduktus folgend - einige Filme genauer ansehen, die eine *spezifische* apokalyptische Zeitstruktur zeigen: die weltumfassende Katastrophe *ist bereits* eingetreten, kommt also nicht erst noch; was heißt unter dieser Perspektive: »Erlösung«? - Abschließend diskutiere ich zwei Erklärungsmuster, die über die Massenwirksamkeit und Faszination dieser Filme für Millionen von ZuschauerInnen Aufschluß geben wollen.

Folgende Strukturmuster sind für die aktuellen massenwirksamen Apokalypse-Filme signifikant:

- Apokalypse-Filme leben aus einem *radikalen Dualismus,*
- der dadurch funktioniert, daß Gestalten des Bösen und der Erlösung präsentiert werden, und zwar in einer Weise, daß *zentrale Symbole der Religionsgeschichte, insbesondere der jüdisch-christlichen Religionstradition* in Anspruch genommen werden.
- Schließlich inszenieren die Apokalypse-Filme eine *zeitliche Struktur,* in der der »kommende Äon« keinesfalls als Heilszeit, sondern vielmehr als Zeit der katastrophalen Vernichtung allen Lebens gedacht wird. Ein gan-

156 Vgl. den entsprechenden Titel bei M. Josuttis, Der Kampf des Glaubens im Zeitalter der Lebensgefahr, München 1987.

zes Erzählgenre, für das ich mich besonders interessiere, funktioniert, wie gesagt, nach dem Schema, daß die »ultimative Katastrophe« schon eingetreten ist, und zwar nicht in der Gestalt des *Mr. Bean:* »Der Erlöser kommt nach der Katastrophe«.

In der folgenden Darstellung vermischen sich die drei Interpretationsperspektiven immer wieder; es wird mal die eine, mal die andere Perspektive stärker hervorgehoben. Ich beginne mit der dualistischen Struktur, und ich frage dabei nach den Gestalten der bösen und der guten Macht.

1.2 Die dualistische Struktur

1.2.1 Das Böse/die vernichtende Macht und ihre Gestalten

Greifen wir einen besonders wirkmächtigen Streifen heraus, nämlich »Independence Day« (1996). Das Bild der außerirdischen Angreifer ist ambivalent. Sie sind auf der einen Seite das ganz Andere. Sie kommen vom Himmel, aus einer vollständig anderen, vom Menschen aus undurchschaubaren fernen Welt. Sie sind vollständig übermächtig. Sie sind vollständig böse. Man kann sagen: sie verkörpern die dunkle Seite des Heiligen.

Das ist das eine. Und es ist in einer spezifischen Weise höchst interessant. Ich denke an eine Erfahrung, die Birgit Kuhlmann - Berufsschulpfarrerin an einer Bottroper Berufschule - erzählt: Bei der Frage danach, was die Jugendlichen am Gegenstand »Religion« interessiere, kommt immer wieder das Stichwort »Außerirdische«: weit vor Jesus oder der Auseinandersetzung mit der Bibel, weit auch vor solchen Themen wie »Freundschaft/Liebe« oder »Drogen«. Die »Außerirdischen« werden mit »Gott« assoziiert, mit dem - aus der Perspektive der Menschen - ganz Anderen, und diese Gestalt wird in »Independence Day« offenbar wirkungsvoll aufgenommen. Die dunkle Macht des Heiligen.

Auf der anderen Seite sind die Aliens in »Independence Day« alles andere als das ganz Andere: sie sind der Abschaum aus der Perspektive menschlicher Kultur. Sie machen alles kaputt. Sie wollen keinen Frieden. Sie sind radikale Ausbeuter: wie Heuschreckenschwärme (man denke an die ägyptischen Plagen in Ex 1-12), die erst weiterziehen, wenn alles ausgeplündert ist. Sie sind technisch viel weiter als die menschliche Zivilisation, aber nicht vollständig anders: die Helden des Filmes können ihre Technologie entschlüsseln und sie mit ihren eigenen Mitteln schlagen. Und sie haben als dunkle Macht des Bösen auch ihr Gutes: alle Menschen müssen zusammenrücken, um das Überleben gegen diese »Schädlinge« behaupten zu können.

Ich bin an beidem interessiert: an dem dunklen »Göttlichen« und Heiligen in den Gestalten des Bösen, und auch an ihrer dennoch anthropomorphen oder besser: von der menschlichen Kultur aus zuordnungsfähigen Gestalt.

Das Böse ist in den Apokalypse-Filmen in einer zweiten Perspektive die unkontrollierte, rabiat gewordene und zu unermeßlicher Vernichtungsfähigkeit gesteigerte Macht *menschlicher* technologischer Vernunft: in Terminator 2

(1991) ist es ein außer Kontrolle geratener Großcomputer, der, als er selbst bedrängt wird, den umfassenden Atomschlag auslöst; außerdem intelligente Maschinen, die nach dem Vernichtungsschlag gegen die übriggebliebenen Menschen Krieg führen.

Diese Gestalt des Bösen - die nicht mehr beherrschbaren katastrophalen Folgen menschlicher Naturbeherrschung - wird in verschiedenen Filmen aufgenommen und variiert: in »Twelve Monkeys« (1996) sind es in gentechnologischen Labors produzierte und unkontrolliert freigesetzte Killerviren, die innerhalb weniger Tage die Weltbevölkerung bis auf wenige Überreste ausrotten; das Motiv der größenwahnsinnigen und darin zerstörerischen menschlichen Herrschaftsphantasien, Leben selbst herstellen zu können, wird auch in den »Jurassic-Park«-Filmen (der jüngste 1997) erzählt.

In der Darstellung der Gestalt des Bösen werden menschheitsgeschichtlich uralte mythologische Muster aufgenommen. Ich erinnere an meinen Interpretationsvorschlag: In Jurassic Park I und II (1993 und 1997) - Apokalypse-Filmen darin verwandt, daß sie die Vernichtung der Zivilisation an begrenzten Lebenswelten durchbuchstabieren -, sind die gentechnologisch produzierten Saurier symbolgeschichtlich die Drachen, mit denen der Heilige Georg und der Heilige Michael im Mittelalter zu kämpfen hatten, aber das mythologische Muster ist noch viel älter. Eine gegenüber diesen mythologischen Symboltraditionen stärker theologisierte und intellektualisierte Version der Gestalt des Bösen bietet »Das fünfte Element« (1997): Das Böse ist das Nichtige, ist aus sich heraus nur leere Energie. Es gewinnt seine Macht dadurch, daß es - aus wie guten Absichten auch immer - mit den falschen, nämlich gewaltsamen Mitteln bekämpft wird, worin sich die, die es angreifen, dem Nichtigen selbst unterstellen.

Einen weiteren Schitt in Richtung einer Verinnerlichung in der Symbolgestalt des Bösen geht noch Steven Spielberg's Aliens-Klamotte »Men in Black« (1997). Die Aliens sind unerkannt unter und in uns, sie ziehen sich menschliche Gestalt an wie ein Kleidungsstück. Nur die können sie erkennen und kontrollieren, die sich selbst von jeder Einbindung in alltäglich-normale zwischenmenschliche Beziehungen vollständig fernhalten. Zugleich kommen andere Gestaltelemente ins Spiel: das Ungeziefer-Motiv aus menschlicher Perspektive (die »interstellare Schabe« als Machtzentrum des Bösen); oder menschenähnliche Gestalten, die im Falle eines Angriffes jedoch in vollständige Gestaltlosigkeit übergehen: sie werden zu Schleim, der sich auf die Körper der Angreifer verspritzt, Schleim zugleich als Stoff, der im Inneren auch jedes menschlichen Körpers selber da ist.

1.2.2 Das Gute/die erlösende Macht und ihre Gestalten

Ich möchte die helle Seite der dualistischen Struktur in einer »langsamen« Interpretation einiger Filme ausführlich aufnehmen und hier nur einige Bemerkungen zu Gestalt-Elementen machen, die in fast allen mir bekannten Apokalypse-Filmen gemeinsam vorkommen:

- Rettung kommt, wenn überhaupt und wie prekär auch immer, aus der gelingenden Intimität zwischen Liebenden: zwischen liebenden Erwachsenen und zwischen Erwachsenen und Kindern. Die Psychiaterin, die über den »Kassandra-Komplex« forscht, und der Bote aus der künftigen, von der großen Katastrophe verschonten Rest-Menschheit in »Twelve Monkeys«; die Beziehung zwischen Mutter, Kind und Maschinen-Mensch in »Terminator 2«; die solidarische und fürsorgende Beziehung zwischen den kritischen Saurier-Forschern und Kindern in »Jurassic Park« usw. usw.; der aktuelle Apokalypse-Film »Das fünfte Element« bringt diesen Aspekt auf die ideologische Formel: Das fünfte Element ist die Liebe.

- Rettung kommt von den Gestalten, die in den hochtechnisierten spätbürgerlichen Gesellschaften die »outlaws« sind: die psychiatrisierte, in einer Irrenanstalt eingesperrte Mutter in »Terminator 2«, die zugleich Kontakte zu hochbewaffneten antizentralistisch kämpfenden Milizen mit Sandino-Kontakten in den USA-Südstaaten unterhält; die Striptease-Tänzerin, der Schwarze, und der versoffene und spinnerte Latino (»er ist von den Aliens sexuell mißbraucht worden«) in »Independence-Day«; der medikamentös stillgestellte, mal gewalttätige und mal hilflos vor sich hinsabbernde Psychiatrie-Patient in »Twelve Monkeys«.

- Die Retter-Gestalten werden in den Apokalypse-Filmen in der Regel im Sinne des Opfer-Mythos plaziert, den diese Filme mit zahllosen Märchen, politischen Mythen (z.B. die Dolchstoß-Legende nach dem 1. Weltkrieg) und populärkulturellen massenwirksamen Erzählungen und Ritualen (das Begräbnis der »Prinzessin der Herzen«) teilen und das ich bereits in der Interpretation von »König der Löwen« im Sinne eines »Standard-Mythos« vorgestellt habe.

1.2.3 Der Kampf zwischen Gut und Böse

Nicht nur in den einzelnen Symbol-Gestalten, sondern auch in dem antagonistischen dualistischen Endzeit-Kampf-Motiv nehmen die Apokalypse-Filme geprägte und ausgearbeitete Gestalten aus der symbolischen Tradition auf.

Aber handelt es sich hier tatsächlich um die symbolische Tradition der apokalyptischen Schriften? Die Filme erzählen nicht von der Hoffnung auf einen *neuen Äon*, der aus den Geburtswehen der zusammenbrechenden alten Weltzeit erstehen wird. Das neue Jerusalem, das Reich Gottes, in dem alle Tränen abgewischt werden, ist nicht die Hoffnung dieser Filme. Es geht eher um ein Entrinnen einiger »Gerechter«, nämlich zur Liebe fähiger Menschen; aber auch ihre Perspektive ist in der Regel nicht eine neue Heilszeit.

Werden hier nicht eher andere Symboltraditionen angespielt? Ich denke wiederum, wie bereits in der Interpretation der Saurier-, Dracula- und Batman-Filme, an den gnostischen Mythos, der relativ bald aus dem Bestand des in der frühen Kirche ausformulierten Kanons an Glaubensmöglichkeiten ausgeschieden wurde. Die existierende Welt insgesamt ist unrettbar an das Böse verloren. Rettung kann aus *dieser* Welt nicht mehr kommen, sondern nur von einem radikal andern Ort her: aus der Zukunft, aus einer Zeit *nach* der (fast) endgültigen Vernichtung; oder aus den Tiefen des Raumes, vom Fremden/Andern, von den Aliens her. Die Apokalypse-Filme nehmen die Struktur des traditionellen gnostischen Mythos auf, deutlicher jedenfalls als die apokalyptische Tradition der kanonischen biblischen Schriften. Die Filme erzählen den gnostischen Mythos neu, modifizieren und radikalisieren ihn bisweilen: Sie sind darin erheblich »dunkler« als die symbolische Vorlage, daß sie eine Perspektive des Heils und der Heimat selbst für die Geretteten nicht ausmalen.

1.3 Der Erlöser kommt nach der Katastrophe

Die massenwirksamen populärkulturellen Apokalypse-Filme funktionieren darin, daß sie symbolische Gestalten aufnehmen, die es im Arsenal der religiösen Symboltraditionen schon »gibt«. An diesem Phänomen bin ich jetzt interessiert, wenn ich einige Filme - insbesondere im Falle von »Twelve Monkeys« - nicht mehr summarisch, sondern langsamer, der Erzählung folgend, interpretieren will. Die Filme, die mich interessieren, haben vor allem eine spezifische Zeit-Vorstellung gemeinsam. Ihr Ausgangs-Plot: Die bewohnte menschliche Zivilisation ist bereits vernichtet, der Untergang der Welt ist Tatsache geworden, und zwar als Konsequenz der technischen, durch Allmachtswahn und ökonomische Profitinteressen motivierten Naturbeherrschung der Menschen.

1.3.1 »Waterworld« (USA 1995; Regie: Kevin Costner)

Aufgrund der Erderwärmung sind die Polkappen abgeschmolzen, die gesamte Erde ist mit Wasser bedeckt. Überlebende der menschlichen Zivilisation hausen auf verrostenden metallischen Inseln inmitten des grenzenlosen Ozeans. Die ökonomischen Möglichkeiten sind auf rudimentären Gabentausch zwischen einzelnen Booten und Inseln begrenzt. Die Reste der Zivilisation sind durch anarchische Gestalten bedroht, die sogenannten »Smoker«: sie greifen die friedlichen Inseln und die Boote der Händler an, sie finden Gewalt geil, sie wollen zerstören und plündern.

Alle, auch die Smoker, sind von »Dryland« beseelt, der Phantasie von einem trockenen Land, auf dem Pflanzen wachsen, Tiere und Menschen leben können.

Der erwachsene Protagonist des Filmes, der von Kevin Costner dargestellte »Mariner«, lebt autark und frei auf seinem superschnellen Segelboot. Er weiß, daß »Dryland« eine leere Phantasie ist: er hat mit seinen besonderen Tauch-Vorrichtungen die untergegangenen Städte auf dem Meeresboden gesehen. Er weiß: Dryland liegt weit unter den Fluten des Ozeans, ist längst überspült und untergegangen.

Sein Gegenüber ist ein kleines Mädchen: Sie verkörpert die Gewißheit, daß »Dryland« keine Wahnidee ist, sondern konkrete Utopie. Auf ihrer Haut ist eine Karte eintätowiert, auf der der tatsächliche Weg zum »Dryland« verzeichnet ist. Das Mädchen lebt gemeinsam mit seiner Mutter, ist aber selber beständig bedroht: Wer sich dieses Kindes bemächtigt, wird Dryland finden.

Der Film schildert über weite Strecken die komplizierte Beziehung zwischen Mariner, Kind und Mutter. Der Mariner muß seine Autarkie aufgeben, sein Vertrauen in die technischen Möglichkeiten seines Schiffes, und sich auf die intime Beziehung zur Frau und zum Kind einlassen. Gemeinsam können sie schließlich das Böse besiegen und die »Smoker« überwinden. Sie finden »Dryland«: die Utopie wird zur realen Rettung, neues Leben wird möglich.

Der Film repräsentiert einigermaßen vollständig die Elemente des »Standard-Mythos«, wie er von Rolf Sistermann postuliert wurde:

- Am Anfang steht die ursprüngliche, paradiesische Ordnung (dryland - als unzerstörte Natur, die es einmal - vor der technischen Beherrschung durch die Menschen - gegeben hat; und als Utopie der übriggebliebenen Zivilisation);
- es kommt zum Einbruch des Bösen (in der doppelten Gestalt: die Überflutung der Welt in Konsequenz der durch Menschen verschuldeten ökologischen Katastrophe; und die Bedrohung der Rest-Zivilisation durch die »Smoker«).
- Auftritt: die Gestalt des Retters (in der Trinität: der auf Autarkie gegenüber jegliche Intimität bedachter Mariner als Wahlvater; das Mädchen als himmlisches, paradiesisches Kind drylands, wo sie aufgewachsen ist: das Kind hat Anteil an der ursprünglichen guten Ordnung und ist zugleich der Weg (die Wahrheit und das Leben) dorthin zurück - in Anspielung an die neutestamentliche Rede vom »logos«; und die Mutter als notwendige Mittlergestalt, die Mann und Mädchen zusammenbringt: Maria).
- Schließlich kommt das notwendige Opfer und die Ausrottung des Bösen: Der Mariner muß seine gesamte Lebenskonzeption preisgeben, um den Weg in das Leben zu finden; so und nur so kann er den aussichtslos erscheinenden Kampf gegen das »Böse« gewinnen.
  Aber der Film folgt nicht nur den Stationen eines Opfer-Standardmythos; er platzt nahezu vor Anspielungen auf zentrale Texte des Alten und Neuen Testaments. Die Schöpfungserzählung. Das Paradies. Die Sinflut. Die Arche Noah (in diesem Fall der verrottete Supertanker, die Home-Base der »Smoker«.) Die Weihnachtserzählung: das himmlische Kind.

1.3.2 Terminator 2 (1991; Regie: James Cameron)

Kommen wir zu einem weiteren exemplarischen Film dieses Genres: »Terminator 2«, ein nach seinem bereits höchst erfolgreichen Vorgänger 1991 produzierter Hollywood-Film, wurde mit fünf »Oscars« überhäuft.[157]

Die Erzählung: Die menschliche Rest-Zivilisation ist nach einer umfassenden atomaren Katastrophe in einen erbarmungslosen Krieg gegen eine Generation übermächtiger intelligenter Maschinen verstrickt. Beide Seiten schicken via Zeitmaschine vollautomatisierte Maschinen in Menschengestalt in die bewohnte Welt vor der Katastrophe zurück. Die Kriegspartei der intelligenten Maschinen verfolgt das Ziel, den Anführer des Aufstandes der nach der atomaren Vernichtung übriggebliebenen Menschheit bereits als Kind zu töten und die nachzivilisatorischen Menschen, um ihn zu retten. Die »gute«-Mensch-Maschine ist der »Terminator«.

Obwohl als eher konventionelle mechanisch-computerisierte Maschine dem Gegenspieler - einem Prototyp aus einer fast unbegrenzt regenerationsfähigen Flüssigmetall-Legierung - unterlegen, kann der Terminator den Rettungsplan erfolgreich zuende bringen. Ja, es gelingt sogar rückwirkend, die atomare Vernichtung der menschlichen Zivilisation abzuwenden; der entscheidende Micro-Chip kann untauglich gemacht werden.

Es sind vor allem zwei Wege der Erlösung, die »Terminator 2« vorstellt. Auf der einen Seite steht die langsam wachsende intime, verläßliche und vertrauensvolle Beziehung zwischen dem Retter-Kind, seiner Mutter und der Retter-Maschine »Terminator«; auf der anderen Seite (trotz des ausdrücklich kritischen Blickes auf die zerstörerischen Auswirkungen der modernen Technologie, insbesondere der Computer- und Atomtechnologie) gilt auch der Einsatz von modernster Technik und von modernsten Waffen als Rettungsweg - wenn sie von der »richtigen Seite« eingesetzt werden.

An diesem Punkt ist die message von »Terminator 2« inkonsistent: Auf der einen Seite wird der Mythos in seiner Reingestalt - das himmlische Kind; seine schützende Mutter; der aus der Zukunft kommende Retter (großer Bruder? Vater?) - gegen die als radikal verdorben, zerstörerisch und böse geltende moderne Technologie gesetzt: in Gestalt eines außer Kontrolle geratenen Großcomputers, der die atomare Katastrophe auslöst. Auf der anderen Seite sind nicht nur die »guten Mächte«, sondern auch die Macher dieses Filmes von der Ästhetik der Maschinen, von den Sounds, von den Explosionen in einer Weise fasziniert, daß die technologiekritische These unglaubwürdig zu werden droht.

157 Über die Zitate aus der Welt religiöser Symbole in diesem Film hat es eine breite Diskussion gegeben. Ich nenne exemplarisch: E. Gottwald, Zwischen Mythos und Spiel. Theologische Zugänge zum Unterhaltungsfilm. In: ders. und M. Ammon (Hg.), Kino und Kirche..., a.a.O., S. 34ff.; H.-D. König, Mutter und Sohn und ein Mann aus Stahl. Tiefenhermeneutische Konstruktion von »Terminator 2«. In: medien praktisch, 1/94, S. 12ff; 2/94, S. 45ff.; 3/94, S. 52ff.; sowie: G. Seeßlen, Vater war eine Erlösungsmaschine. Mit »Terminator2« beginnt ein neues Nachkriegskino. In: ders., Clint Eastwood, Federico Fellini: Essays zum Kino. Berlin 1996, S. 128-139.

Immerhin: Die »gute« Maschine dieses Filmes, der Terminator, ist die technologisch veraltete und nach allem menschlichen Ermessen unterlegene Maschine. Der Sieg der Guten hängt letztlich an der gelingenden Intimität und am ungebrochenen Mut derer, die aus einer aussichtslosen Lage heraus dennoch den Kampf aufnehmen.

Ein Aspekt der Filmerzählung ist mit Blick auf die »symbolische Ordnung« hervorzuheben: nämlich die in diesem Film behauptete Notwendigkeit des Selbstopfers der Retter-Gestalt. Im dramatischen Höhepunkt ist das eigentlich unüberwindliche Böse, der Prototyp einer sich selbst generierenden Vernichtungs-Maschine, bereits ausgelöscht. Das Böse ist überwunden.

Das ist jedoch nicht genug: Der Retter, der »gute« Terminator - obwohl ebenfalls Maschine, eine beziehungsfähige und zu Trauer und Empathie fähige Gestalt, vom Gegenspieler schon bis zur Unkenntlichkeit zerstört, so daß seine Gestalt »keine Schöne« mehr hat (in Anspielung auf den Gottesknecht in Jes 53) muß *sein* Leben dahingeben, damit das Leben der Menschen überhaupt weitergehen kann.

1.3.3 Twelve Monkeys (1995; Regie: Terry Gilliams)

Dieses Erzählmuster wird in einem dritten Film aufgenommen und in signifikanter Weise modifiziert: nämlich in »Twelve Monkeys«). Mit einem langsamen Blick auf diesen Film will ich die Interpretation der Apokalypse-Filme abschließen und einige Erklärungsmuster für die Plausibilität ansprechen, die diese Filme für das Lebensgefühl zahlreicher ZeitgenossInnen offenbar gewinnen können.

Auf den ersten Blick ähnelt die Erzählung und auch die Szenerie von »Twelve Monkeys« der von »Waterworld« und »Terminator 2«. Auch hier handelt es sich um eine Geschichte aus der Perspektive *nach* der großen Katastrophe. Die menschliche Zivilisation ist bis auf wenige Überreste ausgerottet. In diesem Falle handelt es sich um den größten anzunehmenden gentechnologischen Unfall. Im Dezember 1996 kommen innerhalb weniger Wochen über fünf Milliarden Menschen ums Leben, weil sich die Sicherheitssysteme gentechnologischer Produktionsanlagen als unzureichend erweisen. Ein ausgeklinkter Weltuntergangsfanatiker, Mitarbeiter eines wissenschaftlichen Virenforschungsprogramms, setzt absichtlich tödliche Viren auf einer Flugstrecke über Baltimore, San Francisco, New York, Paris, London, Peking frei.

Ähnlich wie in »Terminator 2« arbeitet auch »Twelve Monkeys« mit der Vorstellung einer Reversibilisierung der linearen Zeitstrecke: die Wissenschaftler der kleinen menschlichen Zivilisation, die im Jahr 2035 vollständig abgeschirmt unter der Erde überleben, schicken mit einer Zeitmaschine einen Boten - nach mehreren mißglückten Versuchen - zielgenau in die entscheidenden Tage des Jahres 1996 an den Ort zurück, an dem die Katastrophe ihren Ausgang nahm. Ziel ist diesmal nicht die Rettung der Welt (wie bei »Terminator 2«), sondern die Möglichkeit des Weiterlebens der Menschen *nach* der auch aus der Perspektive der Zukunft *unabwendbaren* Katastrophe. Ziel der Reise ist, einen noch nicht mutierten Typus des tödlichen

Virus zu finden und damit ein Gegengift zu entwickeln. Die Menschen, so die Hoffnung dieses Filmes, sollen wieder auf die Erdoberfläche zurückkehren können.

Die erzählte Filmgeschichte ist einigermaßen kompliziert und komplex. Der Protagonist, dargestellt vom Action-Star Bruce Willis (»Stirb langsam« u.a.), ist als aufmüpfiger und schwer kontrollierbarer Häftling der unterirdischen nach-katastrophischen Menschenzivilisation als sog. »Freiwilliger« gezwungen worden, auf die Erdoberfläche zurückzukehren. Seinen ersten Auftrag absolviert er erfolgreich: Durch einen Schacht hindurch, mit Hilfe eines aufgeblasenen Kunststoffanzugs von der Virengefahr vollständig abgeschirmt, begibt er sich nach oben, in die menschenleere städtische Winterlandschaft Baltimores der »Gegenwart« des Jahres 2035. Der Auftrag dieser ersten Mission: Lebende Kleintiere und Insekten zu sammeln, aus denen die Viren zur Entwicklung des Gegengiftes gewonnen werden können.

Damit ist zugleich ein Thema der Story etabliert: Durch den Virus ist nicht *alles* Leben auf der Erde ausgerottet, sondern »nur« das menschliche Leben. Die Tiere haben überlebt, und sie beherrschen jetzt die Erdoberfläche. Durch die verfallenden Geschäftshäuser Baltimores streifen Bären, Löwen und Elefanten.

Durch diese erste Mission qualifiziert, wird der Protagonist von den Wissenschaftlern/Machthabern der unterirdischen Zivilisation für Größeres auserwählt. Er soll sich für eine Zeitreise in die Vergangenheit zur Verfügung stellen. Ziel ist die Suche nach denen, die die Freisetzung des Virus zu verantworten haben. Nach den Informationen der Unterirdischen handelt es sich um eine Gruppe mit dem Namen »Twelve Monkeys«, eine Schar von leicht überkandidelten jugendlichen Gegnern von Tierexperimenten, deren Ziel der Befreiung von Tieren, die zu wissenschaftlichen Versuchen mißbraucht werden - so die Information der Überlebenden -, sich bis zur katastrophalen Freisetzung der Kleinsttiere, der tödlichen Viren gesteigert hat.

Aber die Zeitmaschine funktioniert zunächst nicht richtig; der Protagonist wird ins Jahr 1990 geschossen, wird nackt von der Polizei aufgegriffen und angesichts seiner hysterischen Warnungen vor einer unmittelbar bevorstehenden Ausrottung des Menschengeschlechtes, angesichts seiner Behauptung, das Jahr 1990 sei nicht Gegenwart, sondern Vergangenheit, und angesichts seiner tendenziellen Gewaltbereitschaft gegenüber Polizisten in eine Irrenanstalt gesteckt.

Hier entwickeln sich zwei für die weitere Handlung entscheidende Beziehungen: nämlich zu einem von Brad Pitt dargestellten manischen Patienten, Sohn eines berühmten Virologen, ständig von der Phantasie eigener Befreiung und der Befreiung von Mithäftlingen und anderen Lebewesen, insbesondere von Tieren besessen; und zu einer einfühlsamen Psychiaterin, deren wissenschaftliches Interesse unter anderem dem gilt, was sie »Kassandra-Komplex« nennt: Es handelt sich dabei um die Überzeugung von Menschen, daß der Untergang der Welt unmittelbar bevorsteht, um ihren Drang, die Menschheit retten oder zumindest warnen zu müssen, und ihr Irrewerden an der Vergeblichkeit dieser Warnung; eine Disposition, die solche prophetischen Gestalten unter den Bedingungen der bürgerlichen Zivilisation in der Regel irgendwann zu Insassen von Irrenhäusern macht.

Nach einem weiteren Fehlversuch wird der Protagonist mit Hilfe der Zeitmaschine endlich zielgenau in die Vorweihnachtszeit 1996 nach Baltimore geschossen. Er entführt seine ehemalige Ärztin aus dem Psychiatrie-Aufenthalt 1990, die gerade einen Vortrag über den »Kassandra-Komplex« gehalten hat, und zwingt sie, mit ihm gemeinsam nach den »Twelve Monkeys« zu suchen.

Die Suche ist erfolgreich: In verrotteten und verlassenen stillgelegten Geschäften der Slums von Baltimore wird die Gruppe aufgespürt, mittlerweile angeführt von seiner zweiten Psychiatrie-Bekanntschaft, dem manischen Virologen-Sohn. Es stellt sich im Höhepunkt der Filmerzählung heraus, daß von dieser Gruppe nicht die katastrophale Virenbefreiung ausgegangen ist; die »Twelve Monkeys« befreien vielmehr einen ganzen Zoo von Großtieren. In eindrucksvollen Computeranimationen hergestellt, werden ganze Herden von Giraffen, Zebras und Löwen in Szene gesetzt, die in hellem Sonnenlicht über die Highways von Baltimore spazierengehen.

Die Viren werden nicht von den alternativen Tierbefreiern freigesetzt, sondern von einem Mitglied des Hightech-Apparats der Bioindustrie selbst. Das Böse kommt aus dem Zentrum des wissenschaftlich-technisch-industriellen Systems. Bei dem Versuch, diesen ausgeklinkten Weltzerstörer noch zu stoppen, wird der von Bruce Willis gespielte Protagonist auf dem Flughafen von Baltimore erschossen.

Zwischen dem Protagonisten und seiner Psychiaterin entspinnt sich eine Liebesgeschichte, die in sich sehr komplex und zudem für das Verständnis der Filmhandlung höchst bedeutsam ist. Der Film erzählt eine reziproke Entwicklung beider Persönlichkeiten. In ihrer Anfangsphase entsteht die Spannung in dieser Beziehung daraus, daß der Bote aus der zukünftigen Welt all das, was er sieht, hört und erfährt, aus seinem Wissen um das Ende des menschlichen Lebens, aber auch aus seiner Verzauberung durch das noch existierende menschliche Leben wahrnimmt: Er hört die Musik wieder, die er als Kind einmal gehört hat und die es seitdem nicht mehr gibt; er hört im Radio Nachrichten über kleinere, individuellere Katastrophen, deren Ausgang er kennt und die ihn nicht weiter beunruhigen können.

Im Fortgang erkennt die Psychiaterin Stück für Stück, daß es sich bei den Wahnvorstellungen des von ihr zunächst behandelten, schließlich sie entführenden Irren um die Wahrheit handelt. Er *ist* aus der Zukunft gekommen. Die menschliche Weltbevölkerung *hat* nur noch einige Wochen zu leben.

Die Frau identifiziert sich zunehmend mit *seinem* Auftrag und seiner Sicht der Dinge. Umgekehrt die Entwicklung des Zukunftsboten: Er ist verzaubert vom noch existierenden menschlichen Leben. Er ist verzaubert von der Frau. Er möchte, daß die Welt von 1996 wirklich die Wirklichkeit ist, daß sein Wissen darum, wie alles weitergehen wird, die Wahnphantasien eines Irren sind. Er möchte seinem Auftrag entfliehen, möchte bleiben, möchte behandelt und von seinen Wahnvorstellungen erlöst werden.

Anders als »Terminator 2« intendiert dieser Film in seiner Machart, aber auch in den gezeigten Bildern keine Verherrlichung der technischen Möglichkeiten. »Twelve Monkeys« ist in seinem Blick auf die zerstörerische Macht der industriell-technischen Weltbeherrschung darin konsequenter, daß er auch die Kehrseite der Medaille zeigt: die Armut, die Slums in den Städten, den Dreck. Der Film hat eine Vorliebe für heruntergekommene Szenarios und Gestalten: das schmutzige und dunkle Interieur der psychiatrischen Anstalt, die Gesichter der Verrückten und der zahnlosen Obdachlosen in der Stadt, den Müll, die Gewalt und Gewaltbereitschaft unter den Outcasts, die verrotteten und entkernten Geschäftspassagen hinter der U-Bahn in Baltimore. Vor allem aber der Körper des Zukunftsboten: Die Kamera hat einen ausgeprägten Blick für das Häßliche des nackten menschlichen Körpers, für die Wunden, für den Sabber, den ein medikamentös stillgestellter Patient nicht mehr im Mund behalten kann usw.

Die Plots des Films nehmen Erzählstränge auf, die in vielen aktuellen Filmen vorkommen. Die vollständige und aller Wahrscheinlichkeit nach unabwendbare Vernichtung des menschlichen Lebens oder sogar allen Lebens ist in unterschiedlicher Machart ein immer wiederkehrendes Motiv: »Dr. Seltsam oder wie ich lernte, die Bombe zu lieben« (mit Peter Sellers, 60er Jahre); Die ›Nach-der-Bombe‹-Filme (80er Jahre); »Waterworld«, »Terminator 2«, »Outbreak« (mit Dustin Hoffman, 90er Jahre) und viele weitere.

Ein selbstreflexiver Zug in »Twelve Monkeys« liegt darin, daß er die Hilflosigkeit und Wirkungslosigkeit dieser Warnung vor den unumkehrbar katastrophalen Folgen der grenzenlosen menschlichen Naturbemächtigung selbst thematisiert. Die technologische Zivilisation hat ihre Nischen-Institutionen, mit solchen Typen fertig zu werden; wer vom »Kassandra-Komplex« besessen ist, landet in der Psychiatrie.

Der Film arbeitet mit unterschiedlichen Modellen der Inanspruchnahme des »Basismythos« und auch unterschiedlichen Modellen von Erlösung.

Möglichkeit 1: Der ursprüngliche Zustand ist die menschliche Zivilisation vor ihrer Vernichtung im Jahr 1996, in ihrer ganzen Ambivalenz von Heil und Unheil, Leben und Lebenszerstörung.

Dieser Konzeption des Urzustandes entspricht *ein Modell von Erlösung:* Die übriggebliebene Menschheit des Jahres 2035 wird auf die Erdoberfläche zurückkehren.

Möglichkeit 2: Die hellsten, ungebrochensten Bilder des Filmes sind die Bilder von den freigelassenen Giraffen, Löwen und Pelikanen in der großstädtischen Landschaft von Baltimore. Die Tiere, später die einzigen Bewohner der menschenleeren Szenerie des Jahres 2035, sind keinesfalls gewalttätig, sie lassen den ihnen gegenüber hilflosen Menschen unbehelligt seiner Wege ziehen. Die Sympathie der Erzählung wie der Kamera gilt den

Entrechteten und Beknackten, den Menschen im Müll, vor allem den Irren und Irregewordenen, und hier insbesondere den militanten Tierbefreiern, die um das vollständige Irresein ihres Anführers, des Sohnes des Virologen, durchaus wissen.

In dieser Perspektive ist *der heile Urzustand das Leben vor und außerhalb der menschlichen Zivilisation,* die Welt unter der Vorherrschaft der Tiere, eine heile Welt, die nicht erst durch die Grenzenlosigkeit der menschlichen Naturausbeutung, sondern *durch die menschliche Zivilisation selbst* zerstört worden ist. Der Film geht aber nicht soweit, daß er das Heil der Welt mit der tierbeherrschten, menschenleeren Erde gleichsetzen würde. Dafür sind die Bilder der löwen- und bärenbesiedelten städtischen Winterlandschaft nach der Katastrophe zu düster, dafür ist der ausgeklinkte Weltuntergangsfanatiker, der die Katastrophe auslöst, zu unsympathisch gezeichnet, dafür ist vor allem die Trauer über den Verlust des Lebens, dargestellt in der Liebesbeziehung zwischen dem Zukunftsboten und seiner Psychiaterin/Geliebten zu tief und auch bei den ZuschauerInnen offenbar intendiert. Dennoch: Das Heil liegt in der Befreiung der von Technik beherrschten und zerstörten Schöpfung, Heil liegt in der Befreiung der Tiere, Heil liegt in den kleinen Fluchten, den Erfolgen der überkandidelten Tierbefreier, im Ausbruch der Irren, Armen und der Giraffen. Ob es die Rettung der menschlichen Zivilisation sein kann, wird im Film aber genauso offengelassen wie die letztlich heilsame Möglichkeit einer auf Lebensbewahrung orientierten Naturwissenschaft und Technik.

Die Gestalt des Retters, des Boten aus der Zukunft, ist voll von biblischen Bezügen. Er ist der Prophet, dem niemand glauben will, der wegen seiner Botschaft eingesperrt und mißhandelt wird: Jeremia. Er ist der Prophet, dem sein Auftrag zu übermächtig wird und der ihm entfliehen will: Jona. Er ist der an Leib und Seele geschundene Mensch, er ist der Körper, der keine Schönheit hat, der mißachtet und geschlagen ist um der Rettung des menschlichen Lebens willen: der Gottesknecht nach Jes 53. Ja, man muß noch weitergehen: Der Bote ist derjenige, der alles weiß, der die Zukunft kennt, der um die Möglichkeit des Verderbens wie des Heiles der Welt weiß: das sind göttliche Prädikate. Aber er ist zugleich wie ein Gott, der nicht allmächtig ist, sondern sich mit denen gemein macht, die nichts vermögen: das ist eine Anspielung auf die Christusgestalt, die Brechung der Allmacht Gottes durch die Inkarnation.

An entscheidender Stelle wird der Bezug auf die Christus-Gestalt aber selber gebrochen: Die Szene am Schluß des Filmes, in der die Retter-Gestalt erschossen wird, hat keine Funktion für die Rettung der menschlichen Welt. Die Erschießung ist im Weltrettungsdrama ein sinnloser Akt, bleibt es auch: es sind andere da, die mit der Zeitmaschine geschickt worden sind und das Rettungsprojekt weiterverfolgen können.

Der Tod des Retters ist der Höhepunkt, zugleich der Zeitpunkt des Abschiedes in Trauer in der ganz privaten Liebesgeschichte mit seiner Ärztin und Begleiterin auf seiner irrwitzigen und hektischen Reise, ist Höhepunkt der eigentümlichen, unverwechselbaren Liebe zwischen diesem Mann und dieser Frau. Sein Opfer rettet nicht die Welt, das wird eher, wenn überhaupt und mit allen Risiken, daß es wieder daneben geht, ein besser orientiertes und begrenztes wissenschaftlich-technisches Projekt besorgen.

Die Abwertung des Opfers im kosmischen Drama ist zugleich aber auch lesbar als Aufwertung der privaten Liebesgeschichte: sie hat ihre eigene, diese Menschen in Glück und Trauer verstrickende Wichtigkeit. Sie muß nicht für das kosmische Drama funktionalisiert werden.

Und die Rolle der Frau? Sie ist nicht Gottesmutter. Sie ist keine Marien-Gestalt wie in »Terminator 2«, auch keine Eva. Sie ist zunächst in ärztlicher Herrschaft und Fürsorge mächtige Beobachterin, ist später die Begleiterin, ist schließlich die Geliebte des Protagonisten. Wenn überhaupt, dann ist sie nicht Maria, sondern Maria Magdalena.

1.4 Erklärungsmuster

1.4.1 Die Interpretation der massenwirksamen populärkulturellen Apokalypse-Filme ermöglicht m.E., einige Thesen zur Macht der symbolischen Tradition und zum Ort der Religion in unserer Gesellschaft kritisch zu befragen, die vielen in der aktuellen Diskussion plausibel erscheinen.

Wirft man einen Blick auf die Filmkritik in den Feuilletons von Zeitungen, dann erscheint *eine* These vorherrschend: Die *Erzählung* verschwindet zunehmend und unumkehrbar als vorherrschendes Gestaltungsmuster des Filmes. Nicht mehr die von der Entfaltung und dem ersten Wendepunkt bis zum Höhepunkt stringent und logisch aufgebaute Handlung, sondern eine Vielfalt von Situationen, Bildern, Eindrücken prägen die Film-Gestalt. Es wird mit Handlungselementen ebenso gespielt wie mit Montagen aus flottierenden Versatzstücken überkommener Symbolwelten.

Dem Mainstream der aktuellen Filminterpretation erscheint die philosophische »Postmoderne«-These Lyotards als plausibel: Die gesellschaftlich verbindlichen Meta-Erzählungen zerfallen. Was bleibt, ist das kreative Spiel mit den Trümmern und Versatzstücken. Die große Frage nach Sinn, die Verbindung von Anfang und Ende, die Erzählungen von Aufstieg und Fortschritt haben ebenso ihre Überzeugungskraft verloren wie wie traditionellen symbolischen Ordnungen von Gut und Böse, Herkommen und Zukunft des menschlichen Lebens und des Lebens der Welt.[158]

Meine Interpretation massenwirksamer Apokalypse-Filme deutet darauf hin, daß diese These mindestens problematisch ist. Die Filme funktionieren nur unter der Voraussetzung, daß sie die Symbole der »Meta-Erzählungen« der religiösen Tradition für ihre eigenen Erzählungen in Anspruch nehmen. Die Symbolwelten und Großerzählungen werden angespielt, zitiert, neu kombiniert und auf diese Weise verändert weitererzählt. Die These vom »Zerfall« der symbolischen Ordnung der Religion und vom »Sterben« ihrer Symbole hat weniger Erklärungskraft, als man ihr oft zutraut.

158 Vgl. W. Welsch, Unsere postmoderne Moderne. 4. Aufl., Berlin 1993.

1.4.2 »... In Massachussets behauptet ein namhafter wissenschaftlicher Autor, kleine graue Außerirdische seien in den USA gelandet und führten mit Tausenden Amerikanern sexuelle Experimente durch. In Oklahoma teilt der Bombenattentäter Timothy McVeigh seinen Anwälten mit, die Regierung habe ihm während des Golfkrieges einen Überwachungs-Microchip ins Gesäß eingepflanzt. In Montana verkündet eine rechtsextreme Miliz, daß die mit Bomben und schwarzen Hubschraubern ausgerüstete Regierung das Blutbild der US-Bürger im Rahmen der Schaffung einer Neuen Weltordnung chemisch verändere ... « usw. usw.

Die Diagnose, die die amerikanische Autorin Elaine Showalter in ihrem Buch »Hystorien« mit ärztlichem Blick für diese Phänomene stellt[159], heißt: Hier liegen moderne hysterische Epedien vor, nicht durch Viren, sondern durch die Massenmedien verbreitet und in Rückkopplung verstärkt. Showalter ist sich bewußt, daß der Begriff »Hysterie« oft einen disqualifizierenden, gerade Frauen disqualifizierenden Zungenschlag hat. Das ist nicht gemeint, der Begriff wird analytisch gebraucht. »Hystorien«, hysterische Massenepidemien, die - wie die Suche nach Erinnerung an sexuellen Mißbrauch in der eigenen Kindheit, wie das Golfkriegssyndrom, aber auch wie die unerschütterlich für wahr gehaltenen Entführungsberichte durch Außerirdische - immer wieder Millionen von Menschen erfassen, sind moderne Phänomene und ohne Massenmedien nicht denkbar. Die großen populärkulturellen Hollywood-Filme geben die Modelle vor.

Die Filme, die das Ende der menschlichen Zivilisation im ganzen oder in lebensweltlichen Ausschnitten zum Gegenstand haben, kommen für Elaine Showalter unter genau dieser Perspektive in den Blick: Sie transportieren, sie verstärken, sie induzieren teilweise sogar moderne Massenhysterien. -

Was Showalter allerdings übersieht, ist: Die Filme - »Twelve Monkeys« am deutlichsten, aber auch »Independence Day« oder »Terminator 2« - reflektieren genau ihre These. Menschen, die das umfassende Unheil voraussehen, gelten als hysterisch und landen in der Psychiatrie. Die Filme erzählen von der Trauer darum, daß die menschliche Zivilisation auch angesichts realitätsgerechter Warnungen offenen Auges in die Katastrophe steuert.

1.4.3 Denn es finden sich ernstzunehmende Erklärungsmuster, die dafür sprechen, daß die Apokalypse-Filme keinesfalls von Realitätsblindheit geschlagen sind. Die Filme nehmen die lebensbedrohlichen Krisen wahr, die unsere Gegenwart, wie Manfred Josuttis formuliert hat, zu einem »Zeitalter der Lebensgefahr« machen. Die unkontrollierbaren Folgewirkungen z.B. der Atom- und der Gentechnologie, die ungebremste, durch rigide Nichtachtung der Perspektiven der Lebensumwelt durch wirtschaftlich-technische Projekte hervorgerufene ökologische Katastrophe - man denke an die aktuellen apokalyptischen Bilder vom Smog über Südostasien - , die sozialen Folgekosten der Durchsetzung des totalen Marktes in allen Nischen der Weltökonomie - Massenarbeitslosigkeit, Armut, Zerstörung der Lebenswelten: all diese Phä-

159 Elaine Showalter, Hystorien. Hysterische Epidemien im Zeitalter der Medien, New York, Berlin 1997.

nomene werden in den Apokalypse-Filmen thematisiert und zu einem erheblichen Teil mit den apokalyptischen Szenarien in einen direkten Erzählzusammenhang gebracht.

Es gibt in meinen Augen durchaus ernstzunehmende gesellschaftstheoretische Überlegungen zum Realitätsgehalt dieser Szenarien, die nicht von vornherein als »Hystorien« abgetan werden können. Ich erinnere - über die überall wahrnehmbaren ökologischen Zerstörungen hinaus - an einige im Einleitungsteil genannte Stichworte:

- »Risikogesellschaft«. Moderne Gesellschaften sind hochgradig individualisiert, der verbindende und verbindliche Zusammenhang von Lebenswelten - Familien, Verwandtschaften, Nachbarschaften, Wohnbereiche - zerfällt zunehmend.[160] Die galoppierende Entwicklung technologischer Vernunft verbindet sich mit einer ebenso rasanten Entmächtigung und Entleerung von moralischen Standards und von Institutionen, die die Verbindlichkeit von Lebensperspektiven sichern könnten.
- Das Schicksal, das die zerfallenden, ehemals hochzentralisierten postsozialistischen Vielvölkergesellschaften erleiden, muß keinesfalls auf diese Gesellschaften begrenzt bleiben, wenn sich die Totalisierung des Marktes und die Ausgrenzung immer größerer Bevölkerungssegmente aus gesellschaftlichen Partizipationsmöglichkeiten und Wohlstand in der gegenwärtigen Rasanz fortsetzen: eine Dynamik nämlich, die umgekehrt zu dem von Norbert Elias beschriebenen »Prozeß der Zivilisation« wirkt.[161] Ist die Zentrale der gesellschaftlichen Herrschaft erst einmal zerfallen, dann werden radikal die innerpsychischen Instanzen entmächtigt, mit denen der »zivilisierte« Bürger einmal seine Affekte verdrängt und ihren Ausbruch gezügelt hat. Die Gewalt bricht los, sie breitet sich wie durch Ansteckung aus, ekstatisch, unbeherrschbar, grenzenlos.

Ich möchte dafür werben, den Realitätsgehalt der Apokalypse-Filme nicht von vornherein zu diskreditieren. Sie geben einem *Lebensgefühl* Ausdruck, das sonst weithin verdrängt und sprachlos ist. Sie geben dem in alltäglichen Gesprächen und gerade in politischen Meinungsäußerungen oft verleugneten Wissen eine Gestalt, daß die Dinge im tiefsten nicht in Ordnung sind. Sie geben der Trauer eine Gestalt, die mit diesem Wissen verbunden ist, und der Angst vor dem, was sein wird, wenn eintritt, womit man gegen allen Augenschein rechnet.

160 U. Beck, Risikogesellschaft. Auf dem Weg in eine andere Moderne, Frankfurt/M. 1986.

161 Vgl. N. Elias, Über den Prozeß der Zivilisation ..., 2 Bde., Frankfurt/M., 6. Aufl. 1978.

2. Titanic

Als James Cameron's »Titanic« (USA 1997; Cameron war auch Regisseur von »Terminator 2«) am 8. Januar 1998 in den deutschen Kinos startet, ist es bereits entschieden: Dies ist der teuerste, aufwendigste und erfolgreichste Film aller Zeiten. 200 Millionen Dollar Produktionskosten sind bei Spielbeginn in Deutschland auf dem amerikanischen Markt bereits eingespielt. »Titanic« erhält bei der 70. Oscar-Verleihung, bei der in der Nacht zum 24. März 1998 etwa eine Milliarde Menschen weltweit zusehen, elf Oscars, darunter den für den besten Film. »Die Zeit« widmet am 19. März 1998 (Nr. 13) diesem Film den Aufmacher auf der Seite 1, und selbst die »TAZ« stellt ihre ganze Tagesthemen-Seite 3 für einen etwas unberechtigten Verriß der »Titanic« durch Georg Seeßlen zur Verfügung.

Über fünf Jahre wurde die legendäre Schiffskatastrophe recherchiert. Aufwand an Geld und Mühe, an technischer Perfektion und Genauigkeit in der Darstellung unterscheiden diesen Titanic-Film von seinen Vorgängern. Alte Fotos und Pläne über Dekors und Innenarchitektur des Luxusliners sind studiert und druckresistente Kameras entwickelt worden, um in 3800 m Wassertiefe Vorstudien an dem Wrack betreiben zu können, das wenige Jahre vor Ausbruch des ersten Weltkrieges 1500 Menschen mit sich in die Tiefe gezogen hat und damals für viele ZeitgenossInnen das Symbol für die Brüchigkeit einer aufstiegsorientierten und technologiegläubigen bürgerlichen Zivilisation darstellte.

Um den Film möglichst realistisch drehen zu können, ist das Schiff auf dem Gelände eines Spezialstudios in Mexiko innerhalb von hundert Tagen und damit einem Zehntel der Bauzeit der echten Titanic auf 236 m Länge - gegenüber dem Original um nur weniges verkürzt - nachgebaut worden. Zwei komplette Decks und ein drei Stockwerke ausfüllender Speisesaal wurden rekonstruiert. Riesige Kräne wurden entwickelt, um das Schiffsmonster bis in jede Ecke ausleuchten zu können. Und schließlich läßt man dieses technische Wunderwerk in den größten Wassertanks der Welt zerbrechen, stellt das Heck in der Höhe des Kölner Doms senkrecht zum Wasser und läßt mit beispiellosen Spezialeffekten eine Schar von Stuntleuten ins Verderben stürzen.[162]

Der finanzielle und technische Aufwand, die präzisen Recherchen und punktgenauen Präsentationen verfolgen ein Ziel, das bereits an Action-Filmen wie Cameron's »Terminator 2«, Spielberg's »Jurassic Park« und Coppola's »Dracula« notiert werden konnte und diese Filme von den älteren, deutlich weniger faszinierenden Werken zum jeweils gleichen Thema drastisch unterscheidet: Es geht um eine Veränderung in der Wahrnehmung der ZuschauerInnen. Ihren durch Filmkonsum, Werbung und Internet geschulten Sinnen ist eine Illusion nicht mehr leicht zu verkaufen. Ein ungeheurer Aufwand an herkömmlicher Technik (z.B. der Nachbau des Riesenschiffes), aber vor allem auch an realitätstüchtiger Computer-Simulation ist notwen-

162 Informationen aus: Cinemaxx Filmtips Essen, Nr. 1, Januar 1998, S. 6f.

dig. Die Faszination gelingt durch die Herstellung einer Hier-und-Jetzt-Erfahrung: Durch alle Sinne, durch Augen, Ohren und Herz wird man/frau in das Geschehen verwickelt, und die vier Stunden samt viertelstündiger Pause werden als lineare Zeiterfahrung verzehrt. Der dominierende Eindruck ist: Ja, so ist das damals gewesen. Ich kann es mir nicht nur vorstellen: Ich bin selber dabei. So realistisch, wie mir das vorgeführt wird, kann die wirkliche Katastrophe kaum gewesen sein. Das ist der, fürs erste, ultimative Kick: Die Realität des Ereignisses wird potenziert reproduziert.

Bereits die Produktion dieses Filmes ist im Sinne der Ökonomie des Gabentausches[163] als Potlatch, als Verausgabung ungeheuren Ausmaßes zu verstehen. Das riesige Schiff wird mit großer Präzision rekonstruiert, wird originalgetreu und mit Liebe zum Detail wieder auferbaut, ist »auferstanden aus Ruinen« (überdeutlich präsentiert in direkter Überblendung von den Unterwasseraufnahmen des Wracks auf die strahlendweiße Lebendigkeit der neu-alten Titanic), um dann in riesigen Wasserbassins versenkt und wieder zum Wrack zu werden. Im Sinne der Ökonomie des Gabentausches ist diese Verschwendung, diese Verausgabung und Vernichtung selbst eine übergroße Gabe, die das Publikum zur noch größeren Gegengabe herausfordert. Dies geht in der Perspektive der Geldökonomie als Kalkül auch durchaus auf: Die verausgabten Millionen sind durch Eintrittsgelder bereits um ein Mehrfaches wieder eingespielt.

Schwer zu sagen, was die Faszination dieses Filmes, die über Monate anhält, letztlich ausmacht. Der Film zeigt einen Überreichtum an Symbolen. Die archaische Gewalt des Meeres, in dem das Schiff versinkt, ist in den menschheitsgeschichtlichen Schöpfungsepen das urgewaltige Chaos, aus dem alles Leben entsteht, durch Herrschaft und Ordnung um der Bewahrung des Lebens willen domestiziert werden muß und doch beständig droht, als überschwengliche Lebens- und Todesmacht das geordnete Leben zu unterspülen und zu vernichten. Das Schiff ist die Arche, die keine Rettung bringen kann. Die bewahrende Unterscheidung von Innen und Außen wird immer neu dargestellt und als letztlich illusorisch enthüllt: Drinnen ist der in herrschaftlicher Unterschiedenheit von Lebenswelten, der als Klassengesellschaft geordnete menschlich-gesellschaftliche Lebenszusammenhang, draußen der unendliche Raum, zugleich Gegenstand der Sehnsucht und Hoffnung (der Blick der beiden Liebenden von der Spitze des Buges steht als Film-Werbeplakat für den ganzen Film ein) und Ort der verschlingenden Vernichtung. Die Bilder von den langen und verwinkelten, immer schneller mit Wasser vollaufenden Gänge im Schiffsbauch, aus denen ein Entrinnen unmöglich ist, sind Alptraum-Szenen par excellence und bieten genug Stoff für jede Form von Klaustrophobie. - In meiner Wahrnehmung ist es vor allem die Zueinanderordnung der verschiedenen Symbole in einer Erzählung, die offenbar den Nerv der Zeit trifft.

Der Film erzählt verschiedene ineinander verschachtelte Geschichten. Von einer Liebe, die stärker ist als alle gesellschaftlichen Konventionen,

163 Vgl. M. Mauss, Die Gabe. Form und Funktion des Austausches in archaischen Gesellschaften. Hg. von H. Lepenies, Wien u.a. 1978.

stärker auch als die Grenzen zwischen Milieus und sozialen Klassen. Vom katastrophalen Scheitern einer größenwahnsinnigen technologischen Utopie: »Selbst Gott könnte, wenn er es denn wollte, dieses Schiff nicht zum Sinken bringen.« Der Film erzählt von der trostlosen Leere im Lebensgefühl der Reichen, die sich alles leisten und die nichts genießen können, und von der ausgelassenen und risikobereiten Lebensfreude in der dritten Klasse, wo die weniger bemittelten Passagiere einem neuen Leben in einer neuen Welt entgegentanzen. Von der brutalen Durchsetzung ungleicher Lebenschancen in der Klassengesellschaft: Als das Wasser bereits in den Gängen ansteigt, sperrt die Besatzung die Gitter auf den Treppen nach oben und drängt die ärmeren Reisenden, die verzweifelt einen Ausweg suchen, in den bereits abgesoffenen Schiffsrumpf zurück.

Und in all dem erzählt, zitiert, montiert dieser Film neu die zentralen Stationen der christlichen Heilsgeschichte: das Opfer, das Lebenshingabe aus Liebe ist und nicht die heilige Gewalttat *am* Opfer; und die Auferstehung als endliche Insrechtsetzung dieses Opfers gegen die Systeme von Macht und Geld, gegen technologischen Größenwahnsinn und kaltherzige Selbstdurchsetzung. Alle Tränen werden abgewischt (Apk Joh 21,4).

Nicht allerdings die Tränen des Kinopublikums. Als der junge, dem proletarischen Milieu zugehörende Künstler Jack (Leonardo DiCaprio) am Ende die in den eisigen Fluten schwimmende Holztür, die nur einen Menschen tragen kann, seiner Geliebten Rose (Kate Winslet) freigibt, für sie in den Tod geht und sie beschwört, alles daranzugeben, selber am Leben zu bleiben und ihr Leben zu leben; und als die mittlerweile 100jährige Rose (nach ihrem Tod? in einem Traum?) in den wieder zum Leben erweckten Speisesaal zurückkehrt, von all den damals Ertrunkenen warmherzig und freundlich aufgenommen wird, und als sie schließlich unter dem Beifall aller ihren Geliebten Jack küßt (dieser nicht im Smoking unter den Superreichen, sondern in seinem Proleten-Outfit): da müssen alle im Publikum weinen, minutenlang, und der Vorrat an Taschentüchern reicht nicht.

Dabei hält der Film durchaus ästhetisch die Spur, die Gesten sind sparsam und präzise, die Grenze zum Kitsch wird genau wahrgenommen und nicht überschritten. Die christologisch an Kreuz und Auferstehung orientierte biblische Heilsgeschichte gibt die Bewegung und die Dynamik der symbolischen Gestalten, Handlungen und Worte vor, die in der Filmerzählung neu zusammengesetzt werden, und - dies ist das Entscheidende - macht es offensichtlich möglich (ablesbar an den millionenfach durch diesen Film erreichten, angesprochenen und aufgewühlten Menschen), den *Gefühlen* der ZuschauerInnen Ausdruck und Gestalt zu geben: *Freude* über diese Liebesgeschichte, die das Leben einer in Konventionen eingesperrten und deprimierten jungen Frau neu macht. *Angst* um die Liebenden, deren Liebe die sozialen Grenzen sprengt und die von den Handlangern des düpierten Verlobten gejagt werden. *Verzweiflung und Trauer,* als trotz aller gelingenden kleinen Fluchten ein Entrinnen unmöglich ist und der Geliebte im eisigen Wasser erfriert. Die Wendung im Lebensgefühl, als die Wiedervereinigung der Liebenden und die Insrechtsetzung ihrer Liebe gegen Klassenherrschaft und Konvention in einer Auferstehungs-Szene erzählt wird: hin zu *Anteilnahme und Mut*. Und schließlich, als vielleicht eigentlich in den Zuschauenden erwachtes Gefühl: die *Sehnsucht* nach einem versöhnten und befreiten Leben, für die biblisch das Symbol des Reiches Gottes einsteht.

Rolf Sistermann hat in einem neueren Beitrag[164] vorgeschlagen, diese Reihe von Gefühlen als seelische Entsprechungen zur erzählerischen Gestalt eines »gebrochenen Mythos« anzusehen; was die Rede vom »gebrochenen Mythos« beinhaltet, dazu gleich mehr. Zunächst zum Verständnis von »Gefühl«: *Gefühle* sollen nicht als irgendwie im »Innern« des Menschen beheimatete Stimmungen aufgefasst werden, sondern als Atmosphären, die sich im äußeren Raum aufbauen und in den psychischen Affekten von Menschen eine Resonanz finden. Sistermann nimmt diesen Gedanken von dem phänomenologisch orientierten Philosophen Hermann Schmitz auf: Gefühle sind Atmosphären im Raum, dem Wetter vergleichbar, und die abgedunkelten, nur von den Filmbildern und -tönen erfüllten Kinohallen bieten für den Aufbau dieser Atmosphären einen idealen Ort an. - Für die *inhaltliche Differenzierung* von Gefühlen findet Sistermann einen Bezugspunkt in Überlegungen des jüdischen Phänomenologen Emmanuel Levinas: In der Unterscheidung zwischen dem ich-bezogenen *Bedürfnis* und dem *Sehnen*, das durch die Beziehung zum Anderen begründet wird. Die Gefühlsqualität ist jeweils deutlich unterschieden: »Im Sehnen richtet sich das Ich auf den Anderen, so gefährdet es die selbstherrliche Identifikation des Ich mit sich selbst (Bedürfnis, HMG) ... Die Beziehung zum Anderen stellt mich in Frage, sie leert mich von mir selbst ... Das Sehnenswerte sättigt nicht das Sehnen, sondern vertieft es. Es nährt mich in gewisser Weise mit neuem Hunger.«[165]

Der Clou in Sistermanns Gedanken liegt nun darin, die Levinas'sche Unterscheidung von *Bedürfnis* und *Sehnen* mit der Unterscheidung von *ungebrochenem und gebrochenem Mythos* zu verbinden, die Paul Tillich vorgenommen hat.[166] Mythen sind, als je erzählte und rituell begangene Ur-Kunde über das Woher und Wohin des Lebens, nicht durch wissenschaftliche Reflexion völlig aufzulösen oder zu ersetzen; sie bleiben auch im wissenschaftlichen Zeitalter für menschliche Welt- und Selbsterfahrung notwendig. Entscheidend ist jedoch, ob Mythen als *ungebrochene Mythen* die Welt- und Selbsterfahrung von Menschen vollständig besetzen und Identifikation bis hin zu leidenschaftlicher Besessenheit einfordern, oder ob der *gebrochene Mythos* die Offenheit des Gefühls für das Andere und den Anderen zulassen und provozieren. In diesem Sinne hatte Tillich vorgeschlagen, die grundlegenden *Symbole des christlichen Glaubens* - und hier zuinnerst das *Kreuz* - als Elemente eines gebrochenen Mythos anzunehmen.

164 R. Sistermann, Symbole, Mythen und Gefühle. Zur Theorie der Gefühle als Grundlage einer symboldidaktischen Glaubenslehre. Sonderheft EvErz 1996.

165 E. Levinas, Die Spur des Anderen (1983), 2. Aufl. Freiburg u.a. 1987, S. 218ff.

166 Z.B.: P. Tillich, Wesen und Wandel des Glaubens, III, 3 (1961), Berlin 1963, S. 3.

»Ein Mythos, der als Mythos verstanden, aber nicht beseitigt oder ersetzt wird, kann« ›gebrochener Mythos‹ genannt werden.« Auch der gebrochene Mythos *bleibt* jedoch Mythos, ist nicht vollständig in begriffliche Reflexion übersetzbar: »Es gibt keinen Ersatz für Symbole und Mythen, sie sind die Sprache des Glaubens.«[167] -

Die Gefühle, die ich beim Ansehen des Titanic-Films an mir selbst und den ebenfalls tränengeschüttelten ZuschauerInnen um mich herum wahrgenommen habe - Freude, Angst, Verzweiflung/Trauer, Anteilnahme/Mut, Sehnsucht - können, so meint Sistermann, als auf den Anderen bezogene und durch das Andere provozierte Gefühle - im Sinne von Sehnen, nicht von Bedürfnis - verstanden werden, die den Stationen eines gebrochenen Mythos folgen.

Was aber ist ein »gebrochener Mythos«? Es bietet sich an, sich dem Verständnis durch Opposition anzunähern. Es geht zunächst also um den ungebrochenen Mythos; Sistermann nimmt seine Überlegungen zu den Stationen eines »Standard-Mythos« in leicht abgewandelter Form noch einmal auf, die ich in der Interpretation von »König der Löwen« bereits vorgestellt habe:

Ein ursprüngliches, ganzheitliches Paradies (a)
wird durch einen Frevel oder ein Ungeheuer bedroht (b).
Um die Ordnung wiederherzustellen, muß ein Opfer gebracht werden (c).
Der Held, der geopfert wird oder das Ungeheuer tötet, wird zum unsterblichen Idol (d)
und in die himmlische Welt der Götter aufgenommen (e).

Den Stationen des ungebrochenen Mythos ordnet er Gefühlsqualitäten zu, die insgesamt - im Sinne der Unterscheidung von Levinas - als ich-bezogene Bedürfnisse verstanden werden müssen, die sich zu leidenschaftlicher Besessenheit steigern können:

(a)	*totales Paradies*	-	*Lust*	-	*Rausch*
(b)	*ungeheurer Frevel*	-	*Furcht*	-	*Grauen*
(c)	*Opfer*	-	*Schmerz*	-	*Herrschsucht/Haß*
(d)	*Unsterblichkeit des Idols*	-	*Stolz/Wut*	-	*Ehrsucht/Schadenfreude*
(e)	*himmlische Welt der Götter*	-	*Bedürfnis*	-	*Habsucht/Gier*

Dem ich-bezogenen Bedürfnis kann auf jeder dieser Stationen ein *Sehnen* entgegengestellt werden, welches das in sich selbst verkrümmte Individuum auf den Anderen orientieren und so aus der Selbstbezogenheit befreien kann: die *Freude* tritt an die Stelle von Lust und Rausch, die *Angst* an die Stelle von Furcht und Grauen. *Verzweiflung und Trauer* erfüllen die Seele, wo Schmerz und Haß waren, und *Anteilnahme/Mut* dort, wo Stolz/Wut und Ehr-

167 Ebd.

sucht/Schadenfreude dominierten. Schließlich tritt die *Sehnsucht* an die Stelle von Bedürfnis, Gier und Habsucht. - Sistermann betont, daß die Grenzen zwischen diesen Gefühlsqualitäten fließend und daß Übergänge und Überschneidungen möglich sind; es geht keinesfallls um eine Zwei-Reiche-Lehre in der Zuordnung von Emotionen. Die tragende Überlegung ist an dieser Stelle eine andere: Wie die ich-bezogenen Bedürfnisse durch den ungebrochenen Mythos evoziert werden, so ruft der *gebrochene Mythos* die Gefühle des Sehnens hervor, die auf den Anderen bezogen und durch diese Bezogenheit genährt und vertieft werden. Auf der einen Seite gilt durchaus: Die Grundsymbole des *christlichen Glaubens* - paradigmatisch für den *gebrochenen Mythos* - entsprechen den Stationen des Standardmythos, ja sie werden oft damit verwechselt und auf diese Weise höchst fragwürdig. Dennoch sind sie in ihrer symbolischen Gestalt wie in ihrer Gefühlsqualität deutlich unterschieden, und diese Unterscheidung ist eine ums Ganze:

»(a) Das Symbol ›Schöpfung‹ kann Ausdruck sein für mein Gefühl der Freude, mit dem Anderen eine gemeinsame Welt zu bauen und bewahren zu können.
(b) Das Symbol ›Sünde‹ kann Ausdruck sein für meine Angst der Einsamkeit, die mich überfällt, wenn ich die Furcht des Anderen sehe, weil weder ich noch er gegen die alte Ordnung der Rivalität angehen.
(c) Das Symbol ›Kreuz‹ kann Ausdruck sein für mein Gefühl der Verzweiflung, wenn ich den Schmerz des Anderen sehe, der zum Sündenbock gemacht wird.
(d) Die Symbole ›Erlösung‹ oder ›Auferstehung‹ können Ausdruck sein für mein Gefühl, daß ich am Leid des Anderen und er an meinem Anteil nimmt ...
(e) Das Symbol ›Reich Gottes‹ kann Ausdruck sein für meine unendliche Sehnsucht (Levinas), den Anderen im Heiligen Geist der Versöhnung so anerkennen zu können, daß wir gemeinsam die befreiende Gegenwart Gottes spüren.«

Sistermann betont ausdrücklich die Offenheit dieser Formulierungen; es geht ihm um die Aufeinanderbezogenheit von Dimensionen des gebrochenen Mythos und Gefühlen im Sinne des Levinas'schen Sehnens. Ich schlage beispielsweise vor, den Akzent insofern anders zu setzen, als »Symbol« nicht als »Ausdruck« von Gefühl gelten soll, da Gefühle ohne Symbol nicht sagbar und wahrscheinlich nicht einmal wahrnehmbar sind. Ich bevorzuge eine Ausdrucksweise, die der Einsicht gerecht wird, daß Symbole (als erzählte und/oder rituell begangene Elemente eines gebrochenen Mythos) Gefühle evozieren, die - durch diese Erzählung und durch diesen rituellen Vollzug als machtvolle Atmosphären im Raum aufgebaut - bei den von ihnen ergriffenen Menschen affektive Entsprechungen finden. Auch mit dieser Differenzierung halte ich an der Einsicht Sistermanns fest, die die Bezogenheit von »Symbol« und »Gefühl« in den beschriebenen Stationen und Unterscheidungen beinhaltet.

Die zentralen Positionen, an denen die Unterscheidung von ungebrochenem und gebrochenem Mythos aufgewiesen werden kann, sind die Stationen »Opfer«, »Auferstehung« und »Reich Gottes«. Im ungebrochenen »Standardmythos« gilt - und hier lehnt sich Sistermann an die Opfer-Theorie von René Girard an: das Opfer ist zugleich »schuldig« und »heilig«. Auf dem Höhepunkt einer gesellschaftlichen Krise - Girard behauptet, daß es sich immer um eine Krise gesellschaftlicher Entdifferenzierung handelt, in der sich die Gesellschaftsmitglieder auf gefährliche und schließlich zerstörerische Weise ähnlich werden - wird ein Sündenbock ausgewählt und dahingeschlachtet. Dieser Mord ist so fundamental, daß er die freigesetzte, durch Mimesis sich ausbreitende Gewalt seinerseits bindet. »Frieden« wird möglich, und die heilsame Wirkung dieser Bindung und Stillstellung von Gewalt wird dem Opfer zugeschrieben: Das Opfer wird geheiligt, es wird »sakrifiziert«. Girard hat diesen Mechanismus an zahlreichen Opferkrisen aufgezeigt. Hier handelt es sich um den Idealtypus des »ungebrochenen Mythos«.

Girards Interpretation des Kreuzestodes Jesu gibt eine Möglichkeit, an der Position des »Opfers« die Wirksamkeit des gebrochenen Mythos aufzuzeigen: Girard zeigt in der Interpretation zahlreicher neutestamentlicher Stellen, daß der Tod Jesu - auch dann, wenn er als »Opfer« verstanden wird - fundamental anders erzählt wird als in dem herkömmlichen mythischen Opfer-Schema. Auf allen Erzählebenen, in den Passionsgeschichten der Evangelien ebenso wie in den theologischen Reflexionen der paulinischen und nachpaulinischen Briefliteratur, wird nämlich dies für den christlichen Glauben als unaufgebbar festgehalten: Jesus stirbt als *unschuldiges* Opfer. Während im mythischen Opferschema die befriedende Wirkung des Opfers gerade daran gebunden ist, daß das Opfer nicht nur heilig, sondern auch schuldig - nämlich an der Gewaltkrise schuldig - ist, und deshalb allein seine Tötung die Gewaltkrise beenden kann, erzählt der evangelische Text den Opfer-Mythos in vollständig neuer und anderer Weise: Jesus Christus stirbt als unschuldiges Opfer; und *deshalb* ist dieser Tod Versöhnung, Befreiung, Vergebung der Sünde, Wiederherstellung der zerbrochenen Beziehung zwischen Gott und den Menschen.

Auch die Positionen »Auferstehung« und »Reich Gottes« werden gegenüber dem Standard-Mythos in veränderter, gebrochener Weise weitererzählt: nicht als Idolisierung des Helden, sondern als Da-Sein Gottes, der den Sohn in der Erfahrung des elenden Todes gegen allen Augenschein nicht verlassen hat. Das Reich Gottes, in dem alle Tränen abgewischt sein werden und die Opfer - nicht die Henker - ins Recht gesetzt werden: es kommt noch, und es scheint zugleich jetzt schon vor im Weitererzählen von Leben, Tod und Auferstehung des Jesus von Nazareth, in der Feier seiner Gegenwart, in Wort und Sakrament. Es ist Ort der Sehnsucht, nicht der jubilatorischen kirchlichen Selbstinszenierung.

Der Titanic-Film folgt der Erzählweise des gebrochenen, nicht des ungebrochenen Mythos. Zunächst wird alles darauf angelegt, das Szenario der mythischen Opfer-Konstellation aufzubauen: das sinkende Schiff ist die Entdifferenzierungs-Krise par excellence. Die zunächst breit geschilderten Klassenunterschiede zwischen arm und reich, die Gegensätze zwischen dem snobistischen Milieu auf dem Oberdeck und der lebensfrohen Volkskultur auf den billigen Plätzen, werden illusorisch - bis auf die allerdings entscheidende Tatsache, daß die Reichen immer noch bessere Mittel haben, sich einen der knappen Plätze auf den Rettungsbooten zu erkämpfen. Die Entdifferenzierungskrise findet in den Mythen die »Lösung«, daß ein Opfer ausgewählt wird, das sich dadurch als »Schuldiger« anbietet, daß er selbst an seinem Körper, an seiner Lebensgeschichte oder an seiner sozialen Stellung »Opferzeichen« aufweist, Zeichen also der Auflösung gesellschaftlich eingespielter und durch Tabus gesicherter Differenzierungen. Der Protagonist des Films, Jack, hätte sich dafür angeboten: aus proletarischem Milieu stammend, aber zugleich - als Maler - ein Intellektueller und Grenzgänger zwischen Milieus und Klassen, der es wagt, eine bereits verlobte Frau aus der Oberschicht zu begehren. Aber auch Rose, seine Geliebte: Eine verwöhnte junge Frau, durch die Verlobung mit einem Millionär auf der sicheren Seite des Lebens, jedoch so deprimiert über ihre vorherbestimmten und durch Etikette zugemauerten Lebensperspektiven, daß sie einen Suizidversuch unternimmt: die Szene, bei der Jack ihr zum erstenmal nahekommt. Auch sie eine Figur, der »Opferzeichen« en masse anhaften. Und die mythische Erzählfigur wird auch angesponnen: Die Liebenden fliegen auf, sie werden von dem gehörnten Verlobten und seinen Schergen gejagt, werden sozial geächtet - Jack wird eines angeblichen Diebstahls »überführt« - und um ein Haar ermordet.

Auch diese mythische Opfer-Konstellation findet im Film ihr Symbol: Ein unendlich wertvoller »blauer« Diamant, mit dem Rose's Verlobter ihre Gefühle zu kaufen versucht hat. Ihn soll Jack gestohlen haben. Dieser Diamant repräsentiert die kalte Welt des Geschäfts und der gesellschaftlichen Klassenunterschiede, und auf dem Höhepunkt der Entdifferenzierungskrise wird er zum zentralen Opferzeichen. Er wird Jack in die Manteltasche geschmuggelt. Jack wird im Unterdeck festgesetzt und auf diese Weise dem sicheren Ertrinken preisgegeben - hätte ihn die Geliebte nicht gerettet. An den Stein binden sich die Gefühle von Stolz, Ehrsucht, Herrschsucht und Gier. Er ist in der Rahmenhandlung des Filmes Motivation für ein gigantisches Expeditionsunternehmen heute: die Schätze der versunkenen Titanic zu heben. Am Ende des Filmes wird Rose dieses Symbol der Geld-Welt den Fluten über dem sinkenden Schiff zurückgeben.

Auf dem Höhepunkt der Opfer-Szene wird jedoch das Erzählmuster verlassen und umgekehrt. Als Erzählvorgabe wird jetzt die *evangelische Opfer-Erzählung* angenommen: Jack muß sterben, aber dieser Tod ist kein Mord des panisch gewordenen Kollektivs an dem für die Schuld an der Krise ausgewählten »Opfer«, sondern ist freiwillige Lebenshingabe für die geliebte Frau - die übrigens, bis hinein in die Ikonographie[168], als Maria Magdalena

168 Diesen Gedanken verdanke ich Benita Joswig, Gespräch am 2. März 1998.

gezeichnet ist: Ihre Rettung hängt vom Selbstopfer des geliebten Liebenden ab, und zugleich bleibt sie bis zum Tode bei ihm.

Das Opfer ist, wie bereits in »Twelve Monkeys«, funktionslos für das Weltrettungsdrama, gewinnt seine Wichtigkeit in der intimen Beziehung der Liebenden; dies schließt allerdings auch ein, daß der Film realistisch konstatiert: Das Verderben des Kollektivs ist unabwendbar. Das Schiff wird untergehen, und die Auswahl derer, die die Katastrophe überleben, folgt in einem erheblichen Maße den Regeln der Klassengesellschaft. Das Opfer des Lebens als freiwillige Lebenshingabe für die geliebte Andere hat seinen Bezugspunkt in der intimen Beziehung und in der Bewahrung dieser besonderen Liebe gegenüber der Macht des Todes, nicht in der - illusorischen - Rettung des Kollektivs.

Die Auferstehungsszene am Schluß des Films wird so erzählt, daß dieses Opfer als Lebenshingabe und die Macht der Liebe gegenüber dem Tod ins Recht gesetzt werden - gegen die faktisch dominierenden Selbstdurchsetzungsstrategien der Klassengesellschaft. Der Millionär, der einmal Verlobter der Rose gewesen ist und der sich einen Platz auf einem Rettungsboot ergaunert hat, wird sich später - er verliert in der Weltwirtschaftskrise 1929 Geld und Macht - eine Kugel in den Mund schießen. Als aber Rose hundertjährig endlich stirbt - sie hat ihr Leben gelebt, wie sie es dem ertrinkenden und erfriererenden Jack versprochen hat -, da sind alle in dem prachtvollen Speisesaal der Titanic wieder beieinander. Alle, die damals in den Fluten umgekommen sind, nehmen Rose mit Freude unter sich auf. Und Jack steht, genau wie damals in der Zeit der ersten Begegnung, auf der Freitreppe, im Proletenlook unter all den Upper-Class-Members in Smoking. Als sich jetzt Rose und Jack küssen, trifft sie nicht die Ächtung, sondern in Freude und Trauer verbinden sich alle mit der Communitas der Liebenden, die ZuschauerInnen eingeschlossen: Die Liebe ist stärker als der Tod.

Kapitel 5: Zivilreligion

Die populäre Kultur findet ihre größte Lebendigkeit und Akzeptanz in der Jugendkultur, aber sie geht weit über explizit jugendkulturelle Inszenierungen und Manifestationen hinaus. Wie das Jugendalter selber an seinen Grenzen »durchlässig« ist, so ist die Reichweite der Populärkultur weiter als der Alterszeitraum zwischen dreizehn und achtzehn Jahren. Dies gilt bereits für die bisher interpretierten Szenen der populären Musikkultur und der massenwirksamen Kinofilme; dies gilt in verstärktem Maße für das, was jetzt in den Blick genommen wird: Die »Liturgie der Tagesschau«[169] wird als kultische Begehung der »civil religion« interpretiert, und die »Gefräßigkeit des Internet« wird als Hinweis auf die atomisierte Sozialität einer technologiegläubigen Gesellschaft verstanden.

Ich verwende den Ausdruck »civil religion« hier in dem Sinne, wie er seit den 60er Jahren und in seinem Schwerpunkt in den 70er und 80er Jahren für eine positive Begründung der gesellschaftlichen Bedeutung von Religion vorgetragen worden ist.

Der praktische Theologe Karl-Fritz Daiber hat in einem Beitrag zur Debatte des lutherischen Weltbundes, die 1987 zum Thema »civil religion« geführt wurde, Predigten verschiedener Theologen im Jahr des Beginns des 1. Weltkrieges, also 1914 untersucht. Er arbeitete heraus, daß die Prediger in durchaus unterschiedlicher Weise auf die Kriegsbegeisterung und das religiös getönte Gefühl staatlich-völkischer Einheit in der deutschen Bevölkerung dieser Wochen und Monate eingegangen sind. Daibers erkenntnisleitendes Interesse in seinen Textinterpretationen ist, die theologische Mitverantwortung an der Herstellung und Aufrechterhaltung des Symbolsystems der »civil religion« an einem konkreten historischen Beispiel vorzuführen. Er liefert - und darauf kommt es mir hier an - eine knappe Definition dessen, was unter »civil religion« verstanden werden soll: Man tut gut daran, »civil religion zunächst funktional zu beschreiben, als ein Symbolsystem nämlich, das gesellschaftliche Integration leistet, das letzte Fundamentalentscheidungen, die in diesem Gesellschaftssystem notwendig werden, legitimiert, und dies unabhängig davon, ob sich dieses Symbolsystem explizit religiös ausdrückt. Konstitutiv ist lediglich, daß dieses System von Symbolen einen fundamentalen Wert- und Sinnentwurf zum Ausdruck bringt, der eine letzte Weltorientierung ermöglicht, also das unbedingt Angehende interpretiert. Civil religion in diesem Sinne ist öffentlich, sie ist Ausdruck eines Konsenses, der auf der Ebene einer jeweiligen Gesamtgesellschaft, also etwa eines Staates, gilt«.[170]

169 Ich verdanke den Titel - nicht die Argumentation - dieses Abschnittes einem Vortrag von Günter Thomas vor dem »Arbeitskreis Religion und populäre Kultur«, März 1996 in Bad Kreuznach.

170 K.F. Daiber, Produktion von civil religion in der Predigt... in: EPD-Dokumentation 47/1987, S. 37ff. Vgl. zur Argumentation hinsichtlich der »civil religion« auch: H.-M. Gutmann, Institution oder Kommunikation? In: ders. u.a.

Diese Definition berücksichtigt den Beitrag von Kirchen und Theologien an der Entwicklung des Symbolsystems der »civil religion«, begrenzt ihn aber auch zugleich: Kirchen und Theologien sind, so meint Daiber, »allenfalls Mitproduzenten von civil religion.« Daiber sieht hierin aber nicht allein eine empirische Beobachtung, sondern er schließt eine normative Forderung an: »Jedenfalls gibt es eine theologische Mitverantwortung für die Entstehung und Aufrechterhaltung civil-religiöser Systeme.«

»Civil religion« ist zunächst ein theoretisches Konstrukt. Die Debatte darum beginnt 1967 mit einem Beitrag des amerikanischen Religionssoziologen Robert N. Bellah.[171] Bellah untersucht für die Situation in den USA, daß sich Religion weitgehend unabhängig von kirchlicher/theologischer Ausformung äußert. Bellah versteht »civil religion« als einen Zusammenhang von Begriffen, Symbolen und Geschichtsmythen, die ein in sich konsistentes religiöses Syndrom bilden. Civil religion kann christliche Traditionen entweder ablösen oder integrieren. Beispielsweise lassen sich folgende Vorstellungen in Amerika als zentrale Begriffe und Symbole der »civil religion« deuten: Die USA gelten als »gelobtes«, von Gott erwähltes Land. Die biblischen Traditionen des Exodus, des Auszuges aus ägyptischer Gefangenschaft, und der Landnahme des Volkes Israel werden auf die Eroberung des amerikanischen Westens und auf die Unterwerfung der eingeborenen Amerikaner bezogen. In der Nationalhymne wird der Name Gottes für die Begründung der amerikanischen Nationen in Anspruch genommen.

In der Bundesrepublik ist es vor allen Dingen der Philosoph Hermann Lübbe, der das »civil-religion«-Konstrukt positiv in die öffentliche Debatte eingetragen hat.[172] Der liberale Staat zeige seine Liberalität gerade darin, daß er seine eigene normative Basis selbst nicht herstellen will und kann - anders z.B. als kommunistische oder faschistische Gesellschaften. Der liberale Staat muß auf überkommene Traditionen religiöser Natur für seine Selbstbegründung zurückgreifen. Lübbe verweist in diesem Zusammenhang darauf, daß Gott in der deutschen Verfassung als Letztbegründungsfigur zitiert wird, er verweist auf das Kreuz, das in Gerichtssälen aufgehängt wird, er weist auf die Anrede Gottes in Eidesformeln. Seine Analyse von »civil religion« hat eine polemische Spitze: Sobald religiöse Ansprüche als politische Aktiva ins Spiel gebracht werden - z.B. wenn in der Friedens- und Ökologiebewegung christliche Gruppen die Aufrüstung mit Massenvernichtungsmitteln und die drohende Vernichtung der Schöpfung als »status confessionis«, als Bekenntnisstand begreifen -, so wird, so meint Lübbe, die Liberalität der Gesellschaft augenblicklich gefährdet. Dann stellt Religion nämlich nicht mehr einen »Hintergrundkonsens« bereit, der die sachliche Diskussion politischer Themen in der liberalen Gesellschaft freisetzt und

(Hg.), Er stößt die Gewaltigen vom Thron. Festschrift für Hannelore Erhart. Berlin 1987, S. 144ff.

171 R.N. Bellah, Civil Religion in Amerika. Dädalus Bd. 96, Nr. 1.

172 H. Lübbe, Staat und Civil Religion..., in: N. Achterberg u.a., (Hg.), Legitimation des modernen Staates..., Wiesbaden 1981.

ermöglicht, sondern Religion wird »rabiat«: Politische Themen werden religiös aufgeladen, und Positionen entziehen sich der Diskutierbarkeit.

Kritik am Konzept der »civil religion« ist vor allem von seiten einer theologischen Orientierung vorgetragen worden, die an der Inhaltlichkeit von Religion interessiert bleibt, die also Religion nicht auf ihre bloße Funktion reduzieren will. Jürgen Moltmann verweist in seiner Kritik beispielsweise auf historische Parallelen dieses Konzeptes: so die Rolle, die eine »civil religion«, die um ihre Inhaltlichkeit gebracht worden ist, im Nationalsozialismus gespielt hat. Moltmann vertritt in dieser Diskussion gemeinsam mit anderen Theologen, z.B. Johann Baptist Metz, einen Ansatz einer »politischen Theologie«, die dem von Lübbe u.a. vorgetragenen Konzept einer »civil religion« direkt entgegengesetzt ist: Es geht darum, die Inhaltlichkeit theologischer Aussagen unter den gegenwärtigen gesellschaftlichen Bedingungen wiederzugewinnen. Genau dies wird im Konzept einer »civil religion« ja gerade abgewehrt. Denn die problemlos integrative Wirkung eines religiös-moralischen Hintergrundkonsenses ist ja nur dann gewährleistet, wenn sich inhaltlich unterschiedene Orientierungen auf den *gleichen* Hintergrundkonsens beziehen lassen, dieser selbst also inhaltlich möglichst wenig differenziert und anspruchsvoll erscheint.

Was meint Wiedergewinn an Inhaltlichkeit? Christliche Theologie ist um den Preis ihrer Selbstaufgabe Kreuzestheologie.[173] Sie erinnert an die Kreuzigung Jesu von Nazareth durch die damals herrschende römische Macht mit ihrer »civil religion«, dem Kaiserkult. Christliche Theologie kann deshalb nicht in einer Religion aufgehen, deren Hauptfunktion in der Integration des gesellschaftlichen Lebenszusammenhanges gesehen wird.

In der Perspektive des Kreuzes liegt dagegen die Solidarität der Kirche mit den Opfern der Gesellschaft im internationalen wie im nationalen Maßstab, die Solidarität mit den Opfern des Weltmarktes, den abhängigen Völkern, genauso wie mit den Menschen, die als Arbeitslose oder SozialhilfeempfängerInnen Opfer der Durchsetzung des totalen Marktes im Innern der Gesellschaft sind. Das Subjekt einer solchen solidarischen Praxis ist die Gemeinde, die zu einer »Gemeinde der Beteiligten« wird, also nicht eine »Gemeinde der Betreuten« bleibt. Die Gemeinde kann gerade zu einem gesellschaftlichen Ort des lebendigen Zusammenlebens von Menschen werden, die lernen, aus »Betreuten« zu »Beteiligten« zu werden.

Meine These ist: Die beteiligte und aus Partizipation gespeiste Interpretation von Werken und Manifestationen der »populären Kultur« muß sich genau an der Stelle in Kritik und Widerspruch verwandeln, wo diese - im Sinne einer gesamtgesellschaftlich integrierenden »civil religion« - die heil- und hilflose Befriedung einer strukturell ungerechten und unfriedlichen Gesellschaft besorgen sollen.

173 Vgl. J. Moltmann, Der gekreuzigte Gott. Das Kreuz Christi als Grund und Kritik christlicher Theologie, München 1972.

Mit den folgenden Deutungsvorschlägen zur »Liturgie der Tagesschau« und zur »Gefräßigkeit des Internet« schließe ich den Buchteil »Interpretationen« ab.[174]

1. Die Liturgie der Tagesschau

1.1 Abend für Abend in etwa 5 Millionen deutschen Haushalten die gleiche Szene: Es ist 20.00 Uhr, das mittlerweile computermusikmäßig aufgemotzte Einleitungssignal zur »Tagesschau« ertönt. Die Sendung mit der stabil bleibend höchsten Einschaltquote in Deutschland überhaupt. Offensichtlich handelt es sich um eine der festen Zeiten im Tagesablauf von vielen Familien. Man muß sich bei dem, was dazu zu bemerken ist, vor Augen halten, daß diese höchste Einschaltquote im Bereich der deutschen Fernsehkultur, diese 5 Millionen eingeschalteten Empfänger, auf die Gesamtpopulation der Bevölkerung gerechnet immer noch keine 10% ausmachen. Unter dieser Einschränkung müssen die folgenden Überlegungen gelesen werden. Aber dennoch haben sie möglichweise Bedeutung auch für einen Teil der übrigen 90% der Bevölkerung: Die »Tagesschau« steht in meiner Interpretation als Symbol nicht nur für Nachrichtensendungen in anderen Programmen, sondern auch für Magazinsendungen bis hin zum reality-TV.

Die Zeit der »Tagesschau« ist eine besondere Zeit, die einen Einschnitt markiert: Das Abendessen ist vorbei, ausgestanden ist auch das für Familien mit kleinen Kindern typische Ritual des Zähneputzens, Insbettbringens und Geschichte-Erzählens. Die erwachsenen Menschen, vielleicht auch die Jugendlichen haben sich um den Fernseher versammelt. Ein erheblicher Teil dieser Population wird für den Rest des Abends ebendort sitzenbleiben; dabei sind im Zeitalter der Kabelprogramme die natürlichen Grenzen, die einen schnarchenden Familienvater irgendwann durch das Sender-Standbild und einen dauernden Pfeifton aus dem Sessel holten, längst vergangen. Nicht mehr bis zum Abwinken: Es wird rund um die Uhr gesendet. Aber eben deshalb, auch wo das Fernsehen einen zentralen Bezugspunkt der familialen Kommunikation darstellt, ist die feste Zeit um 20.00 Uhr abends, ist die »Tagesschau« ein wichtiger Einschnitt.

Wie ist die kommunikative Situation strukturiert? Ein Blick auf den Platz des Fernsehers in deutschen Wohnzimmern bzw. Wohnküchen: Vielleicht steht er in studentischen Wohngemeinschaften erhöht im Küchenregal, zwi-

174 Ich verfolge damit ein direkt entgegengesetztes Interesse gegenüber Versuchen, der Durchsetzung des totalen Marktes und seiner gesellschaftlichen Absicherung in positivem Sinne eine religiöse Weihe angedeihen zu lassen. Manche gegenwärtigen Diskussionsbeiträge feiern die Preisgabe des kritischen Bewußtseins selbst schon als Befreiung von all dem, was sein Gegenstand sein müßte. Vgl. z.B. exemplarisch N. Bolz und D. Bosshart, Kult-Marketing. Die neuen Götter des Marktes, Düsseldorf, 2. Aufl. 1995.

schen Tomatendosen und Miracoli-Packungen. Oder in antiken Bücherregalen, deutsche Eiche, der Familie eines schwerarbeitenden Postangestellten zwischen den Buchrücken der deutschen Klassiker und der Sektglasgarnitur. Oder er findet sich als Einzelmöbel, womöglich mit übergroßem Bildschirm, im Haushalt eines alleinlebenden erfolgreichen Autoverkäufers im Schnittpunkt der möglichen Blickrichtungen, die von einer Couchgarnitur-Wohnlandschaft aus eingenommen werden können. Vielleicht ist er ein integrierter, nichtsdestoweniger zentraler Bestandteil eines Stereo-Video-Turms. Im Haushalt von Intellektuellen, von LehrerInnen beispielsweise oder Professoren, ist er eher versteckt: von außen unsichtbar in einem verschließbaren Bauernschrank oder in einer Nische hinter dem Stapel ausgelesener Spiegel- und »Die-Zeit«-Exemplare. Das unterstreicht aber seine Bedeutung für die 20.00-Uhr-Begehung: Dann müssen die Flügeltüren geöffnet, dann muß das Gerät aus der Nische in den kommunikativen Mittelpunkt geschoben werden. In jedem Falle gilt, wenigstens für die Viertelstunde bis 20.15 Uhr: Der Fernseher steht in 5 Millionen Haushalten im Zentrum der Kommunikation. Unter dem Gesichtspunkt der liturgischen Begehung, den ich für meine Interpretation auswähle, kann ich sagen: Der Fernseher nimmt den Platz des Altars oder der Kanzel in diesem Ritual ein.

Es handelt sich in der Regel um eine Situation, die durch konzentrierte, bisweilen auch verträumte und/oder beiläufige Aufmerksamkeit gekennzeichnet ist. Die Gespräche im Raum verstummen, krakeelende Kleinkinder werden, sollten sie noch nicht im Bett sein, zur Ruhe ermahnt. Auch ein Gespräch über Einzelmeldungen der Nachrichten muß schnell wieder zuende sein. Man würde sonst den folgenden Punkt verpassen. Zugelassen sind knappe Responsorien, vielleicht Stoßseufzer wie: Das darf doch nicht wahr sein! Manchmal in der reduzierten Gestalt eines Kyrie-Rufes: Herr im Himmel! - Der O-Ton des Finanzministers beispielsweise, der die Notwendigkeit der Sparprogramme begründet, kann - je nach politischer Orientierung der Fernsehgemeinde - zu knappen Benediktionen herausfordern: Recht hat er! Das muß doch mal gesagt werden! - oder aber auch zu Verfluchungen, vielleicht sogar knappen säkularisierten Exorzismus-Formeln: Idiot, blöder. Leck mich am Arsch.

Der Ablauf, die einzelnen Schritte der Tagesschau-Begehung sind, unabhängig vom jeweiligen Inhalt, vertraut und für alle Teilnehmenden berechenbar. Wenn nicht gerade ein Kernkraftwerk explodiert ist, die NATO in einen Krieg eingetreten ist, der Bundeskanzler eine Neujahrsansprache hält oder ein Europacup-Fußballspiel stattfindet, wird die Situation um 20.15 Uhr zuende sein; man wird sich dem »Tatort«, der Magazinsendung oder einem allviertelstündlich durch Werbung unterbrochenen, stark gekürzten Hollywood-Schinken auf einem Kabelprogramm zuwenden. Der Ablauf ist berechenbar, allein durch die Portionierung der Zeit. Das Ganze beginnt mit »Guten Abend, meine Damen und Herren«, und es wird mit dem Wetterbericht und den guten Wünschen des Ansagers, der Ansagerin für den weiteren Fernsehabend enden, ganz gleich, was zwischendurch geboten wird: Bilder von einem Massaker in Liberia, von der Erschießung eines algerischen Journalisten, von deutschen Panzern im türkischen Angriff gegen kurdische Freischärler, von neuen Gewalttätigkeiten zwischen bosnisch-moslemischen und serbischen Leuten; Bilder von Streik-und Protestveranstaltungen in Bremen und anderswo gegen Betriebsstillegungen, Arbeitslosigkeit und Sparprogramme in Deutschland, Bilder vom wieder einmal erfolglosen oder endlich einmal erfolgreichen dritten Satz im heutigen Spiel von Boris Becker, schließlich: das Wetter, mit Satellitenaufnahmen über die Wolkenbewegungen und den Aussichten für die kommenden drei Tage. Der vertraute und berechenbare Rahmen ist dominant gegenüber jedem nur möglichen Inhalt: Die Schreckensbilder von verstümmelten Gliedmaßen, wimmernden Verletzten und hektisch davonfahrenden Krankenwagen werden in spätestens fünf Minuten vom Gesicht eines selbstzufrieden tönenden Bundeskanzlers oder eines, je nach dem, erleichtert oder unglücklich vor sich hinnuschelnden Weltranglistenfünften ersetzt worden sein.

1.2 Was bietet mir die Rechtfertigung, mit Blick auf die Tagesschau von »Liturgie« zu sprechen? Die Phänomene, die ich bisher geschildert habe - der verbindliche rituelle Charakter der Begehung für einen Teil der Bevölkerung, der Zeit-Charakter als Schalt- und Schnittstelle im alltäglichen Tagesablauf, die kommunikative Zentralstellung des Fernsehers, die Reduktion der Äußerungen der Zuhörenden auf responsorische Kurzformeln - als dies ließe sich ja noch im Sinne von beiläufigen Einzelbeobachtungen und Einfällen abtun.

Ich denke, die Rechtfertigung für die Überlegung liegt in der Raum- und Zeit-Gestalt dieser Begehung einerseits und in den dominierenden Bildern und Geschichten andererseits.

Es handelt sich bei der Tagesschau-Begehung um die Verbindung zwischen zwei gegensätzlichen Erfahrungen des *Raumes:* Die intime Situation des Wohnzimmers, der Küche usw., jedenfalls des Ortes in der Wohnung, der der Entspannung und/oder anderen Formen der körperlichen und seelischen Reproduktion der BewohnerInnen dient, verbindet sich mit einer schlechthin universellen Raum-Erfahrung der ganzen Welt. Innerhalb von Sekunden wird der Zuschauer/die Zuschauerin von Kapstadt über Antalia nach Bremen versetzt. Die Raum-Erfahrung ist zugleich intim, ist umfriedet, begrenzt, und im selben Moment ist sie schlechterdings universal. Jeder Ort der Welt wird in den engen Bereich familialer bzw. freundschaftlicher, in jedem Falle privater Intimität geholt. Jeder Raum der Welt ist in meinem Wohnzimmer. Ich kann mich überall dazuschalten, kann überall dabeisein, kenne die Gestik und das Minenspiel von Helmut Kohl genauso wie von Jassir Arafat. Und zugleich ist diese Nähe in Beziehung zu jeder Ferne vollständig ohne Erweiterung der eigenen Reichweite, ohne Einwirkungs- und Kommunikationsmöglichkeit.

In der Zweiseitigkeit von Intimität und Universalität der Raum-Erfahrung nimmt der Zuschauer, die Zuschauerin die Perspektive ein, die in der vormodernen Gesellschaft nur einem zukam, nämlich Gott. Und im gleichen

Atemzug wird diese Allmachts-Situation in ihr vollständiges Gegenteil verkehrt. Der Kontakt mit jedem Raum des Universums wird mit der vollständigen Macht- und Bedeutungslosigkeit dieses Kontaktes erkauft.

Auch die *Zeit*-Gestalt der »Tagesschau« hat ein ambivalentes Gesicht. Auf der einen Seite steht die Gleichzeitigkeit mit jeder Zeit, mit jedem Ereignis, und die radikale Orientierung auf den je gegenwärtigen Augenblick; auf der anderen Seite heißt diese Augenblicksorientierung keinesfalls, daß der Augenblick erfüllte Zeit sei, angefüllt und konzentriert nämlich mit dem, was gewesen ist und was kommen wird. Die Augenblicks-Zeit der »Tagesschau« ist die Zeit des vollständigen Vergessens.

Dies liegt zum einen an der schlaglichtartigen Präsentation der Nachricht. Es werden keine Zusammenhänge hergestellt, keine Geschichten erzählt, keine Begründungen gegeben. Wer nicht jeden Abend an der Zeremonie teilnimmt und sich auf anderem Wege, durch Zeitungen, Radio, Fernseh-Magazinsendungen mit weiteren Informationen versorgt, wird schlechterdings nichts verstehen. Es fehlt der Rahmen, zumindest der *inhaltlich* aufgebaute Rahmen für die Wahrnehmung und Interpretation der Einzelnachricht; daß ein ganz anderer Rahmen strukturbildend wirkt, werde ich gleich noch zeigen.

Auch für die informierteren ZeitgenossInnen bedeutet die Augenblicks-Zeit der Nachricht nicht die Erfüllung und Aufnahme, sondern die Nichtung und Auslöschung jeder anderen Zeit. Was war, um Himmels willen, vor einem halben Jahr los? Mit welchen Bildern und Nachrichten hat uns die Tagesschau vor zwei Wochen versorgt? Und selbst was gestern die Schlagzeile war: kann sich irgend jemand noch daran erinnern?

Wahrscheinlich kaum, und daß dies so ist, liegt an der immergleichen, berechenbaren Abfolge der Einzelmeldungen. Die Augenblicks-Orientierung - selbst noch in ihrer höchsten Steigerung: im *Schock*, den ein Bild eines zerschossenen und verhungerten Körpers auslösen könnte - wird von der immergleichen linearen Zeitstruktur unterlaufen.

Es geht immer weiter, das ist die eigentliche Botschaft. Was immer auch passiert, nichts ist so bedeutsam, dabei zu verweilen. Wie, hundertneun Tote bei einem Flugzeugabsturz? Das haben wir gleich. Den Kommentar dazu wird in spätestens zehn Minuten ein Spot über Steffi's Steuerehrlichkeit, Schumachers Moral oder den neuen Trainer des BVB geben. Die lineare Zeitstruktur ist, entgegen dem ersten Augenschein, gegenüber der Augenblicks-Zeit des »Ereignisses« bzw. der Meldung über dieses Ereignis, völlig dominierend. Es geht immer weiter, alles ist gleich wichtig oder unwichtig. Die Wirkung liegt, ähnlich wie im Falle der Raum-Gestalt, in der Entmächtigung der ZuschauerInnen: Anscheinend auf der Höhe der Zeit, anscheinend gleichzeitig mit jedem wichtigen Ereignis unserer Erde, wird ihnen nicht einmal die Zeit zu einer emotionalen Reaktion, geschweige denn zu einer intellektuellen Verarbeitung gelassen.

In der Raum- wie in der Zeitgestalt nimmt die Liturgie der Tagesschau Charakteristika der Liturgie des Gottesdienstes auf, allerdings in vollständig entleerter und verkehrter Weise: es handelt sich ja wirklich, wie im Gottesdienst, um die Erfahrung des »Hier und Jetzt«, allerdings nicht als Begegnung mit einer heilsamen und machtvollen Atmosphäre, nicht als erfüllte Zeit, sondern vielmehr als Entmächtigung und Vergleichgültigung auf beiden Seiten: auf seiten der ZuschauerInnen wie auf der Seite der Inhalte.

1.3 Wie wird ein Geschehen irgendwo in der Welt zu einem *Inhalt* der »Tagesschau«?

Der geheime Wegweiser, der die Versetzungen von Ort zu Ort und die Gleichzeitigkeit mit jeder Zeit leitet, scheint im *Dramatik-Wert* des gezeigten Ereignisses zu liegen. *Ein* wichtiges Kriterium hierfür scheint die Stellung auf einer imaginären *Gewalt*-Skala zu sein. Verstümmelungen, Erschießungen, Hunger, Naturkatastrophen. Ins Bild kommen, wann immer möglich, zerfetzte Körper, brennende Häuser, weinende Menschen. Etwas weiter unten auf dieser Skala: rauchende Vulkane, vom Erdbeben zerstörte Gebäude, von Wassermassen überflutete Straßen mit Schlauchbooten an den Stellen, wo sich sonst die Autos stauen: die Naturkatastrophen.

Neben diese dominierende Gewalt-Skala tritt eine weitere: ich möchte sie die *Vertrags*-Skala nennen. Bilder von Mächtigen, die etwas unterschreiben. Bilder von anderen Mächtigen, die an einem anderen Ort nach einer solchen Zeremonie, die man sich dazudenken muß, Hände schütteln, Sekt trinken und eine Rede halten. Bilder von einem wieder anderen Ort, wo bisher Mächtige nach einer verlorenen Wahl nicht mehr mächtig sind oder jetzt an die Macht gekommen sind: Die Vertragskultur zwischen Herrschern und Beherrschten in einer mehr oder weniger demokratischen Gesellschaft. Interviews mit Arbeitgebern und Arbeitnehmervertretern, die den Zusammenbruch der Tarifvertragskultur kommentieren, je nach Interessenlage zufrieden oder bestürzt.

»Gewalt« und »Vertrag« scheinen die dominierenden Kriterien, nach denen ein Ereignis an irgendeinem Ort in der Welt zu einer Nachricht in der Tagesschau werden.

Warum werden die Bilder von der Gewalt gezeigt? Warum wird ein Ereignis *dann* zu einer *Nachricht* mit der Chance, in der »Tagesschau« vorzukommen, wenn dieses Ereignis mit Bildern von Blut, von zerschlagenen Körpern, von Getöteten bestückt werden kann? - Und eine Nebenbemerkung hierzu: Man darf ja nicht vergessen, daß die »Tagesschau« die reduzierte, gewissermaßen zivilisierte und kontrollierte Version der Gewalt-Bilder ausstrahlt. Auch ein erheblicher Teil der *Unterhaltungsfilme* im Fernsehen zeigt zerschlagene Körper am Ausgangspunkt, an den Wendepunkten der Story vor den Werbeblöcken, oder am Höhepunkt des Spannungsablaufes. Ganz zu schweigen von den reality-TV-Spots, die die zerfetzten Körper, die fassungslosen und verweinten Gesichter ohne jede Zeitverzögerung in die Wohnzimmer holen - mit dem Eindruck für die Beteiligten, beim Gewalt-Ereignis selbst dabeisein zu können.

Was geschieht hier? Ich denke, beide Dimensionen bedürfen der Interpretation, die gezeigte Gewalt ebenso wie die gezeigten Verträge in der

»Tagesschau«. Beides, Gewalt und Vertrag, hängt in einer bestimmten Perspektive auch zuinnerst miteinander zusammen.

1.4 Die Attraktivität der Gewaltbilder läßt sich auf dem Hintergrund von Theorien verstehen, die das kultische Opfer in den alten Gesellschaften zum Gegenstand haben. George Batailles Nachdenken über das »Opfer«[175] kreist um die Frage, warum der dahingeschlachtete Mensch bzw. das dahingeschlachtete Tier von der Opfer-Gemeinde *angeschaut* werden muß. Warum dieser Blick auf das Blut, auf die im Akt der Schlachtung aufquellenden Organe? Bataille meint, daß die Erfahrung von Menschen in alten Gesellschaften in dieser Situation vollkommen unterschieden ist vom modernen, z.B. medizinisch geschulten Blick auf den offengelegten Körper. In diesem Blick stellt sich, so seine Überlegung, die Intimität des Lebens selber dar. Es gelingt der Kontakt zu einer Lebensfülle, die in der alltäglichen Lebenspraxis - für sie stehen die Begriffe »Arbeit« und »Ordnung« - verloren ist. Das Opfer ist für diese Gesellschaften notwendig in Hinblick auf den Kontakt einer - durch Ordnungen bestimmten - menschlichen Zivilisation zum *Lebensfluß*, der *vor* jeder menschlichen Ordnung da ist. Jede gesellschaftliche Ordnung stellt eine Ausgrenzung aus diesem überströmenden Energie-Fluß dar, bleibt nichtsdestoweniger in ihrem Innersten, soweit sie Ordnung des *Lebendigen* ist, weiterhin mit ihm verbunden. Das kultische Opfer bietet einen begrenzten, rituell geregelten Kontakt mit dem Leben selbst, der ohne diese rituelle Begrenzung die gesellschaftliche Ordnung in einem ekstatischen Taumel verzehren würde. Das Opfer ist ein heiliger Mord, dessen Anblick die Gesellschaft nicht zuletzt davor schützt, in allgemeines Morden überzugehen.

Legt man die Opfer-Interpretation von Bataille zugrunde, so wird verständlich, warum die »Tagesschau«-Bilder von zerschlagenen Körpern an zentraler Stelle immer wieder zeigt: Die Fernsehgemeinde nimmt, medial vermittelt über diese Bilder, an der Gewalt teil, und zwar in einer Weise, die intentional dem kultischen Opfer in den alten Gesellschaften entspricht.

Ich skizziere eine weitere Theorie zum »Opfer«, die, wie ich meine, einen Baustein zum Verständnis der Gewalt-Bilder in der »Tagesschau« liefern kann. Sie stammt René Girard, einem *zeitgenössischen* französischen Autor, der eigentlich Literaturwissenschaftler ist, aber seine Untersuchungen insbesondere zum Opfer in den antiken griechischen Gesellschaften mit weitreichenden psychoanalytischen und ethnologischen Überlegungen verknüpft hat. Ich habe diesen theoretischen Ansatz in den Film-Interpretationen bereits angespielt.

Auch René Girard[176] untersucht den Zusammenhang von »Opfer« und »Gewalt«. Wie Bataille versteht er die Gewalt als grenzenlosen Fluß. In seiner Interpretation eröffnet das Opfer aber nicht nur einen Weg über die

[175] G. Bataille, Der heilige Eros, Frankfurt/M. 1986 (deutsche Erstausgabe 1963).
[176] R. Girard, Das Heilige und die Gewalt. Zürich 1987 (1972), 104ff; 211ff; 248ff.

Grenze zur Welt der Gewalt, sondern bietet auch eine Möglichkeit, die Gewalt selbst zu bannen. Der Mechanismus, dessen sich das Opfer dabei bedient, liegt im Wesen der Gewalt selbst: sie breitet sich durch Mimese aus.

Girard sieht es als grundlegende anthropologische Tatsache, daß »Begierde« bzw. »Wunsch« und »Gewalt« gleich ursprünglich und untrennbar miteinander verbunden sind. Neu gegenüber der psychoanalytischen Anthropologie in der Tradition Freuds ist diese Überlegung: Die »Begierde« bzw. der »Wunsch« des Menschen ist keine Naturtatsache. Der Mensch lernt an einem Vorbild zu begehren. Der Wunsch, auch das sexuelle Begehren, entspringt keinem »Trieb«, sondern einem mimetischen Mechanismus. Es gibt keinen Wunsch ohne die gleichzeitig eintretende gewaltsame Konkurrenz zum Mit-Wünschenden, der einem das Wünschen ebenso wie das Objekt des Wunsches gezeigt hat. Schnell geht es gar nicht mehr um das konkrete Objekt, sondern der mimetische Mechanismus verlagert sich auf den mitwünschenden Konkurrenten: Gewalt breitet sich mimetisch, wie durch Ansteckung aus. Gewalt ist grenzenlos überschwemmend, sie reißt alles in ihren Strudel. Einmal als Tatsache im gesellschaftlichen Zusammenleben wirksam geworden, findet sie kein Ende. Sie verschlingt die Ordnung des gesellschaftlichen Zusammenlebens selbst.

Und an dieser Stelle, so meint Girard, liegt die kulturbegründende Leistung des Opfers. Weil die Gewalt sich mimetisch ausbreitet, kann sie auch durch Mimese »gebunden« werden: durch einen Mord nämlich, der so gewaltig ist, daß er alle Gewalt in sich selbst aufsaugt. An die Stelle der ungebremst sich weiter ausbreitenden Gewalt tritt das Erschrecken über diesen einen ungeheuren Mord; Friede kann eintreten, und die Menschen, die die Versöhnung wie das Ende einer furchtbaren ansteckenden Krankheit erleben, schieben dem Opfer diese versöhnende Wirkung zu. Das Opfer wird geheiligt, wird »sakralisiert«.

Girard nennt diesen gesellschaftsbegründenden Mord den »Ursprungsmord« einer Gesellschaft.[177] Durch den Ursprungsmord wird gesellschaftliches Zusammenleben überhaupt erst möglich: er stellt das allgemeine Morden, die Gewalt aller gegen alle still. Das kultische Opfer ist nichts anderes als die kultische Begehung und Wiederholung des gesellschaftsbegründenden Ursprungsmords. Die - allerdings unstabile - Leistung des kultischen Opfers ist, daß gesellschaftliches Zusammenleben ohne verschlingende Gewalt möglich wird.

Girard ist der Auffassung, daß er in der Zueinanderordnung dieser Faktoren - die mimetische Entstehung der Begierde; die gewaltstillstellende und so kulturbegründende Leistung des »Ursprungsmordes«; und die rituelle Wiederholung des Ursprungsmordes im kultischen Opfer - eine Theorie vorgelegt hat, die die *Hominisierung* des Menschen erklären kann. Die mimetische Begierde und die mimetische Ausbreitung von Konkurrenz/Gewalt ist auch bei Tieren wirksam; erst die *Sakralisierung des Gewaltopfers im*

177 Vgl. S. Freud, Totem und Tabu. Einige Übereinstimmungen im Seelenleben der Wilden und der Neurotiker. 1917/19. In: ders., Kulturtheoretische Schriften, 1974, Frankfurt/M. 1986, S. 287ff.

Ursprungsmord ist die Leistung, die die Menschen von den Tieren unterscheidet. Der Prozeß der Hominisierung, aber auch der mit der kulturellen Entwicklung fortschreitende Prozeß der Humanisierung ist die Leistung des Opfers.[178]

Girards Überlegungen bieten m.E. eine Hilfe bei der Interpretation der »Liturgie der Tagesschau«: Sie können verständlich machen, warum die Gewalt-Bilder in der »Tagesschau« gezeigt werden, aber auch, warum sie *immer wieder* gezeigt werden müssen. Gegenüber dem kultischen Opfer in den antiken Gesellschaften sind die rituellen Dimensionen in der Tagesschau-Begehung reduziert und entwertet. Reste des Ritual-Charakters sind noch erkennbar: die im Tagesablauf hervorgehobene Zeit, die Scharnierfunktion dieser besonderen Zeit, die erlaubt, den familialen Alltag in ein »Davor« und »Danach« zu unterteilen, ebenso wie das Immer-Wiederkehren dieser Situation am selben Ort und zur selben Zeit und auch die massenhafte Verbreitung dieser Begehung.

Auf der anderen Seite ist es gerade dieser Charakter des Immer-Wieder, des Über-all, an allen Orten, der die Leistung des Opfers *entwertet*. Folgt man Girard's Überlegungen, dann ist das ideale Opfer, das Opfer also, das die Gewalt im gesellschaftlichen Leben wirklich stillstellt und binden kann, das einmalige, das ein für allemal oder doch wenigstens dauerhaft wirksame Opfer.

Ein neutestamentliches Buch, der Hebräerbrief, interpretiert den Tod Jesu am Kreuz genau in dieser Weise: Jesu Tod am Kreuz ist das ein für allemal wirksame Opfer (Hebr. 9 und 10). Es ist das einzige Opfer, das Gott gefällt, und das heißt auch: weitere Opfer - kultische Opfer, aber auch Opfer in alltäglichen, z.B. politischen Lebenszusammenhängen - müssen nicht mehr sein und dürfen um Gottes willen auch nicht mehr sein. In jedem Abendmahlsgottesdienst wird die befreiende und versöhnende Wirkung dieses ein für allemal geltenden Opfers Jesu Christi gefeiert und proklamiert. Die christliche Gemeinde bekräftigt durch diese Feier, daß sie in ihrem Zeugnis wie in ihrer Lebenspraxis für die Befreiung vom Opfern-Müssen einsteht, und daß sie auf der Seite derer steht, die zu Opfern gemacht werden: Menschen genauso wie andere Geschöpfe der Lebensumwelt.

Ein solches einmaliges Opfer wird in der Liturgie der »Tagesschau« gerade *nicht* begangen, aus vielen Gründen nicht. Die »Liturgie der Tagesschau« hat eine zentrale Dimension eingebüßt, die das Ritual auszeichnet: die Grenzüberschreitung in die Welt des gegenüber dem normal-alltäglichen Leben Anderen zu ermöglichen. Daß die Tagesschau-Begehung dies nicht leisten kann, liegt an der Berechenbarkeit und Gewöhnlichkeit ihres Ablaufes: Die Gewalt-Bilder werden konsumiert, sie werden erträglich auf dem Hintergrund der Gewißheit, daß in fünf Minuten Theo Waigel oder die Kelly-Family zu sehen sein wird. Deshalb gelingt hier, trotz der ständigen Präsenz der Gewalt-Bilder, kein »Opfer« in dem Sinne, daß die Gewalt still-

178 Vgl. auch: R. Girard, Der Sündenbock, 1982, Zürich 1988 wiederveröffentlicht als: ders., Ausstoßung und Verfolgung. Eine historische Theorie des Sündenbocks, Frankfurt/M. 1992

gestellt würde. Die Gewalt muß ständig weitergehen, die Gewalt-Bilder müssen jeden Tag neu gebracht werden - wenn man das Gesamt der Fernsehbilder vor Augen hat: alle paar Sekunden ein zerschlagener Körper. Das Zurschaustellen der Gewalt kann in dieser Weise keine befriedende, keine die Gewalt bindende Wirkung haben. Nein, man muß das Gegenteil befürchten: Die ständige Präsenz und Wiederholung der Vorführung von Gewalt trägt zu Desensibilisierung und zur faktischen Ausbreitung der Gewalt im gesellschaftlichen Lebenszusammenhang bei.

Was macht ein bestimmtes Ereignis, das irgendwo auf der weiten Erde stattgefunden hat, zu einer Meldung in der Tagesschau? Meine Vermutung ist: Das *Ereignis* nimmt einen wichtigen Platz auf der imaginären *Gewalt-Skala* ein; die skizzierten Überlegungen zur Aufgabe des »Opfers« in alten Gesellschaften können einsichtig machen, daß die Gewalt-Bilder der »Tagesschau« - und deutlicher noch die Gewaltbilder in den weniger »zivilisierten« Fernsehkanälen - die verzerrte Wiederkehr des archaischen Opfers in einem zivilreligösen Ritual darstellen, eben: in der »Liturgie der Tagesschau«.

Aber warum kommen die *Verträge* als zweiter dominierender Nachrichten-Gegenstand ins Bild? Warum die Bilder von Vorstufen zu Verträgen, vielleicht scheiternden Verträgen, wenn demonstrierende und streikende Arbeiter gezeigt werden? Warum die Bilder von händeschüttelnden und sekttrinkenden Präsidenten, wenn ein Vertragsabschluß glücklich gelungen ist? Warum die Nachrichten von Wahlausgängen und/oder politischen Rebellionen mit dem Ziel, einen neuen Vertrag zwischen Herrschenden und Beherrschten herbeizuführen?

Ich möchte zum Verständnis dieses Sachverhaltes einen Theorievorschlag zu Rate ziehen, der den sachlichen Zusammenhang zwischen »Opfer« und »Vertrag« zum Gegenstand hat und es deshalb ermöglicht, das Gegenwärtigsein der *beiden dominierenden* Nachrichten-Themen - »Gewalt« und »Vertrag« - in der »Tagesschau« aus *ein und demselben* Problemfeld heraus verständlich zu machen. Es handelt sich um eine Theorie, die die gesellschaftliche Entwicklung vom »Opfer« zum »Vetrag« erklären möchte - aber so erklären möchte, daß die Problematik von Evolutions-Konzeptionen bewußt gemacht und wenn möglich vermieden wird.

Klaus Eder stellt nämlich in seinem Buch »Die Vergesellschaftung der Natur«[179] die Frage, wie sich die *Entwicklung* von menschlichen Gesellschaften verstehen lasse - und zwar auf eine Weise verstehen lasse, daß der fundamentale *Unterschied* von Sachverhalten im *menschlich-gesellschaftlichen* Zusammenleben zu denen in der »Natur« gewahrt wird. Er liegt darin, daß das menschlich-gesellschaftliche Zusammenleben nicht verstanden werden kann, ohne die *Subjekthaftigkeit und Selbsttätigkeit* der Menschen ernst zu nehmen. Deshalb kann beispielsweise in Hinblick auf die Entwicklung menschlicher Gesellschaften nicht mit quasi-automatisch funktionierenden

179 Klaus Eder, Die Vergesellschaftung der Natur. Studien zur sozialen Evolution der praktischen Vernunft, Suhrkamp, Frankfurt/M. 1988

Evolutionsvorstellungen gearbeitet werden, wie sie z.B. in der Erklärung der Entwicklung biologischer Arten ihren Platz haben können. Eder fordert deshalb: Als menschliche Lebenspraxis ist die Entwicklung der Kultur dadurch von naturalistischen Evolutionsmodellen klar zu unterscheiden, daß sie als symbolische, in ihrem Kern als *religiöse* Entwicklung verstanden wird.

Die wichtigste Leistung der *symbolischen Ordnung* ist die kommunikativ bindende, rituell-mythisch oder in späteren Entwicklungsstadien rechtlich geformte Ausdifferenzierung des »Guten« und des »Bösen« und damit die Darstellung der Gesellschaft als untereinander verpflichtete Kommunikationsgemeinschaft auf der einen, die Ausgrenzung des diese Gemeinschaft bedrohenden Anderen auf der anderen Seite. Im Zentrum der Aufmerksamkeit steht dabei auch für Eder - als unmittelbarste Form des Austausches mit der Natur - die vorherrschende kulinarische Mode (d.h. die Entwicklung von Eßtabus) und das *Opfer*.

Das Opfer stellt von Anbeginn, also auf der Stufe der archaischen tribalen Gesellschaften, den Austausch einer carnivoren Kultur mit ihrer Lebensumwelt dar: Der Lebenserhalt der eigenen Gesellschaft zwingt, anderes Leben zu nehmen. Die Götter geben das Leben in Form von Tieren (und Pflanzen), die verzehrt werden können. Im Opfer wird diese Gabe erwidert. Selbst auf der Stufe tendenziell egalitärer gesellschaftlicher Struktur stellt sich durch das Opfer von Anbeginn das Problem, die Dimension der Herrschaft und Gewalt mit der Dimension der gesellschaftlichen Verpflichtung/Solidarität der Gesellschaftsmitglieder untereinander zu vermitteln. Denn auch in Gesellschaften, die noch keine zentrale Herrschaftsinstanz kennen, gibt es Ungleichheit in der Verteilung von Herrschaft und in der Verteilung des Zuganges zu lebenswichtigen Gütern - und sei diese Ungleichheit auf der Ebene der lokalen Einheiten, der Haushalte, Stämme und Clans etabliert.

Das Opfer kommt für Eder unter dem Gesichtspunkt einer gegenüber den *realen* Lebensbedingungen zunehmend unterschiedenen *symbolischen* Ordnung in den Blick. Im Opfer gelingt die Kommunikation zwischen den Opfernden und der Gottheit. Auf der *symbolischen* Ebene wird so erreicht, was auf der Ebene des *realen* gesellschaftlichen Lebens zunehmend unmöglich wird: daß nämlich *alle* Gesellschaftsmitglieder *in gleicher Weise* in den lebenswichtigen Austausch zu den Gütern (und den Spendern der Güter) einbezogen bleiben, von denen die weitere Ermöglichung des Lebens abhängt.

Auf der nächsten Entwicklungsstufe, den traditionalen Hochkulturen mit der Herausbildung einer politischen und/oder religiösen Herrschaftszentrale, kommt dem Opfer die Aufgabe zu, die gesellschaftliche Solidarität auch beim Ende egalitärer Strukturen durch die Herausbildung der Herrschaftszentrale zu sichern: dadurch nämlich, daß sich die carnivore Kultur im Opfer ihres - trotz der Entwicklung gesellschaftlicher Ungleichheit - *gemeinsamen* Austauschprozesses mit der gewaltsam unterworfenen Kultur versichert. Die »reale« Ordnung der Arbeit und des Austausches zwischen Mensch und Natur, aber jetzt vor allem auch in der Herrrschaftsverteilung zwischen Menschen, wird zunehmend *ungleich*. Auf der Ebene der *symbolischen* Ordnung bewahrt das Opfer dagegen die Gleichheit und wechselseitige Verpflichtung aller Gesellschaftsmitglieder untereinander.

Dabei gibt es zwei idealtypische Lösungen: Die aztekische Hochkultur schafft den gesellschaftlichen Zusammenhalt durch das massenhafte rituelle Menschenopfer. Dagegen wird in der israelitischen Kultur das Menschenopfer *ersetzt*; an seine Stelle tritt das stellvertretende tierische bzw. pflanzliche Opfer. Vergleichbar werden beide Lösungen durch eine ähnliche politische Situation - nämlich die Herausbildung zentralisierter gesellschaftlicher Macht (in Israel die Entstehung des Königtums unter Saul und David). In den traditionalen Hochkulturen entsteht bereits, was für die nächste Evolutionsstufe, nämlich das Opfer in der Moderne, charakteristisch ist: die Ersetzung des rituellen Opfers durch die *Befriedung der Gesellschaft durch Recht und Vertrag.*

Im Prozeß der gesellschaftlichen Entwicklung tritt das »Recht«, tritt die durch *Vertrag* geregelte rechtliche Übereinkunft, an die Stelle des kultischen Opfers. Der »Vertrag« nimmt den Ort und die Funktion des »Opfers« ein: nämlich in einer durch Ungleichheit in der Verteilung von Herrschaft und in der Verteilung von Zugängen im Austausch mit der natürlichen Lebensumwelt gekennzeichneten Gesellschaft symbolisch die *wechselseitige Verpflichtung aller* darzustellen und den Frieden zu wahren. Aber auch in Gesellschaften, die - wie die sogenannten »modernen« Gesellschaften - kaum noch Verbindungen zu archaischen gesellschaftlichen Ordnungen zu haben scheinen, haben das »Recht« und der »Vertrag« das Opfer nur dem Augenschein nach vollständig ersetzen können. Auch wo es ein kultisches Opfer nicht mehr gibt, bestehen weiterhin alltägliche Interaktionsformen, die die Darbringung und Zurschaustellung von Gewalt zum Ziel haben. Die Rede von »Verkehrsopfern« und »Kriegsopfern« ist in diesem Zusammenhang keineswegs zufällig oder gar falsch gewählt.

1.5 Auf dem Hintergrund dieser Interpretation des Zusammenhanges zwischen Gewalt/Opfer auf der einen Recht/Vertrag auf der anderen Seite kann ich nun verstehen, warum beide Themen auch in der »Tagesschau« dominierend sind. Ich fasse meine Überlegungen zusammen: Die »Tagesschau« ist ein zivilreligiöses Ritual mit der Aufgabe, durch die symbolische Darstellung von »Gewalt« und »Vertrag« den Frieden in einer Gesellschaft zu wahren, die durch strukturelle Ungleichheit in der Verteilung von Herrschaft und Reichtum gekennzeichnet und durch die mimetische Ausbreitung von Gewalt beständig bedroht ist.

Die Liturgie der Tagesschau beinhaltet Dimensionen, die sich als verzerrte Entsprechungen zu zentralen Dimensionen des christlichen Gottesdienstes erweisen lassen: in der Raum-Gestalt, in der Zeit-Gestalt, im Opfer-Mythos. Aber im zivilreligiösen Ritual der »Tagesschau« werden Raum- und Zeitgestalt und Opfermythos in einer Weise repräsentiert, daß es zu einer Entmächtigung, Entleerung und Vergleichgültigung auf beiden Seiten kommen muß: auf seiten der menschlichen Subjekte genauso wie auf seiten der Inhalte, die durch das Ritual zugäglich gemacht werden.

Die Wirksamkeit dieses Rituals - in Hinblick auf die Aufgabe, Gewalt im gesellschaftlichen Zusammenleben zu binden und Frieden und Versöhnung herzustellen - ist in höchstem Maße unstabil. Auf eine Formel gebracht: Die »Liturgie der Tagesschau« ist das in seiner Wirksamkeit höchst zweifelhafte Befriedungsritual einer friedlosen Gesellschaft.

2. Die Gefräßigkeit des Internet

Der Blick auf die »Liturgie der Tagesschau« konturiert die Wahrnehmung der aktuellen »civil religion« in Hinblick auf die Gestalt ihrer rituellen Begehung; ein weiterer Blick auf die mediale Kommunikationsform des Internet kann schließlich einen Hinweis auf ihre Sozialgestalt geben. Der Titel »Gefräßigkeit des Internet« legt sich deshalb nahe, weil die mediale Kommunikationsform dazu tendiert, eingespielte Alltagskommunikation im lebensweltlichen Nahraum zu verzehren - mit verheerenden Folgen für die Gestalt der Lebenswelt, aber schließlich auch für die Funktionsfähigkeit der medialen Kommunikation selber.

2.1 Kleine Phänomenologie des Internet

2.1.1 Faszination. Ich habe im Frühjahr einen Vortrag in Hannover zu halten. Ich reise über Kassel-Wilhelmshöhe an, ökologisch bewußt mit dem Zug, genauer mit dem ICE. Ich hätte das lieber lassen sollen. Oder zumindest mich in der Zeitung informieren, welches bahnbrechende Ereignis gerade parallel zu meinem Vortrag in Hannover stattfindet. Es ist gar nicht das Problem, keinen Sitzplatz im Zug zu bekommen. Es gibt eigentlich auch keinen Stehplatz mehr. Alle Gänge voll mit Leuten, dicht an dicht, vor den Zugtüren ein Knäuel von Menschen. Jedes Luftholen zwingt, die gesamte Brustmuskulatur einzusetzen. Jede Gewichtsverlagerung von einem Fuß auf den anderen provoziert einen Schmerzensschrei der Nebenfrau. Die Leute sind in der Regel apathisch, ab und zu ein leises hysterisches Kichern. Kurz vor dem Hannoveraner Hauptbahnhof hält der Zug an einem Nebenbahnhof und bricht seine Last auf den Bahnsteig. Der Spuk ist vorbei. Durchatmen, ein erleichtertes Gespräch mit dem Nachbarn: Na klar, CEBIT, die Computermesse in Hannover.

2.1.2 Euphorie. Mit den neuen Informationstechnologien, besonders aber mit dem Internet-Dienst World Wide Web verbinden sich Erwartungen und Zuschreibungen, die kaum anders als euphorisch bezeichnet werden können. Man redet von einem neuen Zeitalter der Kommunikationskultur, von einer grundlegenden Demokratisierung des Zugangs zu Informationen, man erhofft ökonomischen Fortschritt und politischen Machtzuwachs, man bindet die wirtschaftliche Zukunft des »Standortes Deutschland« an die Voraussetzung, daß gerade hier, in den neuen Informationstechnologien, der Anschluß nicht verpaßt wird.

Die Propheten des Internet, allen voran Microsoft-Chef Bill Gates, versprechen einen neuen Himmel voller »Global Village« Satelliten und eine neue Erde unbegrenzter Kommunikation, und setzen alles daran, ihre Version vom himmlischen Jerusalem namens umzusetzen.[180] IBM wirbt für »solutions for a small planet.« »Etwas Faszinierendes geschieht auf diesem Planeten. Entfernungen werden immer kleiner, Menschen kommen sich näher. Der Grund dafür ist denkbar einfach. Von Andorra über Sylt bis Zimbabwe entdeckt man überall auf der Welt die grenzenlosen Möglichkeiten, die das Internet bietet.« Die Firma NEC stimmt ein: »Riesige Zeiträume, enormer Forschungsaufwand, immenser Einsatz an Mitteln - und die Welt wird zum Dorf! ... Projekte wie ›NEC world‹ zeigen, daß die räumlichen Entfernungen keine Barrieren mehr für das Erlernen und Erfahren fremder Kulturen sind. In dem Maße, wie die Welt sich verkleinert, wachsen die Möglichkeiten für die Menschheit.«

Zwischen 1960 und 1984 entstehen erste Computernetze, in denen die TeilnehmerInnen versuchen, über den bloßen Informationsaustausch in Richtung einer virtuellen Realität hinauszugehen. Die Anfänge der online Bulletin Broad Systems (BBS) verbinden sich teilweise mit spirituellen Inspirationen und religiösen Euphorien. Die Mitglieder des Computer-Netzes der CommuniTree-Gruppe beispielsweise wollen regelmäßig Konferenzen zu allgemein interessierenden Fragen veranstalten. »Der erste Satz der ersten Konferenz lautete: ›Wir sind wie Götter und können darin ganz gut werden.‹... Das System ging allerdings bald zugrunde, als sich Jugendliche einloggten, die die spiruellen und sozialen Interessen seiner Initiatoren nicht teilten.«

Diese ausdrücklichen Ansprüche auf göttliche Macht könnten noch als leicht überdrehte Aspirationen einer Gruppe der Pionierphase abgetan werden. Möglicherweise liegt in diesem Hang zum Größenwahnsinn, zu zerstörerischen Allmachtsphantasien aber ein Problem, das mit den neuen Kommunikationstechniken selber zuinnerst verbunden ist: Die Phantasie, werden zu können wie Gott und es sogar besser zu machen als er.

Die euphorischen Stimmungen, die sich mit naturwissenschaftlich-technischen Neuerungen verbinden, die Hoffnung, mit gerade dieser neuen Entdeckung werde endlich der endgültige Fortschritt in der Naturbemächtigung, in der Beseitigung von Unmündigkeit und Armut, im Aufschwung der demokratischen Kultur geschafft, sie finden sich seit der Renaissance immer wieder und haben im deutschen Sprachbereich einen ersten Höhepunkt in der Industrialisierungsphase der dreißiger Jahre des vergangenen Jahrhunderts. Die schnell deutlich werdenden immensen sozialen Kosten - Massenarmut auch bei denen, die einen Arbeitsplatz haben; Ausdehnung des Arbeitstages bis zu 16 Stunden; Kinderarbeit; Integration des technischen

180 Ich entnehme diese hübschen Formulierungen und auch die nachfolgenden Zitate aus: J. Herrmann und A. Mertin, Virtuelle Religion. Die Herausforderung der neuen Medien für Theologie und Kirche. Vortrag vor der Ev.Akademie Arnoldshain, »... neue Kultur-Theologie«, im Juni 1996; voraussichtliche Veröffentlichung in den Evangelischen Kommentaren.

Fortschrittes in eine großenteils noch feudal, auf jeden Fall herrschaftlich bestimmte politische Kultur der deutschen Kaiserzeit - haben diesen Anfangseuphorien sehr schnell Hohn gesprochen. Und die Aufstände von Menschen, die in einer bäuerlichen, wechselseitig verpflichteten »moralischen Ökonomie«[181] eingebunden waren und sich gegen die brutale Durchsetzung des Geldes und des Warenmarktes in den dörflichen Gemeinschaften zur Wehr setzten, sprechen dafür: Es hat erhebliche Teile der Bevölkerung gegeben, die schon von Anbeginn, seit Ende des 18. Jahrhunderts, die euphorischen Stimmungen angesichts der Einführung der neuen Maschinen nicht haben teilen können.

Aber dennoch: Mit jeder Drehung der Schraube des technischen Fortschritts ist das euphorische Syndrom wieder da. Meine Urgroßmutter, die, wie mir erzählt wurde, in fassungslose Begeisterung ausbricht, als sie zum ersten Mal eine Dampflokomotive sieht: »Ohne Pferde!« Oder auch eigene lebensgeschichtliche Erinnerungen: der 15jährige, der begeistert vor dem Fernseher sitzt, als die Bilder von den ersten Menschen auf dem Mond ausgestrahlt wurden: Wenn Menschen das schaffen, dann können wir auch alles andere in den Griff bekommen.

Gegenwärtig ist das Bewußtsein für die sozialen, politischen und ökologischen Risiken technologischer Neuerungen gewachsen. Die friedliche Nutzung der Atomkraft beispielsweise löst keine Euphorie mehr aus, sondern muß gegen die Skepsis, teilweise den offenen Widerstand weiter Kreise der Bevölkerung mit Polizeigewalt durchgesetzt werden. Der Zusammenhang zwischen technologischem Fortschritt und den Risiken für die Sicherheit der Arbeitsplätze ist heute allgemeiner Bestandteil des öffentlichen Bewußtseins.

Das euphorische Syndrom, das sich mit neuen Schüben technologischen Fortschritts verbindet, ist immer widerlegt oder doch erheblich relativiert worden. Das ändert aber nichts daran, daß es immer wieder da ist; und gegenwärtig verbindet es sich mit den unbegrenzten Möglichkeiten des Internet.

2.1.3 Wissen und Macht. Das Internet verspricht eine explosionsartige Vermehrung und Vernetzung von Information. Dabei ist es nicht allein die Menge, sondern die Möglichkeit des präzisen Zugriffs und der - zumindest prinzipiellen - Möglichkeit zur Interaktion mit Menschen, die in bestimmten Bereichen den fortgeschrittensten Stand des Wissens repräsentieren. Kein Mensch gerät allein deshalb schon in Verzückung, weil er in eine Stadtbibliothek eingeschlossen wurde. Nein, das Internet verspricht nicht eine große, unstrukturierte Masse von Information, sondern den schnellen und präzisen Zugriff auf genau die benötigte Information - wobei alle Hürden, die durch räumliche oder zeitliche Entfernungen aufgerichtet werden könnten, keine Rolle spielen.

181 Vgl. E.P. Thompson, Plebejische Kultur und moralische Ökonomie. Aufsätze zur englischen Sozialgeschichte des 18. und 19. Jahrhunderts, Frankfurt/M. u.a. 1980.

Die Vorteile, die das Internet damit gerade für die wissenschaftliche Kommunikation bietet, sind unbestreitbar. Ich will aber auf eine tiefe und unhintergehbar Ambivalenz in diesem Zusammenhang von Wissen und Macht hinweisen - und angesichts der beschriebenen euphorischen Zustände vor allem auf die dunkle Seite dieser Ambivalenz.

Es gibt verschiedene Hinweise darauf, daß der Machtgewinn, den das vermehrte und präzisierte Wissen verspricht, nicht nur auf die Herrschaft gegenüber der *Natur* im weitesten Sinne begrenzt ist, sondern auch Herrschaft im *sozialen Lebenszusammenhang* verstärkt. Man braucht mindestens einen PC, einige Basiskenntnisse, damit umzugehen, man braucht Software und entweder einen großen Speicher oder die Vernetzung mit einem Großrechner, man braucht Zeit, um sich einzuarbeiten und ebenfalls Zeit, um an der Internetkommunikation zu partizipieren. Das ist trivial, wirkt aber schon als soziale Selektion: die versprochene und erhoffte Demokratisierung der Informationskultur bleibt auf die Personengruppe bezogen, die sich all dies leisten kann - finanziell, intellektuell und in der Freistellung von anderen Verpflichtungen.

Trivial sind diese Feststellungen aber nur auf den ersten Blick. Der französische Philosoph Michel Foucault hat den Zusammenhang von Wissen und Macht zum zentralen Thema seines Lebenswerkes gemacht, und er arbeitet in verschiedenen Studien die Konsequenz für die Gestalt des sozialen Lebenszusammenhanges heraus, die durch diese enge Verbindung von Wissen und Macht erkauft ist: nämlich als Abstrahierung von eingespielten, vertrauten, organischen Lebenszusammenhängen.

Im Zeitraum zwischen dem 17. und dem 19. Jahrhundert werden in Europa für das Militär, für die Schule, das Gefängnis und die Fabrik Konzepte erdacht und erprobt, die unter dem Namen »*Disziplin*« zusammengefaßt werden können. Das Lebendig-Organische wird in seine Elementarteile zergliedert und abstrakt neu zusammengesetzt. Gegenüber Soldaten, Schülern, Gefangenen und Arbeitern sollen abstrakte, nämlich vom konkreten Inhalt der Erfahrungen und Handlungen unbeeindruckte Ordnungen durchgesetzt werden. Der Zeitrhythmus der Schulstunden und Exerzierappelle, die Verarmung der handwerklichen Tätigkeit auf die monotone Wiederholung immer derselben Teilschritte in der Fabrik sind demselben Muster verpflichtet: es geht um die immer genauere und immer vollständigere Verfügung über die abstrakte Zeit, es geht um die immer vollständigere Unterwerfung des Körpers unter die formalisierten Rhythmen und die Aufteilung von Menschen auf Raumsegmente - die Sitzordnung einer Schulklasse, die Marschordnung bei den Soldaten, die panoptische, von einem, zentralen Punkt aus kontrollierbare Architektur eines Gefängnisses.[182]

Entscheidend ist, daß die Neuzusammensetzung der Kräfte gegenüber den gewachsenen Lebenszusammenhängen - des Stadtteiles, des Dorfes, der Nachbarschaft, der Freundschaft, der Familie - *abstrakt* ist. Foucaults These hilft, das Problem sozialer Herrschaft präziser zu verstehen, das mit dem

182 M. Foucault, Überwachen und Strafen. Die Geburt des Gefängnisses, Frankfurt/M., 4. Aufl. 1981.

Wissen-Macht-Projekt des Internet verbunden ist. Es stimmt ja: Man kann jeden Raum überspringen, es gelingt, Leute in Zimbabwe und Langeoog, in Honolulu und im Sauerland in Sekundenschnelle miteinander zu verbinden. Aber welche Wirkung hat dies auf den sozialen Lebenszusammenhang eines abhängigen Landes, beispielsweise in Zimbabwe? Das Beziehungsnetz des Menschen am Terminal ist dann - und wahrscheinlich nicht nur für den Zeitraum der jeweiligen Kommunikation, sondern für sein Lebensgefühl und seinen Lebenszusammenhang überhaupt - nicht zuerst seine Familie, seine Nachbarschaft, seine Freundschaft. Sondern eben die Leute am Terminal in Langeoog oder Berkeley. Dabei geht es nicht nur um die - gewissermaßen horizontale - Ausgliederung aus der face-to-face-Kommunikation, sondern auch um vertikale Unterordnung und Vernutzung, tendenziell um die Zerstörung der *gewachsenen* Lebenswelten.

Wir haben dieses Problem an den sogenannten »freien Produktionszonen«, den Weltmarktfabriken in den abhängigen Ländern studieren können: Die in diese Regionen eingepflanzten Zentren ökonomischer Macht, technologischer Potenz und naturwissenschaftlicher Kenntnis bewirken keineswegs - wie angepriesen - die Entwicklung der *gesamten* Region oder des gesamten Landes, sondern die Ausgliederung der hochentwickelten Zonen aus dem weniger entwickelten sozialen und ökonomischen Umfeld, ohne dessen massive Ausplünderung angesichts der Billiglöhne auch die weltmarktorientierten ökonomischen Zentren selber nicht existenzfähig wären.

Technologisch vermittelte Kommunikation droht lebensweltlich eingespielte Kommunikation zu stören, tendenziell zu zerstören. Für mich ist dieser Zusammenhang an einem anderen neuen Kommunikationsmedium besonders anschaulich geworden; ich erzähle es als Beispiel zur Veranschaulichung. Ich war im letzten Sommer in Ligurien im Urlaub, in einem malerischen Dörfchen in der Nähe der Küste. Ich war schon die letzten fünf Jahre dort, aber irgendwie scheint im vergangenen Jahr die Handy-Industrie in dieser Region einen Super-Coup gelandet zu haben. Kein Tisch in unserem Lieblingsrestaurant auf der wunderschönen Piazza zwischen halbverfallenen Gemäuern, an dem nicht mindestens ein Gast mit diesem Ding bewaffnet ist. Und immer wieder die gleiche Szene: Es piept; der Angerufene dreht sich leicht vom Tisch weg und ist mit seinem Kommunikationspartner irgendwo zwischen Imperia, Rom, Langeoog und Honolulu verbunden; und die Gespräche am Tisch sind schlagartig zuende. Pause, Warten, ins Leere gucken, der Faden ist gerissen.

Wissen ist Macht; und es steht zu befürchten, daß die durch das Internet gewonnene, in ihrem Ausmaß bisher unerhörte Chance, durch Wissen Macht über andere zu gewinnen, von interessierter Seite auch genutzt wird. Hier liegt ein weiteres Problem sozialer Macht neben der Abstrahierung und Zerstörung gewachsener Lebenswelten: Weil nach aller Erfahrung auch gemacht wird, was technologisch gemacht werden *kann*, steht zu befürchten, daß die Warnungen von Datenbeauftragten vor einem Mißbrauch personenbezogener Daten aus wirtschaftlichen oder politischen Interessen

Wirklichkeit werden oder schon längst Wirklichkeit sind.[183]
Die Verbindung von Wissen und Macht kann sich, wie die zitierten euphorischen Anfälle von Internet-Propheten zeigen, zu Allmachtsphantasien steigern, die dem Menschen ausdrücklich Fähigkeiten und Prädikate Gottes zuschreiben. Die Bibel sieht in diesem Sein-Wollen-wie-Gott den Inbegriff der Sünde. Solche Allmachtsphantasien trennen die Menschen von dem Freundschaftsbund, den Gott mit ihnen geschlossen hat und immer wieder schließen will.

Während die alttestamentliche Paradiesgeschichte die *ethisch-moralische Vernunfttätigkeit* des Menschen, sein Wissenwollen um das, was gut und böse ist, als Einbruchstelle hybriden Größenwahns ansieht, so verbinden sich *in der Moderne* menschliche Allmachtsphantasien mit dem Projekt naturwissenschaftlich-technologischer Weltbemächtigung - während die Frage, was daran gut und was böse ist, zum Schaden menschlicher Lebensmöglichkeiten zunehmend unüberschaubar wird.

Ich meine mit ganzem Ernst, daß Christenmenschen die Aufgabe haben, das Zerstörerische von solchen Allmachtsphantasien beim Namen zu nennen. Das erste Gebot fordert die doxologische Unterscheidung von Gott und Mensch als Grenze gegenüber zerstörerischen menschlichen Allmachtsphantasien; hier das Böse beim Namen zu nennen, ist eine zentrale Aufgabe der Kirche in unserer Gesellschaft. Diese Aufgabe ist aber nicht allein und nicht zuerst durch emphatische Statements zu lösen, sondern nur durch möglichst genaues Hinsehen und Urteilen.

2.1.4 Geld. Noch ist der Zugang zum World Wide Web, auch z.B. die Benutzung der e-mail-Kapazitäten für die TeilnehmerInnen - vorausgesetzt, sie haben sich bereits die technischen Standards und das Know how leisten können - kostenlos. Doch dabei wird es nicht mehr lange bleiben. Es geht beim »Internet« ums Geld, und zwar um viel Geld.[184] »›Die Wachstumschancen in diesem Geschäft sind dramatisch‹, jubelte Europe-Online-Chef Jürgen Becker auf dem Leipziger Multimedia-Kongreß, ›davon macht man sich keine Vorstellungen.‹ Das war im Juli. Keine zwei Monate später meldeten die Zeitungen den Konkurs des Online-Dienstes. Hauptfinanzier Burda, der sich den Ausflug in die Online-Welt an die 40 Millionen Mark kosten ließ, stellte alle Zahlungen ein. Auch Apple hat seinen Online-Dienst ›e-world‹ wegen Mangel an Nachfrage eingestellt. Trotzdem hatte Becker (so meint die FR weiter) mit seinem optimistischen Spruch gar nicht so unrecht. Während sein Dienst es mit Mühe auf 25 000 zahlende Mitglieder gebracht hatte, konnte Telekom für T-Online, das frühere BTX, im Laufe eines Jahres zu den fast 1,1 Millionen vorhandenen noch einmal 100 000 neue Teilnehmer gewinnen ... Das Beispiel für den Kampf mit harten Bandagen muß wieder einmal Microsoft liefern. Die Gates-Company versucht, die Be-

183 Auch dieses Problem wird in aktuellen massenwirksamen populärkulturellen Filmen aufgenommen und z.T. hervorragend inszeniert; so in »Fletchers Visionen« (USA 1997, mit Mel Gibson und Julia Roberts).
184 Das folgende Zitat stammt aus: FR, 24. August 1996, S. 8.

nutzung von Online-Diensten an den Einsatz ihrer Betriebssysteme zu koppeln. Das macht sie nicht nur mit ihrem eigenen ›microsoft network‹, sondern auch mit dem vorläufig nur in den USA unter dem schönen Titel ›WOW‹ angebotenen ›Familienprogramm‹ von Compuserve: Nur wer Windows 95 auf dem Rechner hat, kann hier mitmachen.«

Das Internet ist ein Markt, in dem es um -zig Millionen geht - und es kann erwartet werden, daß immer neue Bereiche dieser Kommunikation und des Datenzuganges aus dem freien und kostenlosen Verkehr herausgenommen werden. Auf diese Weise wird auch der *Schein* einer unbegrenzen Demokratisierung der Kommunikation aufgehoben. Der ökonomische Stellenwert des Projektes bemißt sich aber nicht nur an seiner internen Entwicklung, sondern an den Auswirkungen auf den gesamten ökonomischen Kontext: die Folgen, die die Durchsetzung der Internet-Kommunikation für die Struktur von Wirtschaftsunternehmen, für die Entwicklung und Abwicklung von Arbeitsplätzen, für die Globalisierung der Märkte hat, sind nicht abzusehen. Es kann aber erwartet werden, daß eine wichtige Konsequenz in der *Entwertung* liegt - Entwertung von Informationen durch massenhaftes Angebot; Entwertung von menschlicher Arbeitsqualifikation; Entwertung von gewachsener sozialer und politischer Kultur im Prozeß einer Globalisierung der Märkte.

2.1.5 Raum. Die Welt wird ein Dorf: dieses Versprechen der Internet-Propheten, Kommunikationspartner in der ganzen Welt gewissermaßen in die Situation des Stammtisches einer Dorfkneipe zu versetzen, hat seine Kehrseite: Im Gegenzug wird der konkrete soziale Raum, die alltägliche soziale Lebenswelt der Menschen, die durch Realpräsenz konstituierte Kommunikation mit Freunden, Nachbarn, Eheleuten abstrahiert, entwertet, tendenziell sogar zerstört. Die Welt wird ein Dorf, aber um den Preis, daß das Dorf selber zerstört wird, mindestens den Charakter einer für alle Beteiligten verpflichtenden, bedeutsamen, vertrauten face-to-face-Kommunikation verliert. Das ist keineswegs neu und durchs Internet erst geschaffen, aber hier wird es auf die Spitze getrieben.

Nämlich vor allem durch die jetzt technologisch mögliche vollständige Vermischung von Intimität und Universalität in der Raumerfahrung. Diese Entwicklung deutet sich im Fernsehen schon an: Wenn ich beispielsweise die Tagesschau ansehe, ist die ganze Welt in meinem Wohnzimmer, und das Gesicht und die Gestik von Helmut Kohl ist mir ebenso vertraut wie die von Khofi Annan oder Guildo Horn (»Guildo hat euch lieb«). Das Internet steigert diese Verbindung von Intimität und Universalität um eine entscheidende Drehung: Ich bin jetzt als Kommunikationspartner in die Lage versetzt, zu interagieren. Ich kann mir nicht nur Informationen holen, sondern selbst welche anbieten. Ich kann mit TeilnehmerInnen aus Chicago und Wladiwostok schachspielen. Ich habe die ganze Welt auf meiner Home-Page, zwischen Buchrücken, Zimmerpflanzen, meiner Stereoanlage und dem Kater Kalle in meinem Arbeitszimmer. Die Durchdringung ist wechselseitig: Die universale Raumerfahrung wird gewissermaßen intimisiert, und die Intimität meines privaten Raumes wird von jedem anderen Raum der Welt durchdrungen. Dies ist aber gleichbedeutend damit, daß die Intimität *als* Intimität tendenziell aufgehoben wird.

Das neue Medium *verspricht aber auch, neue Räume* zu schaffen. Es werden virtuelle Welten geschaffen, und hier liegt ein erheblicher Grund für die Faszination durchs Internet: Ich kann mittlerweile durch Frankfurt wandern, ohne meinen Schreibtischsessel zu verlassen, und ich kann dabei - anders als im Fernsehen - mich als Quasi-Subjekt auf dem Bildschirm etablieren und selbst aktiv werden.

Nun sind solche virtuellen Räume nichts vollständig Neues, sie sind aus der Tradition wissenschaftlicher Kommunikation ebenso bekannt wie aus der religiösen Tradition. In der wissenschaftlichen Kommunikation gibt es virtuelle Kultur, gibt es Formen von Kommunikation, die nicht auf der unmittelbaren Präsenz der Beteiligten beruhen, längst vor der Erfindung des Internet - mindestens seit dem 17. Jahrhundert mit der Entwicklung der akademischen Abhandlung; sie erlaubt es Gelehrten, wissenschaftliche Experimente so zu beschreiben, daß sie auch von nicht körperlich anwesenden Wissenschaftlern auf der Basis der reinen Textlektüre nachvollzogen werden konnten.[185]

Und in der religiösen Kommunikation der jüdisch-christlichen Tradition gibt es ebenfalls Vorstellungen, die im Sinne von virtuellen Räumen gedeutet werden können - beispielsweise die Vorstellung, die christliche Gemeinde sei der Leib Christi. In beiden Fällen ist jedoch, wenn auch in jeweils unterschiedlicher Weise, die reale körperliche Präsenz Voraussetzung, und zwar unhintergehbare Voraussetzung der Erfahrung des *virtuellen* Raumes. Die traditionelle akademische Abhandlung hat die tatsächlich realisierte Durchführung des Experiments durch körperlich anwesende Menschen an irgendeinem Ort der Welt zur Voraussetzung. In der religiösen Kommunikation ist dieses Problem Motor der immer wieder aufbrechenden Frage nach dem historischen Jesus ebenso wie für die Tatsache, daß ohne die immer wieder gelebte soziale Gestalt der Gemeinde und ohne den realpräsentisch gefeierten Gottesdienst auch der virtuelle Raum »Leib Christi« sich zu einer ätherischen Gestaltlosigkeit verflüchtigen würde.

Der virtuelle Raum braucht als seine Voraussetzung und seinen unaufgebbaren Bezugspunkt die körperlich-realpräsentische Anwesenheit; welche kommunikationspragmatischen und in diesem Sinne ethischen Folgerungen sich daraus für das Internet ergeben, werden wir gleich sehen. Zunächst möchte ich noch einen letzten Schritt in dieser kurzen Phänomenologie des Internet streifen, nämlich

2.1.6 Zeit. Hier geht es mir vor allem um zwei Probleme: Einmal um das Versprechen einer nahezu grenzenlosen Erhöhung der Geschwindigkeit im Zugang zu und in der Verbreitung von Informationen. Eine 1994 ver-

[185] Der »Erfinder« der wissenschaftlichen Abhandlung im 17. Jahrhundert ist Robert Boyle; vgl. dazu A.R. Stone, Würde sich der wirkliche Körper bitte erheben. Grenzgeschichten über die virtuellen Kulturen, Kunstforum 133, S. 68-83.

öffentlichte Einführung in das Internet trägt den Titel »In 8 Sekunden um die Welt«.[186] Jules Verne hätte sich vor einem Jahrhundert kaum träumen lassen, in welchem Ausmaß *seine* Vision zur Makulatur werden würde, und wahrscheinlich ist durch die Entwicklung in den letzten Jahren auch dieser begeisterte Ausruf schon längst wieder überholt.

Aber auch die möglichst grenzenlose Erhöhung der Geschwindigkeit ist riskant für den Bestand der lebensweltlichen Kommunikation. In den Erfahrungen und Interaktionen, die das Hervorbringen von Leben, die Lebendigkeit des Lebens, den Abschied vom Leben ausmachen, lassen sich Zeiten nicht verkürzen. Leben hervorbringen, bewahren und wiederherstellen; Kinder füttern, wickeln und trösten, Kranksein, Sich-Verlieben, Sich-Erholen, Trauern: all dies hat seine Zeit, ist zuende, wenn es vollständig ist. Alles Messen oder gar Beschleunigen würde störend oder sogar zerstörend wirken.[187] Ja, man muß sogar mit Dietmar Kamper[188] sagen: Von einer bestimmten Geschwindigkeit an wird jedes Ding zur Waffe.

Ein weiteres Zeit-Phänomen des Internet ist die zumindest wünschenswerte Ununterbrochenheit des Kommunikationsflusses. Servers und Clients müssen möglichst ununterbrochen laufen, um den Austausch von Informationen zu gewährleisten: Wer vom Netz geht, ist abgeschaltet. Für lebensweltliche, erst recht für religiöse Kommunikation ist auch diese Ununterbrochenheit der Kommunikation im Zeitfluß eine riskante und tendenziell zerstörerische Vorstellung. Das Lautwerden von Worten in der realpräsentischen Alltagskommunikation hat das Schweigen als notwendiges Umfeld. Und in der religiösen Kommunikation gilt, daß das Wort Gottes seine Macht gerade dadurch zeigt, daß es von der Ununterbrochenheit der zwischenmenschlichen Kommunikation eben *nicht* abhängt. Der Reformator Martin Luther war deshalb der Meinung, daß er frohen Herzens des öfteren ein Bier trinken und es sich wohlsein lassen könne, weil das Evangelium auch ohne seine Predigt, ohne seine theologischen Kommunikationsbemühungen im Schwange geht und seine Macht entfaltet.

Ich komme zum Ende meiner knappen Phänomenologie des Internet. Das Ergebnis meiner bisherigen Überlegungen ist: Die Kommunikation des Internet ist ein Risiko, ist potentiell das Risiko der Zerstörung für die alltäglich-lebensweltliche Kommunikation.

2.2 Einige kommunikationspragmatische Fragen in Hinblick auf das Thema »Internet und Ethik«

2.2.1 Zum Problem wird die mögliche Zerstörung alltäglich-lebensweltlicher Kommunikation für die Kommunikation des Internet selber, weil sie in ihrer eigenen Funktionsfähigkeit von ihr abhängig ist.

186 G. Maier und A. Wildberger, In 8 Sekunden um die Welt. Kommunikation über das Internet, Bonn u.a., 3. Aufl.1994.

187 Feministische Autorinnen haben herausgearbeitet, daß *diese* Zeit-Form in der modernen Arbeitsgesellschaft vornehmlich den Frauen in der Familienarbeit zugeschrieben und sozial niedrig bewertet wird.

188 Vgl. D. Kamper und C. Wulf, Die Wiederkehr des Körpers, Frankfurt/M. 1982.

Ich möchte ein Beispiel geben. Die neuen Medien eröffnen neue, ungeahnte Möglichkeiten der Fiktion und der Simulation.[189] »Legendär geworden ist Julie, eine körperbehinderte ältere Frau, die Mitte der 80er Jahre in einem New Yorker Netz intensive Beziehungen zu anderen Usern aufbaute. Erst nach einigen Jahren stellte sich heraus, daß Julie nicht existierte. Sie war die Simulation eines männlichen Psychiaters mittleren Alters gewesen. Die Netzgemeinde war schockiert.«

Die Kommunikation im Netz erlaubt, mit sozialen Rollen, mit lebensgeschichtlich erworbenen Identitäten, mit Alter und Geschlecht, Beruf und sozialer Position zu »spielen«. Solange die »netiquette« nicht verlassen wird - eine Art Höflichkeitskanon, der rüdes Verhalten bei Begegnungen im Netz bis hin zu verbaler Gewalt ausschließen soll - ist alles erlaubt: Im virtuellen Raum kann die Regelhaftigkeit des Alltags verlassen werden, und hier scheint ein wichtiger Grund für die Faszination zu liegen, die das neue Medium gerade auf jugendliche User ausübt. Der virtuelle Raum ermöglicht eine Grenzüberschreitung in eine Welt jenseits des Alltags. Eine Internet-Nacht ist wie eine Reise mit der Chance, Begegnungen höchster Intensität zu erleben, die sich weder zu einer zusammenhängenden Geschichte verbinden noch den User nötigen, sich in Hinblick auf die Erwartungen des anderen oder in Hinblick auf das Durchhalten eigener Identitätsentwürfe zu verpflichten.[190]

Dennoch wird bei der Reise durch den virtuellen Raum die Regelhaftigkeit alltäglicher Kommunikation nie vollständig verlassen. Die Modifikation der sozialen Regeln und Rollen beinhaltet keine vollständige Ekstase, sondern ein Spiel mit der Regelhaftigkeit selber. Dieses Spiel ist auf der einen Seite niemals bloße Exekution der Regel, setzt auf der anderen Seite ihre Existenz immer voraus. Die Grenze zwischen Alltagskommunikation und virtueller Kommunikation bleibt nicht nur insofern in Kraft, als der User irgendwann essen, sich die Zähne putzen, mit seiner kleinen Schwester streiten und in die Schule oder zum Arbeitsplatz muß. Diese Grenze wird auch durch ihre Überschreitung in der virtuellen Kommunikation selbst thematisiert und so bestätigt.

Simulation kann Spiel sein, aber auch in bewußte Täuschung übergehen, kann schlimmstenfalls interessegelenkt sein auf eine Weise, daß die Kommunikationspartner über diese Interessen im unklaren gelassen werden. Spätestens an diesem Punkt wird deutlich, welches die Regeln alltäglicher Kommunikation sind, die auch in der technologisch vermittelten Kommunikation in Anspruch genommen werden müssen: Im Prinzip müssen - nach der Formulierung von Jürgen Habermas - die kommunikationspragmatischen Universalien eingehalten werden, die für einen jeden Sprechakt in der alltäglichen Lebenswelt gelten[191]: Jeder Sprecher setzt bei sich selbst und bei seinen PartnerInnen notwendig die Wahrheit (der propositionale Gehalt

189 Das Beispiel stammt aus dem zitierten Text von J. Herrmann und A. Mertin.
190 Vgl. dazu: W. Bergmann, Computer-Kids, a.a.O., S. 73-120.
191 Vgl. J. Habermas, Theorie des kommunikativen Handelns. 2 Bde, Frankfurt/M., 1981.

des Satzes entspricht dem, was in der Wirklichkeit der Fall ist), die Wahrhaftigkeit (eigene Intentionen werden authentisch mitgeteilt, die Intentionen anderer wahrgenommen), die Richtigkeit (moralische Standards dürfen nicht verletzt werden) der Äußerung voraus. Man kann ergänzen: Jede nicht gestörte Kommunikation setzt voraus, daß der Andere/die Andere in seiner Andersheit geachtet, in seinen/ihren Grenzen respektiert und nicht eigenen Interessen dienstbar gemacht wird. Auch dies hängt mit dem Problem der Information zusammen: Zu viel Information über den Anderen, zu schnell gewonnene Information über den Anderen beinhaltet die Mißachtung der Grenzen und der Andersheit des Anderen.

Spannend an diesen kommunikationspragmatischen Universalien finde ich den Gedanken, daß es sich hier nicht um abstrakte moralische Forderungen handelt, sondern daß sie in alltäglich-lebensweltlicher Kommunikation ohne jeweils besondere Verabredung geachtet werden. Ihre Verletzung wird gewissermaßen »automatisch« als Störung erfahren; bei einer Störung wird es zum Konflikt, zur ausdrücklichen Mitteilung und Hinterfragung von Intentionen der GesprächspartnerInnen, zur Diskussion über den Wahrheitsgehalt von Äußerungen kommen usw.

Brisant erscheint mir, daß die Funktionsfähigkeit der Internet-Kommunikation an die Funktionsfähigkeit der alltäglich-lebensweltlichen Kommunikation gebunden ist, von ihr abhängt. Daß beispielsweise die behinderte Julie wirklich die behinderte Frau ist, als die sie im Netz auftritt, ist allein durch eine Prüfung am Gegenstand der alltäglich-lebensweltlichen Kommunikation zu erweisen. Indem das Internet alltäglich-lebensweltliche Kommunikationsräume zerstört, zehrt es tendenziell auch die eigene Funktionsfähigkeit auf.

2.2.2 Die Forderung, die sich hieraus ergibt - also die von der elementaren ethischen Frage: »Was sollen wir tun?« geforderte Perspektive - heißt m.E. zwingend: Es muß alles dafür getan werden, daß die Differenz zwischen der lebensweltlichen und der technologischen Kommunikation geachtet, gewahrt und auch gesellschaftlich-politisch durchgesetzt wird. Wirklich erschrekkend und katastrophal wäre eine Totalisierung der technologischen Kommunikation, ein vollständiges Übermächtigwerden der virtuellen Realität, eine Situation also, in der eine Differenz zwischen Bezeichnendem und Bezeichnetem, Zeichenwelt und Realwelt nicht mehr gemacht werden kann.[192] Noch einmal: Das ethische Postulat angesichts der neuen Medien ist m.E. die Wahrung der lebensnotwendigen Differenz zwischen technologischer und lebensweltlicher Kommunikation. Ich möchte einige Konsequenzen und Teilforderungen aus diesem Postulat andeuten:

192 Vgl. die Vision des französischen Sozialphilosophen J. Baudrillard in: Transparenz des Bösen. Ein Essay über extreme Phänomene, Berlin 1992.

- Die erste Forderung ist die Entzauberung und Entmächtigung der neuen Medien. »Wir sind wie Götter und können darin ganz gut werden«: In religiöser, christlich-theologischer Perspektive ist die Entmächtigung von Allmachtsphantasien, ist die Wahrung der lebensnotwendigen Differenz zwischen Gott und Mensch die gebotene Perspektive, und hier können sich Christenmenschen mit denen zusammentun, die von einem anderen Hintergrund aus an der Wahrung von lebenserhaltenden und lebensfreundlichen Bedingungen in der politischen Kultur unseres Landes arbeiten.

  Entzauberung der neuen Medien heißt auf der anderen Seite auch: Man soll diese Dinger ruhig benutzen. Sie sind nützlich, und man kann prima mit ihnen spielen. Es gelten hier m.E. die gleichen Grenzen und Unbedenklichkeiten wie gegenüber dem Telefon und dem Fernseher, aber auch gegenüber jedem Daddelautomaten und jeder Flasche Sekt: in bestimmten Grenzen trägt es zur Lebensfreude bei, ist es vielleicht sogar nützlich; jenseits dieser Grenzen beginnt die Sucht.

  Über die Wahrung der Differenz hinaus scheint mir die Frage zentral, ob es gelingt, die durch das Netz gegebene Möglichkeit, mit jeder interessanten und kompetenten Gesprächspartnerin in Kommunikation zu treten, in die alltäglich-lebensweltliche Kommunikation - mit Freunden, Nachbarn, ArbeitskollegInnen, Kindern und Eheparnern, sowie in die politischen und sozialen Probleme des ökologischen Nahraumes, des Stadtviertels usw. - eingebunden werden kann *oder* aber diese tendenziell entwertet und zerstört.
- Die Differenz zwischen der alltäglich-lebensweltlichen und der technologsgischen Kommunikation wahren, heißt weiterhin: Wir müssen erkennen, daß aktuell brisante soziale und politische Probleme allererst Probleme der alltäglichen Lebenswelt sind und nicht zuerst Probleme der neuen Medien. Die Verbreitung von rechtsradikalen Parolen im Netz ist zunächst kein Problem der Netzkommunikation, sondern ein Problem von Zerstörungen und Verwerfungen in der alltäglichen Lebenswelt und in der sozialen und politischen Kultur. Massenarbeitslosigkeit und zunehmende Verarmung, Zerstörung von Lebensperspektiven, das charmante Gesicht von Vorstädten und unbewohnten Stadtzentren, die massenhafte Entwertung von Qualifikationen und naturwüchsig gewachsenen Beziehungen: es gibt viele Faktoren, die die demokratische Kultur in unserem Lande gefährden und rechtsradikalen Parolen Glaubwürdigkeit verschaffen, und sie müssen alle in der alltäglich-lebensweltlichen Kommunikation gelöst werden, sind zunächst kein Problem des Internet.

  Ähnlich verhält es sich mit der Verbreitung von Kinderpornographie: Der sexuelle Mißbrauch von Kindern, die Gewalt und die Achtlosigkeit gegenüber ihren Lebensperspektiven hat seinen Ort in der alltäglich-lebensweltlichen Kommunikation zwischen der erwachsenen und der jungen Generation, hängt mit anderen Dimensionen des Verfalls unserer politischen und sozialen Kultur zusammen, ist jedenfalls nicht zuerst ein

Problem des Internet. Wir müssen die Kinder und nicht das Geld in den Mittelpunkt stellen.

- Aber die Internet-Kommunikation nimmt auch Einfluß auf die alltäglich-lebensweltliche Kommunikation; dies zeigt sich ja gerade an der Verbreitung ausländerfeindlicher Parolen, an der Vernetzung zwischen rechtsradikalen Gruppen, an den Angeboten von Kinderpornographie im Internet. Hier heißt die gebotene Maxime, daß im Internet die Menschenrechte und der rechtstaatliche Standard unserer Gesellschaft wirksam durchgesetzt werden müssen. Wir brauchen mehr Qualifikation und bessere Ausrüstung bei den Strafverfolgungsorganen. Keine Staatsanwaltschaft, keine Polizeistelle kann wirksam Rechtsradikale im Netz verfolgen, wenn sie keinen Internetanschluß haben und wenn nicht ausreichend qualifizierte Leute da sind, deren Job darin besteht, durchs Netz zu surfen und dieserart Anbieter und Angebote aufzuspüren. Wir brauchen eine wirksame Internet-Polizei.

2.3 Welches sind die Aufgaben der Kirche angesichts der neuen Medien?
Ich habe die Richtung bereits skizziert: Die Aufgabe der Kirche liegt in der Entmächtigung und Entzauberung der technologischen Kommunikation und *zugleich* in ihrem Beitrag zur Entfaltung und Intensivierung der Lebensmöglichkeiten im jeweiligen sozialen Nahraum. Hier liegen die Kompetenzen und auch die Möglichkeiten in den Gemeinden: im Gespräch über den Gartenzaun und in der Beteiligung an örtlichen Initiativen zur Wahrung der Lebenswelt im Viertel, in den seelsorgerlichen Gesprächen aus Anlaß von Trauungen und Beerdigungen oder am Krankenbett, im Unterricht und im Gottesdienst, in jedem Falle in der face-to-face-Kommunikation zwischen realpräsenten Menschen. Und es liegt alles daran, daß in der Zeit knapper werdender Finanzen diese vertrauten Kommunikationsmöglichkeiten nicht nach Kosten-Nutzen-Kalkülen durchgerechnet und so zerstört werden.

Der Zug scheint in einer anderen Richtung zu fahren: Die Kirche läßt sich von der Faszination durch die neuen Medien anstecken. Es gibt nach meinem Eindruck in der jüngsten deutschen Kirchengeschichte eine verhängnisvolle Neigung, daß die Kirchen unter der Parole »Dabeisein ist alles« auch bei solchen Dingen irgendwie im Gespräch bleiben wollen, die nun wirklich nicht ihre Sache sind. Wir kennen dieses Problem aus so unterschiedlichen Feldern wie dem Umgang mit bundesdeutschen Wirtschaftsunternehmen, die in den 70er und 80er Jahren ihre Investitionen aus dem Apartheitsystem in Südafrika nicht abziehen wollten, und wir kennen es aus der Tatsache, daß die Kirchen auch unter *der* Bedingung im Radio mit andächtigen Spots präsent bleiben, daß die nachdenklichen Bemerkungen der Rundfunkhomiletiker im Zweiminutentakt von den mehr oder wenigere spaßigen Anmoderationen zum nächsten Popsong kaum noch zu unterscheiden sind.

Mittlerweile wird in Berlin unter dem Namen »Radio Paradiso« ein neuer Super-Flop kirchlicher Medien-Präsenz vorgeführt. Der Evangelische Pressedienst meldet im August 1996[193] unter der Überschrift: »Ewige Wahrheiten und die südliche Leichtigkeit des Seins«: »Christliche Pop-Musik, stündliche Andachten, Gottesdienstübertragungen und auch schon einmal eine Bach-Kantate am Sonntagmorgen: Das könnte auf dem Programm des ersten Vollzeit-Kirchenradios in Deutschland stehen. ›Radio Paradiso‹ soll voraussichtlich noch in diesem Jahr in Berlin auf Sendung gehen.«

Und auch das Internet wird unter der Parole »Dabeisein ist alles« offenbar als neue Chance gesehen, als Kirche in der Öffentlichkeit präsent zu sein.

Auf der CeBIT Home hat die Hannoversche Landeskirche einen Stand in Halle 3. Am Stand mit der Nummer E 60 finden Online-Konferenzen und Diskussionen statt. Und: »Schick dem Bischof Dein Mail«. »Mancher Computerbenutzer wird es schon wissen: Kirche gibt es auch im Internet«, so war am 18. August in der Evangelischen Zeitung zu lesen. »Vom 15. bis 28. August können Computerfreunde mit Landesbischof Horst Hirschler über Gott und die Welt diskutieren«, der Landesbischof verspricht, alle Anfragen zu lesen und zu beantworten; er vermutet, »daß Menschen mit ganz persönlichen religiösen Fragestellungen sich zu Wort melden, auf die man dann seelsorgerlich reagieren muß.«[194]

Das ist ganz wunderbar und wird gewiß nichts schaden, aber die Frage ist, warum der Kontakt zwischen Kirchenleitung und Volk auf der Ebene der technologischen und nicht der alltäglich-lebensweltlichen Kommunikation gesucht wird. »Der Landesbischof lädt vom 15. bis 28. August alle Hannoveraner ein, bei einer Tasse Kaffee mit ihm über Gott und die Welt, vor allem aber über die Probleme in Hannover zu sprechen«: Das wäre einmal eine Information mit Neuigkeitswert.

193 epd-Wochenspiegel 34/96.
194 EZ Nr. 33, 18. August 1996, S. 2.

III Religion lehren

Kapitel 1: Standhalten, nicht flüchten: Die Chance des Religionsunterrichtes liegt darin, sich seiner Krise zu stellen

Die fundamentale Aufgabe des Religionsunterrichtes liegt in der Gestaltfindung für helfende innere Bilder, und zwar nicht nur in der Lebensgeschichte des Individuums. Es geht auch um die Macht, die solche Bilder für die Gestalt von Lebenszusammenhängen gewinnen können: in der Jugendkultur, in der Kirchengemeinde, auch in der Schule.

Neil Postman, der bekannte amerikanische Medientheoretiker, spricht in seinem Buch »Keine Götter mehr. Das Ende der Erziehung«[195] beispielsweise über zerstörerische und über hilfreiche Bilder, die die Gestalt der Erziehung und das Gesicht *der Schule* entscheidend bestimmen. Postman benutzt in diesem Zusammenhang nicht das Wort »Bild« oder »Symbol«, sondern »Erzählung«. Der Titel des Buches ist etwas irreführend. Postman meint nämlich, daß immer Götter da sind und auch lebensnotwendig da sind; es kommt allerdings darauf an, *welche* Götter.

Der Gedanke dieses Nicht-Theologen erscheint nur auf den ersten Blick fremd. Erinnern wir uns an die Formulierung von Martin Luther in der Auslegung des 1. Gebotes im Großen Katechismus: »Also daß ein Gott haben nichts anderes ist, denn ihm von Herzen trauen und gläuben, wie ich oft gesagt habe, daß alleine das Trauen und Gläuben des Herzens machet beide Gott und Abegott ... Worauf du nu (sage ich) Dein Herz hängest und verlassest, das ist eigentlich dein Gott.«[196]

Wer Gott ist, das entscheidet sich für Luther - nach Ausweis der hier zitierten Überlegung - nicht an der richtigen oder falschen dogmatischen Formulierung. Es entscheidet sich an der Lebenspraxis: Was dein Leben im letzten bestimmt, woran du dein Herz hängst, das ist eigentlich dein Gott.

Und schon für Luther erlaubt diese Sicht der Dinge, den richtigen von falschen und zerstörerischen Göttern zu unterscheiden: »Es ist mancher, der meinet, er habe Gott und alles gnug, wenn er Geld und Gut hat, verläßt und brüstet sich drauf so steif und sicher, daß er auf niemand nichts gibt. Siehe, dieser hat auch einen Gott, der heißet Mammon, das ist Geld und Gut, darauf er alle sein Herz setzet, welchs auch der allergemeinest Abgott ist auf Erden.«[197]

Woran du dein Herz hängst, das ist dein Gott. Neil Postman argumentiert in seinem Text ganz analog zu Luther. »Götter« sind in seiner Sicht der Dinge verbindliche Erzählungen, die Anfang und Ende benennen und den Ort

195 N. Postman, Keine Götter mehr. Das Ende der Erziehung, Berlin 1995.
196 M. Luther, Der Große Katechismus. Zit. nach BSLK S. 560.
197 Ebd., 561, 8ff.

des einzelnen und der Gesellschaft bestimmbar machen. Erzählungen = Götter, das sind auch unter den Bedingungen moderner Gesellschaft machtvolle, sinngebende Texte, ähnlich wie die Mythen in alten Gesellschaften.

Was die Schule angeht, so gibt es falsche und zerstörerische Erzählungen = Götter. Postman nennt z.B. die Erzählung, die Schule sei dazu da, daß die Schüler sich anstrengen müssen, um möglichst gut zu sein, damit sie später einmal möglichst viel Geld verdienen. Diese Erzählung ist nicht nur empirisch unhaltbar - man muß in Amerika, wo dies Buch geschrieben wurde, nicht nur clever, sondern in der Regel auch weiß sein und wohlhabende Eltern mit Beziehungen haben, um es zu etwas zu bringen. Schwarze und Latinos können mit ihren guten Schulergebnissen verhungern. In unserem Lande ließen sich analoge Fälle schnell erzählen. Nein, diese Erzählung zerstört auch die Möglichkeit, daß sich Schule als gemeinschaftlicher Lebensraum für alle Beteiligten entwickeln kann, dieser Gott individualisiert die SchülerInnen in einer Konkurrenz aller gegen alle.

Postman setzt hilfreiche Götter/hilfreiche Erzählungen dagegen: beipielsweise die Erzählung vom »Raumschiff Erde«, die die Menschen untereinander und mit anderen Lebewesen in Solidarität für die Bewahrung des bedrohten Planeten auf unserer Erde stellt. »Hier liegt also eine Erzählung von außerordentlichem Potential: die Geschichte vom Menschen als Hüter der Erde, Beschützer einer verletzlichen Raumkapsel. Es ist eine relativ neue Erzählung, nicht voll entwickelt und beladen mit Ungewißheiten und Widersprüchen. Nichtsdestoweniger ist die Geschichte vom Raumschiff Erde kraftvoll genug, um Menschen zu fesseln. Sie macht die Idee des Rassismus sowohl irrelevant als auch lächerlich, und sie demonstriert in sehr klarer Form die gegenseitige Abhängigkeit der menschlichen Wesen, die Notwendigkeit von globaler Solidarität. Wenn ein Teil des Raumschiffes vergiftet wird, leiden alle. Mit anderen Worten, es ist evident, daß die Zerstörung des Regenwaldes kein brasilianisches Problem, die Verschmutzung des Meeres kein Problem Miamis, der Völkermord kein bosnisches Problem, der Hunger kein somalisches Problem und politische Unterdrückung kein chinesisches Problem ist.«[198]

Für die Aufgabenbestimmung des Religionsunterrichtes heute ist die gegenwärtig sehr eingespielte und einflußreiche Rede vom Traditionsabbruch und Symbolverlust nicht hilfreich. Vielmehr soll als Ziel bestimmt werden, die faktische Macht von Symbolen und Ritualen wahrzunehmen und mit den SchülerInnen am langfristigen Aufbau hilfreicher innerer Bilder zu arbeiten. Der Hinweis auf die Überlegungen von Neil Postman kann vergegenwärtigen, daß dies kein besonders origineller theologischer oder religionspädagogischer Gedanke ist; diese Aufgabe teilen ReligionslehrerInnen und PastorInnen mit anderen, die in langfristigen helfenden und begleitenden Beziehungen zu Kindern und Jugendlichen stehen.

198 N. Postman, Keine Götter mehr ..., a.a.O., S. 89.

Es ist allerdings auffallend, daß in Postman's Liste der »guten« »Götter«/Erzählungen der Bereich der ausgearbeiteten religiösen Tradition fehlt: biblische Geschichten, gottesdienstliche Feiern und der Lebenszusammenhang der Gemeinde kommen in seiner Argumentation nicht explizit vor.

Ich möchte angesichts dieser dezidierten Nicht-Wahrnehmung der biblischen und kirchlichen Tradition bei einem Gesprächspartner, von dessen Sicht der Dinge ansonsten viel zu lernen ist, mein persönliches religionspädagogisches Credo nennen: Ich denke, wir haben als ReligionspädagogInnen die Aufgabe, die Großerzählung von Gottes Freundschaftsbund mit seinen Menschen, die in der Heiligen Schrift des Alten und Neuen Testamentes mitgeteilt wird, mit den Ängsten und Verunsicherungen, mit der Suche nach Lebensperspektiven und den Hoffnungen, auch mit den Symbolproduktionen von Kindern und Jugendlichen *so* in Kontakt zu bringen, daß die Symbole der jüdisch-christlichen Tradition zu helfenden inneren Bildern werden können. *Erfahrungen* brauchen eine *Gestalt*, um als Erfahrungen wahrnehmbar zu werden: Hier liegt die Aufgabe der religionspädagogischen Arbeit mit Symbolen.[199]

Aber es geht in der Arbeit mit Kindern und Jugendlichen, auch in der Wahrnehmung von uns selbst als religionspädagogisch engagierten PastorInnen und LehrerInnen doch immer auch um mehr. Es geht nicht nur um Symbole und Bilder. Es geht um die Chance eines lebendigen und lebenswerten Lebens. Es geht um eine soziale Gestalt für ein Leben, das es den heranwachsenden Menschen ermöglicht, leben, lieben und arbeiten zu können. Und in diesem Zusammenhang geht es auch - unter religionspädagogischer Perspektive - um den notwendigen Blick auf die Sozialgestalt der Kirche. Man kann nicht Religion unterrichten angesichts einer Kirche, die nicht weiß, wer sie ist und was sie will.

Positiv formuliert wäre dies eine Frage, vielleicht eine Verheißung, ein Versprechen. Was gesucht wird: Eine Kirche, die so offen ist, daß sie zum Mitleben und Mitmachen einlädt. Die die Menschen, die in ihr leben, mit ihren Stärken und Schwächen ernst nimmt und alle Räume zum Mitleben und Mitmachen öffnet, auch die zentralen Räume wie die Gestalt des Gottesdienstes.

Eine Kirche, die zugleich so deutlich ist in ihrem Glauben, ihrem Leben, ihren Stellungnahmen, daß sie vom Schützenverein und vom Kleintierzüchterverein am Ort unterscheidbar ist. Eine Kirche, die sich nicht an das Geld, an die Macht, an die Massenmedien verkauft. Kurz gesagt: eine Kirche, die aus dem Gericht und der Verheißung Gottes lebt, die Gottes Freundschaftsbund annimmt und durch ihre Weise zu leben zeigt, daß sie Jesus Christus angehört und nicht irgendwelchen anderen Göttern.

199 Ich habe in dieser Perspektive viel von den Reflexionen im einführenden theoretischen Teil des neuen Unterrichtswerkes von Dietrich Zilleßen gelernt: D. Zilleßen, U. Gerber, Und der König stieg herab von seinem Thron. Das Unterrichtskonzept religion elementar, Frankfurt/M. 1997, S. 5-79.

Diese Verheißung bleibt nur dann keine leere Versprechung, wenn die gegenwärtige Krise religionspädagogischen Handelns - in der katechetischen Arbeit der Kirche, vor allem aber im schulischen Religionsunterricht - nicht verdrängt und verleugnet wird. Deshalb werden in diesem Kapitel die »Krisenszenarien« untersucht, die die Chancen des Lehrens und Lernens von Religion heute konturieren.

1. Erstes Krisenszenario: Welches ist die Gestalt der Gesellschaft, auf die hin erzogen wird? Einige Bemerkungen zur Lebenskrise der Gesellschaft und zur Aufgabe der Schule.

Jede pädagogische Beziehung, ob als schulische oder außerschulische Beziehung, als Religionsunterricht oder als Unterricht in naturwissenschaftlichen oder geisteswissenschaftlichen Fächern, hat es mit einer spezifischen Zeitbeziehung zu tun.

Es geht auf der einen Seite darum, die *Gegenwart* der SchülerInnen erst zu nehmen: ihre aktuellen Stimmungen, Vorlieben und ablehnenden Gefühle, ihre Freundschafts- und Feindschaftsbeziehungen, ihre familiäre Situation und soziale Lage, und vor allem: ihr aktuelles Lebensgefühl, das, je jünger die Kinder sind, als Zeitgefühl des »Augenblicks« beschrieben werden muß. Wenn ein Kind spielt, ist seine Zeiterfahrung die des Augenblickes: der Gedanke an das, was dann kommt, der Gedanke an Verpflichtungen und an das, was morgen zu tun ist, würde das Spiel stören, den Fluß unterbrechen. Jede/r, der oder die mit Kindern zu tun hat und in ihre Spiele einbezogen wird, kennt dieses Phänomen.

Aber die pädagogische Beziehung muß immer auch die Zukunft der Kinder und Jugendlichen im Auge haben. Es geht um ihre individuelle und ihre gesellschaftliche Zukunft.

Der Pädagoge und Theologe Daniel Friedrich Schleiermacher hat dieses doppelte Zeitverhältnis - Gegenwarts- und Zukunftsbeziehung - in seinen pädagogischen Vorlesungen aus dem Jahre 1826[200] in klassischer Weise so formuliert: Die pädagogische Beziehung, das ist nicht eine Beziehung zwischen erwachsenen und kindlichen bzw. jugendlichen Privatleuten. Es handelt sich auch nicht zuerst um eine institutionalisierte Beziehung, z.B. um die Schule. Die pädagogische Beziehung, das ist die Beziehung einer erwachsenen Generation zu einer heranwachsenden Generation in ihrer Gesamtheit; welche Rolle die Kirche und die Schule als *Institutionen* im Prozeß der Erziehung spielen sollen und spielen können, das wird erst von diesem umfassenden Blick her sinnvoll bestimmbar.

200 F.D.E. Schleiermacher, Theorie der Erziehung ..., in: E. Lichtenstein (Hg.), F.D.E. Schleiermacher. Ausgewählte pädagogische Schriften. Paderborn, 2. Aufl. 1964.

Die Mitglieder der erwachsenen Generation haben die Aufgabe, in ihrer erzieherischen Tätigkeit sowohl die Gegenwarts- und Augenblickserfahrung als auch die Zukunftsbeziehung der Kinder und Jugendlichen - Schleiermacher spricht im Jargon seiner Zeit von den »Zöglingen« - im Auge zu haben und beide Zeiten der jeweiligen Altersstufe und der jeweiligen Individualität der Zöglinge entsprechend in ein ausgewogenes Verhältnis zu bringen.

In Hinblick auf Zukunft hat die pädagogische Beziehung vornehmlich zwei Aufgaben. Die eine Aufgabe ist, die jeweilige Eigentümlichkeit des Zöglings zu entwickeln, ihn bzw. sie also in allem zu unterstützen und zu fördern, was als eigentümliche Anlage, als Interesse, als Vorliebe, Orientierung und Fähigkeit spürbar wird - alle Interessen, so die Formulierung Schleiermachers, soweit sie der »Idee des Guten« nicht widersprechen.

In ihrem Zukunftsaspekt hat die pädagogische Beziehung, so meint Schleiermacher, zweitens die Aufgabe, die Zöglinge auf ihr Leben in den »größeren sittlichen Gemeinschaften« soweit vorzubereiten, daß sie hier als selbständige erwachsene Menschen mitzuleben in der Lage sind. Schleiermacher hat als »sittliche Gemeinschaften« den Staat, die Religion, die Kunst und die Wissenschaft vor Augen. Man müßte, so denke ich, in der heutigen Sicht der Dinge die Bereiche der Arbeit und des wirtschaftlichen Verkehrs hinzurechnen. Die »größeren sittlichen Gemeinschaften« können als Sammelbegriff für das genommen werden, was wir knapp mit »Gesellschaft« bezeichnen können.

Dies ist die zweite, auf die Situation der Kinder und Jugendlichen in der Gesellschaft bezogene Aufgabe der Erziehung, die ihre Zukunft im Blick hat. Die Kinder und Jugendlichen sollen darauf vorbereitet werden, ihren Ort in dieser Gesellschaft zu finden: ihren Ort im Beziehungsnetz von privaten und öffentlichen Beziehungen, Liebesbeziehungen und Institutionen, ihre Rolle im Arbeitsleben und im politischen Leben, schließlich ihre Rolle in der Kirche als institutionalisierter Religion oder in anderen Formen eines religiösen Selbst- und Sozialverhältnisses.

Und genau in dieser Perspektive, in Hinblick auf die Zukunft der Kinder und Jugendlichen in gesellschaftlicher Perspektive, in Hinblick auf ihre Rolle in den »größeren sittlichen Gemeinschaften«, ist die Erziehung insgesamt in eine fundamentale Krise geraden. Diese Krise betrifft die Erziehung insgesamt, also das gesamte Verhältnis der erwachsenen zur heranwachsenden Generation, in allen ihren institutionellen und außerinstitutionellen Beziehungen. Diese Krise betrifft die Schule und als Teil der Schule auch den Religionsunterricht, und sie betrifft die Kirche in ihren katechetischen und jugendpädagogischen Angeboten.

Die Stichworte sind allgemein bekannt: Umweltvernichtung. Armut und Arbeitslosigkeit. Kriegsdrohung. Die Ausbeutung der natürlichen Ressourcen und der in abhängiger Position gehaltenen Menschen in den abhängigen Ländern, insbesondere der Ureinwohner dieser Länder. Der grassierende Hunger und die politische Entrechtung in weiten Teilen der Erde. Und zugleich auch die Undeutlichkeit und Verborgenheit dieser Probleme auf der Oberfläche der zwischenmenschlichen und politischen Kommunikation.

Die individuelle und gesellschaftliche Perspektive von Kindern und Jugendlichen ist undeutlich, weil die gesellschaftliche Situation undeutlich ist, in der diese Menschenkinder einmal leben werden. Die Krisenphänomene sind umfassend und absolut lebensbedrohend: Sie bedrohen buchstäblich die Lebensmöglichkeit aller Lebewesen auf der Erde.[201] Und gleichzeitig bleibt es ganz unklar, wie sich diese Krisensituation in das individuelle Lebensgefühl der einzelnen Menschen hineinvermittelt. Kein Mensch kann ja so leben, daß er oder sie sich beständig vor Augen hält, daß das eigene Leben oder das Leben der Gesellschaft fundamental bedroht ist.

Das gehört gerade zum gesellschaftlichen Krisenszenario hinzu: man kann nicht ständig im Gefühl umfassender Lebensbedrohung leben. Die Einsicht in die lebensbedrohliche Krise schwelt eher als ein untergründiges Gefühl. Es bricht sich immer wieder einmal Bahn, bestimmt aber nicht das Lebensgefühl und erst recht nicht die alltägliche Lebenssituation. Ab und zu kommt es zu Ausbrüchen, zu regelrechten Eruptionen des Krisengefühls auf der Oberfläche des Bewußtseins und des Handelns. Dies kann gerade bei Jugendlichen so sein.

Ein besonders eindrücklicher Ausbruch des Gefühls für die grundlegende Lebensbedrohung zeigte sich beispielsweise in den Protesten gerade von Schülern und SchülerInnen, als vor einigen Jahren das Ultimatum der USA und der UNO gegen den Irak ablief und der Angriff auf den Irak begann, der sich vorher den Nachbarstaat Kuwait einverleibt hatte. An vielen Schulen, auch an vielen Universitäten war tage- und wochenlang kein Unterricht möglich, es gab aus dem Lebensgefühl der Jugendlichen und jungen Erwachsenen keine andere Möglichkeit, als immer wieder über diesen Krieg zu sprechen. Tagelang brannten Reifen auf Verkehrskreuzungen, nächtelang wurde demonstriert, in vielen Städten waren über Wochen hin Zelte aufgeschlagen, in denen kurdische Leute und ihre deutschen UnterstützerInnen Mahnwachen hielten.

Ich denke, damals ist das grundlegende Gefühl für die Lebensbedrohung allen Lebens für einige Tage und Wochen an die Oberfläche des Handelns und Bewußtseins gedrungen. Mit diesem Krieg, so war unbewußt-bewußt vielen - und gerade jungen - Menschen klar, hat sich in der Beziehung zwischen den Völkern etwas Grundlegendes verändert. Das Zeitalter der Abschreckung, der umfassenden wechselseitigen Vernichtungsdrohung, das einen labilen Nicht-Kriegszustand in weiten Teilen der Erde - und gerade in der Politik der Großmächte - für lange Jahre ermöglicht hatte, ist zuende. Krieg ist wieder führbar, ist zu einer akzeptierten Möglichkeit politischen Handelns geworden. Dies blitzte damals als erschreckende Gewißheit auf. Und die weiteren Ereignisse, die Kriege in der zerfallenden Sowjetunion und im zerfallenen Jugoslawien, die Massaker in Ruanda und in Somalia, sie haben diese blitzartige Einsicht auf furchtbare Weise bestätigt - ohne allerdings

201 Vgl. M. Josuttis, Der Kampf des Glaubens im Zeitalter der Lebensgefahr, München 1987.

noch einmal einen ähnlichen Protest angesichts der Gefahr allgemeiner Lebensbedrohung wie damals auf dem Hintergrund des Golfkrieges zu bewirken.

Im alltäglichen Lebenszusammenhang kann kein Mensch so leben, daß die Tatsache, in einem Zeitalter der Lebensgefahr zu leben, ständig präsent gehalten wird. Jede und jeder hat ihre bzw. seine Nischen, hat sein »Abseits als sicheren Ort«[202], seine Suche und Sehnsucht und seinen Anspruch auf privates Glück. Und das ist, denke ich, ja auch lebensnotwendig und gut so.

Aber die tiefgreifende Krise im erziehenden Handeln, was den Zukunftsaspekt der pädagogischen Beziehung zu den Kindern und Jugendlichen angeht, bleibt doch bestehen. Auch und gerade in der Uneindeutigkeit, Unklarheit und auch der Verdrängung der grundlegenden Krisensituation.

Kinder und Jugendliche nehmen die Bedrohung des Lebens oft stärker wahr, als dies Erwachsene tun können. Die Aufmerksamkeit und die Mitleidensfähigkeit für die Zerstörung der natürlichen Umwelt ist oft ganz unverstellt, gerade im Kindergarten- und Grundschulalter. All dies beeinträchtigt die Perspektive der Kinder auf Zukunft: wie sollen sie in einer solchen Welt leben, lieben und arbeiten können? Am drängendsten und am dichtesten auf der eigenen Haut brennt für viele die Massenarbeitslosigkeit und die Armut, die als Drohung über dem familialen Lebenszusammenhang hängt oder aber schon Wirklichkeit geworden ist.

Die Massenarbeitslosigkeit, die jetzt in unserem Lande schon seit über zwanzig Jahren anhält, hat das Lebensgefühl der Angehörigen der nachwachsenden Generation, hat auch das Lernverhalten ganzer Schülergenerationen tiefgehend verändert. Viele Kinder und Jugendliche erleben an ihren eigenen Eltern, an Verwandten oder Freunden mit, wie Arbeitslosigkeit das Selbstwertgefühl von Menschen untergraben kann. Wie vertraute Rollenmuster von Männern und Frauen brüchig werden, ohne daß dies von einem wirklichen Prozeß der Selbstthematisierung der Beteiligten begleitet würde.

Die Kinder erleben mit, wie Zeitstrukturen zerstört werden: wie die Unterscheidung zwischen Arbeitszeit und Freizeit verlorengeht, ebenso auch die Unterscheidung zwischen Arbeitszeit und Urlaub. Zeit wird zu einem leeren Vorrat, der oft nicht durch eigene Aktivität gefüllt werden kann und - im wahrsten Sinne des Wortes - totgeschlagen werden muß.

Die Kinder erleben mit, wie die soziale Anerkennung und die Eingebundenheit ihrer Eltern in ein soziales Netz von ArbeitskollegInnen, GewerkschaftsgenossInnen, Nachbarn und Freunden dahinschwindet. Gerade wo es besonders nötig wäre, reißt das soziale Netz. Die Kinder erleben mit, wie das Geld knapper wird und sie sich im Vergleich mit ihren MitschülerInnen und FreundInnen nicht mehr so viel leisten können. Ich habe, um ein extremes Beispiel zu nennen, von einer Familie gelesen, die mit mehreren Kindern während des Sommers einige Wochen im abgedunkelten Keller ihres Hauses gewohnt hat. Keiner ist während dieser Zeit nach draußen gegangen. Die

202 Vgl. P. Brückner, Das Abseits als sicherer Ort. Kindheit und Jugend zwischen 1933 und 1945, Berlin 1980.

Nachbarn sollten nicht merken, daß sich die Familie einen Urlaub nicht hat leisten können.

Die Situation der Arbeitslosigkeit bleibt oft und immer öfter, trotz mehrerer Umschulungsversuche, lebensgeschichtlich ohne Hoffnung auf Änderung.

Bildung ist ein gesamtgesellschaftliches Projekt, in dem eine erwachsene Generation einer heranwachsenden Generation aus dem eigenen kulturellen Lebenszusammenhang das *zeigt,* was aus der Perspektive der kommenden Generation lebenswert und lebenswichtig ist. Von »Bildungskatastrophe« muß gegenwärtig auf einen sehr grundsätzlichen Blick deshalb gesprochen werden, weil die Beziehung zwischen der Erwachsenengeneration und der heranwachsenden Generation, freundlich formuliert, undeutlich bleibt. Die erwachsene Generation weiß nicht, was sie mit sich selbst will, und sie weiß auch nicht, was sie mit der jungen Generation will. Ich erinnere noch einmal an die Pädagogischen Vorlesungen von Daniel Friedrich Schleiermacher aus dem Jahr 1826: Bildung konkretisiert sich, so meinte Schleiermacher damals, nicht zuerst in spezifischen Institutionen - die Schule, die offene Jugendarbeit, die Universität, die Kirche -, sondern beschreibt ein umfassendes Projekt, nämlich die Beziehung zwischen der Erwachsenengeneration und der heranwachsenden Generation, genauer: eben die Frage, was die heranwachsende Generation aus ihrem eigenen Lebensvollzug, aus ihrer eigenen Kultur, der heranwachsenden Generation auf eine solche Weise *zeigen* will, daß Heranwachsen in beiden Perspektiven gelingt: in »individueller« und in »universeller« Perspektive.[203]

Bildung, Pädagogik ist ein Projekt, in dem die erwachsene Generation der heranwachsenden Generation *das* aus dem eigenen Lebenszusammenhang, aus der eigenen Kultur zeigt, was es den Heranwachsenden möglich macht, ihre eigene Individualität und Eigentümlichkeit auszuprägen und zugleich in die Gesellschaft in ihren »größeren sittlichen Gemeinschaften« hineinzuwachsen. Alle *besonderen* pädagogischen Perspektiven sind als Teilelemente des Beziehungsgeschehens zwischen erwachsener und heranwachsender Generation zu verstehen.

Das Gesamtprojekt von Bildung, also das Gesamtprojekt der Beziehung zwischen erwachsener und heranwachsender Generation ist gegenwärtig dadurch gefährdet, daß die erwachsene Generation nicht mehr weiß, wie sie selbst leben will, und auch nicht mehr weiß, was sie von der heranwachsenden Generation will. Dies zeigt sich mit erschütternder Deutlichkeit in den zentralen politischen Entscheidungen, in denen die Kosten der ökologischen und sozialen Krise auf die nachkommende Generation abgewälzt wird; dies zeigt sich im Konkreten in den Krisen der Bildungsinstitutionen.

Gegenwärtig wird eine Politik *gegen* und *auf Kosten* der kommenden Generation gemacht, und zwar sowohl was die sozialen Kosten als auch was die ökologischen Kosten angeht.

[203] Vgl. in diesem Zusammenhang auch: K. Mollenhauer, Vergessene Zusammenhänge. Über Kultur und Erziehung, Weinheim und München, 4. Aufl. 1994.

Man muß es noch schärfer sagen: So wie gegenwärtig die bildungspolitischen Entscheidungen für Schulen und Universitäten, so wie gegenwärtig die politischen Entscheidungen für oder besser gegen die finanzielle Ausstattung von Bildungsinstitutionen getroffen werden, und vor allem: welche Partizipationschancen am gesellschaftlichen Leben, insbesondere am Arbeitsleben den Mitgliedern der heranwachsenden Generation eröffnet werden, muß man eine geheime Botschaft erkennen, die die erwachsene Generation der heranwachsenden Generation macht: Existiert nicht![204]

Das ist die geheime Botschaft an die kommende Generation: Existiert nicht. Seid nicht da. Ihr seid zuviel, also macht euch vom Acker. Welchen Sinn soll es für eine individuelle Lebensplanung haben, möglichst schnell und effektiv die Bildungsinstitutionen zu durchlaufen, wenn spätestens dann überdeutlich signalisiert wird: Wir brauchen dich nicht?

Welche Möglichkeit zur Herausbildung eines lebensbejahenden Lebensgefühls, mit Lust arbeiten und lieben zu können - in ihrer aktuellen Lebensgestaltung wie ihrer Perspektive - bleibt Heranwachsenden und jungen Erwachsenen, bleibt den Schülern und Studierenden, wenn die Erwachsenen-Generation Politik auf Kosten der sozialen und ökologischen Lebenschancen der kommenden Generationen betreibt, wenn die Erwachsenen-Generation nicht weiß, wie sie selber leben will und kann, nicht weiß, welche Dimensionen der Erwachsenen-Kultur im pädagogischen Prozeß der nachwachsenden Generation gezeigt und weitergegeben werden sollen: Wenn also die erwachsene Generation insgesamt nicht weiß, was sie von der nachwachsenden Generation will - um es nicht noch schärfer zu sagen: wenn die erwachsene Generation der nachfolgenden Generation durch ihre politischen Entscheidungen beständig signalisiert, daß sie ihre bloße Existenz schon nicht will?

Ich denke, dies macht - auf einen grundsätzlichen Blick - die Bildungskatastrophe heute aus. Hier ist eine fundamentale Neuorientierung schlechterdings notwendig, um der Liebenswürdigkeit der Menschen und um der Schönheit unseres Landes willen. Sich in dieser Frage zu engagieren, mit Körper und Kopf, das ist schließlich, so denke ich, eine der wenigen Lebensorientierungen, bei der man halbwegs guten Gewissens von Patriotismus sprechen kann.

204 Den Vorschlag, die interaktionsanalytische Frage nach den in Interaktionen mitgeteilten unbewußten Botschaften nicht nur auf die Interaktionen zwischen Individuen zu beziehen (»Ich bin okay - du bist nicht okay«), sondern auch Botschaften wahrzunehmen, die von zerstörten Wohnquartieren, unzureichenden Bildungsinstitutionen, gesellschaftspolitischen Grundorientierungen auf die jeweils Betroffenen zielen, verdanke ich U. Pfäfflin, Sind unsere Städte heilbar? In: WzM 33/1981, S. 484ff.

2. Zweites Krisenszenario: Die Undeutlichkeit der Schule und die Überforderung des Religionslehrers/ der Religionslehrerin

Die Aufgabe, aber auch die Chance des Religionsunterrichtes liegt heute darin, sich seiner Krise zu stellen; gefordert ist zunächst der Versuch unverstellter Wahrnehmung, und nach dem Blick auf die Dimension und »Gesellschaft« sollen jetzt die Menschen in den Mittelpunkt der Aufmerksamkeit gerückt werden, ohne die Religionsunterricht nicht sein würde. Es geht um die Religionslehrer und Religionslehrerinnen, und es geht um die Lebenssituation dieses Unterrichts. Ich beginne mit einem Mosaik: Schlaglichter auf die Situation der Schule.

Beispiel 1: In den zentralen Fortbildungsstätten des Hessischen Instituts für Lehrerfortbildung (Fuldatal, Weilburg und Frankfurt) finden LehrerInnenfortbildung mit dem Gegenstand »Gewalt- und Horrorfilme« statt.[205]
In einer längerfristigen Fortbildungs-Veranstaltung werden Horror-Filme besprochen, die das schulische Leben und die Beziehung zwischen LehrerInnen und SchülerInnen zum Gegenstand haben. Es geht um den Film »Die Klasse von 1984«. Die Diskussion über diesen Film konzentriert sich schnell auf eigene Erfahrungen der LehrerInnen mit ihrer Rolle in der Schule und mit der Beziehung zwischen LehrerInnen und SchülerInnen. Wie kann das miteinander zusammengehen: Einerseits sollen die LehrerInnen in der pädagogischen Arbeit SchülerInnen unterstützen und fördern; andererseits wird erwartet, daß sie die SchülerInnen hinsichtlich ihrer Anpassung an institutionelle Normen kontrollieren. Eine besonders eindrückliche Szene des Filmes regt eine Gesprächspassage zwischen den LehrerInnen über die Uneindeutigkeit der LehrerInnen-Rolle an:

Frau K. sagt: » ... und zwar diese Szene, wo der im Waschraum mit dem Kopf an die Wand rennt. Und dann sagt der (Lehrer), das ist ein Psychopath. Er beschreibt ja was richtiges. Der Junge ist ja wirklich krank. Und da wäre zumindest was anderes als Rache und Gewalt. Nämlich, der braucht eigentlich was anderes als das, was hier abläuft ...«[206] Das Schlußbild des Filmes (der Schüler hängt mit einem Strick um den Hals über dem Orchester und der Schulgemeinde) wird als Symbol für die zerstörte Begegnungsmöglichkeit von SchülerInnen und LehrerInnen überhaupt aufgefaßt.

Eine Gruppe von LehrerInnen wird durch den Film angeregt, die eigene Situation an der Schule zu thematisieren.

- Eine Kollegin hat zu Beginn ihrer Berufstätigkeit Angst vor den ihr fremden Schülern der 10. Klasse einer Sonderschule für Verhaltensgestörte.

205 Chr. Büttner, Video-Horror. Schule und Gewalt, Weinheim und Basel 1990, S. 60ff.
206 Ebd., S. 85.

- Die SchülerInnen sind verängstigt und gewalttätig, weil sie nicht durch das System Schule durchblicken.
- Ein Lehrer erinnert sich, wie er von einer Gruppe von Schülern der 10. Hauptschulklasse angemacht und bedroht wurde, als er versuchte, sie in die Pause zu schicken.
- In der Pause versuchen einige ältere, SchülerInnen aus jüngeren Jahrgängen zu erpressen, Zigaretten zu kaufen, die aus einem Diebstahl stammen.

Aber die Gewalt zieht sich über den Schulalltag hinaus auch in das Privatleben der LehrerInnen hinein. Dazu wieder einige Äußerungen:

- Schüler schicken Lehrerinnen Pornoheftchen nach Hause.
- Eine Lehrerin versucht seit drei Jahren herauszubekommen, welche Schüler sie mit obszönen Anrufen belästigen.
- Eine andere Lehrerin wird von ihren KollegInnen zur Schnecke gemacht, weil sie aus Versehen ein Telefonbuch mit deren nicht-öffentlichen Telefonnummern in Schule hat liegenlassen. Wer nicht »höllisch« aufpaßt, daß die LehrerInnen sich solidarisch gegen das Eindringen der SchülerInnen in den Bereich ihres Privatlebens schützen, riskiert die Wut der KollegInnen.

Ist die Schule wirklich so schlimm? Für die SchülerInnen? Für die »Schüler« *in* den Lehrern? Für die LehrerInnen selber?

Beispiel 2: Universität Göttingen, Uni-Kino am Nikolaustag. Es wird ein Ritual aufgeführt, das schon seit Jahren eben so abläuft: Sechshundert Studierende sind versammelt, die Stimmung ist einigermaßen heiter. Überall im Raum dampfen Töpfe, verbreiten den verführerischen Duft von Wein und Rum. In den blauen Flammen tropft Zucker in die leckere Brühe. Der Film »Feuerzangenbowle« wird »begangen«.

Offenbar spricht dieser Film aus den 30er Jahren bei den jungen Erwachsenen heute das Lebensgefühl an: Bilder, Träume, vielleicht sogar heimliche Gedanken daran, wie Schule »eigentlich« sein müßte. Die Regeln für das schulische und außerschulische Leben der Schüler sind zugleich so klar und so unsinnig, daß es Spaß macht, sie zu übertreten (schon peinlich, aber zugleich eine Mutprobe, wenn man beim für Schüler verbotenen Bierfest in der Innenstadt den Rektor der Schule trifft). Die Lerngruppe der Klasse bleibt langfristig zusammen - eine Voraussetzung dafür, daß sich die »Typen« von Schülern und Lehrern mit ihren Schrullen so deutlich ausprägen, daß sie überhaupt erst parodiert werden können.

Natürlich gibt es keine Edukation. Das schafft ein angenehm kribbeliges Gefühl bei dem etwas ältlichen, bereits promovierten jungen Mann, der freiwillig in die Schule zurückgekehrt, sich absichtlich danebenbenimmt und in den Karzer muß, wo er drei Schülerinnen aus dem Mädchenpensionat durchs Schlüsselloch küssen darf.

Wieso bewirkt dieser Film bei heutigen Studierenden Glücksgefühle? Vielen dürfte aus anderen Filmen, Romanen oder Erzählungen von Großeltern ja einigermaßen vertraut sein, was für zerstörerische Wirkungen das traditionelle deutsche Gymnasium ja *auch* gehabt hat - und heute noch haben kann. Und viele wissen, daß es sich um einen Nazi-Film handelt und daß Heinz Rühmann auch andere Seiten hat als die des rührenden jugendlichen Liebhabers. Außerdem: Bei den gerührten und feuerzangenbowlenseligen Studierenden, die sich den Film ansehen, handelt es sich durchweg um Angehörige einer Generation, die diese Art von Schule am eigenen Leib gar nicht mehr miterlebt hat. Und trotzdem löst dieser Film Heiterkeit, Wohlgefühl, vielleicht sogar Sehnsucht aus.

Schule ist Gegenstand von inneren Bildern, von Angstträumen und Glücksträumen, von Inszenierungen der populären Kultur.
Und Schule ist tagtäglich mehr oder weniger ertragener oder unerträglicher Alltag für Millionen SchülerInnen und tausende LehrerInnen.
Einige Schlaglichter aus dem Schulalltag:

- U., Hauptschullehrerin aus Gladbeck/Ruhrgebiet, berichtet über ihre Arbeit in der 9. Klasse Hauptschule. »Ich habe heute ein Diktat gegeben. Du kannst Dir das echt nicht vorstellen. Manche Sätze habe ich schlechterdings nicht lesen können. Das ergab überhaupt keinen Sinn. Ich kann da nicht groß was machen. Ich muß einfach Basisarbeit leisten. Ich mache mit den Leuten Grundschulunterricht. Was bleibt mir anderes übrig?«
- B., Referendarin, berichtet über ihre Arbeit in einer Sekundarstufe II an einer Integrierten Gesamtschule. »Ich habe das wochenlang überhaupt nicht verstanden. Apathie und eisernes Schweigen, sobald das Gespräch auf Dinge kam, die irgend etwas Wichtiges für die SchülerInnen bedeuteten. Bei einem Kurs, wo die Leute sonst gut mitgemacht haben. Bis mir dann ein Mädchen erzählt hat, daß sie von drei Jungen in der Klasse fast vergewaltigt wurde und daß andere Mädchen, um eine akzeptierte soziale Stellung zu haben, den Jungen zur Hand sind.«
- M., Religionslehrer an einer Berufsschule im Ruhrgebiet, erzählt: »Ich erkenne das an der Körperhaltung, wenn ich einen Kollegen auf dem Flur sehe: Ob der noch etwas will oder ob der aufgegeben hat. Die Leute, die nur noch mit den Videoanlagen von Klasse zu Klasse schieben, die haben aufgegeben.«
- C., Hochschullehrer für Religionspädagogik, berichtet von einem Besuch mit einer Gruppe von LehrerInnen und TeinehmerInnen an einem religionspädagogischen Oberseminar an einer Heimschule in der ehemaligen DDR, eine Schule mit reformpädagogischer Tradition, aber auch mit Tradition als SED-Vorzeigeschule. »Ich fand das schon einfach klassisch. Die Schüler sind von morgens bis nachmittags im Unterricht. Es wird die ganze Zeit gebüffelt. Keine Anzeichen für Aggression, keine Ausbruchsversuche, aber auch wenig Kreativität. Die Schüler haben die Regeln vollständig verinnerlicht. Die wollen alle etwas werden. Über-

Anpassung ist die Regel. Und das alles in wunderschönen, uralten Gebäuden, für die kein Geld da ist und die buchstäblich auseinanderfallen.«

All dies gehört zum Alltag von LehrerInnen: Zu große Klassen, Anonymität in Kollegien, der Druck, das nächste Klausurthema zu stellen und den Hefte-Berg der gerade abgeschlossenen Klausur abzuarbeiten. Ein erheblicher Anteil von LehrerInnen hält nicht bis zum regulären Pensionsalter durch. Der Streß in der Schule schafft LehrerInnen genauso wie SchülerInnen und Eltern. Es ist eine wachsende Abwanderungsbewegung aus dem öffentlichen Schulsektor zu konstatieren: Obwohl sich die Gesamtzahl der SchülerInnen verringert hat (heute etwa 10 Millionen), hat sich in den alten Bundesländern die Zahl der Kinder, die Privatschulen besuchen, von 290 000 zu Beginn der 70er Jahre auf 440 000 im Jahr 1992 verstärkt.[207]

Das ist der Hintergrund, vor dem die Diskussion um Schulreform mit erheblichem Elan wieder in Gang gekommen ist. Am 9. Oktober 1995 stellt beispielsweise der NRW-Ministerpräsident Johannes Rau den Bericht einer Kommission zur Reform des Schulwesens vor, der hochkarätige Pädagogen und Didaktiker wie Wolfgang Klafki, aber auch Wirtschaftsvertreter wie Hilmar Kopper (Deutsche Bank) und Reinhard Mohn (Bertelsmann) angehörten. Die Ergebnisse der Kommission sind so radikal wie der schulische Notstand, den sie beheben wollen. Die Kommission verkündet nichts geringeres als das Ende der bisherigen Bildungspolitik.

Ich nenne einige ihrer Vorschläge: Statt bisher vier, sollen die GrundschülerInnen sechs Jahre zusammenbleiben (das gibt es bisher nur in Berlin und Brandenburg). Noten soll es in der Grundschule nicht mehr geben; stattdessen schlägt die Kommission eine schriftliche Äußerung der Schule an Kinder und Eltern vor.

Nach sechs Jahren Grundschule wird ein Zweisäulenmodell vorgeschlagen: der beruflich orientierte Schulzweig und der gymnasiale. Ein Schulsystem mit zwei Wegen, das zum herkömmlichen Abitur führt und parallel ein Abitur im berufsbildenden Zweig ermöglicht. Der Hauptschulabschluß wird weggelassen, stattdessen sollen alle Kinder zum Realschulabschluß geführt werden.

Die Entscheidungsmöglichkeiten und das eigene Gesicht der einzelnen Schulen sollen verstärkt werden. Die Schulen erhalten in finanziellen Fragen ein eigenes Budget und eine Teilautonomie. Den einzelnen Schulen soll erlaubt sein, sich LehrerInnen selbst auszusuchen und sie auch leistungsgerecht zu entlohnen. Die Schule müsse, so heißt es, »pädagogisches Engagement, professionelles Handeln und verantwortungsbewußte Erziehungsarbeit fördern« und eine »initiativreiche« Tätigkeit des Schulpersonals auch entlohnen.[208]

207 Zit. nach: Taz, 10.Okt.1995.
208 »Schule als Haus des Lernens«, erstellt im Auftrag des Ministerpräsidenten von NRW, Johannes Rau.

Soweit ein Mosaik, einige Schlaglichter auf die Unübersichtlichkeit der Schule. Das Krisenszenario betrifft verschiedene Dimensionen der gegenwärtigen Schule: die Frage der Schulform und nach der Gestaltung des schulischen Lebens und der Beziehung zwischen LehrerInnen und SchülerInnen genauso wie die Frage, was die Schule überhaupt erreichen will und soll.

Ich möchte es bei diesen Schlaglichtern belassen und bei *einer* Frage verweilen: Was bedeutet die Unübersichtlichkeit der Schule für die Rolle des Religionslehrers/der Religionslehrerin? Wie kann man, wie kann frau heute ReligionslehrerIn sein? Man könnte die Antwort so geben: Religion ist ein ordentliches Lehrfach. ReligionslehrerInnen sind LehrerInnen wie andere auch. Aber diese Auskunft ist so bündig, daß die Abwehr gleich mit zu hören ist. Offenbar schlummern so viele Probleme und Konflikte in der Gestaltungsaufgabe der Rolle als ReligionslehrerIn, daß es gefährlich ist, daran zu rühren. Aber genau das ist, so denke ich, hier die Aufgabe.

Eines muß man von vornherein in Rechnung stellen: ReligionslehrerInnen sind anders. Sie wollen vielleicht nicht anders sein als ihre KollegInnen. Sie unterrichten ein Fach, das *als einziges* im Grundgesetz als »ordentliches Lehrfach« festgeschrieben wird. Weder dem Fach Deutsch noch Mathematik oder irgend einem anderen Schulfach wird diese Ehre zuteil.

ReligionslehrerInnen sind in der Regel aufgeklärte ZeitgenossInnen und vertraut mit den Lebensbedingungen der Moderne. Sie arbeiten vielerors integriert im Kollegium daran mit, daß die Schule ein lebendiger und lebensnaher Ort für die SchülerInnen sein kann.

Aber trotzdem: ReligionslehrerInnen sind anders. In der Wahrnehmung ihrer KollegInnen, in der Wahrnehmung von SchülerInnen, in ihrer eigenen Wahrnehmung.

Eine Untersuchung, die Mitte der 80er Jahre im norddeutschen Raum durchgeführt wurde[209], fragt nach dem Bild des Religionslehrers in den Augen von KollegInnen und SchülerInnen. Es wird deutlich, daß die Ergebnisse nach Schulstufen differenziert werden müssen. Gefragt wurde beispielsweise:

- Haben ReligionslehrerInnen eine Sonderstellung gegenüber ihren KollegInnen? Von 68% der Befragten wird die Frage verneint. Aber 62,7% aller Befragten meinen zugleich, daß der Religionsunterricht von KollegInnen nicht als gleichberechtigtes Fach eingeschätzt werde.
- Sehen SchülerInnen den RU als gleichgewichtiges Fach an? 38,5% der befragten LehrerInnen meinen das. Davon sind 53,3% GrundschullehrerInnen, 23,4% OrientierungsstufenlehrerInnen, bei den HauptschullehrerInnen sind es nur noch 19,4%. Und 51,2% meinen, daß SchülerInnen den RU nicht als vollwertiges Schulfach einschätzen.

209 Zit. nach P. Biehl, Beruf: Religionslehrer. Schwerpunkte in der gegenwärtigen Diskussion. JRP 2, Neukirchen 1986, 161-196. hier: 171f.

- Die Aufgaben der ReligionslehrerIn und die Inhalte des RU werden von GrundschullehrerInnen und SekundarstufenlehrerInnen unterschiedlich wahrgenommen und interpretiert.
  Beispielsweise räumen 38% der GrundschullehrerInnen dem Lernbereich »Bibel« Priorität ein, während 34% der RealschullehrerInnen der Bibel erst den fünften Rang auf der Wichtigkeitsliste einräumen, 33% der HauptschulehrerInnen sogar erst den sechsten Rang.
- 51,6 % der befragten ReligionslehrerInnen erleben keine Konflikte im RU, die sich aus der Spannung zwischen leistungsorientierter Schule und den Inhalten des Religionsunterrichtes ergeben; 67,5% der GrundschullehrerInnen vertreten diese Meinung, während 48,5% der RealschullehrerInnen, 44,4% der OrientierungsstufenlehrerInnen und 40% der HauptschullehrerInnen solche Konflikte dennoch erfahren.

Man kann aus dieser Befragung schließen: offenbar hat der RU am stärksten in der Grundschule einen akzeptierten und integrierten Sitz im Leben. In anderen Schulformen, insbesondere in der Hauptschule sieht das erheblich anders aus. Von besonderer Brisanz ist die Tatsache, daß sich die ReligionslehrerInnen in anderer Weise als ihre KollegInnen zu dem Gegenstand ihres Faches verhalten müssen. Die Vermittlung des Gegenstandes - der christliche Glaube, die Kirche, die Bibel, Frömmigkeitsformen, die Haltung zu gesellschaftlichen Konflikten usw.usw. - wird nicht gelingen, ohne daß die Beziehung des Religionslehrers zu diesen Gegenständen mit thematisiert wird - ausdrücklich oder unausdrücklich.

Es läßt sich an der Geschichte der religionspädagogischen Konzepte zeigen, daß dieses Problem identisch bleibt, auch wenn sich ansonsten die Konzeptionen radikal unterscheiden.

- Ob es sich um ein »modernes« Konzept des RU handelt, wie es um die Jahrhundertwende vertreten wurde - Stichwort: Religion soll als Grundlage der Kultur unterrichtet werden, und Jesus soll als sittliches Vorbild dargestellt werden;
- ob es sich um ein Konzept der »evangelischen Unterweisung« handelt, wie es zwischen 1930 und 1960 dominierte, in dem der Verkündigungsauftrag des Lehrers - in der Lehre wie in den Formen des gottesdienstlichen und des kirchlichen Lebens - in einem problematischen Verhältnis zur säkularen Kultur angesehen wurde;
- ob es sich um ein schülerorientiert/problemzentriertes Konzept des RU handelt, mit dem seit den 60er Jahren versucht wurde, den Ort von biblichen Texten und religiösen Lebensformen in Alltagskonflikten von SchülerInnen zu bestimmen;
- oder ob es sich um symboldidaktische Konzeptionen handelt, in denen seit den 70er Jahren versucht wird, die Plattheit und Eindimensionalität in der Weltwahrnehmung von SchülerInnen durch die Wahrnehmung von Symbolen zu durchbrechen, die auf den Lebensgrund hinführen können:

In all diesen Konzeptionen bleibt trotz aller Unterschiede ihrer theologischen, pädagogischen und gesellschaftspolitischen Orientierung *ein* Problem identisch. Wie Religion dargestellt wird, das vermittelt sich zuerst über die Person des Religionslehrers/der ReligionslehrerIn. Wie die unterschiedlichen religionspädagogischen Ansätze dargestellt werden, wie sie den Unterrichtsinhalt und -stil bestimmen, wie sie auf die Kommunikation zwischen LehrerInnen und SchülerInnen einwirken: all dies ist zuallererst davon abhängig, wie es *dem/der LehrerIn* gelingt, sie plausibel darzustellen. Mehr noch: Es hängt davon ab - weil die Entscheidung für ein theologisches Konzept *auch* mit der *persönlichen* lebensgeschichtlichen Besonderheit des/der LehrerIn zusammenstimmt - wie der Religionslehrer diese je besondere Theologie in seine *Haltung* integriert hat. Ich spreche, um diesen Zusammenhang deutlich zu machen, vom »Selbstkonzept« des Lehrers/der Lehrerin.

Der Religionslehrer/die Religionslehrerin ist anders[210]: das liegt nicht nur und nicht zuerst an der Wahrnehmung durch KollegInnen und SchülerInnen. Das liegt zuerst an dem *Gegenstand*, den der Religionslehrer als Bestandteil, aber auch im Gegenüber zum Bildungskanon der Schule zu vertreten hat. Ich möchte das Andere des Religionslehrers/der Religionslehrerin in dieser Hinsicht - in Hinsicht auf die Gegenstandsbezogenheit ihrer Arbeit - auf diese Formel bringen: Den ReligionslehrerInnen wird die Aufgabe zugemutet, *Religion in ihr Selbstkonzept als Person zu integrieren.*

Es ist sofort eine Einschränkung nötig: Das Problem der Gegenstandsbezogenheit ist offenbar nicht durch die bloße *Identifikation* des Lehrers/ der Lehrerin mit religiösen Lebensformen und theologischen Inhalten zu lösen. Die Integration des Gegenstandes Religion in das Selbstkonzept heißt nicht Identifikation in dem Sinne, daß in der Darstellung von Religion im Unterricht *Gegenstand und Person eins* würden. Vielmehr gehört zur *Integration des Gegenstandes Religion in das Selbstkonzept als LehrerIn* auch gerade, daß die Lücke, die Differenz zwischen dem Gegenstand (= Religion) und der Person *in* der Mitteilung des Gegenstandes *zugleich mitgeteilt* wird. Dieses Ziel kompliziert aber die Aufgabe des/der ReligionslehrerIn eher, als daß es sie erleichtert.

Mit Integration des Gegenstandes Religion in das Selbstkonzept des Religionslehrers/der Religionslehrerin meine ich also mindestens dies: Der/die LehrerIn muß die eigene Stellung in Hinblick auf den Gegenstand (Theologie, Religion, Kirche) soweit reflektiert haben, daß eine - immer wieder vorläufige und veränderbare, aber dennoch jetzt und hier geltende - *Klarheit* und *Deutlichkeit* erreicht ist und den SchülerInnen gegenüber auch mitgeteilt wird - Deutlichkeit und Klarheit nicht nur in Hinblick auf die Lehre, sondern auch in Hinblick auf den Lebensvollzug.

210 Vgl. die entsprechende Formulierung für den Beruf des Pfarrers/der Pfarrerin bei: M. Josuttis, Der Pfarrer ist anders. Aspekte einer zeitgenössischen Pastoraltheologie, München 1982.

Was heißt das für die Beziehung des Lehrers/der Lehrerin zur Kirche als der sozialen Gestalt von Religion? Ich sehe die Antwort auf diese Frage in einem negativ reziproken Zusammenhang:

- Je *weniger* Beziehung der/die LehrerIn zur Kirche als sozialer Gestalt hat (das schließt z.B. die Gestalt eigener Bibellektüre und Gebetspraxis genauso ein wie die Teilnahme an Gottesdiensten, die Mitarbeit in kirchlichen Kreisen, am kirchlichen Vereinsleben wie z.B. einem Kirchenchor, an gesellschaftspolitisch engagierten Aktivgruppen usw.),
- und je weniger der/die Lehrerin die Gestalt von Kirche als Lebensvollzug von Religion im Unterricht authentisch darstellen kann,
- desto *mehr* wird die Darstellung von Religion im Unterricht zum Problem der *religiösen Innerlichkeit* des Lehrers/der Lehrerin und der gelingenden *Beziehung* zu den SchülerInnen.

Diese Aufgabe, Religion in das persönliche Selbstkonzept zu integrieren, wird dem Religionslehrer/der Religionslehrerin nicht gerade erleichtert. Offenbar haben wir es mit einem Problem der Anspruchsüberhäufung und der Überflutung mit Rollenerwartungen zu tun.

Als *staatliche/r Beamter/in im Zusammenhang des öffentlichen Bildungsauftrages der Schule* ist er/sie mit *dieser* Erwartungshaltung konfrontiert: er/sie soll Religion »von außen« oder »von oben« in den Blick nehmen - wie andere Bildungsgegenstände der Schule auch, beispielsweise Mathematik oder Physik. Hier ist weder eine Identifikation mit dem Gegenstand noch eine Integration in die eigene Haltung gefordert, wohl aber die Fähigkeit, fachwissenschaftliche Kenntnisse didaktisch verantwortlich zu präsentieren - nämlich die Inhalte aus der Lebenslage und den Lebensbedürfnissen der SchülerInnen heraus zu entfalten.

Diese Aufgabe heißt *auch* - angesichts der faktischen Multikulturalität und Multireligiosität unserer Gesellschaft: Vom Blickwinkel des Bildungsauftrages der Schule her müssen *alle* in der Kultur der jeweiligen Gesellschaft lebendigen Religionen - die christliche (evangelisch/katholisch), die muslimische, die jüdische, aber auch: esoterische Religionsformen und Kultpraxen - im Religionsunterricht repräsentiert werden. Dies heißt für die Rollenerwartung an den/die ReligionslehrerIn: er/sie soll möglichst kompetent die Rolle als Nachrichtensprecher (möglichst zutreffende Mitteilung von De-fakto-Inhalten) und/oder als Talk-Master erfüllen (Präsentation von VertreterInnen der jeweiligen Religion, von Textzeugnissen, kultischen Praktiken, sozialen Gestalten usw.).

Diese Rollenerwartung - Wahrnehmung des öffentlichen Bildungsauftrags der Schule mit Blick auf die faktisch in der Gesellschaft lebendigen und für das gegenwärtige und zukünftige Leben der SchülerInnen bedeutungsvollen Religionen - deckt sich mit der Motivationslage eines erheblichen Teiles von Theologiestudierenden mit dem Ziel Lehramt: Schließlich studieren sie mindestens noch ein weiteres Fach, wo eben diese Haltung gefordert ist, und haben sich bewußt entschieden, *zumindest nicht PfarrerInnen zu werden.*

Aber der Religionslehrer/die Religionslehrerin ist nicht nur Staatsbeamter/in, sondern auch durch die *Kirche* berufen, den Religionsunterricht in der Schule zu versehen und damit die grundgesetzlich garantierte Präsenz der Religionsgemeinschaft in der öffentlichen Schule wahrzunehmen - und auf eine Weise wahrzunehmen, daß das Leben und die Lehre der Kirche *zu einem Bildungsinhalt* in der Schule überhaupt werden kann.

ReligionslehrerInnen sind - in der Wahrnehmung der kirchlichen Institution, aber faktisch auch in der Wahrnehmung vieler KollegInnen und SchülerInnen - RepräsentantInnen der Kirche in der Schule. Sie können ihren Gegenstand offenbar nicht unterrichten, wenn sie nicht ihre eigene Beziehung zur Kirche in eine konturierte Gestalt bringen - in welcher Beziehung von Nähe und Distanz auch immer. Und genau dies wird ihnen durch die gegenwärtige Gestaltlosigkeit der Kirche schwer gemacht. Die Kirche bietet Jugendlichen und jungen Erwachsenen faktisch kaum einen Raum an, wo sie sich mit ihrem eigenen Lebensvollzug einbringen könnten. ReligionslehrerInnen können diese Rollenerwartung - RepräsentantInnen der Kirche in der Schule sein - nicht erfüllen, wenn und weil die Kirche selber nicht weiß, wer sie ist, wo ihre Mitte ist, wem sie gehört und wie sie leben soll.

In der *Beziehung zu den SchülerInnen* sehen sich ReligionslehrerInnen auf der einen Seite mit der Erwartung konfrontiert, Kirche und Religion im eigenen Lebensvollzug darzustellen. Das schließt - entsprechend zu anderen Fächern - die fachwissenschaftliche Kompetenz ein, darüber hinaus aber auch die persönliche Authentizität des/der LehrerIn.

Zudem sind die ReligionslehrerInnen - stärker als ihre KollegInnen mit anderer fachlicher Orientierung - als *HelferInnen* gefragt. Sie werden gebraucht als Beratung in kritischen Lebenssituationen, insbesondere in Beziehungskonflikten mit den Eltern oder mit anders- bzw. gleichgeschlechtlichen PartnerInnen; im Rahmen einer Krisenintervention, wenn solche Konflikte dramatisch werden, nicht mehr im Alltagszusammenhang lösbar sind und eine Lebensänderung nötig machen (z.B. Auszug aus dem Elternhaus).

Mit Bezug auf die Lebenskrisen der Gesellschaft - ich erinnere an das Stichwort »Zeitalter der Lebensgefahr«: ökologische Krise, Friedenskrise, Krise der Arbeitsgesellschaft - sind ReligionslehrerInnen oft stärker als ihre KollegInnen gefragt, Ängste artikulierbar und bearbeitbar zu machen und Möglichkeiten für ein lebendiges und lebenswürdiges Leben unter diesen Bedingungen zu finden. Diese Rollenerwartung ist im Selbstkonzept von LehrerInnen oft gerade dann mächtig, wenn sie von den SchülerInnen gar nicht artikuliert wird - dann empfindet der/die LehrerIn das Versagen, die SchülerInnen an einem Thema zu engagieren, das er/sie selbst als überlebensnotwendig erkannt hat.

Auf der einen Seite wird die Rolle zugeschrieben, *anders* zu sein. Besonders eindrücklich war mir in diesem Zusammenhang die Schilderung eines Religionslehrers an einem Gymnasium in Gelsenkirchen: Noch ein Jahr, nachdem er an der Schule angefangen und sich als Religionslehrer »geoutet«

hatte, wußten KollegInnen noch, wie er in dieser Situation gekleidet war, wann er sich wie geräuspert hat und daß sein Hemd zu weit offenstand. Religionslehrer - wie kann man nur? Eine Art komisches Tier, ein Überbleibsel aus gruseliger Vorzeit, eine Mischung aus Elefant und bayrischem Postboten, eine Zirkusnummer.

Auf der anderen Seite wird die Erwartung deutlich, daß der/die ReligionslehrIn *genauso* ist wie die anderen KollegInnen an der Schule auch: er/sie soll sich, genau wie die anderen auch, für das Gesicht, für die Gestalt, für die besondere Atmosphäre der Schule einsetzen und in Konflikten mit SchülerInnen, Eltern und der Schulaufsichtsbehörde am gleichen Strang ziehen.

Aber ReligionslehrerInnen haben auch mit *Erwartungen an sich selbst* zu tun: nicht einzuknicken angesichts der täglichen Routine, vor dem Streß, den Nervereien mit unmotivierten Schülerhaufen. Es soll etwas bleiben von dem, was man/frau einmal als StudentIn gewollt hat. Sich selbst treu bleiben. Erkennbar bleiben. Und vor allem: Wahrnehmen und leben können, daß man ja nicht nur LehrerIn ist, daß auch FreundInnen da sind, der Geliebte, daß Kinder zu versorgen sind. Man muß Zeit haben. Man muß die Arbeit hinkriegen und sie zugleich so organisieren, daß freie Zeit bleibt für das, was im Leben auch noch wichtig ist - oder überhaupt das Wichtige im Leben ist.

Und man muß ständig mit Kränkungen, Enttäuschungen, Gefährdungen des eigenen Selbstwertgefühls fertigwerden: wenn sich gerade *die* SchülerInnen vom RU abmelden, die einem vom Lebensgefühl her am nächsten sind. Wenn wieder einmal, und zwar schon pausenlos seit Tagen, die Stunden danebengehen und die SchülerInnen einem unmißverständlich klarmachen: Du bist so ungefähr das letzte, was uns im Augenblick interessiert.

Offenbar haben wir es mit einem Problem der Anspruchsüberhäufung und mit einer Summierung von untereinander und zum Teil in sich widersprüchlichen Rollenerwartungen zu tun. Wie soll man es angesichts dieser Lage schaffen, Religion im eigenen Selbstkonzept eine Gestalt zu geben - oder, etwas bescheidener formuliert: wie soll man angesichts dieser vielfältigen Forderungen seinen eigenen Stil finden und bewähren? Eins ist klar: Alles auf einmal geht nicht. Wer es allen Rollenerwartungen gleichzeitig recht machen will, wird sich überheben. Wer es allen recht machen will, ist von Allmachtsphantasien besessen.

Das scheint eine typische Gefährdung von Menschen in helfenden Berufen zu sein. Der Psychoanalytiker Wolfgang Schmidbauer hat diesen Typus der »hilflosen Helfer«[211] beschrieben: Nach außen hin der starke Held, der alles irgendwie hinkriegt und an dessen Brust man sich ausweinen kann; nach innen das greinende Baby, das in jeder Beziehung, und gerade in der Bezie-

211 W. Schmidbauer, Die hilflosen Helfer. Über die seelische Problematik der helfenden Berufe. Reinbek 1978. ders.: Alles oder nichts. Über die Destruktivität von Idealen, Reinbek 1980.

hung zu Abhängigen, eine grenzenlose und verschlingende Intimität sucht, die als Kind in der eigenen Mutter vermißt wurde.

Wer alle Rollenerwartungen an den/die Religionslehrerin zugleich erfüllen will, wird scheitern. Es ist notwendig, ja lebensnotwendig, auf diese Überforderungen und Überschneidungen mit Reduktionen, mit Vereinfachungen zu reagieren. Aber wie?

Eine Gefährdung ist, daß sich die in der überfordernden Situation notwendige Vereinfachung gewissermaßen »hintenrum« durchsetzt. Das soll heißen: Es werden unbewußt psychische Muster reproduziert, die sich im Laufe der Lebensgeschichte herausgebildet und verfestigt haben. Der Psychoanalytiker Fritz Riemann hat dieses Problem für PfarrerInnen in ihrer Rolle als PredigerInnen beschrieben. Sein Modell ist aber auch hilfreich, die Lage und die Bewältigungsstrategien von ReligionslehrerInnen zu verstehen.[212]

Eine Vorbemerkung scheint nötig: Es geht bei diesem Modell nicht darum, die Vielfalt menschlichen Lebens auf »Typen« zu reduzieren oder sogar Menschen auf solche Persönlichkeitstypen festzuschreiben. Die von Riemann postulierten Typen sind vielmehr eine Möglichkeit, die Selbstreflexion über eine Vielfalt von Erfahrungen mit sich selbst und mit anderen zu ordnen. Kein Mensch wird einem dieser Typen vollständig entsprechen. Sondern jede/r kann, wenn er/sie das eigene Leben ansieht, eine bestimmte Mischung aus Anteilen bei sich selber feststellen, und man wird bemerken, daß man eher zu dem einen oder zu dem anderen Typ hinneigt.

Und eine weitere Vorbemerkung: Es handelt sich hier nicht um Kennzeichnungen von »kranken« Persönlichkeitstypen. Es wird eine Beziehung hergestellt zwischen der gelungenen oder mißlungenen Lösung von Konflikten in der frühen Kindheit und relativ stabilen Merkmalen im Charakter des erwachsenen Menschen. Nur eine vollständige Übereinstimmung mit dem jeweils gezeichneten Typ wäre ein Hinweis auf eine psychische Erkrankung.

Riemann skizziert vier Typen von Konfliktverläufen in der frühen Kindheit und entsprechenden Charaktertypen; und ich denke, daß sich diese Persönlichkeitstypen auch *in der Weise ausdrücken, wie jemand ReligionslehrerIn ist.*

Typ 1: Der schizoide Mensch und die Erkenntnis

Die nachgeburtliche Phase in der Entwicklung des Menschenkindes beginnt mit der sensorischen Phase, die bis etwa zum dritten Lebensmonat andauert. In ihr ist das Kind noch ohne konturierte Bindung an Personen. Es erlebt die Welt über die Sinne, die noch vollständig offen sind, aber auch hilflos und ausgeliefert. Lust- und Unlustempfindungen entscheiden über die Einstellung zur menschlichen Umgebung und zur Welt überhaupt.

212 F. Riemann, Die Persönlichkeit des Predigers aus tiefenpsychologischer Sicht. In: R. Riess (Hg.), Perspektiven der Pastoralpsychologie, Göttingen 1974, 152ff.

Das phasenspezifische Ziel dieser Frühzeit ist die allmählich zu erkennende Differenzierung zwischen Ich und Nicht-Ich, von Innen und Außen, die beginnende Koordinierung des inneren Zeitrhythmus mit dem der äußeren Umwelt. Mögliche Störungen in dieser Phase sind vor allem Reizüberflutung oder Reizmangel. Im ersten Falle wird die Welt als bedrohlich-eindringend in das Eigenleben erfahren, die Reaktion ist Rückzug und Distanz. Im zweiten Falle werden die mitgebrachten Anlagen, Instinkteigenschaften und auch reaktiven Vermögen zu wenig angesprochen und gefördert.

Schizoide Persönlichkeiten entwickeln sich aus dem Scheitern dieser Konfliktphase. Das dominierende Erleben ist das von innerer Einsamkeit und Ungeborgenheit. Der Mensch versucht, schützende Distanz aufzubauen, autark gegenüber anderen zu werden, niemanden zu brauchen. Emotionale Beziehungen sind gefährlich; deshalb wird dieser Mensch im Laufe seines Erwachsenwerdens versuchen, andere, weniger gefährliche Möglichkeiten zur Kontaktaufnahme mit der Welt zu entwickeln, die seinem Distanzbedürfnis entsprechen und vor Erfahrungen innerer Einsamkeit schützen.

Menschen dieses Typus zeichnen sich durch eine dominierende Intellektualität aus. Sie werden Kritik und Eigenständigkeit im Denken fordern, furchtloses Erkennen ohne Rücksicht auf Traditonen - die Lebenshaltung, die ihnen selbst geholfen hat.

Als *ReligionslehrerIn* wird es ihm/ihr weniger um die Gestaltung der Beziehung zu den SchülerInnen gehen, auch weniger um die Gestaltung des religiösen Lebensvollzugs. Ihr Medium ist die kritische Erkenntnis. In ihrem Unterricht wird die fachwissenschaftliche Ausrichtung dominieren. LehrerInnen dieses Persönlichkeitstypes geht es nicht zuerst um die Bewahrung und Wiederholung des Wissensbestandes, sondern vielmehr um den kritischen Umgang mit der Tradition. Sie werden sich eher in der Oberstufe der Gymnasien als an Grundschulen wohlfühlen. Kritische Bibelexegese, kritische Sichtung der dogmatischen Tradition, Kritikfähigkeit gegenüber der kirchlichen Institution werden Ziele ihres Unterrichtes sein.

Typ 2: Der depressive Typ und die Liebe

Der ersten Lebensphase folgt die orale Phase, die etwa das weitere erste Lebensjahr ausfüllt. Das phasenspezifische Ziel dieser Phase ist, zwischen Ich und Nicht-Ich zu unterscheiden und Kontakt mit einem Du aufzubauen. Diese Fähigkeit wächst an der stabilen und verläßlichen Beziehung zu einer Person, im empirisch überwiegenden Fall zur Mutter. In einer geglückten Beziehung zu dieser primären Bezugsperson kann das Kind aus erfahrener liebender Zuwendung selbst Einfühlung, liebende Zuwendung und Lebenshoffnung entwickeln.

Je nachdem ob das Kind in dieser Phase eine - symbolisch gesprochen - »gute« oder »böse Mutter« als inneres Bild in sich aufnehmen kann, fühlt es sich selbst in seiner Tiefe liebens- oder hassenswert. »An der Mutter-Kind-Beziehung entwickelt sich also die Frühform unserer Liebesfähigkeit, sie formt das Urbild unserer Du-Beziehung und bleibt uns erhalten als Sehnsucht nach dem Wiederfinden der hier einmal erlebten Geborgenheit bei einem Menschen.«[213]

Im Falle des Scheiterns dieser Phase - beispielsweise wenn die zentrale Bezugsperson das Kind verläßt oder selbst nicht in der Lage ist, eine stabile Beziehung aufzubauen - kann dieses Menschenkind auch in seiner weiteren Entwicklung zum Erwachsenen *schon das eigene Dasein als Schuld erfahren.* Die Störungsmöglichkeiten dieser Phase liegen in den Extremen Verwöhnung oder Versagung. In beiden Fällen kommt es zu einer übermächtigen, im Extremfall lebenslang unlösbaren Bindung an die Mutter bzw. die erste Bezugsperson - oder an das innere Bild von dieser Person. Im Falle der Verwöhnung ist die Beziehung gestört, weil die erwachsene Bezugsperson das Kind benutzt, um selbst die Erfahrung des Geliebt- und Gebrauchtwerdens zu machen. Er/sie wird deshalb das Kind klein und in Abhängigkeit halten. Im Falle der Versagung kann umgekehrt das Kind die Mutter/die erste Bezugsperson nicht loslassen, weil es nie genügend versorgt und gesättigt worden ist. Das überwertige Lebensgefühl dieses Typus ist die Trennungs- und Verlustangst.

Das zentrale Thema *eines/einer ReligionslehrerIn dieses Persönlichkeitstyps* ist das Gelingen oder Scheitern von Beziehungen. Hier - auf der Beziehung zu den SchülerInnen und der SchülerInnen untereinander, aber auch auf der Beziehung zu KollegInnen und zur Schule überhaupt - liegt der Schwerpunkt in der Selbstwahrnehmung und im Engagement. LehrerInnen dieses Typs neigen dazu, sich für andere aufzuopfern, und sie erfahren die Enttäuschung besonders bitter, wenn es ihnen nicht gelohnt wird - z.B. im Falle von Desinteresse und fehlender Motivation bei den SchülerInnen.

Die Inhalte des Unterrichtes sind der Beziehungsebene untergeordnet und ihr Vehikel. Was Evangelium ist, wird nicht als Lehre, sondern im gelungenen Zusammenleben erfahrbar.

Typ 3: Der zwanghafte Mensch und das Gesetz

Nach der Phase der größten Abhängigkeit setzt in der Entwicklung des Menschenkindes um das zweite bis fünfte Lebensjahr die anale Phase mit wachsender Eigenständigkeit ein. Das Kind lernt zunehmend die Beherrschung seines Körpers und der Sprache, hat also viel größere Möglichkeiten, sich verständlich zu machen und Kontakt herzustellen als in den früheren Phasen. Das Kind erlebt in den neuen Fähigkeiten sein Wollen, sein Können, seine Macht. Zugleich erfährt es in der Reaktion der Erwachsenen auf das eigene Tun zum ersten Mal die Möglichkeit, sich selbst als gut oder böse wahrzunehmen.

Ziel dieser Lebensphase ist die allmähliche Ablösung von der zuvor umfassenden Bindung und Abhängigkeit. Die Störungsmöglichkeit dieser Phase liegt in einem Versagen der Eltern gegenüber dem Eigenwillen des Kindes.

213 Ebd., S. 157.

Fehlformen sind auf der einen Seite Permissivität, ein laissez-faire-Stil, die fehlende Deutlichkeit von Grenzen, auf der anderen Seite Dressur und rigide Gehorsamsforderung, die die Eigentätigkeit des Kindes erstickt. Demgegenüber kann durch eine angemessene Balance von Beziehungsangeboten - Grenzen ziehen auf der einen, Selbsttätigkeit fördern auf der anderen Seite - das Selbstvertrauen, aber auch das Vertrauen des Kindes in die Verläßlichkeit von Regeln und ihrer freiheitsermöglichenden Wirkung gefördert werden.

Diese Phase prägt also die erste Form des Verhältnisses von Autorität, Gehorsam und Freiheit. Im Falle eines Scheiterns der Konflikte in dieser Phase wird »Ordnung« und »Autorität« - ungeachtet der Plausibilität von Inhalten, der Anforderung von Situationen, der Besonderheit menschlicher Beziehungen zum zentralen Lebensthema.

RelgionslehrerInnen dieses Persönlichkeitstyps werden zuerst um die getreue Vermittlung der Tradition besorgt sein. Es geht ihnen nicht um die kritische Aufarbeitung, sondern um die Treue zur biblischen Tradition, zur Gestalt der Kirche, zu überkommenen Formen der religiösen Lebenspraxis. Im Gottesbild kann die Vorstellung von Gott als Geber des Gesetzes die vom Gott des Evangeliums überwiegen: Gott ist eher der, der fordert als freispricht und schenkt. Er ist der Garant der guten Ordnung. Auch im Umgang mit den SchülerInnen wird das Ordnungs- und Autoritätsthema vorherrschen. Es kann zu dauerhaften und entnervenden Machtkampf-Konstellationen kommen.

Typ 4: Der hysterische Mensch und die Freiheit

In der letzten - phallischen - Phase der frühkindlichen Entwicklung (fünftes und sechstes Lebensjahr) ist das vorherrschende Lebensthema das Hineinwachsen des Kindes in die Geschlechtsrolle und die Verläßlichkeit und Dauerhaftigkeit in der Entwicklung des Selbstbildes. Hierzu braucht das Kind Leitbilder, Erwachsene, an denen es sich orientieren kann (»Ich möchte werden wie ...«). Es ist für die Entwicklung des Kindes von höchster Wichtigkeit, daß die Eltern ihm/ihr solche Bilder und Identifikationsmöglichkeiten anbieten. Aus dieser Lebensphase stammt unser Bedürfnis, als Gesamtperson angenommen zu werden, uns als Wert zu erleben, Ja zu uns selbst als Geschlechtsperson und als Individuum sagen zu können.

Störungen aus dieser Phase kommen aus unverläßlichen, unreifen, undeutlichen elterlichen Vorbildern, die dem Kind keine Sicherheit in der Identifikation und Abgrenzung bieten und es erschweren, eine klare Kontur für die Entwürfe eigener Selbstbilder zu finden. Auf der Basis solcher Entwicklungsstörungen entsteht der Typus der hysterischen Persönlichkeit. Ihr Grundproblem ist das unsichere Selbstwertgefühl. Es kann sich als Minderwertigkeitsgefühl, im anderen Extrem als Selbstüberschätzung auslegen. Der Grundkonflikt des hysterischen Menschen ist das Verhältnis von Sein und Scheinen, das Problem der Echtheit. »Da es zu wenig oder zuviel bejaht wurde, versucht das Kind wenigstens zum Schein das zu sein, was man von ihm erwartet, und spielt so immerwährend die Rolle, in der es von der Umwelt bestätigt wird.«[214]

ReligionslehrInnen dieses Persönlichkeitstyps neigen zur Selbstdarstellung. Sie können SchülerInnen anspornen, mitreißen, beschwingen und erheben, aber längerfristige Planungen und Perspektiven bleiben leicht auf der Strekke. Oft wird etwas mit 150 Sachen angefangen und versandet dann irgendwann, oder es kommt angesichts neuer und mitreißender Einfälle unter die Räder.

In den Unterrichtsthemen ebenso wie im Gottesbild geht es eher um die befreiende, alle menschlichen Strukturen revolutionierende Kraft des Reiches Gottes als um die Bewahrung der biblischen Tradition und des Gesetzes. Auch die Ordnung der Schule und die Regeln des Umgang miteinander sind ständig auf dem Prüfstand: es geht darum, Neues auszuprobieren, Eingefahrenes nicht fest werden zu lassen. Basis-Thema ist Umkehr, Veränderung, Revolution, nicht die Dauerhaftigkeit und Verläßlichkeit von Strukturen.

Inwieweit kann die Rezeption des Verstehensmodells von Riemann für die Wahrnehmung der Situation von ReligionslehrerInnen hilfreich werden? ReligionslehrerInnen müssen auf die Überforderung durch zu viele, zum Teil auch widersprüchliche Rollenerwartungen mit Vereinfachungen und Entscheidungen reagieren. Und es kommt darauf an, daß in diesen Vereinfachungen und Entscheidungen nicht unbewußte Muster zum Tragen kommen, sondern daß dieser Prozeß in der Entwicklung des Selbstkonzeptes eine bewußte und verantwortete Wahl sein kann.

Dies möchte ich als erste Maxime für die Entwicklung und Bewährung eines Selbstkonzeptes als ReligionslehrerIn nennen; ich möchte noch drei weitere Maximen anschließen.

Maxime 2: Es ist wichtig, daß die notwendigen Entscheidungen und Vereinfachungen in der Entwicklung des Selbstkonzeptes als ReligionslehrerIn nicht identisch sind mit einer Inhaltsentleerung des Gegenstandes Religion. Wir finden diese problematische Tendenz heute bis in theologische und religionspädagogische Konzeptionen hinein: »Religion« wird auf ihre Funktion verkürzt und ihrer Inhaltlichkeit beraubt. Religion gilt hier als »Sinnfrage« oder als die Frage nach dem »Letzten« oder »Vorletzten« oder »Hinterletzten«, als Frage nach dem »Urgrund«, »Abgrund«, dem »Ultimaten« und was dieser Wortungetüme mehr sind. Religion gerät zur »civil religion«, zur Letztbegründung und Legitimierung von gesellschaftlicher Ordnung oder der Stabilität je-individueller Selbstbilder.

Religion kann aber selbst diese Wirkungen nur dann haben, wenn sie ihrer Inhaltlichkeit und Sperrigkeit nicht beraubt wird. Dies hat zur Voraussetzung, daß das Leben und Lehren von Religion eine inhaltlich deutlich kon-

214 Ebd., S. 163.

turierte Gestalt je und je neu gewinnt: Indem hier und jetzt weitererzählt wird, daß - entsprechend der Großerzählung der Bibel - Gott seine Zuwendung zu den Menschen gezeigt hat und darin treu geblieben ist, daß er ein kleines und weltgeschichtlich völlig unbedeutendes Volk am Rande der bekannten Welt, das Volk Israel zu seinem Bundespartner erwählt hat und diesen Bund auch nicht dadurch aufgekündigt hat, daß er ihn durch das Evangelium Jesu Christi für alle Menschen geöffnet hat.

In den um ihre inhaltliche Kontur gebrachten Konzepten von Religion und Religionspädagogik gelten so schwierige Themen wie Kreuz und Opfer, Rechtfertigung, Auferstehung, Erwählung und Gericht als kaum vermittelbar. Die Erzählungen der Heiligen Schrift sind, wo sie wahrgenommen werden, bestenfalls Auslegungsfolie allgemeinmenschlicher Problemkonstellationen; und wo sie das nicht sind, verschwinden sie. In Hinblick auf das Selbstkonzept des/der ReligionslehrerIn geht es in dieser Konzeption nicht zuerst um die Gestalt von Religion, sondern um ihre Vermittelbarkeit mit dem Phantombild des »modernen Zeitgenossen«. - Zugegeben, ich karikiere; der/die LehrerIn möge das als »Typus« im oben angegebenen Sinne verstehen.

Demgegenüber sehe ich es als Maxime für die Selbstreflexion und Bewahrung eines langfristigen Selbstkonzeptes von ReligionslehrerInnen an, daß die Erzähltradition der Heiligen Schrift von Gottes Freundschaftsbund mit seinen Menschen weitererzählt wird. Diese Erzählungen gewinnen ihre Kontur und Brisanz, indem sie durch Weitererzählen bewahrt werden, aber auch in neuen Erzählungen und Gestalten des Lebensvollzuges wirksam werden. Sie gewinnen zudem ihre Kontur und Brisanz, indem deutlich gemacht wird, *wogegen* sie sich richten. Jeder theologische Satz, jede theologisch verantwortbare Erzählung muß mitsagen, wogegen sie sich richtet: sonst ist sie kein Salz und kein Feuer, sondern bestenfalls hilflos und schlimmstenfalls Legitimation zerstörerischer Lebensverhältnisse.[215]

Die Erzähltradition in der Perspektive der Bibel, der Großerzählung von Gottes Freundschaftsbund mit den Menschen steht *gegen* die Erzählungen, die heute zu Göttern werden und die Menschen beherrschen: Ohne Fleiß kein Preis. Haste was, dann biste was. Man muß sich nach der Decke strekken. Von nichts kommt nichts. Vom Millionär zum Tellerwäscher. Jeder ist seines Glückes Schmied. Schnelligkeit ist alles. Zeit ist Geld.
In diesen knappen Bildern und Stichworten verbergen sich mächtige Erzählungen, die das Leben auf Leistung und Gewinn reduzieren. Hinter ihnen steht letzten Endes der Gegen-Gott, dem in der Bibel und in der reformatorischen Theologie der Name »Mammon« gegeben wird.

Das Selbst-Konzept von LehrerInnen wird seine Kontur bekommen, wenn sie trotz und in der Wahrnehmung all dessen, was offensichtlich und tagtäglich dagegensteht, der Macht der Erzähltradition von Gottes Freundschaftsbund mit den Menschen vertrauen.

215 Ich verdanke diesen Satz einem Gespräch mit Jürgen Ebach im Mai 1996.

Maxime 3: Selbst-Konzepte kann man nicht »machen«, nicht herstellen, nicht kaufen, sie sind kein Ergebnis eigener Leistung. Sie werden zerstörerisch, wo sie rigide und gesetzlich sind, wo man sich ständig prüfen muß, ob man sie einlöst; wo Systeme sozialer Kontrolle mächtig sind, denen gegenüber man überprüfbar halten muß, ob man es auch »schafft«, entsprechend diesem Konzept zu leben und als ReligionslehrerIn tätig zu sein. Kurz gesagt: Maxime 3 heißt, auch in der Frage des Selbst-Konzeptes angesichts der Überforderung mit Rollenzumutungen die *Unterscheidung zwischen Gesetz und Evangelium* als lebensfördernde und lebenseröffnende Möglichkeit wahrnehmen zu lernen.

Das schließt auch ein, dem Evangelium in der Gestalt des eigenen Lebens und Unterrichtens Raum zu geben. An Gott glaubt, wer Zeit für ihn hat.[216] Es geht darum, Religion in diesem Sinne zu leben und zu unterrichten, daß die in der europäischen Kirchengeschichte weithin verschütteten und vergessenen Methoden und Wege, im Machtbereich des Heiligen zu leben, wieder begehbar gemacht werden: Gottesdienst und Gebet, Hören der Heiligen Schrift, Wahrnehmung der Kraft des Segens und ebenso der Kraft des Heiligen, das Böse beim Namen zu nennen und zu verwerfen. Zudem muß die Fähigkeit entwickelt werden, andere, gerade unter Jugendlichen lebendige Formen von Religion wahrzunehmen, sie wertzuschätzen und in Kontakt mit den religiösen Methoden und Wegen zu bringen, die zum Schatz der evangelisch-christlichen Religionstradition gehören. Das Evangelium ist nicht nur richtige Lehre, ist keinesfalls zuerst eine moralische Orientierung. Sondern es ist zugleich und zuerst Kraftquelle für die Lebensgestalt.

Man kann und braucht nicht alles zu machen. Rigidität und Kontrolle ist keine Sache des Evangeliums, sondern einer falsch verstandenen Gesetzlichkeit. Aber jede/r ReligionslehrerIn soll für sich selbst ausprobieren, wo die eigenen, lebensgeschichtlich naheliegenden Wege sind, in Kontakt mit Gottes heilsamer Macht zu leben.

Maxime 4: ReligionslehrerInnen sollen versuchen, im Entwurf ihres Selbstkonzeptes kompetent, aber auch frei mit religionspädagogischen Entwürfen und Methoden umzugehen.
Die beschriebenen Krisenszenarien: Traditionsabbruch, Entmächtigung der Kirche, Symbolverlust; Brüchigkeit der Zukunftsorientierung pädagogischen Handelns, Zeitalter der Lebensgefahr, Individualisierung der gesellschaftlichen Lebensverhältnisse; Undeutlichkeit der Schule und Überfülle an Rollenerwartungen gegenüber den ReligionslehrerInnen - haben zu tiefgreifenden Turbulenzen in der religionspädagogischen Diskussion der vergangenen vierzig Jahre geführt. In relativ kurzen Zeiträumen wurden Konzeptionen entwickelt, abgelöst und verworfen. Sie gelten als der jeweils »letzte Schrei« und bestimmen für einen überschaubaren, tendenziell immer knapperen Zeitraum auch die staatlichen Rahmenrichtlinien für den RU. Von der evangelischen Unterweisung zum problemorientierten Unterricht, von der

216 Ich verdanke diesen Satz einem Gespräch mit Manfred Josuttis, Juni 1994.

biblischen Didaktik zur Symboldidaktik, und als allerletzter Schrei: von der Hermeneutik zur Handlungsorientierung.

Ich will mich keinesfalls lustig machen. Aber eine Bemerkung scheint mir doch nötig: Die Religionspädagogik reagiert auf die beschriebenen Krisenszenarien mit der Inszenierung einer eigenen Dauerkrise. Und wie soll es auch anders sein? Es gibt heute keinen, der einfach sagen kann, wie es gemacht wird.

Aber ich möchte mit dieser letzten Maxime dazu ermutigen, gegenüber diesem Schweinsgalopp von Konzeptionen eine gewisse Gelassenheit zu bewahren. Es wird sich schon richten, keine Methode kann das Ganze aufschließen. Es ist sinnvoll, für die eigene Arbeit einen Schwerpunkt zu setzen, aber auch, die Fragerichtungen der unterschiedlichen Konzeptionen aufzunehmen und auch aufeinander zu beziehen. Im schulischen Unterricht werden sich, je nach Thema, Zielgruppe und der Vorliebe des/der Unterrichtenden, Mischformen und Schwerpunktsetzungen zwischen den Konzeptionen nahelegen. Für die Unterrichtsplanung und -beobachtung bleibt es aber notwendig, die Entscheidung für die eine oder andere Konzeption angesichts dieses besonderen Themas, angesichts dieser Zielgruppe usw. transparent zu halten und argumentativ zu vertreten. Dies zu erleichtern, dienen die folgenden Faustregeln für die Identifikation religionspädagogischer Konzeptionen.

- Evangelische Unterweisung: Wie können die Kinder/die Jugendlichen mit der Heiligen Schrift, mit den Bekenntnissen, mit den Lebensäußerungen der Kirche in Beziehung gesetzt werden, so daß sie in ihrer Lebenssituation und in ihrer Zeit Jesus Christus als ihren Herrn annehmen und als lebendige Glieder der Kirche leben können?
- Hermeneutischer Unterricht: Wie können Textzeugnisse der kirchlichen Tradition - die Bibel, die Bekenntnisschriften, die Liturgien des Gottesdienstes usw. - so lebendig werden, daß sie die grundlegenden Fragen der Existenz heutiger Menschen, insbesondere der Kinder und Jugendlichen vertiefen, erhellen und klären können?
- Problemorientierter Unterricht: Wie können grundlegende Probleme aus der Lebenswelt und der Lebenssituation der SchülerInnen so aufgearbeitet werden, daß Zeugnisse aus der kirchlichen Tradition, z.B. biblische Texte, Gebete oder Lieder, eine Antwort oder wenigstens eine vertiefende Deutung geben können?
- Symboldidaktik: Wie können Bilder, Texte, Lieder usw. aus der kirchlichen, aber auch der außerkirchlichen Tradition dazu verhelfen, eindimensional-alltägliche Wahrnehmungsmuster zu überschreiten - und grundlegenden existenziellen und religiösen Fragen eine Sprache zu geben, die ohne diese Symbole nicht sagbar wären?
- Ökumenischer Unterricht: Wie kann der Religionsunterricht dazu beitragen, daß die Gegensätze zwischen den christlichen Kirchen in einem wechselseitigen Wahrnehmen, Ernstnehmen und Verstehen aufgehoben werden, und zwar so, daß besonders die befreienden Aufbrüche der Kirchen in den armen Ländern gegen ökonomische und politische Unter-

drückung als Hoffnung für die Kirche in unserem Lande hörbar gemacht werden?

- Interreligiöser Dialog: Wie kann der Religionsunterricht die Tatsache ernst nehmen, daß unser Land faktisch eine multikulturelle und multireligiöse Gesellschaft ist, deren friedliches und gerechtes Zusammenleben davon abhängt, daß Kinder und Jugendliche schon in ihrem unmittelbaren Umfeld ihre MitschülerInnen und Mit-Erwachsenen, die einer anderen Relgion zugehören, verstehen und akzeptieren lernen?
- Handlungsorientierter Unterricht: Wie kann der Religionsunterricht der Einsicht gerecht werden, daß Religion nicht zuerst durch Operationen wie »Wissen« und »Kennen«, sondern durch »Leben«, »Erfahren« und »Handeln« gelernt wird - und wie können deshalb im Unterricht selbst religiöse Dimensionen im Feiern, im Singen, im Entwickeln einer eigenen Form des Gottesdienstes usw. Gestalt gewinnen?

Ziel kann nicht sein, sich einer dieser Konzeptionen rückhaltlos zu verschreiben. Es handelt sich um begrenzte und in dieser Begrenzung sinnvolle Wege des Unterrichtes von Religion, die nur in wechselseitiger Konturierung, nicht jedoch in ausschließlicher Behauptung Sinn machen.

Kapitel 2: Jugendkulturen

Religion lehren im Kontext und in Wahrnehmung der Gestalten und Gerüche, der Töne und Bilder der *populären Kultur* - mit dieser Aufgabenbestimmung kommen in didaktischer Perspektive vor allem Menschen in den Blick, die nicht nur, aber stärker als andere ihr Lebensgefühl und ihre Lebensperspektive im Schnittpunkt zwischen Medienkonsum, gesellschaftlichen Zumutungen und deren Brechungen in der jeweiligen Lebenswelt ausformulieren müssen: die Jugendlichen.

Ich möchte mit einigen Mosaiksteinen beginnen, mit einigen »Schlaglichtern« auf Stimmungen, Szenen und Probleme *der Jugendkulturen.*

1. Schlaglichter

1.1 Die neueste empirische Studie über Probleme des Jugendalters[217] - *die 12. Shell-Jugendstudie »Jugend '97«* - nennt unter anderem diese Ergebnisse:

Von allen Problemen beschäftigen die Jugendlichen am stärksten die Probleme der Arbeitswelt, nicht die klassischen Lehrbuchprobleme der Identitätsfindung, Partnerwahl oder Verselbständigung. Die Jugendlichen äußern die Sorge, daß Massenarbeitslosigkeit, Lehrstellenmangel, Sozialabbau und Verarmungsprozesse insgesamt von der Politik nicht angegangen werden und daß in absehbarer Zeit Lösungen nicht zu erwarten sind. Arbeitslosigkeit wird um so öfter als zentrales Problem genannt, je älter die Jugendlichen sind. 18% der 12-14jährigen, aber 59% der 18-21jährigen und sogar 63% der 22-24jährigen geben dieses Problem an: Arbeitslosigkeit als zentrale Lebenssorge.

Jugendliche bringen den »klassischen Institutionen« kaum Vertrauen entgegen. Den schlechtesten Vertrauensbonus überhaupt haben politische Parteien, kaum weniger die Bundesregierung und der Bundestag. Die empirische Erhebung kann zudem nicht bestätigen, daß mit zunehmendem Alter, mit dem Hereinwachsen in die Gesellschaft dieses Vertrauen zunimmt.

Dieses Ergebnis ist keine Antwort auf die Frage, ob sich Jugendliche heute für Politik engagieren, sondern vielmehr eine Antwort auf die Frage, ob sich die Politik für die Jugendlichen engagiert. Es gibt bei vielen Jugendlichen, und zwar unabhängig von der Bildungsstufe, ein hohes Interesse und ein großes Wissen um politisch-gesellschaftliche Probleme, gerade um soziale Probleme wie Armut und Arbeitslosigkeit und um ökologische Krisensituationen. Das relativ höchste Vertrauen genießen *noch bürgerschaftliche* Organisationen wie Umweltschutz- und Menschenrechtsgruppen sowie Bürgerinitiativen.

217 Jugendwerk der Deutschen Shell (Hg.), Jugend '97. Zukunftsperspektiven - Gesellschaftliches Engagement - Politische Orientierungen. Opladen 1997, S. 11ff.

Die Studie kann also keinesfalls die These bestätigen, daß die Jugend unpolitisch sei. Nur kommt es kaum zu einer Verbindung zwischen Interesse/Wissen einerseits und Engagement andererseits. Jugendliche engagieren sich dann in sozialen und politischen Zusammenhängen, wenn beispielsweise Freunde mitmachen, oder »weil es etwas anderes ist, als ich in der Schule/im Betrieb mache«, »weil mir keiner Vorschriften macht«. Man kann durchaus von einer Nutzen-Orientierung des Engagements sprechen, aber *nicht* in dem Sinne, daß Geld bzw. sozialer Aufstieg das Engagement motivieren. Die Gewaltbereitschaft von Jugendlichen in politischen Konflikten ist insgesamt sehr gering.

Gegenüber der Shell-Jugendstudie von 1981, die in der öffentlichen Diskussion sehr intensiv wahrgenommen wurde, hat es insofern eine signifikante Veränderung gegeben, als gegenwärtig die Lebensstile in der »Jugendkultur« zunehmend ihre Bedeutung und Vision einer »besseren« und jugendgemäßeren Gesellschaft verlieren. Jugendkulturen werden heute in der Regel nicht mehr als Gegenentwürfe und geschlossen abgegrenzte, auf lange Zeit praktizierte lebensweltliche und lebensgeschichtliche Muster entwikkelt. Die Inhalte der Jugendkulturen sind nach dieser Studie ebenso schnelllebig, eklektizistisch und diffus wie die moderne Erwachsenengesellschaft auch. Deutlich ist die eindeutige Absage an längerfristige Verbindlichkeiten, eine klare Verweigerung der üblichen Verbands- und Vereinskarrieren, deutlich auch die selbstverständliche Nutzung der neuen Medien, insbesondere der Computertechnologie.

1.2 Im Religionsunterricht der Bottroper Berufsschule wird die Frage schriftlich beantwortet: Was ist für mich das »Heilige?« Ich nenne einige Antworten:

S.: »Als Heilige Zeit bezeichne ich die Zeit, die ich mit meiner Familie und meinen Freunden verbringen kann... Meine Eltern und mein Bruder sind für mich eine Art heiliger Menschen, ein Leben ohne sie kann ich mir nicht vorstellen. Geburtstagsfeiern, Hochzeiten oder einfach nur eine Party bei Freunden sind so etwas wie heilige Rituale für mich. Ganz besonders wichtig sind für mich Liebe und Frieden. Wenn es z.B. zwischen mir und meinen Freunden Streit gibt, fühle ich mich auch in dieser heiligen Zeit, die ich mit ihnen verbringe, nicht wohl.«

K.: »Heilige Orten und Zeiten sind für mich: Kino im CentrO (= Neue Mitte Oberhausen, Verf.) um 19.30 Uhr, besonders im Kinosaal Nr. 5. Die Schauspieler Bruce Willis, Tom Hanks, das sind für mich heilige Menschen. Heilige Handlungen und Rituale sind Filme mit viel Action und Spannung und manchmal auch Happy-End. Heilig sind mir Freitage und Samstage, wenn wir mit unserer Clique ins Kino gehen.«

T.: »Meine Religion: Fußball. Sie ist international und deshalb die größte Weltreligion. Beim größten und heiligsten Ritual, genannt ›Weltmeisterschaft‹, zieht es Menschen in allen Ländern vor ihren persönlichen Übermittler (Fernseher)... Als heilige Stätten werden die sogenannten ›Fußballstadien‹, die es in fast jeder großen Stadt gibt, ernannt... Als heilige Gegenstände bezeichnet man: Pokale, Fußbälle und sogenannte Trikots der einzelnen Götter (Fußballer), welche die Anhänger sich z.B. im Stadion anlegen. Der Sieg der eigenen Götter gegen andere wird oft als Erlösung anstrengender 90 Minuten empfunden...«

1.3 Ich zitiere aus einem Bericht über »Jugendarbeit in rechten Szenen«[218]. Es wird gegenwärtig an verschiedenen Stellen ein Modell »akzeptierender« Jugendarbeit auch gerade mit rechtsorientierten Jugendlichen vertreten. Zentral ist das Ziel, diese Jugendlichen als Subjekte ihres Lebenszusammenhanges und ihrer eigenen Perspektiven ernst zu ehmen bzw. sie darin zu unterstützen, zu Subjekten ihres Lebens zu *werden*. Dies bezieht auch solche brisanten Probleme ein wie Gewalthandeln bei rechten Jugendlichen, nicht im Sinne einer Billigung, aber einer präzisen Wahrnehmung durch die hier engagierten SozialpädagogInnen. Beispielsweise wird gefordert, die Inszenierung eigener Körperlichkeit in dieser Problematik nicht länger auszublenden. »Gewalthandeln« ist body-action schlechthin. Ein »brutales« oder rechtsextremes Outfit gehört zur Inszenierung des eigenen Körpers, zu seinem Styling, zu seiner Ästhetik, zu seiner Selbstvergewisserung und seiner Darstellung nach außen... »Es muß wahrgenommen werden, daß bei vielen Jugendlichen Rituale weggebrochen sind, die ihrem Leben Struktur und Sicherheit geben. Es werden neue Rituale gesucht: Drohrituale, Anmachrituale, Gewaltrituale.« Der Ansatz der »akzeptierenden« Arbeit mit rechtsorientierten Jugendlichen geht davon aus, daß Rechtsorientierungen Symptome erheblicher Schwierigkeiten und Konflikthaltigkeiten der Lebensführung darstellen. Deren Kern sind existentielle Unsicherheiten, soziale Desintegration, Orientierungsverunsicherungen, Ängste und politisch-soziale Ohnmachtsempfindungen. Hilfe ist so zu gewähren, daß sie Jugendliche instandsetzt, ihre Alltagsbewältigung selbst in die Hand zu nehmen, sich ihre Lebensumwelt anzueignen und ihr Leben selbstverantwortlich produktiv zu gestalten. Pädagogisches Ziel dieser Arbeit ist die Erweiterung von Ressourcen /Spielräumen und Kontaktmöglichkeiten der Jugendlichen, die Erweiterung solcher Lebensmöglichkeiten, in denen sich Jugendliche als selbstbestimmt erfahren können. »Die Selbstverständlichkeiten, Routinen, Habitualisierungen und Ritualisierungen einer Normalbiographie sind bei ihnen vielfach weitestgehend zerplatzt. Die zwischenmenschlichen Beziehungen ihres Alltags, insbesondere die Netze von Familie und Verwandtschaft, erweisen sich für sie im allgemeinen als wenig tragfähig. Sie sehen sich auf sich allein gestellt, nicht selten auch allein gelassen...«[219] Die Jugendlichen finden in den rechten Gruppierungen die soziale Nähe, die Wärme und Geborgenheit, die sie zu Hause ebenso wie in Schule und Ausbildung vermissen. Die pädagogische Perspektive kann nicht in weiterer Ausgrenzung liegen, sondern in akzeptierendem Verhalten der PädagogInnen auch gegenüber diesen Jugendlichen.

[218] F.J. Krafeld, K. Möller, A. Müller, Jugendarbeit in rechten Szenen, Ansätze/Erfahrungen/Perspektiven, Bremen 1993, S. 27. 32. 35ff.

[219] Ebd., S. 40.

2. Konfliktkonstellationen und Krisenszenarien: Thesen zur Gestalt des »Jugendalters«

These 1: Das Jugendalter ist deshalb ein Krisenszenario, weil die Beziehung zwischen der Erwachsenengeneration und der heranwachsenden Generation undeutlich bleibt. Dies gefährdet das Projekt der »Bildung« in dem umfassenden Sinne, wie es von Schleiermacher 1826 beschrieben worden ist: Was will die erwachsene Generation aus ihrem eigenen Lebensvollzug, aus ihrer eigenen Kultur, der heranwachsenden Generation auf eine solche Weise *zeigen*, daß Heranwachsen in beiden Perspektiven gelingt: in »individueller« und in »universeller« Perspektive. Alle *besonderen* pädagogischen Perspektiven sind als Teilelemente des Beziehungsgeschehens zwischen erwachsener und heranwachsender Generation zu verstehen. Schleiermacher spricht beispielsweise davon, daß es notwendig ist, für Kinder und Jugendliche spezifische Lebenswelten auszuwählen, die ihnen bekömmlich sind, Kinder und Jugendliche also nicht umstandslos mit der Erwachsenenwelt zu konfrontieren; es geht darum, durch Gegenwirken und Mitwirken auf der einen Seite Grenzen zu ziehen, auf der anderen Seite Verhaltensweisen, Einstellungen und Fertigkeiten zu fördern; es geht darum, durch Unterstützen, Verstehen und Ermutigen die Selbstentwicklung der Kinder und Jugendlichen zu fördern.

Das Gesamtprojekt von Erziehung, also das Gesamtprojekt der Beziehung zwischen erwachsener und heranwachsender Generation ist gegenwärtig dadurch gefährdet, daß die erwachsene Generation nicht mehr weiß, wie sie selbst leben will, und auch nicht mehr weiß, was sie von der heranwachsenden Generation will. Dies zeigt sich in den zentralen politischen Entscheidungen, in denen die Kosten der ökologischen und sozialen Krise auf die nachkommende Generation abgewälzt wird; dies zeigt sich im Konkreten in den Krisen der Erziehungsinstitutionen.

Was heißt dies für die Wahrnehmung der Jugendkultur? Es heißt zumindest dies, daß lange eingespielte und vertraute theoretische Blicke auf »Jugendkultur« und »Jugendalter« jetzt noch einmal neu geordnet werden müssen.

Ich nenne exemplarisch zwei Theorien zum Jugendalter aus den 60er Jahren, die beide davon ausgingen: die Jugendlichen finden in der Erwachsenengeneration ein Gegenüber, das immerhin so deutlich ist, so daß es möglich ist, demgegenüber eine eigene Gestalt des Jugendalters auszuprägen: Hans-Heinrich Muchows Interpretationsansatz einer »Morphologie des Jugendalters« und Samuel N. Eisenstadts Theorie einer Jugend-Subkultur.

1. Der Hamburger Lehrer und Jugend-Theoretiker Muchow[220] sieht »Jugend« als historisches Phänomen an: Im »Sturm und Drang« der Roman-

220 H.-H. Muchow, Jugend und Zeitgeist. Morphologie der Kulturpubertät, Reinbek 1962.

tik, in der 2. Hälfte des 18. Jahrhunderts entsteht »Jugend« als Lebensphase mit einem spezifischen Lebensgefühl, das sich deutlich von anderen Lebensphasen unterscheidet. Jugend entsteht in dieser Zeit zugleich mit dem Zerfall des »Hauses« als einer Lebensform, in der mehrere Generationen gemeinsam mit nichtverwandten Arbeitsgehilfen unter der Leitung eines Hausvaters unter einem Dach zusammenleben: die Lebensform der ländlichen und städtischen Oberschichten des Mittelalters bis weit in die frühe Neuzeit hinein.

Muchow will das Phänomen Jugend aus dem Kontext seiner Zeit verstehen.[221] Seine These ist, daß von der Entstehungszeit einer abgegrenzten, von anderen Altersklassen unterschiedenen »Jugend« in der zweiten Hälfte des 18. Jahrhunderts an eine Bewegung von »challenge« und »response«, von »Herausforderung und Antwort« einsetzt: eine Jugendgeneration, die sich durch ein emphatisches, vorwärtsdrängendes, revolutionäres Lebensgefühl auszeichnet, wird von einer tendenziell eher angepaßten, aufstiegsorientierten Jugendgeneration abgelöst. Sind die »revolutionären« Jugendlichen zur Erwachsenengeneration geworden, so antwortet die neue Jugendgeneration mit einem eher angepaßten Lebensgefühl, und umgekehrt.

Der Zeitgeist einer Epoche, das Lebensgefühl einer Erwachsenen-Generation bedingt die Gestalt der Jugend dieser Epoche, und zwar positiv und negativ, in Anlehnung und Abgrenzung. In der Auseinandersetzung von Jugend und Zeitgeist, nämlich der »Auseinandersetzung der Eigenkräfte der Jugend mit den sozialen Zwängen ihrer Zeit«[222], folgt auf eine Generation von Jugendlichen, die sich gegenüber diesen Zwängen *durchsetzen* und ein Lebensgefühl sowie Ausdrucksformen spezifischen Charakters entwickeln können, jeweils eine Generation von Jugendlichen, die schlicht als Marionetten des Zeitgeistes begriffen werden müssen.

Man kann sich diese Struktur von Herausforderung und Antwort bereits in der historischen Entstehungsphase des Phänomens »Jugend« klarmachen: In der Epoche um 1770 antwortet die Jugend auf eine von Individualismus und Rationalismus geprägte »Alterskultur der Aufklärung«[223] mit »gesteigerter Gefühlskultur«, »Sehnsucht nach Gemeinschaft« und mit »Formen der Zweierfreundschaft und des Bundes«.

Dieser Epoche eines gesteigerten Gefühls von Jugendlichkeit folgt die Epoche um 1790, in der die Jugend, nach dem Zusammenbruch des Enthusiasmus der französischen Revolution und deren Übergang zum Terror nach der Hinrichtung Robespierres, in einem »erlebnisleeren und kaltschnäuzigen Individualismus« die Stimmung der Zeit einfach nur spiegelt.

Als Gegenschlag folgt wieder »der von überschwenglichem Gemeinschafts- und Opfergeist gekennzeichnete Lebensstil der Freiwilligenkorps und der ›Burschenschaft‹ nach 1813«, der sich gegen Unterdrückung und Identitätsverlust unter französischer Fremdherrschaft behaupten will.

221 Muchow, H.-H. 1962, S. 145.
222 Ebd., S. 165.
223 Ebd., S. 168.

Ich will Muchows Interpretationen der jeweiligen Jugendgestalten bis hin in die fünfziger Jahre unseres Jahrhunderts nicht im einzelnen vorführen. Die Frage ist - unter Voraussetzung der Plausibilität seines Interpretationsmodells: Welche Möglichkeit zur Herausbildung einer deutlichen Gestalt ihres Lebensgefühls - ihrer aktuellen Lebensgestaltung wie ihrer Perspektive - bleibt den Jugendlichen, wenn die Erwachsenen-Generation Politik auf Kosten der sozialen und ökologischen Lebenschancen der kommenden Generationen betreibt, wenn die Erwachsenen-Generation nicht weiß, wie sie selber leben will und kann, welche Dimensionen der Erwachsenen-Kultur im pädagogischen Prozeß der nachwachsenden Generation gezeigt und weitergegeben werden sollen?

2. Für die jugendtheoretische Debatte der 60er und 70er Jahre, in der der Begriff der »Subkultur«[224] eine wesentliche Rolle spielte, können neben Muchow's Interpretationsansatz die Überlegungen von Eisenstadt als beispielhaft angesehen werden.[225] In seinem Buch »Von Generation zu Generation« fragt er: Unter welchen Bedingungen kommt es überhaupt zur Herausbildung von »Jugend« im Sinne einer altershomogenen Gruppierung? »Der Ausgangpunkt unserer Überlegungen soll die Tatsache sein, daß in jeder vorhandenen Gesellschaft die erste und grundlegende Beziehung, in die ein Individuum eintritt, ... altersheterogen, zugeschrieben, partikularistisch und diffus (ist). Diese Kriterien charakterisieren Familien- und Verwandtschaftssysteme in allen Gesellschaften.«[226] In diesem familialen Raum können Kooperation und Solidarität eingeübt und Sicherheit sowie Kontinuität erfahren werden. Dagegen sind die grundlegenden Beziehungen der Erwachsenenkultur in der neuzeitlich-bürgerlichen Gesellschaft tendenziell genau gegensätzlich bestimmt: sie sind altershomogen, erworben (also durch Leistung erlangt und nicht durch Zugehörigkeit/Geburt), sie sind universalistisch (gelten also für alle gleichermaßen) und spezifisch (d.h. für je besondere gesellschaftliche Rollen in je besonderer Weise ausgeprägt).

Der Übergang von der einen Welt in die andere, den Jugendliche im Lauf ihres Erwachsenwerdens vollziehen müssen, ist krisenhaft. Deshalb kommt es zur Bildung von altershomogenen Subkulturen, die in gewisser Weise eine Mischform der Rollenerwartung der beiden Systeme (des intim-familialen und des öffentlichen Systems) beinhalten.[227]

Die Jugendlichen suchen Beziehungen, die zwar zugeschrieben sind, die aber dennoch auf anderen Merkmalen als der je individuellen Leistung beruhen (z.B. Freundschaften) und die in größerem Umfang diffus, solidarisch und kollektiv orientiert sind. Eben diese Merkmale nehmen die altersmomogenen Gruppen ein; die Herausbildung von »Jugend« im emphatischen Sin-

224 Vgl. zum Begriff »Subkultur« grundlegend: R. Schwendter, Theorie der Subkultur. 1973, 4. Aufl. 1993.

225 S.N. Eisenstadt, Von Generation zu Generation. Altersgruppen und Sozialstruktur, München 1966 (1956).

226 S.N. Eisenstadt, a.a.O., S. 30.

227 Eisenstadt, a.a.O., S. 37.

ne des Wortes findet hier ihren Ort. Die Beziehungen in der Jugendsubkultur sind zugeschrieben, also nicht durch Leistung erworben, und sie bleiben diffus, sind also nicht auf spezifische (z.B. berufliche) Rollenmuster bezogen. Dennoch ist das altersheterogene System der Familie nicht mehr der zentrale Bezugspunkt, und die »Kälte« und Abstraktheit der Lebenswelt der Stadt, der Industrie, der Rationalität von Verwaltung usw. ist das Gegenüber, von dem sich die Jugend-Subkultur in ihrem eigenen Lebensgefühl und ihren Gesellungsformen abgrenzt.

Mit Eisenstadts Interpretationsansatz läßt sich »Jugend« als deutlich strukturierte, altershomogene Subkultur beschreiben; charakterstisches Beispiel hierfür wäre z.B. die Jugendbewegung zu Beginn unseres Jahrhunderts, der »Wandervogel«.

Beide Interpretationsansätze für das Verständnis von »Jugend«: »Herausforderung und Antwort« ebenso wie »Jugend-Subkultur« - setzen voraus, daß es soziale und ökologische Lebensperspektiven, daß es eine Erwachsenenkultur mit einem Gesamt an Rollenangeboten und Lebensmöglichkeiten gibt, die hinreichend deutlich ist, daß sich in Auseinandersetzung und Abarbeitung ihr gegenüber eine eigene Gestalt des Jugendalters herausbilden kann; dies ist in unserer heutigen Situation in weitgehendem Maße nicht der Fall.

Die Jugendtheoretiker, die heute weitgehend zustimmend rezipiert werden - ich denke an Dieter Baacke, Wilhelm Heitmeyer, Klaus Hurrelmann und Wilfried Ferchhoff - sprechen deshalb nicht mehr von einer umgrenzten und deutlich konturierten »Jugendsubkultur«, sondern von einer stark individualisierten »Jugendkultur«.

Geschlossene soziale Räume, »Milieus« und »Lebenswelten«, die den Jugendlichen eine Regelhaftigkeit vorgegeben haben, die sie sich aneignen, modifizieren oder abweisen konnten, zerfallen mit zunehmender Geschwindigkeit.[228] Die »Jugendkulturen« (in den reichen spätkapitalistischen Gesellschaften, nur diese werden hier in den Blick genommen) zeichnen sich dadurch aus, daß die einzelnen hochgradig individualisiert, die sozialen Begegnungsmöglichkeiten ebenso spezialisiert werden.

Da eine lebensweltlich selbstverständliche Geltung von Regeln weitgehend fehlt, wird es den Individuen zugemutet, einen Ausdruck für ihre Individualität zu »erfinden«. »Jugend« und »Jugendlichkeit« wird zu einer Frage des *Stils*. Der ästhetischen Wahrnehmung und Inszenierung kommt eine zentrale Bedeutung zu, bleibt allerdings auf die Inszenierung der »Oberfläche« bezogen.

228 Vgl. D. Baacke, Jugend und Jugendkulturen. Darstellung und Deutung, Weinheim/München 1987; W. Ferchhoff, Jugendkulturen des 20. Jahrhunderts. Von den sozialmilieuspezifischen Jugendsubkulturen zu den individualitätsbezogenen Jugendkulturen, Frankfurt/M u.a. 1990; sowie die dort jeweils aufgeführte Literatur.

Dieter Baacke schreibt 1987: »Die Bricolage über Mode und Stil bedeutet, daß die Oberfläche gültiges Signum der Persönlichkeit wird - jedenfalls in (vielen) Jugendkulturen ... Wenn die Oberfläche das ist, was zählt, drückt sich auch der Stil an ihr und in ihr aus.«[229] Die Frage nach »Sinn« oder dem, was »eigentlich« gemeint ist, geht an den Inszenierungen und dem Selbstverständnis der Jugendkultur in der Regel vorbei. Die Stilisierung drückt soziale Zusammengehörigkeit in den »Szenen« aus, und zwar nur dies. Es geht um Gesten, Klamotten, Make-Ups, Körperinszenierungen, spezifische Musikrichtungen, ausgewählte Kinofilme, in denen das Lebensgefühl einer bestimmten Szene sich ausspricht. Die Inszenierungen der Jugendkultur finden einen zentralen Gegenstand in der Gestaltung der Körperoberfläche: Der je eigene Körper ist nicht natürlich gegeben, sondern machbar (jogging, body-building), stilisierbar (Accessoires wie Ohrringe, Sicherheitsnadeln, Klammern, Symbolträger wie die »Kutten« voller Embleme und Zitat-Montagen).[230]

Ich fasse die These 1 zu Gestalt der Jugendkultur zusammen: In einer gesellschaftlichen Situation, in der die erwachsene Generation auf Kosten der kommenden Generation lebt, nicht weiß, was sie ihr von der gegenwärtigen Kultur als bleibend vermitteln soll und letzten Endes durch viele politische Entscheidungen signalisiert, daß sie die kommende Generation *nicht* will, kann sich eine deutliche Kontur des Phänomens »Jugend« im Gegenüber und in Abgrenzung zur Erwachsenenkultur nicht ausprägen. Vorherrschend ist eine weitgehend individualisierte »Jugendkultur«, die es den Jugendlichen in vielen verschiedenen Szenen zumutet und zugleich überläßt, einen Lebensstil zu »erfinden«.

These 2: Wie in Hinblick auf die Geltung der gesellschaftlichen »Individualisierungsthese« bereits ausgeführt, muß auch und gerade für das Jugendalter festgestellt werden: Ihre Reichweite im Erklärungswert ist begrenzt, erklärungsfähig ist sie vor allen Dingen für den Bereich der kulturellen Lebensstile und Lebenswelten von Jugendlichen. Die Individualisierung wird auch hier durch gegenläufige Tendenzen gegengezeichnet, die in vieler Hinsicht dominierend sind: Die Durchsetzung einer Klassengesellschaft »von oben«; die weiterhin unterschiedlich bleibenden Lebenschancen von Mädchen/Frauen und AusländerInnen; und die auch in der genannten Shell-Jugendstudie empirisch abgesicherte Tatsache, daß gegen alle Individualisierungstendenzen der Erhalt des sozialen Nahraums, der Clique, der unmittelbaren Lebenswelt für jugendliche Lebensperspektiven zentral ist und - wenn überhaupt - auch zur Beteiligung an politischen Verpflichtungen motiviert.

Beide Seiten möchte ich vertiefen: Auf der einen Seite die Reichweite der Individualisierungsthese im Hinblick auf Jugendkultur, auf der anderen Seite die trotzdem bestehenden Schranken von Klasse, Geschlecht und Nationalität.

229 D. Baacke 1987, S. 154, 157.
230 Ebd.

Insbesondere die Bielefelder Pädagogen Dieter Baacke und Wilhelm Heitmeyer haben sich mit den Phänomenen der »Individualisierung« in der Jugendkultur auseinandergesetzt. Baacke spricht von einer »Entstrukturierung der Jugendphase«.[231] Die Pubertät wird vorverlagert und die Kindheit wird früher abgeschlossen, auf der anderen Seite verweilen die Menschen in der Regel heute länger als früher im Bildungssystem. Dies führt dazu, daß jugendtypische Lebensformen heute vom 10. bis zum 30. Lebensjahr nicht untypisch sind. Man spricht von »Postadoleszenz« als einer Phase, in der Menschen zwar sozial, politisch und kulturell selbständig sind, aber ökonomisch abhängig bleiben, keine Familien gründen und sich auch die Optionen für einen endgültigen Beruf offenhalten.

Bildung, Ausbildung und Berufstätigkeit werden immer mehr entkoppelt. Es gibt einen eklatanten Mangel an Ausbildungs- und Arbeitsplätzen, und zudem sind viele Jugendliche mit psychischen Barrieren konfrontiert, übergangslos vom Lernen in den Beruf zu wechseln. Jugendliche überlegen oft sehr lange, welche Berufstätigkeit sie wirklich wählen wollen. Eine endgültige Lebens-Festlegung für einen Beruf gibt es zunehmend nicht mehr.

Heutzutage sind jugendtypische Lebensformen für Menschen verbindlich, die früher als Erwachsene bezeichnet worden wären. »Erwachsensein« als sogenannte »Zielspannung« hat nachgelassen. Auch 50jährige tragen heute Jeans und Turnschuhe. Sie joggen und besuchen Discos, kurz: Die Kennzeichen jugendtypischen Verhaltens sind immer weniger an eine Altersgruppe gebunden. Vielmehr ist »Jugendlichkeit« ein allgemein akzeptierter oder sogar geforderter Wert.

Man kann heute Jugend nicht mehr als »Übergangszeit« verstehen, nicht mehr als Spiel- und sozialen Erprobungsraum, da die Anfänge und die Endpunkte von Jugend sich dermaßen im Unklaren verlieren, daß sie nicht mehr deutlich bestimmbar sind. Bereits 13jährige laufen von zu Hause weg oder ziehen aus, und auf der anderen Seite werfen Eltern zunehmend ihre Kinder vorzeitig aus dem Haus. Weder die Herkunftsfamilie noch die Ankunftsfamilie, die sie einmal gründen werden, spielen für die Jugendzeit zahlreicher Jugendlicher eine strukturierende Rolle.

Jugendliche leben heute mit einer Fülle unauflösbarer Probleme, mit Dilemma-Situationen. Dilemmata sind einander widersprechende Handlungsaufforderungen, die nicht gleichzeitig befolgt werden können, aber von den Jugendlichen faktisch gleichzeitig befolgt werden müssen. Ein Beipiel: Arbeit und Ausbildung auf der einen Seite, und Freizeit und Medienkonsum auf der anderen Seite fördern verschiedene Wertorientierungen. Auf der einen Seite sind Leistungsbereitschaft gefordert, Selbstkontrolle, soziale Verantwortung, Selbstdisziplin, Nüchternheit im Verhalten, konsequente Lebensführung; auf der anderen Seite wird von der Konsum- und Mediensphäre der Unterhaltungsindustrie die Grundhaltung des Hedonismus, Emotiona-

231 D. Baacke, Individualisierung und Privatisierung von Religion. In: I. Lohmann und andere, Dialog zwischen den Kulturen..., Münster/New York 1994, S. 187ff.

lität und Erotik, eine Haltung der Augenblicksorientierung, ja der ekstatischen Selbstaufgabe verlangt. Die Jugendlichen sollen auf der einen Seite sparen, sich kontrollieren, ihr Geld zusammenhalten; auf der anderen Seite sollen sie das Geld ausgeben, freizügig sein, um den Konsummarkt zu beleben.

Eine weitere Widersprüchlichkeit in der Situation der Jugendphase beschreibt Dieter Baacke als Gegeneinander von mittelbarer und unmittelbarer Kommunikation. Damit ist folgendes gemeint: Unmittelbare Beziehungen bestehen immer dann, wenn Menschen ungeplant, spontan, im direkten Ich-Du-Kontakt ihre Interaktionen gestalten. In der modernen Gesellschaft leben die meisten Menschen aber über vermittelte Beziehungen, und solche Beziehungen sind nicht spontan, sondern über Institutionen geregelt: die Familie, die Schule, die Firma, die Universität.

Gleichzeitig sind jedoch die Jugendlichen in Prozesse eingebunden, durch die gerade die mittelbaren, also über Institutionen vermittelten Kommunikationsformen gestört oder sogar zerstört werden. Und hier schlägt der *Individualisierungsprozeß* zu: Gewachsene Lebensumwelten werden zerstört, Arbeiterquartiere ebenso wie landschaftliche Gliederungen verschwinden, Milieus lösen sich auf, die Umwelt wird nach Verkehrsschnelligkeit und nicht nach Kommunikationsdichte strukturiert. Alltägliche Lebenswelten und an sie gebundene Möglichkeiten, ein durch Institutionen geregeltes Leben zu führen, werden zunehmend ausgehöhlt. Die Traditionen von Nachbarschaften und vertrauten Quartieren, die Verbindlichkeit von familialen Lebensformen und Freundschaften werden aufgelöst oder zumindest schwächer.

Dies wirkt sich u.a. so aus, daß die Verteilung zwischen unmittelbaren und mittelbaren Beziehungsmöglichkeiten, wie sie sich in der Moderne herausgestellt haben, wieder in Frage gestellt werden: all das, was die mittelbaren Beziehungen strukturiert hat oder strukturieren kann - die Familien, die Nachbarschaften, die Milieus - all dies wird tendenziell entwertet. Es entstehen neue Formen von quasi-unmittelbaren Beziehungen, die durch die *Medien* vermittelt werden. Jugendliche können beispielsweise zu Rock-Stars wie Michael Jackson oder - nehmen wir die Zeit des Konfirmandenalters in den Blick und sehen wir besonders auf die Mädchen - zu den Mitgliedern von Boy-Groops wie den »Back-Street-Boys«, und selbst Achtjährige können zur »Kelly-Family«, insbesondere zu Angelo und Paddy Kelly eine Beziehung entwickeln, die einer unmittelbaren Beziehung zumindest sehr nahe kommt, selbst wenn sich die Interaktionen ganz auf der Ebene der virtuellen Realität abspielen. Beispielsweise erläutert meine knapp achtjährige Tochter am 23. Dezember 1997: »Morgen hat Jesus Geburtstag und heute Angelo«.-

In diesem Sinne bedeutet »Individualisierung« für die Jugendphase auf der einen Seite eine historisch unbekannte Zunahme von Freiheitsräumen, in der Kehrseite jedoch eine äußerst krisenhafte Tendenz: Nämlich eine Entstrukturierung, eine Verundeutlichung und eine zunehmende Gestaltlosigkeit des Jugendalters.

Ich komme zur anderen Seite meiner zweiten These: die Erklärungskraft der »Individualisierungsthese« in Beziehung auf die Jugendkultur bleibt eingeschränkt. Untergründig wirken die traditionellen Zugehörigkeiten zu Klasse, Schicht, Milieu, Geschlecht und Nationalität auch in der individualisierten Gesellschaft weiter. Wenn auch auf subtilere Weise als in früheren Zeiten, so werden auch heute noch Chancen und Angebote für Lebenswege und für die Partizipation an kulturellen, politischen und ökonomischen Lebensmöglichkeiten strukturell *ungleich verteilt:* Nach Geschlecht, nach ethnischer Zugehörigkeit, nach sozialer Herkunft.[232]

Man kann diese Ungleichverteilung von gesellschaftlichen und individuellen Lebenschancen, die entlang der durch den Individualisierungsprozeß aufgehoben geglaubten Schranken von Klasse, Schicht, Geschlecht, Milieu und Nationalität verlaufen, sich insbesondere auch an der Entwicklung der Armut in Deutschland deutlich machen. Beispielsweise heißt es in einer Zeitungsmeldung in der TAZ vom 22. September 1997: 40% aller Sozialhilfeempfänger sind Kinder. Immer mehr Kinder und Jugendliche in Deutschland leben in Armut. Nach Angaben des Bielefelder Jugend- und Sozialforschers Klaus Hurrelmann leben inzwischen fast 1,2 Millionen Jugendliche unter 18 Jahren von Sozialhilfe. Bereits 40% der 2,8 Millionen Sozialhilfeempfänger seien Heranwachsende.

Man kann solche Zeitungsmeldungen gegenwärtig fast jeden Tag finden.

Armut hat auch in Deutschland ein Geschlecht. Beispielsweise heißt es im gemeinsamen Wort des Rates der Evangelischen Kirche in Deutschland und der Deutschen Bischofskonferenz, »Für eine Zukunft in Solidarität und Gerechtigkeit«: Statistische Erhebungen zeigen, »daß der Lebensstandard einer Familie mit zwei Kindern erheblich unter dem eines entsprechenden kinderlosen Ehepaares liegt ... Mehrere Kinder zu haben ist heute zu einem Armutsrisiko geworden. Schwerer noch als die finanziellen Einschränkungen wiegen jedoch für junge Familien andere Benachteiligungen: Sie suchen für Kinder geeigneten Wohnraum und erleben, sofern sie ihn überhaupt bezahlen können, daß ihnen kinderlose vorgezogen werden. Mehrkinderfamilien sind hier sogar extrem benachteiligt. Sie erfahren Benachteiligungen auf dem Arbeitsmarkt, da sie in räumlicher und zeitlicher Hinsicht weniger flexibel sind.«[233]

Sieht man genauer hin, so ist das beschriebene Schicksal von Familien mit Kindern, insbesondere mit mehreren Kindern vor allen Dingen ein Schicksal von Frauen. In der Regel sind es die Frauen, die in der »Familienphase« ihren Arbeitsplatz aufgeben - oder aber eine Doppelbelastung von Erwerbsarbeit und Familienarbeit zu tragen haben. Alleinerziehende Frauen stehen, insbesondere, wenn sie kleine Kinder zu versorgen haben, vor fast unlösbaren organisatorischen Problemen, einer geregelten Erwerbsarbeit nachzugehen und zugleich die Kinder zu versorgen. In Zeiten der Massenar-

232 H. Mogge/Grotjahn, Von der Möglichen Wirklichkeit und der wirklichen Möglichkeit ..., a.a.O. 1995.

233 Rat der EKD und Deutsche Bischofskonferenz (Hg.), »Für eine Zukunft in Solidarität und Gerechtigkeit«, 1997, S. 32f.

beitslosigkeit sind es vor allen Dingen Frauen, die von Arbeitslosigkeit, insbesondere von länger andauernder Arbeitslosigkeit betroffen sind. Armut hat ein Geschlecht. 1991 sind 4,2% Millionen Personen von Sozialhilfe abhängig gewesen; von diesen Sozialhilfeabhängigen sind 54,5% Frauen und 45,5% Männer gewesen.

Ich nenne noch einmal meine zweite These zur Gestalt des Jugendalters: Die Reichweite der »Individualisierungsthese« ist begrenzt, nämlich auf den Bereich kultureller Lebensstile begrenzt; unter und in der zunehmend erfahrenen Individualisierung setzen sich die alten, die überwunden geglaubten Schranken von Klasse, Schicht, Geschlecht und Nation weiterhin - und in jüngster *Zeit verstärkt* wieder durch.

These 3: In der aktuellen religionspädagogischen Diskussion ist die Überlegung sehr beliebt und einflußreich, »Individualisierung« nicht mehr als kritische analytische Kategorie zu fassen, sondern als positives, normativ aufgeladenes Konzept. Man blickt nicht mehr zuerst auf Lebenswelten und gesellschaftliche Situationen, sondern auf Lebensgeschichten und auf - oft im Sinne einer stufenförmigen, aufteigenden Entwicklung angenommene - »Lebensläufe«. Eines dieser Konzepte hat der Psychoanalytiker Erik H. Erikson[234] vorgelegt. Es scheint insofern plausibler als andere Entwicklungskonzepte einer stufenförmigen Höherentwicklung des moralischen bzw. religiösen Bewußtseins, als Erikson eine Abfolge von jeweils alterstypischen *Konflikten und Themen* diskutiert und an einer evolutionistischen Entwicklungslogik *weniger* interessiert ist. Erikson sieht als zentralen Lebenskonflikt des Jugendalters, *Identität* zu gewinnen und Identitätsdiffusion abzuwehren.

Ich sehe in dem Blickwechsel von Gesellschaft/Lebenswelten hin auf die Thematisierung individueller Lebensläufe die Gefahr, daß gewissermaßen »der Bock zum Gärtner gemacht wird«: Das Versagen der Erwachsenengeneration an der Bildungs-Aufgabe, der nachwachsenden Generation in sozialer und ökologischer Perspektive eine Kultur zu übermitteln, für die und in der sich zu leben lohnt, wird hier zum Problem einer je-individuellen Lebensgeschichte erklärt, die in ihren höchsten Entwicklungstufen irgendwie in der Lage sein soll, je-eigene Authentizität mit der Wahrnehmung der Lebensperspektiven anderer zu verbinden, Individualität und Sozialität auszubalancieren.

Zudem führt die Rede von »Identität« als zentralem Lebenskonflikt des Jugendalters, wie knapp demonstriert werden kann, in nahezu unlösbare theoretische Probleme. Der Begriff »Identität« wird nämlich deutlich überlastet[235]: Was früher Sozialstruktur, Nationalität oder Religion verbürgt hat, soll nun das Schlüsselwort »Identitätsfindung« leisten. Zudem kommt es zu Vermischungen mit anderen Sachverhalten, die z.B. mit den Begriffen Individualität, Charakter oder Gruppenzugehörigkeit benannt werden müßten. Der Göttinger Pädagoge Klaus Mollenhauer besteht deshalb auf einer Ein-

234 E.H. Erikson, Identität und Lebenszyklus, Frankfurt/M.1973.
235 K. Mollenhauer, Vergessene Zusammenhänge. Über Kultur und Erziehung. Weinheim und München, 2. Aufl.1985, S. 155ff.

grenzung des Begriffs: »Mit Identität sollen also höchstens solche Sachverhalte bezeichnet werden, die es mit dem Verhältnis des Menschen, der ›ich‹, sagt, zu dem, was dieses Ich über sich aussagt, zu tun haben, und zwar soll der Begriff *nur dieses Verhältnis* meinen.«[236]

Legt man diese genaue Definition zugrunde, erweist sich eine Rede schnell als unsinnig, die »identisch sein« oder »Identität haben« wie eine Eigenschaft versteht. Es müßte dann ja möglich sein, »daß ein Mensch in allen seinen Beziehungen jenen einheitlichen Sinn (seine Identität) wahrt; das würde bedeuten, daß er sie alle in dieser Hinsicht kontrollieren kann. Eine einfache Rechnung zeigt[237], daß das ein schlechter Scherz ist«[238]. Die geforderte Integrationsleistung nimmt mit steigender Anzahl von Beziehungen fast exponential zu. Das geht nicht. Das Individuum kann auf diese Situation nur fragmentarisch und mit Vereinfachungen reagieren.

Identität gibt es nur als Fiktion, nie als zu sichernden Sachverhalt[239]; diese Fiktion ist für Bildungsprozesse allerdings notwendig. Fiktiv ist die Rede von »Identität« deshalb, weil Identität angesichts des beschriebenen Problems immer eine Vereinfachung darstellt, die das Subjekt, das über sich selbst nachdenkt, vollzieht: es entwirft ein Selbstbild, das in die Zukunft hinein offen ist, an dem es jedoch nichtsdestoweniger festhalten möchte (z.B. der Wunsch eines Kindes, »groß zu werden«).[240]

Nur in diesem eingeschränkten Sinne ist es sinnvoll, »Identität« als zentrales Thema des Jugendalters anzusehen, und nur in dieser begrenzten Perspektive macht es auch Sinn, die Begleitung von Identitätsbildungsprozessen als zentrale pädagogische Aufgabe der Erwachsenengeneration in ihrer Beziehung zur nachfolgenden Generation anzunehmen. Höchst problematisch wird das Konzept »Identitätssicherung« - wie die Lebenslauf-Konzepte stufenweiser Höherentwicklung der Individuen überhaupt - dann und deshalb, weil die Zerstörung und Atomisierung des gesellschaftlichen Zusammenlebens ausgeblendet und den Individuen zugemutet wird, in ihrem jeweils eigenen Lebensvollzug das zu erreichen, was in gesamtgesellschaftlicher Perspektive scheitert: Eine Versöhnung von Individualität und Sozialität.

236 Ebd., S. 156.
237 Vgl. N. Luhmann / K.-E. Schorr, Reflexionsprobleme im Erziehungssystem, Stuttgart 1979, S. 224ff.
238 K. Mollenhauer, a.a.O. S. 157.
239 Vgl. auch: H. Luther, Umstrittene Identität. Zum Leitbild der Bildung. In: ders., Religion und Alltag. Bausteine zu einer Praktischen Theologie des Subjekts, Stuttgart 1992, S. 150-159; sowie ebd., passim.
240 Mollenhauer, a.a.O., S. 158f.

3. Welche pädagogischen und insbesondere religionspädagogischen Aufgaben ergeben sich aus diesen Thesen zur Wahrnehmung der Jugendkultur?

3.1 Allgemeinpädagogisch ist es die zentrale pädagogische Aufgabe, daß die Erziehenden im eigenen Lebensvollzug, in den politischen Entscheidungen und in pädagogischen Auswahlprozessen den Kindern und Jugendlichen das *deutlich zeigen*, was im kulturellen Zusammenleben der Erwachsenengeneration *gelten* soll. Es geht darum, immer neu eine Gestalt zu finden für das Gegenüber, in das die Kinder und Jugendlichen sich einleben und von dem sie sich auch abgrenzen können sollen.

Dem entspricht die religionspädagogisch zentrale Aufgabe, je und je eine deutliche Gestalt auszuprägen für das, was »Religion« und »Kirche« ist. Darin eingeschlossen ist das Weitererzählen der Bibel als der für Christen verpflichtenden Erzähltradition von der Freundschaft Gottes zu den Menschen; die Deutlichkeit in der Gestalt der rituellen Vollzüge - insbesondere des Gottesdienstes; die Konturiertheit der religiösen Symbole; die Engagiertheit genauso wie die Offenheit des sozialen Lebenszusammenhanges in der Gemeinde. - Ich höre die Alarmglocken, die jetzt bei manchen ReligionslehrerInnen läuten: Das geht den Jugendlichen doch alles vollständig am Lebensgefühl vorbei. In meinen Interpretationen zur Aufnahme religiöser Rituale und Symbole in der populären Kultur habe ich allerdings zu zeigen versucht, daß es hier zu Unrecht bimmelt. Zentrale Symbole der jüdisch-christlichen Religionstradition werden gerade in den Filmen und Musikwerken immer wieder neu zitiert, zusammengesetzt, weitererzählt, in denen Jugendliche ihr Lebensgefühl auslegen, ihre rituellen Begehungen aufsuchen, »Fluß« und »communitas« erfahren.

3.2 Es ist eine zentrale allgemeinpädagogische und auch religionspädagogisch zu konkretisierende Aufgabe, für Jugendliche Räume zu schaffen und bereitzustellen - aber auch Jugendliche darin zu unterstützen und gewähren zu lassen, sich eigenständig Räume zu suchen - in denen Vertrautheit, Gemeinschaft und Solidarität erlebt werden können, ohne daß diese Erfahrung auf Kosten des Fremden und Anderen - heute insbesondere der Behinderten, der Ausländer, der AsylbewerberInnen - gehen muß. Diese Aufgabe wird in dem Maße notwendiger, wie durch die Prozesse von Individualisierung, aber auch durch soziale Kälte und Durchsetzung einer »Klassengesellschaft von oben« Lebensmöglichkeiten in vertrauten sozialen Nah-Räumen gefährdet und zerstört werden. Je abstrakter und kälter die Gesellschaft erfahren wird, je weniger individuelle und gesellschaftliche Lebensperspektiven den Jugendlichen gelassen werden, umso mehr wächst die Gefahr, daß die Suche nach »Heimat« und nach vertrauten, solidarischen Beziehungen durch rigide Abgrenzung und Gewaltbereitschaft gegen alles erkauft wird, was anders ist. Ich sehe es als zentrale Aufgabe von Kirchengemeinden, aber auch des schulischen Religionsunterrichtes, Räume anzubieten, in denen nicht-terroristische Gemeinschaftserfahrungen möglich sind.

3.3 Ich halte es schließlich aus theologischen und pädagogischen Gründen für notwendig, daß sich Christenmenschen - und gerade solche, die in der Schule, in der Gemeinde, in der Jugendarbeit leben und arbeiten - politisch einschalten dagegen, daß soziale und ökologische Lebenschancen der kommenden Generation verspielt werden. Das aktuell wohl brisanteste Problem ist die Kaltschnäuzigkeit, mit der die wirtschaftlichen und politischen Eliten die Massenarbeitslosigkeit hinnehmen oder sogar aus wirtschaftlichem Einzelinteresse fördern. Wer die Lebenschancen einer ganzen Generation verspielt, darf sich nicht wundern, wenn die demokratische politische Kultur insgesamt zerstört wird.

Kapitel 3: Religion lehren im Angesicht der populären Kultur

Auf dem Hintergrund der Interpretationen zur »populären Kultur« möchte ich das Gespräch nach zwei Seiten suchen: Auf der einen Seite herrscht in praktisch-theologischen, vor allem religionsdidaktischen Arbeiten zum Symbol Abwehr gegenüber einem populärkulturellen Symbolgebrauch vor, und zwar unabhängig von konfessionellen Grenzen. Für Hubertus Halbfas[241] gelten die massenwirksamen Bilder, Popsongs und Filme mindestens als oberflächlich in dem Sinne, daß sie eine durch »Meditationsbilder« intendierte Begegnung mit den archetypischen Tiefenschichten des Selbst verbauen. Und auch für Peter Biehl[242] gelten - obwohl er hier größere Offenheit zeigt als Halbfas - die Verheißungssymbolik der Werbung, die symbolischen Welten des Kinos und der rave-party, aber auch die von den Jugendlichen selbst entwickelten Symbole mindestens in dem Sinne als problematisch, als sie mit der jüdisch-christlichen Symboltradition konfrontiert und auf diese Weise kritisiert, letztlich entlarvt werden sollen.

Auf der anderen Seite des Diskussionsspektrums besteht eine Neigung auch bei theologisch interessierten GesprächspartnerInnen, mit Blick auf die Standards von Individualisierung, Traditionsverfall und Entwertung der »großen Meta-Erzählungen« in der »Postmoderne« die Lektüre biblischer Texte, die Symbole und Rituale der jüdisch-christlichen Religionstradition als für die Selbstverständigung der Subjekte letztlich aufgebbare Traditionsmasse anzusehen.

Beide Thesen halte ich für verfehlt. Ich habe in den »Interpretationen« zu zeigen versucht, daß die Entmächtigung und Entwertung der großen Erzähltraditionen unserer Kultur keineswegs so weit geht, daß sie verschwinden. Vielmehr »funktionieren« die populärkulturellen Produktionen gerade dann und deshalb, weil sie den ganzen Reichtum der symbolischen Ordnung in den je eigenen Gestaltungsprozessen voraussetzen, zitieren, gebrauchen und verbrauchen.

An der Weise dieses Gebrauchs wird vonseiten der jüdisch-christlichen Symboltradition immer wieder Kritik notwendig sein - dann aber gezielt und nicht als pauschaler Verdacht. Von der Erzähltradition der Bibel von der voraussetzungslosen Freundschaft Gottes mit den Menschen her ist eine kritische Perspektive auf die populäre Kultur da und dann gefordert, wo religiöse Symboltraditionen zur »civil religion« im Sinne einer schlechten Integration einer ungerechten und friedlosen Gesellschaft degradiert werden. Der schon von der Analyse der »Kulturindustrie« durch Horkheimer und Adorno angemahnte kritische Blick auf den Waren-Charakter ihrer Produkte soll insofern geschärft werden, als die populäre Kultur immer auch ökono-

241 H. Halbfas, Das dritte Auge. Religionsdidaktische Anstöße. Düsseldorf, 5. Aufl. 1992.

242 P. Biehl und Mitarb., Symbole geben zu lernen. Neukirchen, Band 1 1989, Band 2 1993.

mischen Interessen entspringt; dies kann in meiner Sicht der Dinge jedoch nicht bedeuten - da unter den Bedingungen des totalen Marktes kein gesellschaftlicher Bereich vom Warencharakter vollständig ausgenommen ist - daß die Kritik der Warenästhetik reduktionistisch verfahren dürfte. Das Faszinierende und Lebensvolle in den Musik-, Tanz- und Filmbegehungen, die Brisanz für das Lebensgefühl der Beteiligten, die methodische Kompetenz, wie hier immer wieder »Religion inszeniert«[243] wird, würde auf diese Weise in jedem Falle nicht erreicht.

Von denen, die in Kirche und Schule Religion lehren, ist von den Werken und Manifestationen der populären Kultur viel zu lernen. Hier ist mittlerweile eine Kompetenz in der Inszenierung religiöser Symbolwelten gewachsen, die an den angestammten Orten des Lebens und Inszenierens von Religion oft verfehlt wird. Diejenigen, die Gottesdienste zu halten und zu predigen haben, die in Konfirmandenunterricht und Religionsunterricht mit immer neuen methodischen Einfällen das offen zur Schau gestellte Desinteresse überwinden müssen, erfahren es oft als Kränkung, wenn religiöse Erfahrungen an anderen Orten gesucht und oft auch gefunden werden.

Es ist aber völlig unnötig, das eigene Licht unter den Scheffel zu stellen. Diejenigen, die in Kirche und Schule Religion lehren, haben den Blick des Kaninchens auf die Schlange keineswegs nötig. Die Möglichkeit des kreativen Spieles der populären Kultur selbst hat nämlich zur Voraussetzung, daß die religiösen Symbole und Rituale an anderem Ort - am Ort des Lebenszusammenhanges der christlichen Kirche - ausdrücklich gelebt und immer wieder neu zur Gestalt gebracht werden. Wenn in unserer Gesellschaft die Heilige Schrift nicht mehr gelesen, die Liturgie des Gottesdienstes nicht mehr gefeiert wird, wenn der sozial verpflichtete Lebenszusammenhang der Gemeinde ausdörrt, wird auch der populären Kultur das Reservoir ihrer Artikulationsmöglichkeit entzogen. Die mit Blick auf das Lebensgefühl der »postmodernen Moderne« empfohlene Selbstpreisgabe theologischer Inhalte, kirchlicher Lebenszusammenhänge und symbolisch-ritueller Gestalt der Glaubens wäre deshalb gegen die Intention der Vertreter dieser These an der Zerstörung der Lebensmöglichkeiten in der Moderne selbst beteiligt.

Religion lehren heißt, durch verbindliches Weitererzählen der heilsamen Erzähltradition der Bibel, der Großerzählung von der Freundschaft Gottes mit den Menschen, am langfristigen Aufbau hilfreicher innerer Bilder und am Angebot von Lebensformen mitzuarbeiten, die es Kindern und Jugendlichen ermöglichen, der Gewalt der Mächte des Todes zu widerstehen, sich selbst und andere lieben und für ein auch in gesellschaftlicher Perspektive lebenswertes Leben mitarbeiten zu können. Die Heilige Schrift der Bibel ist eine solche Großerzählung, die Anfang und Ende zusammenbringt und in

243 Daß es Religion auch außerhalb der Kirche gibt, und daß die populäre Kultur ein wichtiger Ort für religiöse Gestaltungsprozesse jenseits der institutionalisierten Kirchen anbietet, ist mittlerweile Gemeinplatz der Diskussion. Die Formen von Religion innerhalb und außerhalb ihrer kirchlichen Institutionalisierung sind bereits ausführlich dargestellt in: Vgl. D. Rössler, Grundriß der Praktischen Theologie, Berlin/New York 1986, z.B. S. 63ff.; S. 239ff.; 405 ff.

vielen Einzelerzählungen ermöglicht, zwischen Lebensförderndem und Lebenszerstörendem zu unterscheiden: unter der Macht des Gottes, der Himmel und Erde gemacht hat und nicht fahren läßt das Werk seiner Hände. In der Liturgie des Gottesdienstes hat die Kirche in ihrer zweitausendjährigen Geschichte eine Form ausgeprägt, Gott zu feiern und das Leben der Menschen zurechtstellen und neu werden zu lassen.

Wie können die, die Religion lehren, einen Zugang zu diesen »Kirchgängen« vermitteln, ohne »Einbußen an Freiheit und Weite, mithin allen Greueln der weltanschaulichen Konfessionalismen und der gläubigen Festgelegtheiten? ... Wie wird Glaube vermittelt? Durch entworfene und gestaltete Handlungen, die dem Heiligen Geist entsprechen, so daß er sie aufgrund der Verheißungen Gottes begleiten und erfüllen mag.«[244]

Wie dies gelingen kann, ist aber aus der Perspektive des schulischen Religionsunterrichtes eine Frage, an der es keinesfalls an Einsicht und gutem Willen bei vielen KollegInnen mangelt. Die grundlegende Schwierigkeit liegt an anderer Stelle: Die Möglichkeiten des schulischen Religionsunterrichtes, Gestaltprozesse für die Begegnung mit Bibel, Gottesdienst und kirchlichen Lebensformen zu inszenieren, die Möglichkeit, hier nicht nur Dokumente der religiösen Tradition zu interpretieren, sondern Religion im Vollzug erfahrbar werden zu lassen, sind - zumindest jenseits der Grenzen der Grundschule - außerordentlich eingeschränkt.

1. Die Kirche darf dem schulischen Religionsunterricht nicht das eigene Versagen als Pensum aufbürden

Der hermeneutische Religionsunterricht der sechziger Jahre war an die Voraussetzung gebunden - und fand auch hier seine Grenze -, daß *außerhalb der Schule* religiöse Lebensvollzüge lebendig sind, die ihrerseits im schulischen Religionsunterricht - durch verstehende Aufschlüsselung der sie begründenden schriftlichen Dokumente - den SchülerInnen für die Erschließung existenzieller Lebensentwürfe in ihrer Wichtigkeit erwiesen und zugleich kritisch gewertet werden können.[245] In dem Maße, wie die SchülerInnen in ihrer alltäglichen Lebenswelt - in Familie, Freundeskreis, Kirchengemeinde, Nachbarschaft - dem Lebensvollzug christlicher Religion z.B. in Bibellese, Gebeten, Gottesdienstbesuch nicht mehr begegnen, wird der hermeneutische Unterricht didaktisch ortlos: Warum sollen sich die SchülerInnen mit Textzeugnissen auseinandersetzen, die religiöse Lebensvollzüge legitimieren

244 Chr. Bizer, Kirchgänge im Unterricht und anderswo. Zur Gestaltwerdung von Religion, Göttingen 1995, S. 97.

245 Vgl. grundlegend für die Konzeption des »hermeneutischen Religionsunterrichts: M. Stallmann, Christentum und Schule, Göttingen 1958; sowie G. Otto, Schule - Religionsunterricht - Kirche, 3. Aufl. Göttingen 1968.

und gestalten wollen, die in *ihrem* Lebenszusammenhang jedenfalls keine Rolle mehr spielen?[246]

In dem Maße, wie die SchülerInnen christlich-religiöse Gestaltungsprozesse außerhalb der Schule nicht mehr selbstverständlich-alltäglich miterleben, wird die Gestaltfindung von Religion zur Aufgabe des schulischen Religionsunterrichtes selber.[247] Die Bibel soll - durch die Gestaltung ihres Lautwerdens hier und jetzt - als Heilige Schrift (und nicht als hektographierter Text) lebendig werden. Aus den Erfahrungen des Bibliodramas kann dabei gelernt werden, daß die Arbeit mit dem Text sich in Körperinszenierungen, in Arbeit mit Ton, aber auch in musikalischen Inszenierungen ausprägen kann.[248] Die gottesdienstliche Liturgie soll von den SchülerInnen als Form angenommen werden, die sie durch eigene Gestaltung mit Leben erfüllen und modifizieren. All dies setzt eine Überschreituung der Grenzen des schulischen Unterrichtes bereits voraus: »Kirchgänge« jenseits des 45-Minuten-Taktes der Schulstunden sind Gegenstand und Voraussetzung einer vertieften Aufarbeitung im Unterricht selber. Aber auch für die Gestaltung des schulischen Lebenszusammenhanges wird die Bedeutung von Ritualen (wie z.B. von Schulgottesdiensten), die Gestaltung von Räumen (z.B. eines besonderen Raumes für den Religionsunterricht), die Heraushebung besonderer Zeiten für die Beheimatung der SchülerInnen als zunehmend wichtig erkannt.[249]

Religion kann - didaktisch notwendig - nicht allein als zu interpretierender Gegenstand des Religionsunterrichtes wahrgenommen werden, sondern wird zunehmend zur Aufgabe seiner Inszenierung und seines Vollzuges. So unbestreitbar richtig diese Überlegung ist: ReligionslehrerInnen vor Ort fühlen sich damit solange zu Recht alleingelassen, wie das Scheitern des Le-

246 Die fünf Grundfragen der *didaktischen Analyse* (in Anlehnung an W. Klafki, Studien zur Bildungstheorie und Didaktik, Weinheim und Basel 1963/1975; vgl. ders.: Neue Studien zur Bildungstheorie und Didaktik, 4. Aufl. Weinheim und Basel 1994) - sind angesichts der Ausdünnung christlich-religiöser Lebensvollzüge im Alltag von SchülerInnen in der Begründung und Planung des Religionsunterrichtes immer schwerer zu beantworten:
a) Gegenwartsbedeutung des Themas: Welche Bedeutung hat der betreffende Inhalt bereits im geistigen/sozialen/psychischen Leben und Erleben der Kinder dieser Klasse? Welche Bedeutung sollte er haben?
b) Zukunftsbedeutung: Worin liegt die Bedeutung des Themas für die Zukunft der Kinder?
c) Sachstruktur: Welches ist die Struktur des (durch die Fragen 1. und 2. in eine spezifisch pädagogische Sicht gerückten) Inhaltes? Aus der Beantwortung dieser Frage ergeben sich u.a. Überlegungen für die Phasenstrukturierung, s.u.
d) Exemplarische Bedeutung: Welchen allgemeinen Sachverhalt, welches allgemeine Problem erschließt der betreffende Inhalt?
e) Zugänglichkeit: Welches sind die besonderen Fälle, Phänomene, Situationen, in oder an denen die Struktur des jeweiligen Inhaltes den Kindern dieser Bildungsstufe, dieser Klasse interessant, frag-würdig, zugänglich, begreiflich, anschaulich gemacht werden kann?

247 Vgl. dazu die Überlegungen bei Chr. Bizer, a.a.O.

248 Vgl. G.M. Martin, Sachbuch Bibliodrama. Praxis und Theorie, Stuttgart u.a. 1995.

249 Vgl. z.B. H. Halbfas, Das dritte Auge, 5. Aufl. Düsseldorf 1992, S. 165ff.

bensvollzugs von Religion am Ort der Kirche und der Gemeinde jetzt umgekehrt dem Aufgabenpensum von schulischen ReligionslehrerInnen aufgebürdet wird. Wie soll denn das, bitte sehr, angesichts der alltäglichen Situation mit ständig wechselnden, zudem zumeist wenig motivierten Lerngruppen gelingen, darüber hinaus von dem zusätzlichen Anspruch belastet, daß »Religion« als »ordentliches Unterichtsfach« auch überprüfbare Leistungen abfragen muß?[250] Analysen des Problems, daß der Unterricht selber Religion erlebbar und gestaltbar präsentieren muß, gibt es zuhauf, praktisch realisierbare Unterrichtsvorschläge beschränken sich dann in der Regel aber auf die Situation der Primarstufe.

Es geht kein Weg daran vorbei: Wer an der Schule Religion lehrt, wird diese Zumutung *auch* an den Lebensvollzug von Religion außerhalb der Schule zurückgeben. Wenn die Kirche nicht weiß, wer sie ist und was sie will - als Milieu in der Kirchengemeinde, als Organisation, vor allem aber in ihrem Gestaltwerden als »Gemeinde der Heiligen«[251] -, kann auch in der Schule Religion nicht unterrichtet werden.

Die Grenzen des schulischen Religionsunterrichtes werden aber auch schnell deutlich, wenn Werke und Manifestationen der »populären Kultur« zum Unterrichtsgegenstand werden. In gewissen Grenzen gelingen Unterrichtsstunden und -einheiten gut, wenn Videoclips, populäre Songs und Filme eingesetzt werden. Beispielsweise kann man eine problemorientierte Unterrichtseinheit über die Grenzen der Gentechnologie einleiten, indem sie nicht anhand wissenschaftlicher Textausschnitte, sondern durch Passagen aus Spielberg's »Jurassic Park« eröffnet wird.[252] Wer die wachsende Gewaltbereitschaft und Fremdenfeindlichkeit unter Jugendlichen bzw. in der Gesellschaft überhaupt zum Gegenstand einer problemorientierten Religionsunterrichtseinheit macht, wird in Filmen wie »Pulp Fiction« oder »Natural Born Killers« hervorragendes Motivations- und Anschauungsmaterial finden.

Biblisch orientierte Unterrichtspassagen über Schöpfung, Paradies und Sintflut können sehr gut durch Ausschnitte aus »Waterworld« (mit Kevin Costner) oder durch Einspielen des Michael-Jackson-Videos »Earthsong« (1995) vertieft werden. Symboldidaktisch orientierte Unterrichtseinheiten werden mit Gewinn die Aufnahme biblischer Symbolwelten in aktuellen Filmen und Popsongs herausarbeiten, wie es auch - je als Vorschlag zum Selbermachen, nicht als gültige »Lösung« - im Abschnitt »Interpretationen« in diesem Buch unternommen worden ist.

Werke populärer Kultur eignen sich in der Regel gut zur Motivation, zur Veranschaulichung, teilweise auch zur Problemvertiefung und -analyse. Aber *eines* wird im Religionsunterricht, bedingt durch seinen schulischen

250 Ich verdanke diese und die folgenden Überlegungen ausführlichen Diskussionen mit Birgit Kuhlmann, Berufsschulpfarrerin in Bottrop.

251 Vgl. Manfred Josuttis, »Unsere Volkskirche« und die Gemeinde der Heiligen. Erinnerungen an die Zukunft der Kirche, Gütersloh 1997.

252 Dies hat eine Praktikumsgruppe von Paderborner Theologiestudierenden im Wintersemester 1996/97 gemeinsam mit dem Gymnasiallehrer und Fachleiter Günter Bitterberg unternommen.

Ort und seine strukturellen Vorgaben im Stundenplan des Schulalltags, nicht erreicht: das Lebensgefühl, die Zeitwahrnehmung, die Raumerfahrung, mithin alles das, wodurch populärkulturelle Ereignisse zu dem werden, was sie sind. An der Schule »funktioniert« das in der Regel nicht mehr, und SchülerInnen reagieren nicht selten entnervt, wenn die Schule zur Entzauberung der Welten beitragen will, die sie jenseits der Grenze eines langweiligen oder auch aussichtslosen Alltags aufsuchen möchten.

2. Die Chancen des schulischen Religionsunterrichtes gegenüber der populären Kultur

Jugendliche suchen religiöse Erfahrungen und Gestaltprozesse heute nicht mehr in der Kirche, aber noch weniger in der Schule. Das ist das Dilemma für eine religionsdidaktische Perspektive, die die religiöse Dimension der »populären Kultur« ernst nehmen will. Rituale, die durch den Gang ins Kino, durch die Teilnahme an einer Party oder an einem Rock-Konzert begehbar werden, sind unterrichtlich nicht zu reproduzieren. Die Wirksamkeit von alltags- und populärkulturellen Mythen und Symbolen kann hier analysiert, aber nur in den seltensten Fällen hergestellt werden. Seinen Grund findet dies in der Weise des »Funktionierens«, die populärkulturelle Manifestationen zu dem macht, was sie sind. Die Erfahrung des »Hier und Jetzt«, die Gänsehaut, das Kribbeln, das Lachen- und Weinenkönnen, die intensive Erfahrung des eigenen und des fremden Körpers: dies alles gelingt durch die Reise in einen Raum, in eine »Atmosphäre«[253], die in den seltensten Fällen die des schulischen Unterrichts ist.

Dennoch hat der schulische Religionsunterricht auch Chancen für eine Qualität von religiösen Gestaltfindungsprozessen, die die populäre Kultur so nicht hat. Sie hören sich nicht sehr beeindruckend an, sind aber dennoch gegeben und wirkungsvoll.

Die populärkulturellen Ereignisse können schnell und problemlos konsumiert werden. Das macht einen großen Teil ihrer Attraktivität, aber eben auch ihre Begrenztheit aus. Demgegenüber sind die Lerngruppen im Religionsunterricht längerfristig angelegt; sie bieten die Möglichkeit, eigene Gefühle wahrzunehmen und auch zu äußern, die z.B. bei dem Besuch eines Filmes oder beim Hören eines Songs zwar angesprochen, aber auch sofort wieder verbraucht werden. Ein bewährtes methodisches Mittel ist - auch wenn die SchülerInnen dies zu Beginn der gemeinsamen Arbeit in einer Lerngruppe oft blöd finden - der Stuhlkreis, in dem blitzlichtartig und als Brainstorming geäußert werden kann, was den einzelnen gerade durch den Kopf und durch das Herz geht.

In der Lerngruppe des Religionsunterrichts besteht die Chance zu längerfristigen vertiefenden Diskursen. Die Kontinuität der Beziehungen über ein

253 Vgl. zum Begriff des »Gefühlsraums« und der »Atmosphäre«: H. Schmitz, Der Gefühlsraum. In: ders., System der Philosophie, Dritter Band, Zweiter Teil, 2. Aufl., Bonn 1981.

oder mehrere Jahre eröffnet Möglichkeiten, die im kurzfristigen Fluß-Erlebnis eines Kinoabends oder eines Rockkonzertes strukturell ausgeschlossen sind: jede/r einzelne GesprächsteilnehmerIn zählt. Jede/r kann seine Meinung zum Thema beitragen. Im geglückten Fall entsteht eine Gemeinschaft, die tragfähig genug ist, persönliche Fragen anzusprechen und auch Konflikte zu bearbeiten. Die »Communitas«- und »Fluß«-Erfahrung, die im populärkulturellen Act als Ritual angestrebt und bisweilen erreicht wird, kann im Unterricht in einer längerfristigen Lerngruppe im gelungenen Fall insofern vertieft wahrgenommen werden, weil hier die Chance der Wiederholung, der Verdichtung, aber auch einer größeren Personalität besteht: Ich bin gemeint, nicht nur »ich« qua Identifikation und/oder virtuelle Kommunikation mit Michael Jackson, Kevin Costner oder Madonna.

Trotz und auch in der Wahrnehmung dieser Chancen des schulischen Religionsunterrichtes ist es unausweichlich, in aller Massivität deutlich zu machen: Religion kann in der Schule nur gelehrt und gelernt werden, wenn sie außerhalb der Schule Gestalt findet - und zwar, auch um den Preis des »Funktionierens« der populären Kultur, am Ort des Lebensvollzugs der christlichen Kirche.

3. Den Spieß umdrehen: Was die ReligionslehrerInnen von der Kirche erwarten können

Religion lehren: das kann nicht allein und nicht zuerst in der Schule geschehen. Religion lehren ist zuerst ein Projekt des Lebensvollzugs von Religion in der Kirche, vor allem im face-to-face-Lebenszusammenhang der Gemeinde vor Ort. In dem Maße, wie hier Religion gelebt und gelehrt wird, kann auch in der Schule Religion gelehrt und gelernt werden. Das ist kurz und knapp die Forderung, die vom Ort des schulischen Religionsunterrichtes an die Kirche zu stellen ist. Und sie aktualisiert sich vor allem angesichts der massiven Lebendigkeit von Religion in der »populären Kultur«. Diese Forderung soll abschließend in zwei Perspektiven entfaltet werden:

- Religion lehren heißt, die Inhalte der Religion den Mitgliedern der nachfolgenden Generation auf eine solche Weise zu *zeigen*, daß sie 1) in individueller Lebensperspektive ihre Eigentümlichkeit in Hinblick auf Religion ausprägen können und sich 2) in universeller Perspektive in die Großerzählung der Bibel, in die Liturgie des Gottesdienstes, in die Sozialform der Gemeinde einleben können, wobei 3) im Prozeß dieses Zeigens die *Selbsttätigkeit* der Heranwachsenden gefördert wird - mit der unhintergehbaren Konsequenz, daß durch das selbsttätige Einleben der Kinder und Jugendlichen die überkommene Gestalt der Religion modifiziert wird. In den beiden zentralen Akten des Lehrens: im *Zeigen* und im Unterstützen der *Selbsttätigkeit* - muß es einen Vorrang des Zeigens geben, um der Selbsttätigkeit einen Gegenstand und eine Grenze für je neue

Gestaltprozesse anzubieten; dieser Vorrang wird in dem Maße geringer, wie die Jugendlichen erwachsen werden. Ich möchte das Zeigen und die Unterstützung der Selbsttätigkeit in Hinblick auf den Lebensvollzug und das Lehren von Religion *in der Kirche* an zwei Dimensionen erörtern: nämlich an den Prozessen von *Inszenierung* und *Partizipation*.
«Inszenierung«: Pfarrer und Pfarrerinnen haben - wie andere Menschen, die im Lebenszusammenhang der Kirche Religion »machen«, auch - an zentralen Stellen des religiösen Lebensvollzugs mit Prozessen von Inszenierung zu tun. Im Verlauf der Religions- und Kirchengeschichte ist hier eine Vielfalt von Kompetenzen und Methoden erarbeitet und verschüttet worden, die darauf geprüft werden müssen, wie sie von neuem zur Wirkung gebracht werden können.
«Partizipation« ist in beiden Richtungen gefordert: Diejenigen, die am Ort der Kirche Religion machen, sollen das kennen und - je nach persönlicher Vorliebe ausgewählt - teilen, was die Jugendlichen, aber auch die Erwachsenen in der populären Kultur suchen. Und umgekehrt müssen die Lebensvollzüge der Gemeinde vor Ort daraufhin geprüft werden, wie sie stärker für die Partizipation vor allem von Jugendlichen geöffnet werden können. In dieser Perspektive ist der faktische Totalzusammenbruch kirchlicher Jugendarbeit in vielen Regionen in den vergangenen zwanzig Jahren ein Schaden, der unmöglich damit beantwortet werden kann, daß die Kirchen angesichts ihrer Finanzknappheit hier weitere Einsparungen vornehmen.

- Als zweites Begriffspaar neben Inszenierung und Partizipation (Zeigen und Unterstützen von Selbsttätigkeit) diskutiere ich als wichtig für das Lehren von Religion die Ausbalancierung der Dimensionen »*Energie*« und »*Gestalt*«. Es ist davon auszugehen, daß die populäre Kultur ebenso wie die ausgearbeitete, institutionalisierte Religion als Gestalt-Prozesse von energetischen Reservoirs begriffen werden müssen, die im Verlauf der hier vorgelegten »Interpretationen« immer wieder angesprochen wurden. Es geht in diesem Schritt um die Gestaltung von *Raum, Zeit und Körper,* und die Überlegungen zu diesem Punkt geben noch einmal Gelegenheit zum vertieften Nachdenken über den Zusammenhang von populärer Kultur und Religion.

Kapitel 4: Religion lehren als Aufgabe des Lebensvollzugs von Kirche

1. Inszenierung und Partizipation

Warum von »Inszenierung« sprechen, wenn es um das Leben und Lehren von Religion geht? Warum nicht zuerst von »Lehren« oder von »Helfen«? Die Wahl, die hier getroffen wird, steht im Kontext mit einem Richtungswandel im praktisch-theologischen Gespräch über »Religion« in den vergangenen Jahren.

Nach meiner Wahrnehmung ist im vergangenen Jahrzehnt in der praktisch-theologischen Diskussion eine Bewegung erkennbar - weg von einer funktionalen Interpretation des Gottesdienstes, wie sie in den 60er und 70er Jahren vorherrschend gewesen ist. Kennzeichnend für den damaligen Diskussionsstand sind beispielsweise die Arbeiten von Ernst Lange. Gottesdienst gilt hier als *eine* Station im Gesamtzusammenhang der »Kommunikation des Evangeliums« der Gemeinde, wenn auch als ein zentraler Ort: für die Identifizierbarkeit der Kirche und für das Selbstverständnis des Pfarrers, der Pfarrerin. Karl-Wilhelm Dahm hatte als weiterer für diesen Diskussionsstand wichtiger Gesprächspartner gefordert, unter dem Gesichtspunkt funktionaler Analyse vor allem die Dimensionen des Lehrens und Helfens wahrzunehmen; er behauptet einen Bedeutungsschwund des Lehrens gegenüber dem Helfen (z.B. diakonische und politische Arbeit) als Hauptfunktion kirchlicher Arbeit. Schließlich kann als typisch für diesen Diskussionsstand auch das Unternehmen von Dieter Trautwein angesehen werden, den Gottesdienst unter der Frage wahrzunehmen, inwieweit hier Lernen und Einstellungsänderung befördert oder behindert werde.[254]

Die Annahme, daß die Funktion des »Lehrens« gegenüber der des »Helfens« belanglos würde, hat sich nicht bewahrheitet; dies gilt für die kirchliche Arbeit und in besonderem Maße auch, wie gezeigt, für die populäre Kultur. Menschen brauchen für ihren Lebensvollzug offenbar die Inszenierung heiliger Erzählungen, und in diesem Zusammenhang nehmen auch populärkulturelle Mythen einen wichtigen Stellenwert ein, die gut und böse, rein und unrein, Helden und Schurken, Opfer, Verfolger und Retter unterscheidbar machen.

254 Vgl. E. Lange, Zur Theorie und Praxis der Predigtarbeit, Stuttgart 1968; K.-W. Dahm, Beruf: Pfarrer. Empirische Aspekte zur Funktion von Kirche und Religion in unserer Gesellschaft. 3. Aufl. München 1974; D.Trautwein, Lernprozeß Gottesdienst. Ein Arbeitsbuch unter besonderer Berücksichtigung der »Gottesdienste in neuer Gestalt«, Gelnhausen/München 1972.- Die von mir behauptete Abkehr von einer funktionalen Orientierung ist kein Spezifikum der praktisch-theologischen Diskussion; ich denke beispielsweise an Entwicklungen in der Architektur.

Menschen, die in der Gemeinde vor Ort Religion leben und lehren, haben es an zentraler Stelle mit Prozessen von Inszenierung zu tun: Im Lautwerdenlassen biblischer Texte, in der Gestaltung von Gottesdiensten, im Sprechakt der Predigt, in den religiösen Handlungen des Gebets und des Segens, in pädagogischen und seelsorgerlichen Unternehmungen aller Art.

Ich interessiere mich bei der Gegenüberstellung von kirchlichen und populärkulturellen Inszenierungen nicht zuerst für die Frage, ob die Kirche auf diese Weise wieder besser »ankommt« und neue Bevölkerungsgruppen erreichen kann. Die Frage: Wie können wir all das für institutionserhaltende Interessen gebrauchen - techno, Rock-Konzerte, Kino, Stile und Inszenierungen der Populärkultur - diese Fragerichtung halte ich für Unfug. Man erreicht damit nicht das Lebensgefühl der Leute, die in diesen Szenen und Lebenswelten leben: sie merken schon, wenn sie für etwas geködert werden sollen, was nicht »ihr Ding« ist. Und, was die ästhetische Seite der Inszenierungen angeht: Man kann das, wenn man nicht in diesen Dingen ohnehin, aus dem eigenen Lebensgefühl zu Hause ist, nur schlechter machen, als es überall sonst auf dem Markt angeboten wird.[255]

Die mir wichtiger scheinende Frage, der ich in den »Interpretationen« bereits nachgegangen bin, ist eine andere. Ich versuche zu verstehen, was die Leute an diesen Dingen fasziniert: an einem Kinoabend im Cinemaxx; am Besuch eines Konzertes von Joe Cocker oder - im Falle meiner achtjährigen Tochter - der Kelly Family, an einer Rave-Nacht. Und für einen ganzen Teil dieser Inszenierungen und Szenen gilt: Ich werde nichts verstehen, wenn ich nur den Blick von außen habe. Die Frage ist also zuerst: Was fasziniert mich selbst an diesen Dingen?

Eine zweite Überlegung muß aber sofort in entgegengesetzter Richtung formuliert werden: Man kann nicht *nicht* inszenieren.[256] Das gilt für alltägliche Lebenszusammenhänge, obwohl hier Routine oder auch, in intensiven Begegnungen, die Erfahrung des Fließens, das Bewußtsein davon oft verdeckt. Das gilt aber auch für den Gottesdienst, für das Reden, Handeln und Sich-Verhalten im Bereich des Heiligen. Wie ich einen biblischen Text vorlese oder den Segen zusage, mit welcher Stimmführung und Gestik ich bete und predige: all dies ist nicht einfach »da«, sondern ist von meiner Fähigkeit, meiner Methodenkompetenz in Sachen Inszenierung abhängig. Weder spreche, handle, verhalte ich mich hier als »ich selbst«, als bloße, authentische Subjektivität, die einfach aus sich herausfließt, noch reproduziere ich ohne Veränderung durch die Weise, *wie* ich das mache, einfach das Vorgegebene: die heiligen Texte, die durch die Rubriken der Agende vorgegebenen Bewegungen, die Melodien der Lieder und Liturgieabschnitte.

255 Das gilt in meinen Augen für die Rezeption populärkultureller Stile und Szenen seit den 60er Jahren: Von Peter Jansens Versuch, die Kompositionsweise der Beatles zu kopieren, über »Radio Paradiso« in Berlin bis hin zu techno in der Kirche und zum Landesbischof im Internet.

256 Hier scheint mir eine unhintergehbare Entsprechung zur kommunikationstheoretischen Überlegung von Paul Watzlawick zu liegen: »Man kann nicht nicht kommunizieren«. Vgl.: Ders. u.a., Menschliche Kommunikation, Formen, Störungen Paradoxien, Bern u.a.1969, S. 50ff.

Ich kann nicht nicht inszenieren. Für die Inszenierung eines Gottesdienstes ist die Paradoxie unausweichlich, die Manfred Josuttis so beschreibt: ich muß als PredigerIn, als LiturgIn, als GottesdienstbesucherIn - je in meiner Rolle - im Bereich des Heiligen handeln: in einem Bereich also, in dem ich per definitionem durch *mein* Handeln nichts ausrichten kann.[257]

Die Kompetenz zum Inszenieren hat im Lebensvollzug der Gemeinde zuerst hier ihren Ort: in der Inszenierung von Ritualen, und vor allem in der Inszenierung von Gottesdiensten. Was hier geschieht und getan wird, ist von nicht-theologischen Ritualtheorien gründlich bearbeitet worden. Ich erinnere noch einmal an die Überlegungen von Victor Turner, die in diesem Zusammenhang besonders lehrreich sind.[258] Turner weist dem Ritual die Leistung zu, mit dem *Anderen* der Gesellschaft in Kontakt zu treten. Die »Ordnung von Arbeit und Vernunft« braucht um ihrer eigenen Lebendigkeit und Existenz willen den Kontakt mit dem, was *nicht* Arbeit und Ordnung ist. Die von Turner hier vorgeschlagenen Begriffe - »Fluß« und »Communitas« als Erfahrungen bzw. Techniken - werden im religiösen Ritual ebenso zugänglich werden wie z.B. auch im avantgardistischen modernen Theater, bei einer techno-party oder einem Rock-Konzert, wenn auch auf charakteristisch unterschiedliche Weise. Ich erinnere noch einmal an Turners Argumentation: Fluß-Erfahrung meint höchst gesteigerte körperliche und seelische Präsenz, Macht über die technischen und handwerklichen Abläufe, Verschwimmen der Subjektgrenzen, Selbstvergessenheit in dem Sinne, daß jede Selbstreflexion und Selbstthematisierung im Ablauf den Fluß unterbrechen würde.

Communitas meint die Erfahrung der Übereinstimmung von Individualität und Sozialität, das Erkennen zwischen dem Ich und dem anderen jenseits gesellschaftlicher Rollen, ohne jedoch eine symbiotische Vermischung zu intendieren.

Im Ritual soll der Kontakt mit dem »Anderen« von Arbeit und Ordnung gelingen. Die alltägliche Welt wird verlassen. Der Bereich, der begangen werden soll, hat in der Geschichte des Nachdenkens darüber die unterschiedlichsten Namen erhalten: Fluß, Communitas, Anti-Struktur (Turner); Das »Heilige« als fascinosum et tremendum (R. Otto), oder auch als »Fluß von Leben und Tod« (Bataille). Trotz der verschiedenen Benennungen ist die zugrundeliegende Überlegung immer ähnlich: Die Welt des Profanen braucht um ihres eigenen Lebens willen den temporären Kontakt mit dem ihr gegenüber Anderen, nämlich der Welt des Heiligen; und das Ritual ermöglicht diesen Kontakt in einer agendarisch geregelten Hin- und Rückreise dorthin. Die »Struktur« braucht um ihrer eigenen Lebens-Erfülltheit willen den Kontakt mit der Anti-Struktur, die als Potential von Chaotisch-Vielfältigem und Möglichem für den aus sich selbst leblosen Bereich der Ordnung Innovation, Kreativität und Revitalisierung eröffnet.

257 M. Josuttis, Der Weg in das Leben, München 1991, passim.

258 Vgl. V. Turner, Vom Ritual zum Theater ..., 1982, Frankfurt/Main, New York 1986.

Die populärkulturellen Rituale unterscheiden sich von den Ritualen des Gottesdienstes m.E. *nicht* dadurch, daß hier eine Grenzüberschreitung, eine Hin- und Rückreise zwischen dem Bereich der Alltäglichkeit, Arbeit und Ordnung und einem Bereich gesucht wird, für den - je nach theoretischer Perspektive - Namen wie Antistruktur, Fluß/Communitas, Fluß von Leben und Tod, oder auch: das Heilige einstehen. In Hinblick auf diesen Aspekt der Grenzüberschreitung scheinen vielmehr beide Ritualformen vergleichbare Leistungen zu bieten.

Unterschiede sehe ich in zwei Richtungen: Die populärkulturellen Grenzüberschreitungen haben gegenüber dem religiösen Rituale höhere Freiheitsgrade in der Inszenierung.[259] Inszeniert wird hier wie dort - nur sind im avantgardistischen Theater die Freiheitsgrade zum Ausprobieren verschiedener Formen, zur Kreativität im Umgang mit den vorgegebenen Rollen, auch die Freiheitsgrade für körperliche Expressivität wesentlich höher als im religiösen Ritual.

Ein schlechterdings unhintergehbarer Unterschied zwischen der Inszenierung eines Gottesdienstes und von populärkulturellen bzw. Alltagsritualen muß festgehalten werden: Im Gottesdienst sind wir nicht irgendeiner, sondern der Erzähltradition der Bibel verpflichtet, der Erzähltradition von Gottes Mitgehen mit seinem Volk Israel, von Gottes Dasein in Jesus Christus und so von der Hereinnahme aller Menschen in seinen Freundschaftsbund.

Beide notwendigen Unterscheidungen entwerten in meinen Augen die populärkulturellen Rituale keineswegs: GottesdienstleiterInnen und Liturgen können hier jede Menge lernen, und gerade in Fragen der Inszenierung, in Methodenkompetenz für Erzählen, Sprechen, körperlichen Ausdruck, Bilder und Musik, sind die MacherInnen der populärkulturellen Rituale in der Regel haushoch überlegen.

Was heißt dies für die Frage der Inszenierung des Gottesdienst-Rituals? Ich möchte beide zu Anfang dieses Abschnittes geäußerten Überlegungen vertiefen.

Ich halte Versuche des »Szene-Klaus« aus institutionserhaltenden, aus missionarisch oder wie immer orientierten Motiven für den falschen Weg. Techno in der Kirche, Kino-Leinwand über dem Altar, Heavy Metal mit lichtvollen sprachlichen Bildern in gottesdienstlichen Räumen, alles mit dem Ziel, das Lebensgefühl der Menschen in anderen Szenen zu treffen und zu

259 Der Theateranthropologe Richard Schechner hat diesen Unterschied am Beispiel des avantgardistischen Theaters erklärt. Geht es im Ritual um wirksames Handeln, um *Transformation* von einem sozialen Status in einen anderen (z.B. einer kriegerischen Interaktion in einen unblutigen Austausch von Geschenken, Frauen und Tänzen), so geht es im Theater zuerst um Unterhaltung. Sind im Ritual Darsteller und Zuschauer nicht zu trennen, so ist diese Trennung für das Theater grundlegend. Geht es im Ritual um die Begehung des sozialen Dramas - Darstellung und Beendigung von Krisensituationen, Kontakt mit dem Anderen der gesellschaftlichen Ordnung (»Anti-Struktur«; begleitet von mental-psychischen Zuständen wie Trance, Ekstase usw.) - so wahrt das Theater stärker Distanz zu körperlich-emotionalen Erfahrungen. Vgl. R. Schechner, Theater-Anthropologie: Spiel und Ritual im Kulturvergleich, Hamburg 1990.

zeigen, daß die Kirche auch nicht von gestern, sondern eigentlich ganz prima ist: all das ist m.E. in der Qualität nicht besonders und im angestrebten Ziel von vornherein zum Scheitern verurteilt.

Die Frage muß vielmehr sein: Was fasziniert Menschen, die populärkulturelle Rituale begehen? Was suchen sie, was erleben sie da? Was heißt das für ihr Verhältnis von Alltag und Fest, wie gestalten sie ihr Leben? Um all dies herauszubekommen, gibt es kaum eine andere Möglichkeit als *Partizipation*. Jede/r muß dabei fühlen, was sein/ihr »Ding« ist: eine rave-party ist nicht jedermanns Sache, auch meine nicht.

Und zur zweiten Überlegung, »man kann nicht nicht inszenieren«: Die notwendig selbstkritische, mit dem Auftrag nicht nur zum Überlegen, sondern auch zum immer wieder neuen Einüben verbundene Frage heißt, ob wir *unsere* Sache gut machen. Es geht schlicht darum, daß Pfarrer und Pfarrerinnen die Techniken und Methoden der Religion, die sie allsonntäglich im Gottesdienst gebrauchen, *lernen* und *einüben*, mit gleicher Konzentration auf die inhaltliche wie auf die körperlich-gestische Seite: Beten, Taufen, Segnen, Lesen der heiligen Texte, Predigen, Abendmahl Spenden und Annehmen, Singen. All dies sind Methoden und Inszenierungen, die man/frau »können« muß, um das machen zu können. Ziel ist, hier und jetzt die Macht des Heiligen präsent zu machen und religiöse Trance zu ermöglichen. Eines ist unbedingt nötig: »Der Geist Gottes oder, wie es die orthodoxe Theologie des Ostens formuliert: die ungeschaffenen Energien Gottes müssen das Sprachgeschehen erfüllen.«[260]

Manfred Josuttis spricht von »religiöser Trance«, die erreicht werden soll und die Macht des Heiligen spiegelt und aufnimmt, die hier und jetzt wirksam wird. Josuttis ist nicht in erster Linie Rock-Musiker und Kino-Gänger; sein Feld der Faszination in der populären Kultur ist der Fußball, und hier bezieht er offenbar auch einen Teil seiner Energie und Bilder. »Fußballfans verwenden Techniken, um in jenen Zustand der Begeisterung zu geraten, in dem der Gemeingeist ihres Vereins sie und die Spieler erfaßt. Auch das religiöse Ritual läßt sich als ein methodisches Verfahren interpretieren, um sich der Macht der göttlichen Atmosphäre allmählich anzunähern. Das Sitzen dient der Konzentration. Das Singen bewirkt eine Steigerung der Kommunikation, sozial und religiös. Im doxologischen Akt des Gebets kommt es zur Reinigung von allem Selbstbezug und zur Wirklichkeitserweiterung durch die Anrufung des Heiligen Namens. In den Lesungen schließlich werden die Menschen mit Lauten aus den Heiligen Schriften umhüllt und erfüllt und erleuchtet. Das alles macht die Anwesenden für jenen Vorgang bereit, in dem die dynamische Macht des Evangeliums gegenwärtig zur Sprache kommt.«[261]

Können wir das? Ich denke, wir können es uns an guten Vorbildern ansehen, können es miterleben, können dem in der Ausbildung und Weiterbildung radikal größeres Gewicht geben und es immer wieder selber üben. Zu lernen wäre aus der langen Geschichte der Religion, auch der christlichen

260 M. Josuttis, Die Einführung in das Leben ..., Gütersloh 1996, S. 105.
261 Ebd., S. 111.

Religion vor allem die *Bewegungsrichtung:* Es geht um Prozessse der Entleerung, des Freiwerdens, des Loslassens alles dessen, was der Macht des Heiligen widerspricht. Hier bietet die biblische Tradition mit dem Namen des Gegen-Gottes Mammon eine Richtung und Linie an: Die Macht des Geldes, der Selbstbezüglichkeit und Selbstdurchsetzung muß abfließen in dem Maße, wie eine Öffnung für die Macht des Heiligen möglich wird.

Wie kann Inszenierung im Raum des Heiligen gelernt und geübt werden? Dazu einige Thesen, Fragen und Überlegungen.

1. Die Ausbildung von TheologInnen, aber auch die Orientierung vieler PfarrerInnen ist weithin eher auf die Fragen nach Bedeutung/Sinn/Interpretation als auf die Frage nach Wirkung/Macht/Energie konzentriert. Das gilt für sprachliche Gesten (z.B. eine Predigt), aber auch für Bewegungen und Gebärden, bis in die liturgische Bewegung hinein: Beispielsweise »bedeutet« in der Sicht des Berneuchener Buches aus den 20er Jahren das Sitzen Sammlung, das Knien Demut, das Stehen Zucht und Gehorsam.[262] So wichtig und richtig dies ist, es fehlt die andere Seite, ohne die dies alles nicht wirksam werden kann. Pfarrer und Pfarrerinnen müssen Kompetenzen in dieser Fragestellung ausbilden: Wie kann ich - in meiner körperlichen Präsenz, in meiner Gestik, meiner Kontaktaufnahme durch Blicke usw. - das Sündenbekenntnis, die Lesung, das Gebet, die Predigt, den Segen so gestalten, daß Gottes Verheißung und befreiende Macht hier und jetzt den Raum erfüllt? Es geht dabei nicht um die ausschließende Alternative von Inhaltlichkeit/Bedeutung und Präsenz/Macht, wohl aber um die von leerem Gerede und vollmächtigem Reden.

2. Genauso wie jeder Musiker und jeder Fußballer Techniken kennt, um »in Fluß« zu kommen, und ohne diese Präparation miserabel spielen wird, so bietet auch die Religion eine ganze Reihe von Fluß-Techniken an, die wieder gelernt und genutzt werden müssen. In der liturgischen Bewegung wurde die Notwendigkeit von Atemübungen und Gymnastik betont, die mönchische Tradition kennt die Kraft des zyklisch wiederholten, den Tagesablauf gestaltenden Betens, die östliche christliche Tradition die Versenkung ins Bild. Manche Formen gestalteter Bewegung, die als Fluß-Techniken verstanden werden müssen, sind im Alten und Neuen Testament noch ganz selbstverständlich, in der Abgrenzung der Kirche vom Judentum wie vom Heidentum dann verächtlich gemacht worden: das Tanzen, das Küssen, das Sich-Niederwerfen, das Zerreißen der Kleider usw. Nichtchristliche östliche Religionen kennen die Weisheit in der Wahrnehmung und Aktivierung von Körperflüssen und -energien. All dies kann gelernt werden, es gehört keineswegs eo ipso »in die Ecke« der esoterischen Szene.

262 Das Berneuchener Buch. Vom Anspruch des Evangeliums auf die Kirchen der Reformation. (Hg.) von der Berneuchener Konferenz, Hamburg 1926.

3. Um dies wieder lernen zu können, muß man und frau sich LehrerInnen holen, in der Ausbildung, im Vikariat, aber auch als persönliche längerfristige Beziehung: SchauspielerInnen und Regisseure oder auch schamanische Meister.

4. Jede/r LiturgIn, jede/r GottesdienstleiterIn muß herausfinden, was sie kann und was sie mag, was ihm/ihr körperlich, seelisch und geistlich liegt und guttut. Nicht jeder kann tanzen oder hat Lust dazu, aber jede/r kann herausfinden, welche Form gestalteter Bewegung *seine bzw. ihre* Form ist. In dieser Hinsicht will ich auch meinen Einspruch gegen Punk oder Rave in kirchlichen Räumen relativieren: wenn das wirklich das »Ding« des/der jeweiligen Gottesdienstleiter/s/in ist, und nicht aus Werbung oder mißratenen institutionssichernden Überlegungen heraus geschieht, dann ist es genau angesagt und gefordert.

5. Genauso wie ich die Entgegensetzung dieser Überlegungen zur Frage nach theologischer Inhaltlichkeit oder hermeneutischem Sinnverstehen für falsch halte, genauso unsinnig finde ich die Abgrenzung zu Haltungen und Kompetenzen, die in den letzten dreißig Jahren wichtig geworden sind, auch für mich: beispielsweise die Wahrnehmung von psychotherapeutischen Kompetenzen in der Seelsorge oder von politischer Parteilichkeit im Engagement für die, die um ihre Lebensmöglichkeiten gebracht werden. Genauso wie die Kraft des Evangeliums vergeudet wird, wenn es nicht wirklich hier und jetzt zugesagt wird, sondern irgendwie inhaltlich und gestisch vernuschelt wird, genauso wird Gottes Verheißung für die Armen verraten, wenn das politische Engagement für die Opfer des totalen Marktes vergessen wird - aber auch, wenn die Institution Kirche auf eine solche Weise mit ihren MitarbeiterInnen verfährt, daß sie den aufrechten Gang verlernen.

Partizipation ist aber nicht nur in der Richtung gefordert, daß Pfarrerinnen und Pfarrer an den alltäglichen Lebensvollzügen und auch an der Faszination vieler Menschen und insbesondere Jugendlicher durch populärkulturelle Inszenierungen Anteil nehmen.

Das »Zeigen« der Inhalte und Gestalten von Religion - hier konzentriert thematisiert am Gegenstand des »Inszenierens« von gottesdienstlichen Ritualen - hat die Förderung der »Selbsttätigkeit« von Jugendlichen (exemplarisch für die Gemeinde als Ganze) als seine unaufgebbare Kehrseite. Was dies am Gegenstand des Gottesdienstes heißen kann, ist von Christoph Bizer eindrücklich dargelegt worden. Bizer schlägt beispielsweise vor[263], den sonntäglichen Gottesdienst als Ort öffentlich gelebter Religion wahrzunehmen - und damit als didaktischen Ausgangspunkt auch des Lernens von Religion. »Die Religion beim eigenen Wort nehmen, um den Zugang zu ihr zu finden: Das eigene Wort, das sie im Gottesdienst spricht ... Die Schule säße einem schlimmen, nur durch die Entstehungszeit der Religions-

263 Chr. Bizer, in: »Liturgik und Didaktik« JRP 5 (1988), S. 83-115.

pädagogik zu erklärenden Mißverständnis auf, wenn sie etwa meint, das Wort der Religion stünde in den Urkunden, durch die sie sich legitimiert, ihren Ursprung rekonstruiert und ihre Lehre entwickelt.«[264]

Religion soll, so fordert Bizer, dort aufgesucht werden, wo sie sich zuallererst in Selbstdarstellung und Selbstvollzug öffentlich manifestiert: nämlich im kirchlichen Sonntagsgottesdienst. Die gottesdienstliche Liturgie wird als »Form« verstanden wird, in die sich die Mitfeiernden hineinbegeben, mit der sie spielen, die sie sich aneignen und in dieser Aneignung auch verändern können.

Grundlegend für diesen Vorschlag ist die Einsicht, daß Religion nur am Gegenstand ihres Lebensvollzuges wahrgenommen und auch gelernt werden kann.[265]

Religion kann nicht zuerst und nicht allein durch die Interpretation der Dokumente gelernt werden, die über ihre Entstehung Aufschluß geben. Wenn man sich auf verinnerlichte Einstellungen, die sogenannten »Glaubensinhalte« von Menschen konzentriert, dann würde sich »Religion« zu einem ätherischen Konstrukt verflüchtigen. Deshalb kommt der christliche Gottesdienst als religiöser Lebensvollzug in den Blick: Hier - und nicht in diakonischen Aktivitäten, in vereinsähnlichen Gemeindekreisen oder in öffentlichkeitswirksamen publizistischen Stellungnahmen - hat der Lebensvollzug von Religion seinen primären Ort.

Es gilt nicht nur für den Gottesdienst: Partizipation am Leben der Kirchengemeinde ist für die meisten Jugendlichen nicht gerade eine naheliegende Perspektive. Für Jugendliche erscheint vielerorts, noch stärker als für Erwachsene, das Leben in der Kirchengemeinde als hermetisch. Als Milieu trifft es in der hier vor allem repräsentierten Altersgruppe, im Stil des Redens, der Moden, der Selbstinszenierung in den seltensten Fällen ihr Lebensgefühl - und ob dies in einer »Entwicklung« des »religiösen Bewußtseins« im Sinne einer »zweiten Naivität« irgendwann anders wird, ist sehr die Frage und m.E. eher ein Problem von Lebenswelten, Atmosphären und Kommunikationsstilen als der quasi-Automatik individueller religiöser Evolutionsprozesse.[266] Hier kann im Leben der Kirchengemeinden vieles durchgemustert und teilweise auch mit weniger Aufwand und Kosten an Arbeit und Anstrengung verändert werden, als dies zunächst den Anschein hat.

Risikoreich erscheint in vielen Gemeinden das Angebot von Kommunikationsräumen im Stil einer »offenen« Arbeit, und zwar deshalb, weil in dem Maße, wie die gesellschaftlichen Perspektiven für die nachfolgende Generation verbaut werden, Freiräume destruktiv genutzt werden können. In dem Falle, daß die Kirchengemeinde in diesem Feld einen Schwerpunkt ihrer Arbeit erkennt und sich andere Gemeindegruppen auf dieses Projekt

264 Ebd., S. 84.
265 Chr. Bizer, ebd., und öfter.
266 Vgl. dazu in weitgehend positiver Aufnahme: F. Schweitzer, Lebensgeschichte und Religion. Religiöse Entwicklung und Erziehung im Kindes- und Jugendalter, München, 2. Aufl. 1991.

einlassen, sind aber auch in diesem brisanten und problematischen Feld genügend Erfahrungen da, die zeigen, daß dieser Weg begangen werden kann.

Vom Blickwinkel des schulischen Religionsunterrichtes wird »Partizipation« am Leben der Kirchengemeinde dadurch erleichtert, wenn von der Gemeinde die Initiative ausgeht und präzise und begrenzte Angebote gemacht werden. Besonders in zwei Richtungen gibt es hier vielfältige Versuche und Erfahrungen:

Auf der einen Seite werden Angebote der Kirchengemeinde an Jugendliche in der Regel als attraktiv angenommen, die alltägliche Lebenswelt von Schule, Freundschaft und Familie für einige Zeit zu verlassen und in intensivem gemeinsamem Leben und Arbeiten Erfahrungen von »Fluß« und »Communitas« zu machen, die in ihrer Intensität populärkulturellen Begehungen keineswegs nachstehen und darüber hinaus die Chance von Kontinuität und Reflexivität beinhalten.[267] Aufgabe ist hier, Fluß und Communitas an Gestaltfindungsprozesse in christlicher Religion zu binden; es geht auch, aber nicht nur, um Gemeinschaftserfahrung, intensiven Kontakt, erhöhte Lebendigkeit. Die Chance dieser Reisen aus der Welt des Alltäglichen wird dann genutzt, wenn die Bibel und der Gottesdienst, wenn Meditationen und Gebete, wenn der überkommene rituelle und symbolische Reichtum der christlichen Religion als Form wahrgenommen wird, in die die Jugendlichen sich mit ihrer ganzen Lebendigkeit hineinbegeben und qua Experimentieren diese Formen für ihre eigenen Lebensbedürfnisse in Gebrauch nehmen können. Hier liegen in längerfristigen Prozessen größere Chancen als im schulischen Unterricht.

Auf der anderen Seite gibt es gute Erfahrungen damit, Lebens- und Arbeitsbereiche der Gemeinde für einige Monate für Hospitationen und Praktika von Jugendlichen zu öffnen. Hier eignen sich bei sorgfältiger Vorbereitung auch solche Bereiche, in denen über die Prioritäten der theologischen und politischen Orientierung in durchaus konfliktbereiten Einigungsprozesse Entscheidungen erzielt werden müssen, z.B. in MitarbeiterInnen- und Teamsitzungen und im Presbyterium, darüber hinaus in den diakonischen und pädagogischen Arbeitsbereichen, aber auch in den vereinsähnlichen Gemeindegruppen. Es muß dabei geplant werden, wie diese kurzfristigen Kontakte in Möglichkeiten längerfristiger Partizipation übergeleitet werden können. Diese Angebote an Jugendliche haben zur Voraussetzung, daß sich PfarrerInnen, MitarbeiterInnen und engagierte Gemeindemitglieder für einen begrenzten Zeitraum für eine Begleitung zur Verfügung stellen. Der damit verbundene Aufwand an Anstrengung und Nerverei wird über die Maßen durch die Erfahrung nicht nur bei den Jugendlichen aufgewogen, daß die Kirchengemeinde ein Lebensbereich ist, in dem es Spaß macht und sich lohnt, mitzumachen.

267 Ich selbst habe in dieser Richtung über zwei Jahrzehnte Erfahrungen mit dem Konfirmandenunterrichts-Modell »Konfirmadenferienseminar« im Ahrntal/Südtirol/Italien machen können.

Es erscheint aber über solche pragmatisch orientierten Überlegungen hinaus notwendig, noch einmal konzentriert über den Zusammenhang von populärer Kultur und Religion nachzudenken. Dies soll abschließend unter der Wahrnehmung zweier weiterer Dimensionen diskutiert werden: »Energie« und »Gestalt«.

2. Energie und Gestalt

Ich habe in den Einzelinterpretationen zur populären Musik, zu populären Kinofilmen, zum Fernsehen und zum Internet immer wieder diese Dimensionen beachtet: Raum, Zeit, Körper, symbolische Ordnung. Es legt sich jetzt nahe, ohne direkten Bezug auf die zu interpretierenden Gegenstände, in stärker systematischer Perspektive nachzufragen. Es geht mir in all diesen Dimensionen darum, die Reichweite der *Evolutionshypothese* zu begrenzen, nach der in der Neuzeit bzw. in der Moderne eine zunehmend abstrakte und entleerte Erfahrung des Raumes, eine zunehmend lineare und ebenfalls gegenüber den konkreten Inhalten abstrakte Erfahrung der Zeit, eine zunehmend instrumentelle und objektivierende Haltung gegenüber dem eigenen Körper und eine zunehmende Entmächtigung und Individualisierung der symbolischen Ordnung sich durchgesetzt hätten. Vielmehr plädiere ich dafür, mit einer gleichzeitigen nicht-gleichberechtigten Zweigesichtigkeit zu rechnen. Auf der einen Seite können auf der Linie des gesellschaftlichen Modernisierungsprozesses zutreffend Veränderungen aufgewiesen werden, die mit diesen Stichworten beschrieben werden: Abstrahierung, Linearisierung, Individualisierung usw. Aber es läßt sich zeigen, daß die »historisch früheren« Typen der Erfahrung des Raumes, der Zeit, des Körpers und der symbolischen Ordnung - die auch in dieser früheren Zeit keineswegs für alle Menschen, genauer: für alle sozialen Lebenswelten *gleich* bestimmend waren - keinesfalls im Prozeß der Modernisierung verschwunden sind.

2.1 In Hinblick auf die Dimension des *Raumes* ist vielmehr mit einer Gleichzeitigkeit von »modernem« und »geschichtlich überwundenem« (in der Logik der Evolutionshypothese) Raumerleben zu rechnen. Unbestreitbar gibt es eine Entleerung und Entmächtigung in der Bindung der Individuen an den »konkreten Raum« verpflichtender Beziehungen und gefüllter Bedeutungen. Das gegenwärtig wohl eindrücklichste Beispiel für diesen Prozeß ist im politischen Diskurs die Rede vom »Standort Deutschland«.

Die Formel »Standort Deutschland« bezeichnet in symbolischer Verdichtung diesen Sachverhalt: Subjekt des ökonomischen und politischen Handelns ist das international, gegenüber konkreten Räumen ungebunden und unverantwortlich agierende Kapital; »Deutschland« ist, wie jeder andere Raum der Erde, bloßes Objekt dieses frei und autark wirtschaftenden Subjektes. Der »Raum« der ganzen Erde wird zum abstrakt nach Kosten und Gewinnchancen kalkulierbaren Objekt zu *seiner* Verfügung.

Die Abstrahierung des Raumes ist in der Moderne unbestreitbar die vorherrschende, aber keinesfalls die einzige Raumerfahrung. Es muß mit einer nicht-gleichberechtigten Ungleichzeitigkeit von Abstraktionsprozessen in der Raum-Erfahrung und dem Weiterbestehen eines Raum-Erlebens gerechnet werden, dem, stünde die Evolutionshypothese uneingeschränkt in Geltung, keine Macht mehr zukommen dürfte.

Was können wir von der »alten«, »geschichtlich überwundenen« Raum-Erfahrung wissen? Der Frankfurter Ethnologe Klaus E. Müller hat eine umfassende Untersuchung über die Lebensbedingungen und insbesondere über das magische Weltverhältnis in alten Gesellschaften vorgelegt: »Das magische Universum der Identität«.[268] Er analysiert Informationen, die wir aus alten Gesellschaften Afrikas, Amerikas, Asiens und auch Europas haben oder doch zumindest rekonstruieren können - Gesellschaften von Jägern, Sammlern, frühen bäuerlichen Kulturen.

Wenn man sich die Struktur eines Hauses, eines Dorfes, einer Ethnie ansieht, findet sich ein jeweils entsprechendes Bild. Grundlegend ist die Unterscheidung zwischen »Innen« und »Außen«, zwischen Endosphäre und Exosphäre. Drinnen sind die Menschen, die Tiere und Pfanzen, die Dinge vertraut. Jenseits der Grenzen ist nicht nur der unbekannte, sondern auch der gefährliche Raum, wo die wilden Tiere angreifen könnten, wo die Dämonen hausen, wo einem kein Verwandter zu Hilfe kommen kann. Religiös ist der Raum der Exospäre der Raum der »Unreinheit«.

Die Endosphäre verdichtet sich in einem Zentrum: im Hause ist es der Herd, im Dorf der Versammlungsplatz oder das Versammlungshaus, in dezentral, ohne zentrale Herrschaftsinstanz organisierten Völkern z.B. der Richtplatz oder die Kultstätte, in zentralistisch organisierten Gesellschaften der Königspalast.

In diesem Zentrum ist die Energie gebündelt, ist die Vitalkraft konzentriert, die den sozialen Lebenszusammenhang beieinanderhält und die Verpflichtung der Menschen gegenüber ihrer Sozialität speist. Das Zentrum gilt zugleich als »Offenstelle« des sozialen Raumes gegenüber einem dahinter liegenden Raum, zum magisch-religiösen Raum: Vom Zentrum aus kann man Kontakt aufnehmen zu den Ahnen und den Göttern, zu den lebensspendenden Kräften der gesellschaftlichen Gemeinschaft; hier können aber auch die bösen Kräfte, die Dämonen eindringen.

Die Endosphäre selbst ist sozial, symbolisch, auch energetisch gegliedert. Auf dem Weg vom Zentrum nach außen hin verdünnen sich die Vitalkräfte, bis schließlich eine Grenze überschritten werden muß, jenseits derer der fremde und gefährliche Raum der »Exosphäre« beginnt. Die Grenze zwischen beiden Sphären ist markiert: durch Türen, durch Tore, durch Furten, Pässe, Waldschneisen, jedenfalls durch Übergänge, die oft durch Götterbilder oder kleine Heiligtümer markiert sein können.[269]

268 K.E. Müller, Das magische Universum der Identität ..., Frankfurt u.a. 1987.
269 In den Werken und Manifestationen der populären Kultur wird diese Struktur immer wieder rezipiert; vgl. z.B. meine Interpretation der Raum-Ordnung in

Der »Raum« ist in diesen Gesellschaften kein entleerter Raum. Er ist mit Bedeutungen gefüllt, mit sozialen Verpflichtungen, aber auch mit energetischen Kraft-Feldern. Hier ist die Stelle, an der die Analyse Müllers von den Raum-Phänomenen zum magischen Weltverhältnis in diesen Gesellschaften übergeht.[270] »Vitalkräfte« und »spirituelle Kräfte« durchdringen und bestimmen das Leben menschlicher Gesellschaften, verdichten sich in ihrem Zentrum (die Ältesten, der Tempel), werden durch Nah- und Fernwirkungen weitergegeben (Berührungen, Blicke, Gesten, Worte) und wirken bis zu den Grenzen des Raumes, der als »Endosphäre« von der »Exosphäre« unterschieden wird - welche ebenfalls durch Kräfte beherrscht wird, die allerdings von der Endosphäre aus als »böse« identifiziert werden. Ziel der magischen Kraftübertragungen ist die zentripetrale Zusammenführung der Lebenskräfte, die Bewahrung von Kontinuität, Ähnlichkeit und Kausalität, die sich im Zentrum der Endosphäre zur »Identität« verdichtet.

Müller weist darauf hin, daß in modernen Gesellschaften das magische Weltbild keinesfalls aufgehoben ist - wenn auch die traditionellen religiösen Zentren (der Tempel, die Priester) nicht mehr umstandslos als Mittelpunkt der Endosphäre gelten; religiöse und politisch/ökonomische Machtzentren sind in der Moderne nicht mehr miteinander identisch.[271]

Ich denke, jede/r kann diese Überlegung an seiner Alltagserfahrung überprüfen: Es gibt Phänomene in der alltäglichen Lebenswelt, die sich nur schwer anders erklären lassen als so, daß die archaischen, auch die magischen Raum-Strukturen immer noch weiterexistieren - wenn auch durch den entleerten und abstrakten Raum überlagert und vernutzt.

Ich nenne einige Beispiele für diesen Sachverhalt. Wieso ist die »Wohnung«, der private und intime Raum ein durch das Grundgesetz geschütztes Rechtsgut, dessen Aushöhlung - z.B. durch den sogenannten »großen Lauschangriff« - nicht ohne erhebliche spontane Widerstände in weiten Bevölkerungskreisen vonstatten geht? Wieso spricht der Psychoanalytiker Alexander Mitscherlich vielen Menschen aus der Seele, wenn er in Hinblick auf die Gleichgestaltung der Einkaufszentren in den Innenstädten und angesichts des Charmes von Plattenhaussiedlungen und Reihenhäuser-Schlafstädten ohne klare Unterschiedenheit von Innen und Außen, Zentrum und Peripherie von der »Unwirtlichkeit« unserer Städte spricht?[272] Wieso kommt es in den Plattenhausbiotopen nicht nur in ostdeutschen Städten zu

Horrorfilmen, aber auch der »Reise« zum Höhepunkt eines musikalischen Acts.

270 K.E. Müller, a.a.O., 1987, vgl. insbesondere 198-266.

271 Ein ähnliches Anliegen, hier für den Gegenstandsbereich des »Mythos«, vertritt Kurt Hübner: Ihm geht es in seiner Interpretation griechischer Mythologie nicht nur darum, die Strukturen des mythischen Weltbildes zu zeigen, sondern auch darum, die »Wahrheit des Mythos« gegen die Selbstverständlichkeiten moderner Rationalitätsstandards zu setzen. Vgl. K. Hübner, München 1985; vgl. insbesondere die instruktive Darstellung der historisch wirksamen Deutungskonzepte des Mythos ebd., 48-94, S. 228.

272 A. Mitscherlich, Die Unwirtlichkeit unserer Städte, Frankfurt/M., 9. Aufl. 1970.

einer teilweise explodierenden Ausdehnung der gewaltbereiten Szene, deren Mitglieder »stolz darauf sind, Deutsche zu sein«, also gerade den eigenen Raum symbolisch hoch besetzen und die Unterscheidung von Endosphäre und Exosphäre brutal durchsetzen wollen? Wieso verschulden sich zahllose Familien auf mehrere Generationen, um ein eigenes Haus zu bauen und nach den eigenen Träumen einzurichten und zu gestalten?

Aber Hinweise auf die Weitergeltung der »alten« Raum-Erfahrung finden sich nicht nur in gesellschaftlicher, sondern auch in individuell-lebensgeschichtlicher Perspektive. Wieso habe ich das Gefühl - und viele andere auch, daß ich nach einer längeren Autofahrt eine ganze Zeit brauche, ehe »meine Seele hinterhergekommen ist«? Warum werden die Sperrholz-Trennwände am Computer-Arbeitsplatz in einem Großraum-Büro mit Bildern vom letzten Gran-Canaria-Urlaub, mit Kuscheltieren von »Simba« aus »König der Löwen« bis hin zum mittlerweile völlig ausgefledderten Teddy der ersten Lebensjahre ausstaffiert? Warum gibt es die Pornobildchen und Nippesteile im Spind und im Bauwagen, und warum muß der Kollege Karl-Heinrich immer denselben Platz beim Mittagessen haben? Was soll die Teppichboden-Plüschdackel-Stereoanlagen-Wohnzimmereinrichtung im allwöchentlich gewienerten privaten Personenkraftwagen? Warum zieht es Berufskraftfahrer ständig in die gleichen Autobahnraststätten, und was macht den Charme eines Interregio-Bistros aus?

Auch der Bereich der industriell-technologischen Lebenswelt und des Verkehrs ist nicht einfach der Bereich des abstrakten und entleerten Raumes. Er wird gewissermaßen unterwandert - oder auch durch Leben gefüllt und allererst lebbar - durch die untergründige und nie ganz auszurottende Verbreitung der Reste dessen, was ich in Anlehnung an Klaus E. Müller den »magischen Raum« nennen möchte.

Ich denke, jede/r könnte diese Liste von Hinweisen mit Blick auf den eigenen Erfahrungszusammenhang vervollständigen: Hinweise darauf, daß in der modernen Gesellschaft die Raum-Erfahrung, die für die Lebenswelt alter Gesellschaften als typisch gilt, keineswegs vollständig verschwunden ist.

Angesichts des Weiterbestehens solcher Raum-Erfahrungen in der Moderne scheint es wenig sinnvoll, mit der ausschließlichen Geltung einer evolutionistischen Entwicklungslogik zu rechnen. Diese Annahme würde die Aussage beinhalten: In frühen Phasen einer individuellen genauso wie einer gesellschaftlichen Lebensgeschichte herrscht die Eingebundenheit in einen vertrauten und verpflichteten sozialen und regionalen Raum vor; je erwachsener ein Mensch wird und je moderner eine Gesellschaft wird, desto mehr Freiheitsräume entwickeln sich gegenüber der Eingebundenheit in den einen, konkreten Raum, und desto abstrakter und leerer wird der soziale genauso wie der regionale Raum für die Erfahrung des einzelnen.

Vielmehr scheint mir folgende Überlegung den Sachverhalt zu treffen: In individueller wie in sozialer Perspektive, also für den erwachsen gewordenen Menschen genauso wie für die Gesellschaft der »Moderne« ist mit einem komplizierten, zugleich hierarchischen Verschachtelungsverhältnis unterschiedlicher Raum-Erfahrungen zu rechnen. Die Erfahrung des entleerten und abstrakten Raumes ist in der Moderne die offenbar dominierende Raum-Erfahrung. Aber zugleich ist Leben nicht möglich ohne den weiterbestehenden Zugang zur verpflichteten, vertrauten, sozial und regional gestalteten Raum-Erfahrung.

Diese lebensgefüllte, konkrete, verpflichtete Raum-Erfahrung ist in der modernen Gesellschaft in der Regel der anderen, der abstrakten Raum-Erfahrung untergeordnet, in Nischen abgedrängt wie der Urlaub, die eigenen vier Wände, der eigene Garten. Diese Raum-Erfahrung ist funktionalisiert, beispielsweise für die Erholung und die Reproduktion der Arbeitskraft, sie ist vernutzt, verdrängt und tendenziell von Zerstörung bedroht. Und dennoch bleibt sie notwendig, wenn Menschen als Menschen aufwachsen und als Menschen lebendig sollen bleiben können. Ich denke, diese konkrete, vertraute und verpflichtete Raum-Erfahrung ist und bleibt nicht zuletzt der Ort der Religion in der Moderne.[273]

2.2 Wie in Hinblick auf die Dimension des »Raumes, so ist auch in Hinblick auf die »*Zeit*« die alleinige Geltung der Evolutionshypothese zu bestreiten.

Es gibt keine *einlinige* Entwicklung von einem konkreten, inhaltlich gefüllten, körpernahen und sozial eingebundenen Verhältnis zur »Zeit« hin zu einer gegenüber den konkreten Inhalten und Beziehungen unbeeindruckten, abstrakt-linearen Zeiterfahrung - obwohl eine solche Veränderung ganz unbestreitbar die vorherrschende Richtung zutreffend beschreibt. Leben wäre nicht möglich, wenn Menschen nicht in bestimmten Lebensbereichen - in den intimen und verpflichteten Beziehungen zwischen Eltern und Kindern, zwischen Liebenden, auch zwischen Freunden und Nachbarn - anderen, stärker körpernahen, stärker von der Dynamik der Beziehungen und der Vollständigkeit von Prozessen bestimmten Zeitrhythmen folgen würden. Sichverlieben, Kranksein und Gesundwerden, Trauern, Abschied nehmen, Feiern, Freundschaften schließen, leben und aufgeben - all dies hat seine Zeit, folgt anderen Rhythmen als der abstrakt-linearen, unendlich in die Zukunft weisenden Zeitstrecke. Wie bei der Erfahrung des »Raumes«, so muß auch hier mit einer nicht-gleichberechtigten Gleichzeitigkeit verschiedener Typen von »Zeit« *unter den Bedingungen der Moderne* gerechnet werden.[274]

2.3 Wenn wir über den menschlichen *Körper* nachdenken, dann stehen wir vor einem theoretisch nicht auflösbaren Problem, dem ich mich auch in mei-

273 Ich möchte diese Überlegungen im Sinne von W.-E. Failings Reflexionen weiterdenken, die ich erst nach Fertigstellung dieses Manuskriptes gelesen habe: »Die eingeräumte Welt und die Transzendenzen Gottes.« In: E. Failing und H.G. Heimbrock, Gelebte Religion wahrnehmen. Lebenswelt - Alltagskultur - Religionspraxis, Stuttgart u.a. 1998, S. 91-122.

274 Vgl. dazu: Hans-Martin Gutmann, Zeit als Problem der Reflexion praktisch-theologischer Handlungsfelder. In: ders, Chr. Bizer und J. Cornelius-Bundschuh (Hg.), Theologisches geschenkt. Festschrift für Manfred Josuttis. Bovenden/Göttingen 1996, S. 94-108.

nen Überlegungen stellen muß: Wir haben einen Körper, und wir sind ein Körper.

Wir haben einen Körper: Wir können unseren Körper beherrschen, können Körpervorgänge kontrollieren. Und angefangen von der Kontrolle der Schließmuskeln an den Ausscheidungsorganen im Kleinkindalter, über die Anpassung der körperlichen Rhythmen des Ausruhens, Essens, Arbeitens an die rigiden Vorgaben abstrakt-linearer Zeit in der Schule, später in der industriellen Arbeitsgesellschaft, bis hin zu solch differenzierten Körpertechniken wie der Fähigkeit, Klavier oder Geige zu spielen, besteht das Erwachsenwerden eines Menschenkindes *auch* im Prozeß einer zunehmenden Beherrschung des Körpers als *Objekt*.

Die Beherrschung des Körpers ist keinesfalls erst ein Ergebnis der neuzeitlichen historischen Entwicklung. Es läßt sich kein historischer Zustand, und sei er noch so früh, denken, in dem diese Selbst- und Körperbeherrschung - und gleichbedeutend damit die zumindest implizite Wahrnehmung des Körpers als Objekt - vollständig gefehlt hätte. Die Produktion von Werkzeugen zur Beherrschung der äußeren Natur - durch Jagd und Ackerbau in frühen Kulturen - setzt bereits voraus, daß die innere Natur, daß der menschliche Körper als Werkzeug geübt und beherrscht wird. Und auf der Ebene unserer historischen Gegenwart gesprochen ist es ganz undenkbar, daß Menschen ohne Kontrolle und Beherrschung ihrer körperlichen Antriebe auskämen.

Auf der anderen Seite ist die Weise, in der der Körper beherrscht wird und zum Objekt bzw. zum Instrument der Lenkung und Kontrolle wird, von historischen Entwicklungen und gesellschaftlichen Zuständen abhängig. Der Zivilisationsprozeß zur neuzeitlich-bürgerlichen Gesellschaft läßt sich als ein Prozeß der zunehmenden Beherrschung und Kontrolle körperlicher Antriebe lesen. Den Begierden der Sexualität, des Essens, der Gewalt und des Schlafens kann - in der historischen Entwicklung in zunehmendem Maße - nicht einfach nachgegangen werden. Je dichter der gesellschaftliche Verkehr wird und je stärker die gesellschaftliche Herrschaft zentralisiert wird, also von den dezentralisierten Adelsverbänden an den Hof z.B. des Königs übergeht, desto stärker muß der jeweils eigene Körper im Geflecht der horizontalen und vertikalen Beziehungen verortet werden, muß für einen selbst und für andere berechenbar werden.[275] Der Körper wird im eleganten Bürgertum des 18. Jahrhunderts zum Instrument der Darstellung von Bildung und Kultiviertheit, im Industrieproletariat des 19. Jahrhunderts zur Arbeitsmaschine. Die Weise, in der die Beherrschung, Kontrolle und Inszenierung des Körpers vonstatten geht, wird auf der einen Seite von den Grenzen und Regeln des jeweiligen Standes zunehmend befreit: im 16. Jahrhundert konnte man beispielsweise noch an der Kleidung, am Faltenwurf der Gewänder, an der Gestik der Hände, am Mienenspiel ablesen, zu welchem Stand ein Mensch gehörte. Wenn sich heute jugendliche Punks schwarz klei-

275 Vgl. N. Elias, Prozeß der Zivilisation. Zwei Bde., Frankfurt/M. 1978.

den, die Haare orange färben, den Irokesen tragen, sich zerfetzte T-Shirts und Hosen anziehen, so gehorchen sie immer noch den Vorgaben einer symbolischen Ordnung, die für die jeweilige Szene eigentümlich und verbindlich ist; aber die Wahl, welcher Szene man zugehören will, ist gegenüber den Wahlmöglichkeiten z.B. eines Jugendlichen aus dem 16. Jahrhunderts erheblich freier.

Es gibt zahlreiche andere Theorien, die die lebensgeschichtlich zunehmende Körperbeherrschung zum Gegenstand haben; darauf kommt es mir jetzt nicht an. Die Theorien verallgemeinern und differenzieren Selbstverständlichkeiten der alltäglichen Wahrnehmung: Von Erwachsenen werden andere Grade und Intensitäten, höhere Verläßlichkeiten in der Planung und Vorhersehbarkeit der Körperkontrolle und -beherrschung verlangt als von Jugendlichen. Wer beispielsweise als erwachsener Mensch ständig Termine nicht einhält, weil er verschläft oder gerade Hunger hat oder gerade verliebt ist, der wird sehr schnell seinen Job los.

Es gibt, je nach gesellschaftlichem Ort, unterschiedliche Freiheitsgrade: Ein Professor, der während seiner Vorlesung in der Nase popelt, ist zwar eine etwas eigentümliche Erscheinung, wird aber noch akzeptiert; wenn sich das Gleiche eine Computerspezialistin bei einem Einstellungsgespräch leistet, dann ist das Persönlichkeitsprofil wahrscheinlich so belastet, daß ihre Chancen kollabieren. Ich denke, all diese Dinge haben wir in unserem Alltagshandeln verfügbar, ohne groß darüber nachdenken zu müssen, und das ist, zumindest in bestimmten Grenzen, m.E. auch gut und richtig so. Kein Arbeits- und Lebenszusammenhang kann gelingen, wenn die beteiligten Menschen, was die Voraussehbarkeit und Kontrolle ihrer körperlichen Antriebe angeht, nicht in einem jeweils eingespielten Grade verläßlich sind. Ich lebe, um es auf eine knappe Formel zu bringen, auch lieber mit Menschen zusammen, die verläßlich und freundlich sind, als mit solchen, die nur freundlich sind.

In historischer genauso wie in lebensgeschichtlicher Perspektive rechnen wir alle in bestimmtem Grade mit einer Evolution, und zwar mit einer irreversiblen Evolution in der Beherrschung des Körpers. Ich möchte keinesfalls die Plausibilität dieser Annahmen völlig bestreiten. Es gibt vermutlich nichts Furchtbareres und Grauenhafteres als ein vollständig unkontrollierter und gestaltloser erwachsener menschlicher Körper.

Und dennoch: Genauso wie in den Abschnitten zu den Dimensionen »Raum« und »Zeit«, so geht es mir auch in diesem Punkt darum, die Plausibilität und den Geltungsbereich der Evolutionshypothese einzuschränken.

Wenn der Körper als Objekt von Kontrolle und Beherrschung wahrgenommen wird, dann ist die Instanz, die diese Herrschaft ausübt, gegenüber dem Körper als ein Anderes gedacht. Dafür gibt es unterschiedliche Namen: Das Ich, das Selbst, das Bewußtsein, der Geist, der Wille, die Seele; die philosophische, theologische, psychoanalytische Diskussion ist seit Jahrhunderten voll von Namen für dieses Gegenüber. Und es gibt eine lang andauernde, höchst einflußreiche und in vieler Hinsicht zerstörerische theologische und philosophische Tradition der Abwertung des Körpers gegenüber dieser inneren Kontrollinstanz, der dann als das Minderwertige, schlimmstenfalls als das Böse angesehen wird, das es nicht nur zu beherrschen, sondern tendenziell auszuschalten gilt.

Ich finde es wichtig darauf hinzuweisen, daß es in der reformatorischen Theologie Martin Luthers in diesem Gegenstandsbereich eine erfreuliche Gegenbewegung gibt. Luther unterstreicht, daß der Mensch gegenüber dem Gebot und der Verheißung Gottes von sich aus als *ganzer Mensch* Sünder ist. Es gibt, so meint Luther, in dieser zentralen Hinsicht keine Möglichkeit, zwischen höheren menschlichen Funktionen oder Dimensionen - dem Geist, der Intellektualität, der Seele, der Moralität usw. - und »niederen« Bereichen menschlichen Lebens - dem Körper, der Sexualität, - zu unterscheiden. Luther verwahrt sich gegenüber einer dualistischen Anthropologie, in der der menschliche Körper noch einmal zusätzlich gegenüber den geistig-seelischen Bereichen des menschlichen Lebens abgewertet wird. Der ganze Mensch ist in seinem ganzen Lebensvollzug bedroht, von der libido, von der Begierde beherrscht zu werden. Dieser Gedanke Luthers ist keinesfalls gleichbedeutend mit einer *Aufwertung* der Sexualität und der Körperlichkeit, aber eben auch nicht mit ihrer Abwertung. Denn auch der Geist kann von der Libido beherrscht sein, und der Mensch wird dann seinen gesamten Lebensvollzug am Geld oder am Erwerb sozialer Reputation orientieren und auf *diese* Weise sich als Sünder erweisen, der anderen Göttern vertraut als dem einen, der sein Schöpfer und Erlöser ist.[276]

Und dies gilt auch umgekehrt, nicht nur in Hinblick auf das Sünder-Sein des ganzen Menschen. Durch seine beiden Regimente nimmt Gott den *ganzen* Menschen - und nicht nur seine geistig-seelischen Teilbereiche - in Anspruch, um sein Reich gegen das Reich der Welt, gegen das Reich des Teufels durchzusetzen: die menschliche Intellektualität, seine soziale Kompetenz, schauspielerische Fähigkeiten, Mimik und Gestik in der Predigt des Evangeliums und in der Unterweisung unter Gottes Wort; und die Muskulatur an Armen und Beinen, die Fäuste, die Mittel und Möglichkeiten der körperlichen Koordinierung, wenn es darum geht, durch Gottes Regiment zur Linken die Bösen zu strafen und die Guten zu schützen.

Es gibt - über diese theologische und philosophische Tradition hinaus - auch im Alltagsleben der Moderne im wesentlichen nur drei Orte, an denen der Körper legitim aus seiner Verborgenheit und Verstecktheit heraustritt: der Sport, die Krankheit und die Sexualität. Jede/r kann sich davon schon überzeugen, wenn man Illustrierte durchblättert - Hör Zu, Kicker, Penthouse, Praline. Immer tritt der Körper in einer dieser Dimensionen aus seiner Verstecktheit, der er in der bürgerlichen Öffentlichkeit unterworfen ist. Und das

276 Vgl. dazu vor allem: H.A. Oberman, Luther, Mensch zwischen Gott und Teufel, Berlin 1982.

heißt: Es kommt immer der Körper als beherrschter, geordneter, gestalteter Körper in den Blick. Die Weise, wie der menschliche Körper beherrscht, geordnet, gestaltet wird, hat sich im historischen Prozeß hin zur Moderne einschneidend verändert.

Wir haben einen Körper, und der Körper ist historisch immer stärker zum Objekt der Kontrolle und Beherschung geworden: der eigene Körper genauso wie die Körper der anderen.

Aber wir *sind* auch ein Körper. Wir haben ihn, und wir sind einer: unser Leben ist unlösbar mit unserer Körperlichkeit verbunden. Dieses KörperSein als Voraussetzung des Körper-Habens ist keinesfalls durch die zunehmende Objektivierung des Körpers aufgehoben. Der Körper als Höchstleistungsmaschine, wie er beispielsweise im modernen Leistungssport angesehen wird; der Körper als Arbeitsmittel, wie er gegenwärtig in der industriellen Produktion zunehmend, aber niemals vollständig von immer intelligenteren Maschinen verdrängt und ersetzt wird; der Körper als »Madensack«, wie Martin Luther in seiner drastischen Ausdrucksweise die Sterblichkeit und Endlichkeit des menschlichen Körpers kennzeichnet: in jeder Beziehung ist die Instrumentalisierung und Verobjektivierung des Körpers nur die eine Seite, nicht wegzuleugnen, aber auch nicht total. Wir sind ein Körper, dieser Satz ist die andere Seite und sogar die Voraussetzung des Satzes: Wir haben einen Körper.

In den Kulturwissenschaften setzt sich heute die Einsicht durch, daß die Annahme einer Evolution von »niederen« (Magie, Mythos) zu »höheren« Stufen von Religion (Rationalität, Moral, Gefühl) nicht haltbar ist.[277] Deshalb werden Magie und Mythos nicht mehr nur mit distanziertem wissenschaftlichem Blick interpretiert, sondern in ihrem Wahrheitsanspruch gegen die rational-wissenschaftliche Weltwahrnehmung verteidigt - wobei dieser selbst mythische Züge nachgewiesen werden (z.B. Fortschrittsglaube, Glaube an die Beherrschbarkeit unbeherrschbarer Risiken usw.). Ich habe darauf schon in meinen Bemerkungen zu den Phänomenen »Raum« und »Zeit« hingewiesen. Und auch in Hinblick auf den menschlichen Körper muß mit energetischen Phänomenen gerechnet werden, mit Kraft-Wirkungen, die in alten Gesellschaften durch magische Techniken beherrschbar wurden und auch heute nicht einfach verschwunden sind.

Aber selbst wenn diese Einsicht richtig und m.E. sogar unhintergehbar ist, so gibt es doch keine Möglichkeit, zu einem Körperverhältnis einfach zurückzukehren, wie es auf früheren kultur- und lebensgeschichtlichen Entwicklungsstufen vertraut war. Es ist keine Rückkehr möglich, aber es ist möglich und notwendig, im Verhältnis zum Körper eine tiefe Ambivalenz wahrzunehmen, eine Zweiseitigkeit, in der sich der Körper, der wir sind, und

277 Dieser Einwand gegen das evolutionistische Denken ist wirkmächtig bereits von E. Evans-Pritchard für die jüngere sozialanthropologische Diskussion geltend gemacht worden (E. Evans-Pritchard, Social Anthropology ..., Oxford 1948, S. 8).

der Körper, den wir haben und kontrollieren können, immer zugleich zeigt. Diese Zweiseitigkeit kann unter der Alternative: Kraft/Energie auf der einen, Zeichen/symbolische Einschreibung in den Körper auf der anderen Seite benannt werden.

Es bleibt bei den Überlegungen zum Körper als Ort von »Energie« und »Kraft« ein offenes Problem: »Kraft« bzw. »Energie« wäre nicht »rein« zugänglich; auch in aktuell wichtigen körperorientierten Konzepten (Bioenergetik und Chakra-Lehre) werden Kräfte durch symbolische Ordnungen gestaltet und auf ihre Bedeutung hin lesbar (z.B. Körpersprache; je besondere, zudem lebensgeschichtlich geprägte Energie, die verschiedenen »Chakren« zugerechnet wird u.a.m.).

Ein allein physikalisch orientiertes Kraft-Konzept wäre nur in den beiden Oppositionen stark/schwach bzw. positiv/negativ zu differenzieren; in dieser Abstraktheit kommt es in der Religion nicht vor, verbindet sich vielmehr immer mit Bedeutungs-Gestalten (z.B. der *Name* Gottes, die Stationen der *Heilsgeschichte.* Schließlich sind »Kraft« und »Wirkung« selbst Zeichen bzw. Symbole und nicht die gemeinte Sache selbst. Gefragt ist deshalb nach einem Konzept, in dem die Dimensionen von Kraft und Wirkung auf der einen, Symbol und Bedeutung auf der anderen Seite miteinander verbunden sind.

2.4 Auch in der Moderne, auch auf der Ebene der alltäglichen Erfahrung von Arbeit und Freizeit heute, sind die im Evolutionsprozeß überwunden geglaubten Gestalten des Raumes, der Zeit, des Körpers, der symbolischen Ordnung immer noch da - wenn auch untergeordnet, vernutzt, kolonisiert, bedroht. Sie sind da, und sie sind mächtig in dem Sinne, daß ohne sie Leben nicht möglich wäre.

Das ist auf den ersten Blick trivial. Und dennoch meine ich, daß die Konsequenzen aus der Bestreitung der Evolutionshypothese einigermaßen unabsehbar sind, gerade auch für das Verhältnis populärer Kultur und Religion im Kontext alltäglicher Lebensvollzüge.[278]

[278] Ohne die Perspektive auf »Alltag« hier ausführen zu können, ist darauf hinzuweisen, daß in der aktuellen Diskussion zu diesem Gegenstand dichotomische Unterscheidungsmodelle - zwischen Arbeit und Freizeit, System und Lebenswelt usw. - mittlerweile problematisiert werden. Demgegenüber wird ein Konzept vorgeschlagen, in dem unter der Perspektive der »Lebensführung« vor allem danach gefragt wird, wie die Individuen das Gesamt ihres Lebensvollzuges (mit durchaus heterogenen Aspekten) gestalten und dabei tagtäglich in einen Prozeß einbezogen sind, in dem ganz unterschiedliche Zwänge und Umweltbedingungen in das je eigene bzw. mit Vertrauten geteilte Konzept von Lebensführung eingearbeitet werden muß. Vgl. Dazu u.a.: H.-G. Soeffner (Hg.), Kultur und Alltag. Soziale Welt Sonderband 6, Göttingen 1988; P.A. Berger und St. Hradil (Hg.), Lebenslagen, Lebensläufe, Lebensstile. Soziale Welt Sonderband 7, Göttingen 1990; K. Jurczyk und M.S. Rerrich (Hg.), Die Arbeit des Alltags. Beiträge zu einer Soziologie der alltäglichen Lebensführung, Freiburg i.Br. 1993; G.-G. Voß, Lebensführung als Arbeit. Über die Autonomie der Person im Alltag der Gesellschaft, Stuttgart 1991.

Meine weiterführende Hypothese zum Verhältnis von populärer Kultur und Religion schließt sich an die Bestreitung der Reichweite der Evolutionshypothese unmittelbar an: Die Tiefendimensionen des Alltags - eine nicht-abstrakte, nicht lineare Erfahrung von Raum und Zeit, eine nicht-objektivierte Erfahrung des Körpers, eine nicht entmächtigte und durch Individualisierung gebrochene Erfahrung der symbolischen Ordnung - sind das Reservoir, das die Werke und Manifestationen der populären Kultur genauso wie die Erzählungen, Symbole und Rituale der historisch ausgearbeiteten - in unserem Kulturkreis dominierend: der jüdisch-christlichen - Religion aus sich heraussetzt und energetisch besetzt, ebenso wie dieses Reservoir umgekehrt der Gestaltung bedarf: durch die Manifestationen der populären Kultur wie der Religion.

Wie ist das Verhältnis zwischen diesen Dimensionen, populäre Kultur und Religion, auf diesem Hintergrund näherhin bestimmbar? Ich mache folgenden Vorschlag: Das Verhältnis zwischen populärer Kultur und Religion ist so zu denken, daß die Manifestationen der populären Kultur die Religion »verarbeiten«: die Werke und Begehungen der populären Kultur setzen die symbolischen und rituellen Gestalten der ausgearbeiteten Religion voraus und verfremden, verändern sie in einer Weise, daß sie »funktionieren«, also den unmittelbaren Anschluß an das Lebensgefühl und die lebensweltliche Erfahrung der heutigen ZeitgenossInnen finden können.

Die populäre Kultur ist ein weit verzweigtes, unbegrenzt fortschreitendes *Spiel,* das zwei Bezugspunkte hat: die Tiefendimensionen der alltäglichen Erfahrung der Menschen, der ZeitgenossInnen der »Moderne« auf der einen Seite (Tiefendimensionen der Raum- Zeit- und Körpererfahrung und der symbolischen Ordnung), und auf der anderen Seite die in der Religion - und das heißt in unserem Kulturkreis in immer noch dominierender Position: in der jüdisch-christlichen Religion - ausgearbeitete Gestalt der symbolischen Ordnung (Erzählungen, Symbole und Rituale), die selber jeweils ebenfalls nicht-abstrakte, nicht-individualisierte Formen der Raum-, Zeit- und Körpererfahrung beinhalten.

Das Stichwort »Spiel« in Hinblick auf die populäre Kultur ist mit Bedacht gewählt: Es beinhaltet *auf der einen Seite* das Moment des Freien, des Kreativen, des Chaotischen, des unvorhersehbar und nicht planbar Anderen der jeweils *individuellen* Gestaltung - wobei der Bezug auf das jeweils angesagte *gesellschaftlich* dominierende Lebensgefühl für's »Funktionieren« der Werke populärer Kultur notwendig ist, und *auf der anderen Seite* die verbindliche, nicht ständig wandelbare und individualisierbare Gestalt der Religion - als verbindliche Erzähltradition im Weitersagen der biblischen Geschichten, Verheißungen und Gebote, als Schatz von symbolischen Gestalten, als Gesamt von rituellen Ordnungen - und hier zentral die Liturgie des Gottesdienstes.

Für das Lebensgefühl der einzelnen Menschen und ihre gesellschaftliche Lebenswelt ist der Bezug auf die symbolische Ordnung der Religion natürlich *nicht nur* über den »Umweg« der populären Kultur, sondern auch »direkt« möglich. Die Religion ist also nicht nur notwendig fürs Spiel der populären Kultur und *auf diesem Wege* für die Gestaltung menschlicher Subjektivität und Sozialität, sondern auch für die menschliche Subjektivität und Sozialität ohne diesen Zwischenschritt der populären Kultur. Die Erfahrung von gefüllter, augenblicksorienterter Zeit, eines spannungs- und energiegeladenen sozialen Raumes, einer Atmosphäre, die eine gesteigerte Wahrnehmung körperlicher Präsenz beinhaltet: all dies kann ich während eines Rock-Konzertes und *auch* in der Liturgie des Gottesdienstes erfahren. Wobei, wie gesagt, das Problem der Kirchen gegenwärtig darin besteht, daß die Menschen in der Regel solche Erfahrungen eher auf einer Party als im Gottesdienst suchen.

Aber: Das Spiel der populären Kultur, gerade das Spiel in seiner Kreativität und Freiheit, würde nicht mehr »funktionieren«, wenn die eine, nämlich die feste, kontinuierliche, verbindliche, für dieses Spiel notwendig vorausgesetzte Seite verschwinden würde. Wenn sich »Religion« - mit Blick auf die Individualisierungs-Erfahrungen der Moderne - in Selbstreflexion und Selbstthematisierung des Individuums oder aber selbst in populäre Kultur auflösen würde, dann würde die populäre Kultur, aber auch die menschlich-subjektive Selbstreflexion und Selbstthematisierung ihre je eigene Gestaltungsmöglichkeit verlieren, und zwar unaufgebbar.

Von diesem Problem ist auch jede pädagogische Vermittlung von Religion betroffen, es ist m.E. das Basisproblem der Religionspädagogik in der Moderne überhaupt: Die pädagogische Mitteilung und Weitergabe von Religion setzt schlicht voraus, daß es Religion »gibt«, und das heißt: daß ohne Blick auf mögliche Vermittlung, ohne Blick auf Pädagogisierungsprobleme, auch völlig unbeeindruckt von der Frage, wen man damit erreichen kann, Religion als Lebensvollzug da ist.

Ganz gleich, in welcher institutionellen Gestalt von Kirche und mit wievielen Menschen, die dabei mitmachen wollen: Es muß Räume und Zeiten geben, in denen Menschen verbindlich die biblische Erzähltradition weitersagen, Gottesdienst feiern, eine Gestalt im eigenen Lebensvollzug finden, die auf die Verheißung und das Gebot Gottes antwortet. »Verbindlich« heißt nicht, daß es keinerlei Veränderung gegenüber der Tradition geben dürfte. Eine Eins-zu-eins-Übereinstimmung zwischen dem, was überliefert ist und dem, wie es weitergegeben wird und im Lebensvollzug Gestalt gewinnt, kann es nicht geben. Der »Gestalt«-Begriff setzt ja voraus, daß die Suche nach gelungenen Verbindungen zwischen der Überlieferung und dem Lebensvollzug gerade *dieser* Menschen, die hier und jetzt die biblischen Erzählungen weitersagen, die Gottesdienst feiern, die Gottes Verheißung und Gebot antworten, ein Prozeß ist, der jeweils neu und aktuell in einer »guten Gestalt« einen immer vorläufigen Abschluß findet.[279] Aber der Ausdruck

279 Vgl. zu dieser Problematik ausführlich: H.-M. Gutmann, Symbole zwischen Macht und Spiel, Göttingen 1996. Zur religionspädagogisch interessierten Rezeption der »Gestalt«theorie, -therapie und -pädagogik vgl.: Chr. Bizer, Die Gesellschaft auf dem Dachboden und von einem biblischen Kobold. Ein religionspädagogischer Versuch zur Gestaltpädagogik, in: JRP 7/1991, S. 161-178

»verbindlich« zeigt an, wem die Verpflichtung zuerst gilt und zu gelten hat: nämlich der biblischen Erzähltradition von Gottes Verheißung und Gebot, und nicht zuerst dem Lebensgefühl der »Moderne«.

2.5 Wie sich solche Gestaltfindungsprozesse ausprägen können, soll in Hinblick auf einige kirchliche Lebensvollzüge exemplarisch angedeutet werden. Die Rituale, Mythen und Symbole, das Lebensgefühl der populären Kultur kreisen immer wieder um *Bilder von Erlösung und Vernichtung.* Hier bietet die christliche Religion Gestalten an, die im kirchlichen Lebensvollzug, im Leben und Lehren von Religion je und je neu zur Gestalt gebracht und für das Mit-Machen und Mit-Leben geöffnet werden müssen. Die Brisanz dieser Forderung wird deutlich, wenn sie zunächst im akademischen praktisch-theologischen Gesprächszusammenhang verortet und dann an einigen exemplarischen kirchlichen Handlungsfeldern konkretisiert wird.

Manfred Josuttis hat beipielsweise in einem Beitrag für die Arnoldhainer Filmgespräche, »Die Unerkennbarkeit des Bösen«[280], gefragt, warum er aus Gottesdiensten in der Regel gelangweilt, manchmal erleichtert, oft auch bösartig gestimmt herauskomme, während er nach dem Ende eines Filmes sich oft mitgenommen fühle, etwas Aufregendes erlebt habe, neue Aspekte des menschlichen Lebens verstanden habe. »Diese unterschiedliche Wirkung hängt meiner Einschätzung nach auch damit zusammen, daß der Gottesdienst immer nur eine Heilsgeschichte erzählt, die auf die Dauer deswegen unglaubwürdig wirkt, weil das Böse darin gar nicht mehr vorkommt. Im Gottesdienst ist alles so aufdringlich positiv, der gute Gott, der vorbildliche Jesus, die freundlichen Menschen.« Der Gottesdienst bringt auf diese Weise die Religion um ihre heilsame Macht. Das Böse ist die Macht, die Leben nicht fördert, sondern behindert und gefährdet. Es ist da, auch und gerade in unserer modernen kapitalistischen Welt. Es muß bekämpft und überwunden werden, weil es sonst alles Leben gefährdet. Hier liegt die Utopie der Religion: Die Macht des Namens Gottes zeigt sich auch darin, daß er lebensbedrohende Mächte in eine heilsame Ordnung bringt. »Gott ist jene Macht, in dessen Namen man Aggressivität und Sexualität so zu organisieren weiß, daß sie nicht zerstörerisch wirken, sondern dem Leben und der Gemeinschaft etwas Heilsames bringen.«[281]

Die Kirche beginnt ihren Gottesdienst unter der Verheißung: »Im Namen des Vaters und des Sohnes und des Heiligen Geistes. Unsere Hilfe steht im Namen des Herrn, der Himmel und Erde gemacht hat.« Die Welt ist nicht Werk einer widergöttlichen, chaotischen Macht, sondern Gottes Schöpfung, »der nicht fahren läßt das Werk seiner Hände.« Auf der anderen Seite kann diese Verheißung glaubwürdig nur verkündigt und in Glauben und Hoffnung nur gelebt werden, wenn die Erfahrung der Macht des Bösen, die das Le-

sowie: D. Zilleßen, Gestaltpädagogik, Integrative Pädagogik: Verheißung oder Versuchung. EvErz 49. Jahrgang, Nr. 4, Dezember 1997, S. 427-439.

280 M. Josuttis, Die Unerkennbarkeit des Bösen; in: Die Ästhetik des Bösen im Film. Arnoldshainer Filmgespräche Bd. 4, S. 10-16.

281 Ebd., S. 16.

bensgefühl der Menschen beherrscht, nicht verleugnet, sondern beim Namen genannt und identifizierbar gemacht wird; sonst würde die befreiende Botschaft von der Rechtfertigung des Sünders zu einem leeren, erfahrungsfernen Konstrukt.

Es gibt gegenwärtig einen breiten Strom in der akademischen theologischen, insbesondere auch der praktisch-theologischen Diskussion, der sich die »Modernität« bzw. »Modernitätskonformität« theologischer Arbeit angelegen sein läßt. Darunter wird beispielsweise verstanden, die Differenzierung zwischen einer Religion »innerhalb« und »außerhalb« der Kirche wahrzunehmen, oder es wird sogar in einem Dreischritt zwischen der Religion »des einzelnen«, »der Kirche« und »der Gesellschaft« mit jeweils eigentümlichen Charakteristika unterschieden. Aber auch die in der Kirche sich ausformulierende Religion sei nicht exterritorial gegenüber dem Modernitätsstrom, wie er seit der Renaissance, mindestens aber seit der Aufklärung gesamtgesellschaftlich mächtig geworden ist. Dies schließe ein, auch in der Arbeit an der eigenen symbolischen Tradition, an Schrift und Bekenntnis der konstatierten Entwicklung zu Individualisierung, Subjekthaftigkeit und Verinnerlichung Rechnung zu tragen. Religion sei, so lautet die Auskunft, jenseits des reflektierten Selbstverhältnisses von Individuen nicht zu erschwingen, oder anders formuliert: Religion finde ihren Ort »im Selbstbewußtsein der Moderne«.

Dies schließt faktisch die Annahme ein, daß die Inhaltlichkeit der Religion durch die Instanz des menschlichen Selbstbewußtseins gebrochen und so tendenziell entmächtigt werde: Symbole und Rituale werden daraufhin befragt, was sie in der Lebensgeschichte des Individuums oder in der Lebenswelt von Gemeinschaften »bedeuten«, und von der Antwort auf diese Frage wird auch die Macht des Symbols als abhängig gedacht.

Es geht mir in den hier vorgetragenen Überlegungen nicht zuletzt darum, diesem theoretischen Ansatz zu widersprechen. Ich denke, er stimmt bereits in den empirischen Annahmen nicht. Ich sehe die von mir interpretierten populärkulturellen Werke nicht zuletzt als einen Hinweis darauf - und zahlreiche weitere Hinweise ließen sich diskutieren -, daß die im Prozeß gesellschaftlicher und lebensgeschichtlicher Zivilisierung erworbenen innerpsychischen Instanzen der Selbst- und Sozialkontrolle gegenüber der Macht von Symbolen tendenziell ohnmächtig werden; dies gilt ebenfalls, und dies wäre ein anderer, hier nur anzudeutender Schauplatz, gegenüber der Macht durchsetzungsfähiger ökonomischer und politischer Interessen.

Selbstreflexion, Wille, Gewissen - oder wie die individuellen innerpsychischen Instanzen der Selbst- und Weltwahrnehmung je benannt werden - werden in dem Maße entmächtigt, wie der erworbene Standard von Zentralisierung gesellschaftlicher Gewalt, von rationaler Konfliktregelung durch Vertrag, von Interessenausgleich durch Umverteilung oder soziale Sicherung in der Situation der Krise verlorengeht.

Wenn die akademische theologische Arbeit sich in dieser Lage auf die Qualifizierung von menschlicher Subjektivität, von Selbstbewußtsein und Gewissen konzentriert, führt sie den Kampf des Glaubens am falschen

Schauplatz. Die Nutznießer der ökonomischen und technologischen Moderne können auf diese Beigabe offenbar ebenso verzichten, wie die Menschen das Faszinosum und Tremendum des Heiligen an anderen Orten als in der Kirche suchen und - man muß das ganz ernst nehmen - subjektiv wahrhaftig finden.

Auf der anderen Seite kann nicht übergangen werden, daß die jüdisch-christliche Symboltradition selbst nicht erst seit der Aufklärung, sondern bereits seit Anbeginn einem Prozeß der Verinnerlichung und Individualisierung unterworfen ist. Um den Umgang mit der Macht der Symbole wieder zu lernen, ist deshalb nur der Versuch einer Gewichtsverlagerung möglich. Aber dieser Versuch muß entschlossen gewagt werden. Ich möchte dies exemplarisch mit einigen Hinweisen zu Symbolen des »Bösen« und der »Erlösung« diskutieren.

Paul Ricoeur hat in seinem Werk zur »Symbolik des Bösen« diesen Verinnerlichungsprozeß beschrieben, den er bereits im Alten Testament verfolgen kann: Wird das Böse in früher Zeit ganz äußerlich als Makel und Befleckung verstanden, so auf einer zweiten Stufe als Sünde, nämlich das Zerbrechen einer Bundesbeziehung zwischen Gott und den Menschen; auf einer dritten Stufe, jetzt noch stärker verinnerlicht, als individuell zurechenbare und im Gewissen wahrnehmbare Schuld.

Ricoeur hat das Thema auch an weiteren, historisch späteren Gegenständen behandelt: In einer Reflexion über den Stellenwert, den der Begriff der Erbsünde im theologischen Denken des Augustinus innehat[282], stellt er eine eigentümliche Ambivalenz fest: Augustinus besteht auf der einen Seite - im Konflikt mit den gnostischen Manichäern - auf der Internalisierung des Bösen: das Böse ist kein äußerer, räumlich und zeitlich fixierbarer Machtbereich, sondern *Verkehrung des menschlichen Willens,* seine Abwendung von Gott und seine Hinwendung zum Nichtigen. Auf der anderen Seite besteht Augustinus in der Auseinandersetzung mit Pelagius' Postulat der Willensfreiheit darauf, der Sünde den Charakter einer *überindividuellen Macht* zuzugestehen: zwar wirkt die Sünde im Willen und damit im Personzentrum des Menschen, ist aber schon vor jedem nur möglichen Willensakt da und übersteigt die Kraft menschlicher Entscheidungsmöglichkeit.

Auf diese Weise steht der Begriff der »Erbsünde« in einer tiefen Ambivalenz. Als logischer Begriff wäre er unhaltbar, da eine quasi-biologische Notwendigkeit mit einer je individuellen Entscheidung nicht konsistent zusammenzudenken ist; als Symbol aber - genauer: als im Unterschied zu den erzählenden, »mythischen« Symbolen »rationales« Symbol - bewahrt der Erbsünden-Begriff eine tiefe Wahrheit und »gibt zu denken«.

Auf den ersten Blick scheint Augustinus mit dieser Entscheidung zur manichäischen Denkfigur zurückzukehren, nach der das Reich der Finsternis als raumzeitlich fixierbarer, eigenständiger Machtbereich gegen das Reich

282 Vgl. P. Ricoeur, Die Erbsünde - eine Bedeutungsstudie. In: ders., Hermeneutik und Psychoanalyse. Der Konflikt der Interpretationen II, 1969, München 1974, 140ff.

des Lichtes ankämpft. Aber zugleich wird, und darauf weist Ricoeur mit Nachdruck hin, auf diese Weise auch die biblische, alttestamentlich-prophetische *und* neutestamentlich-jesuanische und paulinische Bußerfahrung bewahrt.

Paulus beschreibt Röm 6 den Wechsel aus dem Machtbereich der Sünde hin zum Machtbereich Gottes in Jesus Christus radikal mit der Entgegensetzung von Tod und Leben, von Gestorbensein und zu neuem Leben Auferstehen. Und in der für die Reflexion des Augustinus besonders wichtigen Stelle Röm 9,14-23 wird die *Machtfrage* eindeutig zugunsten des Subjektes Gott geklärt, damit aber auch die Ambivalenz in der Symbolik von Heil und Unheil, Gut und Böse *an den Machtbereich des einen Gottes* gebunden: »So liegt es nun nicht an jemandes Wollen oder Laufen, sondern an Gottes Erbarmen ... So erbarmt er sich nun, wessen er will, und verstockt, wen er will.«

Die Erinnerung an Augustinus erscheint in dem hier diskutierten Zusammenhang deshalb wichtig, weil so gezeigt werden kann, daß die Abwendung der Kirche vom gnostischen Erlösungsmodell keinesfalls mit einer Verleugnung des Machtcharakters des Bösen identisch ist. Die eigentliche Alternative ist nicht die zwischen Innerlichkeit - ob man nun mit Augustinus »Wille« sagt oder mit Vertretern der modernen Theologie »Gewissen« - und der raumzeitlich bestimmbaren Äußerlichkeit von Machtbereichen, sondern vielmehr die Frage des *Subjektes der Macht* - Gott oder das Nichtige/Böse. Und die Symbolik für den Machtbereich des Nichtigen ist in der Kirchengeschichte überreich entwickelt: neben »rationalen« Symbolen wie der »Erbsünde« stehen korporative Vorstellungen einer »Civitas Terrena«, ökonomische Machtsphären wie der »Mammon« ebenso wie mythische Symbole, z.B. der »Teufel«.

Es scheint notwendig daran zu erinnern, daß sich an *dieser* grundlegenden Entscheidung der Kirche durch die Reformation gerade durch die lutherische Reformation nichts verändert hat. In der Auslegung des 1. Artikels im Großen Katechismus stellt Luther die Innerlichkeit der Gottesbeziehung - »Worauf du nu ... Dein Herz hängest und verlässest, das ist eigentlich Dein Gott« - in die Alternative zwischen zwei miteinander kämpfenden Machtsphären: »Es ist mancher, der meinet, er habe Gott und alles gnug, wenn er Geld und Gut hat, verläßt und brüstet sich drauf so steif und sicher, daß er auf niemand nichts gibt. Siehe, dieser hat auch einen Gott, der heißet Mammon, das ist Geld und Gut, darauf er alle sein Herz setzet, welchs auch der allegemeinest Abgott ist auf Erden.«[283] -

Das Bild, das Luther dann in der Auseinandersetzung mit Erasmus für den menschlichen Willen verwendet, ist bekannt: ein Reittier, das entweder von Gott oder dem Teufel geritten wird. Luther plädiert in diesem Zusammenhang für die Deutlichkeit christlichen Bekennens: In Glaubensfragen, in

283 Der Große Katechismus deutsch, zit. nach BSLK, 561, 8ff.

denen es um Heil oder Unheil geht, ist kein akademisch-distanziertes, sondern nur ein assertorisches Sprechen möglich. »... Ein Christ muß Freude an Bekenntnissen haben, oder er wird kein Christ sein. Ein Bekenntnis ... aber nenne ich ...: unwandelbar an etwas festhangen, bejahen, bekennen, bewahren und ein unüberwindlich, beharrlich bei etwas Verbleiben.«[284]

Die Deutlichkeit und Gestaltetheit, die Luther hier für das über Heil und Unheil entscheidende Bekennen der Christen fordert, gilt selbstverständlich auch für die Arbeit an der Symbolik des Bösen. Das kann an zahlreichen seiner Texte studiert werden. Ich gebe ein eindrückliches Beispiel: »Ein Mensch, der an Christus glaubt, ist durch göttliche Zurechnung gerecht und heilig, er lebt und ist schon im Himmel, ist umgeben vom Himmel der Barmherzigkeit. Aber dieweil wir hier getragen werden in des Vaters Schoß, mit dem allerbesten Kleide gekleidet, kommen mir unsere Füße unten aus dem Mantel hervor, und die sucht Satan, wie er nur kann, zu beißen. Da zappelt das Kindlein und schreiet, und fühlt, es habe noch Fleisch und Blut, und der Teufel sei noch da ... Denn du mußt das Füßlein mit unter den Mantel ziehen, sonst hastu kein Fried.«[285]

Die in diesen Überlegungen anvisierte Schwerpunktverlagerung soll darauf zielen, daß die Kirche in ihrer Verkündigung ebenso wie in ihren diakonischen, poimenischen und ökumenischen Handlungsfeldern sich um Deutlichkeit und Klarheit in der Gestalt bemüht, sowohl was die Zusage der Verheißung angeht als auch das Beim-Namen-Nennen der Mächte des Bösen. Die Symbole der Verheißung und des Bösen, die in der Heiligen Schrift, im Bekenntnis und im Leben der Kirche lebendig sind, sollen nicht in angstvollem Schielen auf ihre »Modernitätsadäquatheit« entmächtigt werden, sondern in ihrer befreienden und lebenserhaltenden bzw. -zerstörenden Macht zugesagt bzw. abgewehrt werden. Damit ist mehr gesagt als die von Paul Ricoeur geforderte »zweite Naivität« im Umgang mit der Symboltradition: Dieser Weg ist angesichts der faktischen Macht der symbolischen und ökonomisch-politischen Mächte keine Lösung. Die Intellektuellen zurück ins Kinderzimmer, mit dem lieben Gott und dem Teufel hoppe hoppe Reiter spielen, den lieben Gott einen guten Mann sein lassen, es aber eigentlich selbst besser wissen und aus der Distanz heraus operieren: dies wird nicht gehen.

Ich nenne zur Konkretisierung einige exemplarische kirchliche Handlungsfelder.

284 M. Luther, Daß der freie Wille nichts sei ... zit. nach: H.H. Borchardt und G. Merz (Hg.), Ausgewählte Werke, 11.

285 M. Luther, Dritte Disputation gegen die Antinomer, Sept. 1538, über die fünfte Thesenreihe, WA XXXIX/1, 519ff, Zehnter Einwand gegen These 1, zit. nach E. Hirsch, Hilfsbuch der Dogmatik, S. 83.

Gottesdienst und Predigt
Die evangelische Verheißung der Sündenvergebung hat ihren Grund in dem ein für allemal zureichenden Selbstopfer des Hohepriesters Jesus Christus (Hebr 9.10) »für unsere Sünden« (1Kor 15,3). Im Mittelpunkt des Heilshandelns Gottes für seine Menschen steht ein heiliges und heilendes Opfer von einer solchen Mächtigkeit, daß alle Gewalt gebunden und aufgehoben ist: es sind keine weiteren Opfer mehr nötig. Dieses Opfer wird als evangelische Verheißung und nicht als mythische Gewaltkonstellation wirksam: nicht als heiliger Mord an dem, der an der tödlichen Gewaltkrise der Gesellschaft »schuld« ist. Der Gekreuzigte ist der Schuldlose. Sein Tod ist Lebenshingabe, ist Wirklichkeit der Liebe bis zur letzten Konsequenz (Joh 15,13).

Auf diese Weise wird der Bund Gottes mit den Menschen als intime, verpflichtende *und* befreiende Gemeinschaft ein für allemal bekräftigt; so werden zugleich die Mächte identifizierbar, die diese Gemeinschaft stören und zerstören wollen: das Sich-Rühmen (Paulus), die Superbia (Augustinus und das ganze Mittelalter), das In-sich-selbst-Verkrümmtsein des Menschen (Luther), die ihren deutlichsten Ausdruck in den überindividuell herrschenden (»Civitas terrena«, Augustinus), verführenden und vereinnahmenden Macht-Gestalten des Geldes (Mammon) und der »herrenlos« gewordenen politischen Gewalt finden.

Im Gottesdienst feiern die Christen die heilsame Unterscheidung zwischen Gott und den Menschen. Dieses Fest wird dann um seinen Glanz und seine Kraft gebracht, wenn in der Predigt die ambivalenten Züge im Gottesbild verleugnet werden (das Wort Gottes als Evangelium *und* Gesetz; Gott als liebender Vater *und* als Richter der Sünde) und im Bemühen um allseitig akzeptable Kommunikation[286] die Machtkonstellationen *nicht* beim Namen genannt werden, die die Gemeinschaft Gottes mit den Menschen verletzen und das Leben gefährden. Die Predigt ist nur dann evangelisch, ist nur dann befreiende Zusage der Verheißung, wenn sie in ihrem Selbst- und Feindbild klar ist[287]: also nicht nur in der befreienden Zusage, sondern auch dessen, was sie behindert oder auch verkehrt oder ideologisch vereinnahmt. Es ist eine wichtige Aufgaben in der Predigtvorbereitung und der »Klärung der homiletischen Situation«, genau zu sein in der Konkretisierung dessen, was hier und heute, an diesem Ort und in dieser Lage die zerstörerische Gestalt des »Mammons« und der »herrenlosen politischen Gewalt« ist. Was die Menschen bedrückt und gefangenhält, erfährt der Pfarrer/die Pfarrerin nur in

286 Vgl. auch das Gemeindeaufbau-Programm »Brücken bauen«; dazu: J. Cornelius- Bundschuh, Brücken bauen - Kritische Anmerkungen zu einem Kommunikationsmodell für evangelische Kirchenkreise. Evang. Theol. 55. Jg., 1995, Heft 4, S. 373-391.

287 Vgl. dazu M. Josuttis, Rhetorik und Theologie in der Predigtarbeit, München 1985. Darin: Über Feindbilder in der Predigt, S. 87-114; Über Selbstbilder in der Predigt, S. 115-141.

der Partizipation[288] an ihrem Leben, soweit dies angesichts der strukturellen Unzugänglichkeit ihres alltäglichen Arbeitsbereiches für die Kirche überhaupt möglich ist: also bei Geburtstagsbesuchen, beim Klönen über den Gartenzaun, beim seelsorgerlichen Gespräch.

In der praktisch-theologischen Diskussion über die Liturgie des Gottesdienstes wird in jüngster Zeit wieder verstärkt wahrgenommen, daß die Predigt Teil eines umfassenden Geschehens ist: das Wort Gottes findet seine Gestalt nicht nur in der Kanzelrede, sondern auch in der Feier von Taufe und Abendmahl, in Liedern, im Fürbittengebet und den Abkündigungen. Alle Stationen des »Weges in das Leben« konturieren die heilsame Unterscheidung zwischen Gott und den Menschen. Die Verheißung wird in Predigt und Herrenmahl zugesagt und aufgenommen, und so wird die Gemeinde in den Leib Christi inkorporiert; sie antwortet in Gebet und Liedern, die an Symbolen des heilen Lebens ebenso überquellen wie an Symbolen des Bösen. In Fürbittengebet und selbst in den Abkündigungen wird die Melodie aufgenommen: hier ist explizit der Ort, die Mächte des ökonomischen und politischen Verkehrs in den heilsamen Verkehr Gottes mit den Menschen einzubinden und dort, wo sie entgegen ihrer jetzt bestimmbaren heilsamen Aufgabe das Leben bedrohen, beim Namen zu nennen und zu verklagen.

Durch die Taufe sind die Christen in einen heilsamen Strom von Lebensenergie aufgenommen, der durch Jesus Christus eröffnet ist und die Menschen in die Gemeinschaft der Gotteskindschaft hineinstellt. Die Praxis von Gottesdiensten und Amtshandlungen kann diese Verheißung dann konturiert zusagen, wenn versucht wird, rituelle Formen auch für die Entbindungen finden. Ein solches Ritual, das agendarisch festzulegen und in die Gottesdienstordnung aufzunehmen wäre, würde die Trennung »begehbar« machen und so umgekehrt auch die Zugehörigkeit zur Kirche klarer konturieren. Ein solches Ritual könnte deutlich machen, daß sich die betreffenden Menschen durch ihre Entscheidung zum Kirchenaustritt auch von einem Lebensstrom abgeschnitten haben, der durch die Taufe begründet wurde; so kann die Entwertung der Taufe zum Passageritus im Familienzyklus gegengezeichnet werden.[289]

Seelsorge und Öffentlichkeitsarbeit

Klaus Winkler hat es als typisch für die seelsorgerliche Praxis des Reformators Martin Luther herausgearbeitet[290], mit depressiv erkrankten Klienten auf eine solche Weise zu sprechen, daß diffuse innere Ängste nach außen projiziert werden und so Gestalt gewinnen. Die Depression bleibt so nicht eine gestaltlose Qual, welcher der/die Kranke machtlos ausgeliefert ist, sondern ein äußeres Übel, gegen das sie sich zur Wehr setzen können. Wir wür-

288 Hierzu immer noch verbindlich: E. Lange, Zur Theorie und Praxis der Predigtarbeit. In: ders., Predigen als Beruf, München 1987 (1976), S. 9-51.

289 Vgl. M. Josuttis, Die Taufe der Sünder und die Segnung der Kinder. In: ders., »Unsere Volkskirche« und die Gemeinde der Heiligen. Erinnerungen an die Zukunft der Kirche. Gütersloh 1997, S. 108-119.

290 Vgl. K. Winkler, Die Zumutung im Konfliktfall. Luther als Seelsorger in heutiger Sicht. Hannover 1984.

den heute von Symbolisierungen bzw. Resymbolisierungen sprechen: es ist der »Teufel«, der »Satan«, der »Herr dieser Welt«, der Angst verbreitet und die Seele gefangenhält. Luther hat dieses Verfahren sich selbst gegenüber auch angewendet: gegen den Teufel kann man eben, anders als im Fall unklar-gestaltloser Niedergeschlagenheit, wenn nötig auch ein Tintenfaß schmeißen.

Wenn Luthers praktisches Verfahren der »Zumutung im Konfliktfall« für heutiges seelsorgerliches Handeln in vieler Hinsicht als zu ruppig erscheint und nicht umstandslos rezipiert werden kann, so wird die zugrundeliegende Einsicht doch (ohne bewußte Beziehung auf den Reformator) in heute praktizierten therapeutischen Verfahren genutzt, insbesondere in der Gestalttherapie. Solche Verfahren werden auch in kirchlichen Beratungsangeboten (z.B. Ehe- und Familienberatungsstätten; Telefonseelsorge) zunehmend erlernt und angewendet. Die ausschließliche Hochschätzung für Carl Roger's Gesprächshaltung einer einfühlenden Zuwendung ist mit gutem Grund verlassen worden. Das seelsorgerliche Gespräch wird um die Möglichkeit erweitert, innerpsychischen Wünschen und Ängsten eine symbolische Gestalt zu geben und sich so mit ihnen »auseinandersetzen« zu können. Ja, mehr noch: Die wirklichen (familialen, politischen, Arbeits-)Verhältnisse werden aus dem seelsorgerlichen Gespräch nicht mehr ausgeklammert, sondern in ihrer lebensfördernden bzw. -feindlichen Macht wahrgenommen.

Ich denke, es muß stärker als bisher gelernt werden, daß in kirchlichen Stellungnahmen zu gesellschaftspolitischen Fragen recht sein muß, was in der Seelsorge an einzelnen billig ist. Die katholische Theologie hat hierfür mit dem Ausdruck »Sozialpastoral« bzw. »politische Pastoral«[291] einen treffenden Begriff entwickelt: es sind nicht nur je-individuelle Ängste, die die Menschen gefangenhalten und verderben können, sondern auch Mächte, die mit den Mitteln öffentlicher Stellungnahme und politischen Drucks identifiziert und bekämpft werden müssen. Kirchliche Stellungnahmen, die in diesem Feld unklar sind, verletzen nicht zuletzt die seelsorgerliche Verantwortung.

Das Muster, das unbedingt verlassen werden muß, ist vertraut und wiederholt sich in gesellschaftlich-politischen Konfliktsituationen immer wieder, ob es nun um die Position gegenüber der Aufrüstung mit Massenvernichtungsmitteln, um Sanktionen gegenüber dem südafrikanischen Apartheitsregime oder um die Stellungnahme gegenüber der immer grenzenloseren Anwendung gentechnologischer Verfahren handelt: Die Kirche will mit den »Verantwortlichen« »im Gespräch bleiben« und deshalb eine klar definierte Abweisung lebensbedrohender Praktiken und Strukturen vermeiden. Dabei wird zu wenig erkannt, daß sich die »Verantwortlichen« durch solche Gesprächsbeiträge kaum ernsthaft beeindrucken lassen. Zudem droht hier eine Überschätzung der eigenen technologischen, politischen und ökonomischen Fachkompetenz: Warum sollten UnternehmerInnen, NaturwissenschaftlerInnen, TechnikerInnen mit Kirchenleuten reden und sich von ihnen

291 Vgl. N. Mette und H. Steinkamp (Hg.), Anstiftung zur Solidarität. Praktische Beispiele der Sozialpastoral. Mainz 1997.

beeindrucken, vielleicht sogar binden lassen, wenn diese von der Sache selbst gar nichts verstehen?

Verloren geht dabei das Feld, auf dem die Kirche tatsächlich Kompetenz besitzt und auf dem ihr diese Kompetenz auch zugesprochen wird: kompromißlos, nicht um allseitige Zustimmung, aber um die ihr anvertrauten Menschen bemüht die heilsame Unterscheidung zwischen Gott und Mensch zuzusagen und deshalb die Mächte anzugreifen, die durch Produktion/Reproduktion oder durch Zerstörung von Leben sich an die Stelle Gottes setzen wollen. In Denkschriften und Synodalbeschlüssen, in Gemeindebriefen und Diskussionsbeiträgen am Stammtisch muß in diesen Themenfeldern, in denen es um die Bewahrung des Lebens geht, klar gesprochen werden.[292] So und nicht durch allseitige und damit nichtssagende Kommunikationsbereitschaft kann menschliches Sprechen zum Gleichnis für Gottes befreiendes und richtendes Wort werden.

»Kommt her zu mir, die ihr mühselig und beladen seid, ich will euch erquicken. Nehmt auf euch mein Joch und lernt von mir; denn ich bin sanftmütig und von Herzen demütig; so werdet ihr Ruhe finden für eure Seelen. Denn mein Joch ist sanft, und meine Last ist leicht.« (Mt 11,28-30). Die Kirche ist ein Raum, in dem heute schon gelebt werden kann, was verheißen ist: die endgültige Entmächtigung der Mächte des Bösen. Und man soll sich nicht täuschen lassen: Das Joch Jesu ist sanft, aber es *ist* ein Joch, eine verpflichtende und *dadurch* befreiende Beziehung. Auch das Böse ist eine reale Macht, die symbolischen Bilder des Bösen gewinnen dadurch ihre Faszination. Nicht durch Blässe und Selbstverkleinerung, sondern durch die Entfaltung der Inhaltlichkeit und die Wahrnehmung der Macht der jüdisch-christlichen Symboltradition, die auf Gottes befreiendes Handeln hinweist, nimmt die Kirche ihren Ort und ihre Aufgabe in der Moderne wahr. Ein Machtwechsel, ein befreiendes Angebot für die Mühseligen und Beladenen in einer lebensgefährlichen, durch Ordnung nur oberflächlich zivilisierten Gesellschaft.

292 Auch hierfür gibt es in jüngerer Zeit Beispiele für einen Weg, der weiter beschritten werden muß. Vgl. insbesondere die 1997 vom Kirchenamt der EKD und dem Sekretariat der Deutschen Bischofskonferenz herausgegebenen Denkschriften »... und der Fremdling, der in deinen Toren ist. Gemeinsames Wort der Kirchen zu den Herausforderungen durch Migration und Flucht« sowie »Für eine Zukunft in Solidarität und Gerechtigkeit. Wort des Rates der Evangelischen Kirche in Deutschland und der Deutschen Bischofskonferenz zur wirtschaftlichen und sozialen Lage in Deutschland«; vor allem aber die Flüchtlingsarbeit in vielen Gemeinden und UnterstützerInnengruppen.

Namenregister

Praktische Theologie

Wilhelm Gräb

Lebensgeschichten – Lebensentwürfe – Sinndeutungen

Eine Praktische Theologie gelebter Religion.
Ca. 344 Seiten. Kt.
[3-579-00399-2]

Bietet das Christentum Alternativen und Perspektiven? Wilhelm Gräb liefert Analysen und Orientierungen für ein christliches Handeln, das die Darstellung und die Vermittlung vom Sinn des Lebens als ureigene Aufgabe der Kirche wahrnimmt. Religion ist wichtig, wenn es um die Sinndeutung von Lebensgeschichten und Lebensentwürfen geht. Die Praktische Theologie muß daher christliche Deutungsinhalte entfalten, was nur gelingen kann, wenn sich die Kirche dem zunehmenden Werteverfall und der Konkurrenz verschiedener Sinndeutungsagenturen entgegenstellt. Gräb zeigt, wie Alternativen aussehen können.

Chr. Kaiser
Gütersloher
Verlagshaus